L'INFAILLIBILITÉ DE L'EGLISE

DANS TOUS LES ARTICLES DE SA DOCTRINE.

Touchant la Foi & les Mœurs.

POUR SERVIR DE RÉPONSE au Livre de M. Masius, Docteur & Professeur en Theologie à Copenhague.

INTITULÉ DEFENSE DE LA Religion Lutherienne contre les Docteurs de l'Eglise Romaine.

Par LEONOR ANTOINE LANGEVIN Docteur de Sorbone.

TOME PREMIER.

A PARIS,
Chez LOUIS ROULLAND, ruë S. Jacques, vis-à-vis S. Yves, à S. Louis & aux Armes de la Reine.

M. DCCI.
AVEC APPROBATIONS ET PRIVILEGE.

A SON EMINENCE
MONSEIGNEUR
LE CARDINAL
DE NOAILLES,
ARCHEVÊQUE DE PARIS,
Duc de Saint Cloud, Pair de France,
Commandeur de l'Ordre du
Saint-Esprit.

Monseigneur,

C'EST *le zele, que* VOTRE
EMINENCE *a toûjours fait*

EPITRE.

paroître pour l'acroissement de la Foi, qui m'engage aujourd'hui à vous presenter cet Ouvrage. Je ne doute point, que le dessein ne vous en soit agréable, & que vous n'aprouviez au moins les efforts de l'Auteur. On sçait avec quelle ardeur vous souhaitez la réünion des heretiques, qui restent encore dans ce Roïaume. La sçavante Lettre Pastorale, que vous leur avez adressée; les Conferences, que vous avez établies en divers lieux sur les matiéres de controverses; les Ecclesiastiques, que vous leur envoïez, pour les instruire en particulier; le soin, que vous prenez d'engager les Pasteurs à rechercher ces brebis égarées; les secours, que vous

EPITRE.

donnez, & que vous procurez à ceux, qui en ont besoin ; la tendresse avec laquelle vous recevez & instruisez ceux, qui viennent à vous ; la joïe, que vous faites paroître, quand on vous anonce la Conversion de quelques-uns ; toutes ces choses, dis-je, sont comme des raïons éclatans de cette brillante charité qui vous presse, & de l'extrême desir, que vous avez de de les posseder tous dans les entrailles de Jesus-Christ. *Si Dieu vous a placé sur le plus illustre Siege du Roïaume, & si, pour donner encore plus d'éclat à cette premiere dignité, il a inspiré au Souverain Pontife de vous revétir de la pourpre Romaine, c'est sans doute afin qu'-*

EPITRE.

il ne vous manquât rien de tout ce qui étoit necessaire, pour l'acomplissement des grands desseins, qu'un si saint zele devoit un jour vous faire former. L'erreur des Quietistes, que vous avez combatuë avec autant de succez que de sagesse, en est encore une preuve évidente, & en rendra elle-même un témoignage autentique jusques dans le fond des abîmes, où vous l'avez comme forcée de rentrer presqu'aussi-tôt qu'elle a commencé à paroître parmi nous. C'est par de semblables faits, MONSEIGNEUR, que nous prouvons de siécle en siécle la verité de nôtre Foi, & celui-cy ne tiendra pas une moindre place dans l'Histoire Ecclesiastique, que la condamnation des Messa-

EPITRE.

liens en Asie, des Priscillianistes en Espagne, des Begards en France, & de plusieurs autres heretiques, qui étoient à peu prés dans les mêmes Illusions. Si dés les premiers commencemens on s'étoit oposé à Luther & à Calvin avec autant de courage & de lumiere, que vous avez ataqué ces erreurs, leurs heresies n'auroient pas fait tant de ravage dans plusieurs Roïaumes, & nous ne serions pas aujourd'hui en peine de les combattre. Mais Dieu, qui sçait faire sortir la lumiere la plus vive des plus épaisses tenebres, a bien sçû aussi tirer sa gloire de cet abîme d'horreurs. La Foi de son Eglise en est devenuë plus pure & plus éclatante. Un grand

EPITRE.

nombre de mauvais Chrétiens, qui étoient comme des nuées sans eau, aïant été emportez par le vent de leurs passions ça & là, ont cessé d'obscurcir la lumiere de ce divin Soleil ; le zele de ses Défenseurs s'est embrasé, la charité de ses veritables enfans s'est renouvelée, le sang de plusieurs Martirs, qu'elle a vû couler, comme dans les premiers tems, a augmenté sa fecondité ; & sa jeunesse s'est rétablie, comme celle de l'Aigle. C'étoient là sans doute les desseins de Dieu, & nous avons aujourd'hui la consolation de voir, qu'étant acomplis, la fin de tous ces maux s'avance de jour en jour, ce qui nous fait esperer, qu'il ne nous en restera bien-tôt plus, au moins en

EPITRE.

ce Roïaume, que le souvenir. C'est un effet de la pieté du Roi & de vôtre zele, MONSEIGNEUR. L'autorité d'un aussi grand Monarque, que Dieu a élevé au plus haut degré de puissance & de gloire, étoit necessaire, pour arêter la violence, que l'esprit d'erreur inspire toûjours à ceux, qui sont rebelles à la Foi; & il ne faloit pas une charité moins éclatante, que celle d'un Prélat, dans lequel une erudition singuliere & une vertu solide se trouvent réünies à une des plus illustres naissances, pour éclairer ces aveuglez. L'Infaillibilité de l'Eglise met fin à toutes sortes de controverses. Il n'y a point d'erreur, qui ne soit dissipée, ni d'heresie qui ne suc-

EPITRE.

combe dés le moment que cet article est démontré. C'est ce qui m'engage aujourd'hui à donner au Public les reflexions, que j'ai faites sur ce sujet. C'est à-vous, Monseigneur, de juger de leur solidité & de leur utilité ; C'est pour cela que je me donne l'honneur de vous les presenter comme un témoignage du profond respect, & de la parfaite soumission avec laquelle je suis.

MONSEIGNEUR,

De Vôtre Eminence,

Le tres-humble & tres-obéïssant serviteur LANGEVIN, Prêtre.

PRÉFACE.

DANS LAQUELLE ON FAIT voir ce qui a donné occasion à cet Ouvrage; ce que contient le Livre de Monsieur Masius, qui y est refuté; ce que c'est que l'heresie de Luther, & l'ordre qu'on a suivi.

IL y a quelque tems que j'eus l'honneur d'acompagner Monseigneur le tres-Illustre & tres-Sçavant Prince Armand de Soubize dans un de ses voïages de Strasbourg. Il est Comte & Chanoine de cette Eglise, & a été élû depuis peu Coadjuteur, & il y va chaque année faire sa résidence. Pendant le tems du séjour, que je fis en cette Ville, je m'apliquai à examiner les Dogmes & les ceremonies de la Religion de ce païs. C'est un Lutheranisme reformé & different en beaucoup de choses de celui de Saxe, où cette heresie a pris naissance.

On me fit voir un petit Livre, qu'on me dît être d'une grande réputation en Allemagne & dans tous les Païs où la Religion Lutherienne est établie. Il s'intitule *Deffense de la Religion Lutherienne contre les Docteurs de l'Eglise Romaine; où on fait voir en même tems leurs erreurs fondamentales; pour l'usage de ceux*

ã vj

PREFACE.

de la veritable Religion, qui sejournent en France. Il fut imprimé à Francfort l'an 1685. & est dedié à Madame de Meier-cron femme de l'Envoïé de Danemarck en France. L'Auteur se nomme seulement à la fin de l'Epître dédicatoire, & s'apelle Masius. Le Libraire, qui me le montra, me dît, qu'il avoit été composé à Paris. Cependant il est Lutherien, & je ne sçai pas de quel usage il pouvoit être dans un lieu où l'on connoît peu ce que c'est que le Lutheranisme. Il me dît encore, que ce Ministre étoit Docteur & enseignoit presentement la Theologie à Copenhague, & je l'ai apris depuis à Paris par le fils d'un Ministre de cette Ville, avec qui j'ai eu une Conference touchant la Religion.

Je lû cet Ouvrage avec attention. J'examinai ses raisonnemens de point en point. J'admirai ses Sophismes, & ses égaremens. Il impute à l'Eglise Catholique une fausse doctrine en plusieurs chefs & en tire des consequences telles qu'il souhaite, & qu'il peut s'imaginer être propres à flatter sa passion. Le mensonge & la calomnie ne sont pas des moindres ornemens de ce bel Ouvrage, & l'Auteur se montre en cela un digne imitateur de son Patriarche Luther, & un

PREFACE.

vrai enfant d'un tel Pere.

Ce Livre est divisé en trois Parties. Dans la premiere Monsieur Masius se propose de prouver, *que ceux de l'Eglise Romaine ne peuvent, selon leurs propres hypotheses, condamner les Protestans.* Il est assez difficile de comprendre par ce titre, quel est son dessein. Ces hypotheses, autant que je l'ai pû voir par la suite, ne sont autre chose, que certaines opinions Theologiques, qu'il impute à l'Eglise ; d'où il conclut, qu'il est libre de croire, ou ne pas croire les articles de foi, dont on y fait profession. Exemple. Il dit que l'Eglise Gallicane, qui passe pour tres-Catholique, soûmettant le Pape au Concile ne le reconnoît plus pour Chef de l'Eglise Universelle, & qu'ainsi on n'est pas obligé ailleurs, non plus qu'en France, de croire la primauté. Voilà ce qu'on apelle une de ces hypotheses, & une des plus belles consequences, qu'il tire contre nous dans cette premiere Partie. Encore y a-t-il quelque verité dans le principe ; car il est vrai, que l'Eglise Gallicane ne croit point, que le Pape soit au dessus des Conciles generaux, & déteste en même tems la consequence, qu'en tire Monsieur Masius ; mais en voici une autre où tout est faux, & même ridicule.

1. Part. C.
1. Pag. 23.

PRÉFACE.

C'est touchant le Dogme du Purgatoire. Il prétend, qu'il y a bien des Docteurs, qui ne le croïent point, que d'autres en font peu de cas, & qu'on recevroit facilement les Protestans, s'ils convenoient du reste, quoiqu'ils ne crûssent rien de celui-là. Tout cela est notoirement faux. Cependant il conclut, que ce seroit une injustice manifeste de damner une personne, pour nier une chose, qui n'est pas dans l'Ecriture, & que peu de gens croient. D'ailleurs, qu'on le croïe, dit-il, ou qu'on ne le croïe pas, on n'en sera pas plus exempt, & on n'y sera ni plus ni moins de tems, qu'on y doit être, si l'on doit y aller. Absurdité grossiere & indigne d'un homme, qui se dit Theologien, de croire que celui qui nie un article de foi, comme celui du Purgatoire, peut éviter l'enfer.

Chap. 4.
pag. 50.

La seconde Partie contient sept Chapitres de controverses touchant l'Ecriture-Sainte, l'invocation des Saints, la priere pour les morts, la Communion sous les deux especes, la Transubstantiation, le Sacrifice, & la justification.

La troisiéme enfin contient la Confession d'Ausbourg en François, & une instruction familiere sur cette Confession, & touchant la personne de Luther, sans aucune

PREFACE.

distinction d'articles ni de Chapitres.

Voilà le contenu de tout cet Ouvrage. On ne peut le refuter en suivant ce même ordre sans tomber dans une infinité de redites ennuïeuses. C'est ce qui m'a obligé de prendre une autre route, selon laquelle mettant à part quantité de choses, qui ne méritent pas, qu'on y fasse attention, je m'atache à ce qu'il y a de plus solide à mesure qu'il se presente, selon l'ordre de mon sistême.

Mais comme l'heresie de Luther est peu connuë en France, il me semble necessaire d'en donner ici quelque idée, afin qu'on puisse plus facilement comprendre ce que j'en dis dans la suite de cet Ouvrage. Elle est d'autant plus difficile à combatre, qu'elle a retenu quelque aparence des choses, qu'elle détruit. Il y a une espece de Messe. On admet la presence réelle de JESUS-CHRIST dans l'Eucharistie, mais on nie la Transsubstantiation. On s'y confesse; mais on ne dit de ses pechez, que ce qu'on veut. On y donne l'absolution, mais ce n'est qu'une déclaration, que le Ministre fait aux penitens, que tous leurs pechez, tant ceux qu'ils ont confessez, que ceux qu'ils ont voulu celer, sont remis par la seule foi. On ne rejette point les Images, mais

PREFACE.

seulement le culte, que nous avons coutume de leur rendre. On garde même en plusieurs endroits beaucoup de nos ceremonies; & les Calvinistes, les Zuingliens, les Anabaptistes & presque tous les autres heretiques, qui en sont sortis, ont renversé tout cela.

Luther naquit l'an 1483. à Islebe en Saxe, la veille de saint Martin, & fut batisé le lendemain & nommé pour ce sujet, Martin; son pere s'apeloit Jean Luder. Ce mot signifie quelque chose de peu honnête en Allemand, c'est pourquoi il le changea en celui de Luther. Il fit profession dans l'Ordre des Ermites de saint Augustin l'an 1505. âgé de 22. ans, à Erford, où il étudioit pour lors en Droit. Aprés avoir étudié quatre ans en Theologie, il enseigna la Philosophie à Vittemberg, où le Prince Frederic Duc de Saxe venoit de fonder une Université. Trois ans aprés il fit un voïage à Rome pour les affaires de son Ordre, & prît le Bonnet de Docteur dans cette nouvelle Academie à son retour. Il devint ensuite Professeur de Theologie, & comme il étoit d'un naturel fort impetueux, peu sçavant, extrêmement superbe, il mettoit à tout moment des questions nouvelles sur le tapis, les décidoit magistralement &

PREFACE.

soûtenoit ses décisions, pour absurdes, fausses ou temeraires, qu'elles pussent être, d'un air, qui en imposoit à tout le monde.

Leon X. lui fournit, sans y penser, une belle occasion de se signaler dans la dispute. L'an 1517. il publia de grandes indulgences pour ceux qui voudroient contribuer à la dépense, qu'il vouloit faire, pour achever la grande & magnifique Eglise de saint Pierre, que son predecesseur Jules Second avoit commencée. Le Prince Albert Archevêque de Maïence & de Magdebourg, Primat d'Allemagne, Cardinal Prêtre, Electeur du saint Empire, & Marquis de Brandebourg fut chargé de la publication de ces indulgences. Les Augustins, qui s'étoient toûjours rendus celebres dans de telles expeditions, ne doutoient en aucune maniere, que ce Prélat ne les employât à une telle moisson, & regardoient cette commission comme un droit acquis à leur Ordre. Mais ce Prince leur préfera Jean Tetzel Jacobin & grand Inquisiteur d'Allemagne, qui venoit de se rendre fameux avec ceux de son Ordre dans la publication de celles, qui avoient été acordées aux Chevaliers de l'Ordre Teutonique, pour la défense de la Province de Livonie contre les Mos-

PREFACE.

covités. Jean Stupice Vicaire General des Augustins, parent & grand ami du Prince Frederic de Saxe, homme d'érudition, grand politique, bien fait de corps & d'esprit, naturellement vif & éloquent, regarda cette préference comme un mépris de son Ordre, & comme un affront, qui ne se pouvoit suporter. Le Prince Frederic de Saxe entra facilement dans ses sentimens, & prît cela pour une injure faite à sa personne, à cause de l'estime & de l'amitié, qu'il avoit pour ce Religieux, qui étoit de sa famille.

Jean Tetzel envoïa des troupes de Missionaires de son Ordre par toute l'Allemagne. Ils publierent une infinité de Livres de toutes manieres & sous differens Titres, pour relever le prix & la valeur des indulgences. Luther, dont la bile étoit déja fort échauffée, & qui ne cherchoit que des occasions semblables, pour faire éclater sa Doctrine, ramassa dans ces Livres & dans les prédications de ces nouveaux Missionnaires un grand nombre de propositions, qu'il taxoit d'erreurs & d'heresies & fit soûtenir une these de 97. propositions, qu'il réduisit ensuite à 95. sur la penitence, le Purgatoire, le merite des bonnes œuvres, les indulgences, &c.

PREFACE.

Jean Tetzel opofa 106. propofitions aux 95. de Luther, & les fit foûtenir à Francfort fur l'Oder, où le Prince Joachim Marquis de Brandebourg avoit auffi établi depuis peu une Univerfité. Luther y répondit par un Livre latin, qu'il intitula *Refolutiones Difputationum de Indulgentiarum virtute*. Il le dedia à Leon X. & le pria de prononcer fur ce different, & protefta, qu'il fe foûmettroit entierement à fon jugement. *O bien heureux Pere*, lui dit-il, *je me jette aux pieds de votre beatitude avec tout ce que je fuis, & tout ce que je poffede; faites-moi vivre, faites-moi mourir, apelez-moi à vous, rejetez-moi, aprouvez ou reprouvez tout ce qu'il vous plaira, & comme il vous plaira, je reconnois, que votre voix eft celle de* JESUS-CHRIST, *qui préfide en vous, & fi je merite la mort, je ne refufe pas de mourir*, &c. Cette foumiffion aparente atira beaucoup de perfonnes dans fon parti. On croïoit, qu'il n'avoit point d'autre deffein, finon de reprimer les abus des indulgences, que faifoient les Quêteurs. Leon X. nomma Jerôme de Genuces Evêque d'Afcoli, Auditeur de la Chambre, & Sylveftre prieres Jacobin, Maître du facré Palais, pour examiner cette affaire,

PRÉFACE.

On cita Luther à Rome. Il s'excusa sur son infirmité, sa pauvreté, la crainte qu'il avoit de tomber dans les embûches de ses ennemis, & le peu de confiance, qu'il devoit avoir en de tels Juges. Le Pape nomma Thomas de Vio de la Ville de Cajete, Cardinal de saint Sixte, alors Legat en Allemagne, pour examiner la chose sur les lieux. Luther comparut devant lui à Ausbourg & fit une espece de Retractation generale & conditionelle, disant *que s'il avoit avancé quelque chose contraire à ce que croit l'Eglise, il y renonçoit, & souhaittoit, qu'on le regardât comme non dit, & qu'il le tenoit pour tel.* Le Cardinal ne s'en contenta pas, lui aïant entendu dire dans la conference, qu'il avoit euë avec lui le jour précedent, beaucoup de choses très-mauvaises, qu'il soûtenoit être orthodoxes, en apelant au jugement des Universitez de Bâle, de Fribourg, de Louvain, & même de celle de Paris, *qui étoit*, disoit-il, *la mere de toutes les Sciences, & qui passoit de tout tems, pour la plus Orthodoxe, & la plus florissante en Theologie.* Il demanda permission au Cardinal de coucher ses sentimens par écrit, & pendant ce tems il s'asûra d'un Sauf conduit de l'Empereur. Il presenta ensuite son écrit plein d'erreurs au Car-

PREFACE.

dinal, lequel le menaça de fulminer contre lui. Il apela au Pape mieux informé de tout ce que le Legat pouroit faire, & se retira à Vittemberg.

L'Empereur Maximilien vient à mourir. Charles Miltit Nonce du Pape tâche de flechir Luther & il en devient plus insolent. Il écrit au Pape qu'il avoit offert au Nonce de se taire, à cause de l'estime particuliere, qu'il avoit pour sa sainteté. Qu'ils étoient convenus de prendre pour Juge ou l'Archevêque de Treves, ou l'Evêque de Nuremberg; mais qu'Exius ennemi redoutable du saint Siege avoit tout renversé par sa dispute de Lipsic. Voici ce que c'est que cette fameuse dispute, qui a fait tant de bruit, & dont je n'ai pû me dispenser de parler en divers endroits de cet Ouvrage.

Jean Exius Professeur en Theologie dans l'Université d'Ingolstad, homme d'une grande reputation, écrivant à un de ses amis, qui lui avoit demandé son sentiment sur les 95. propositions de Luther, en taxa plusieurs d'heresie. André Carlostad Archidiacre du nouveau Chapitre, que le Prince Frederic de Saxe avoit fondé à Vittemberg, prit la défense de Luther. Exius répondit. Il falut en venir à une conference ou plutôt à une

PREFACE.

dispute publique. On choisit l'Université de Lipsic, qui dépendoit de Georges de Saxe Prince tres-Catholique. Le choq fut marqué au premier jour de Juillet. Carlostad s'y rendit le 27. de Juin, acompagné de Luther, & de Philippe Melancton, que le Prince Frederic avoit fait venir pour enseigner les lettres Grecques dans sa nouvelle Académie. Exius ariva seul deux jours aprés. Carlostad coucha toute sa doctrine en 12. theses, Exius en fit 12. oposées. La dispute commença par la question du Libre-Arbitre. Carlostad fut honteusement démonté. Luther voulut reparer le mal, qu'une telle confusion faisoit à son parti. Il entra en Lice le quatriéme Juillet à sept heures du matin. Les Seigneurs envoïez de la part du Prince Georges, pour empêcher le trouble, dirent qu'il étoit à propos de nommer des Juges, qui examineroient les raisons & les réponses, qu'on écrivoit de part & d'autre. Luther refusa, & ne voulut point d'autres Juges, que la populace. On le força de nommer des Universitez, pour décider sur cette dispute; & se voïant contraint de le faire il nomma celle d'Erford, où il avoit étudié, & la Faculté de Theologie de Paris, qu'il esperoit lui pouvoir être favorable, à cause du

PREFACE.

diferent qu'elle avoit alors avec la Cour de Rome, au sujet des libertez de l'Eglise Gallicane. Les Seigneurs aprés cela l'avertirent de moderer son feu, & de s'abstenir des injures. *Ce n'est pas*, répondit-il, *pour la cause de Dieu, que cette affaire a commencé, & ce n'est pas aussi pour cela qu'elle doit finir.* Toute l'assemblée fut frapée d'horreur entendant une telle impieté ; mais on la dissimula, de peur qu'il ne prît de là ocasion d'éviter le combat.

On disputa pendant dix jours sur l'autorité du Pape, le Purgatoire, les indulgences & la penitence. Il recevoit alors l'autorité des Peres, des Conciles, des Papes & la Tradition, ce qui l'embarassoit fort; mais il n'osoit encore lever le masque. Il s'irrita même étrangement de ce que Exius lui dit, qu'il tomboit dans les erreurs des Hussites, ausquels il fit trois ans aprés de grandes excuses de ce desaveu, dans une lettre, qu'il leur écrivit, pour les atirer dans son parti. Il fut forcé de recevoir beaucoup de choses, qu'il avoit rejetées d'abord, comme le Purgatoire, le second livre des Machabées, &c. Le 14. & 15. jour de Juillet Carlostad fit de nouveaux efforts, pour combâtre le Libre-Arbitre, & pour prouver, que toutes

PRÉFACE.

nos bonnes œuvres sont des pechez ; mais tout cela s'en alla en fumée, & les combatans de Vittemberg s'en retournerent chargez de honte. On envoïa les actes de cette conference à l'Université d'Erford & à la Faculté de Theologie de Paris. On ne sçait pas le jugement, qu'on en fit à Erford, mais voici celui que les Docteurs de Sorbonne en porterent.

Censure de la doctrine de Luther par la Faculté de Theologie de Paris du 15. Avril 1521.

Aiant exactement examiné & mûrement consideré toute la doctrine, qu'on nous a déferée, comme étant celle de Luther, nous avons trouvé dans la pleine & entiere discution, que nous en avons faite, & avons jugé qu'elle est remplie d'execrables erreurs touchant la foi, & les bonnes mœurs ; qu'elle est capable de séduire le simple peuple ; qu'elle est injurieuse à tous les Docteurs, contraire à la puissance de l'Eglise, & à l'ordre Hierarchique ; qu'elle est manifestement Schismatique, contraire à l'Ecriture-Sainte ; qu'elle en corrompt le sens, & est pleine de blasphêmes contre le saint-Esprit. Et nôtre sentiment est, qu'on doit l'exterminer, qu'on doit faire brûler publiquement de tels écrits, & obliger l'Auteur par toutes sortes de voïes juridiques à en faire une solemnelle abjuration. Ce fut le jugement des Assistans dans la conference même ; c'est pourquoi

PREFACE.

quoi Luther fît tout ce qu'il pût par diferens écrits pour adoucir ses horribles réponses. *Præsens malè judicat ætas*, dit-il en finissant le Livre, qu'il intitule, les Resolutions sur les propositions de la dispute de Lipsic, *Judicium melius posteritatis erit*; c'est-à-dire, qu'on en jugeoit mal alors, & qu'on en jugeroit mieux à l'avenir. Il se déchaîna contre Jerôme Emser Aumônier du Prince Georges, parce qu'il n'en parloit pas à son avantage. Il écrivit des Lettres pleines de fureur à Ekius, & au Pape même, comme nous avons déja dit, à qui il offrit cependant le silence, pourvû qu'on ne l'obligeât pas à chanter la palinodie, & qu'on ne lui prescrivît pas de loix, pour l'interprétation de l'Ecriture-Sainte.

Charles-Quint fut élû Empereur le 28. jour de Juin 1519. Il vint à Cologne. On y condamna, & on y brûla publiquement les Ouvrages de Luther, ce qu'on fit ensuite à Louvain & dans une infinité d'autres lieux par l'ordre des Princes Catholiques. Luther assembla l'Université de Vittemberg composée d'un petit nombre de gens peu capables de juger des matieres, dont il s'agissoit, & fit condamner par cette belle assemblée, dont il étoit l'ame, non seulement la Bulle de Leon

é

PREFACE.

X. du 15. Juin 1520. par laquelle ce Pape avoit condamné 41. articles de sa doctrine, mais encore tout le Droit Canon, & fît tout jeter au feu. Ce fût le 10. Decembre de la même année, qu'il fît cette belle expedition.

L'Empereur convoqua la Diette de Vormes; Jerôme Aleandre Nonce du Pape, depuis Cardinal & Archevêque de Brindes y presenta 40. articles impies, heretiques, & tres-seditieux, qu'il avoit extraits du Livre de la Captivité de Babilone, que Luther venoit de publier. Les Princes en eûrent horreur. Le Prince Frederic dît, que ces articles avoient été faits à plaisir, & que le Livre d'où on les avoit tirez, n'étoit pas de Luther. On lui envoïa un Sauf-conduit, & on lui ordonna de venir pour les dénier ou les reconnoître. Il viola le Sauf-conduit à Erford prêchant le Dimanche de Quasimodo, ce qui lui étoit défendu. Il reconnût ses Livres, & refusa de rétracter tout ce qu'il avoit avancé, à moins qu'il ne fût convaincu d'erreur par l'Ecriture, ou par une raison évidente. Il rejeta bien loin l'autorité des Papes & des Conciles. Et aprés plusieurs efforts, qu'on fit pour le faire rentrer en lui-même, & qui furent inutiles, il fut déclaré coupable d'heresie,

PREFACE.

& digne des peines portées par les loix contre ce crime. On le renvoïa chez lui à condition, qu'il garderoit les clauses du Sauf-conduit, sçavoir qu'il ne prêcheroit, ni n'écriroit, & qu'il n'exciteroit aucune sédition en chemin, & on lui donna 21 jours pour se retirer. Il écrivit de Fribourg aux Princes Lutheriens, qui étoient à la Diette; il prêcha séditieusement à Isennac le jour de sainte Croix; puis il se fit enlever par des gens apostez, & se retira au Château d'Alstat petite Ville de Tubinge, où son Disciple Muncer commença ensuite à prêcher & à établir la Secte des Anabaptistes. Il apela ce lieu sa Pathmos. Il y fut six mois entiers, pendant lesquels les Lutheriens publioient, qu'on avoit violé le Sauf-conduit, & tâchoient d'exciter de toutes parts des revoltes & des séditions.

La Censure de la Faculté de Paris fut presentée à la Diette, pendant qu'il y fut. Il y avoit 104. propositions anathematisées. Les Lutheriens publioient avant cela, que cette Faculté avoit aprouvé 38. des propositions presentées à la diette par le Nonce, & qu'elle en avoit laissé deux sans décision. C'est pourquoi ce coup leur fut tres-sensible. Philippe Melancton écrivit en latin une Apologie contre

PREFACE.

cette Censure, qu'il apelle *le furieux decret des Theologastres de Paris*. Luther traduisit ce libelle en Allemand & l'enrichit de Saletez & d'injures ; car cela étoit de son goût & de son stile ordinaire. Cette Faculté, qu'il disoit auparavant *être la plus florissante & la plus orthodoxe du monde*, devint tout d'un coup, si on l'en croit, *une Ecôle de Sophistes, infectée de lepre, remplie de la doctrine de l'Antechrist, la mere de toutes les erreurs, qui sont dans la Chrétienté, la plus grande prostituée que le Soleil ait jamais vû, & la veritable porte de l'Enfer.*

Ce Prophéte écrivit de sa Pathmos à ses freres les Augustins, & leur adressa le Livre, qu'il avoit composé pour prouver, qu'on devoit abolir la Messe privée, par les raisons, que le diable lui avoit aportées, en disputant contre lui sur ce sujet. Ces Peres s'y rendirent. Carlostad se mît à abatre publiquement les Images. On ne vit que Moines défroquez de toutes parts, qui rejettoient même jusqu'aux habits Sacerdotaux. On se mît à donner l'Hostie dans la main de ceux, qui communioient. On établit la Communion sous les deux especes, &c. On ne voïoit que troubles, que tumultes, que scandales à Vittemberg.

PREFACE.

Luther sortit de sa Pathmos, pour aporter quelque temperament à ces desordres, qui étoient capables de faire armer tout le monde contre lui, & de le perdre avec tous ceux de sa Secte. Il reprît severement les Moines, non de ce qu'ils avoient rejeté la Messe & renoncé à leurs vœux pour la plûpart, mais de ce qu'ils l'avoient fait sans son ordre; & Carlostad, de ce qu'il avoit brisé, & abatu les Images sans l'autorité des Magistrats. Cela se fît publiquement dans un Sermon, qu'il prêcha le premier Dimanche Carême. Carlostad ne pouvant digerer un tel affront se sépara de lui, & fît une Secte nouvelle. Il rejetta la présence réelle, il abolit les ceremonies de l'Eglise, il établit la Communion sous les deux especes, & quoiqu'il fût le plus vieux, de tous ces nouveaux Reformateurs, il fut le premier, ou tout au plus le second, tout Prêtre qu'il étoit, à prendre une femme, & l'on composa même une tres-impudente Messe d'une nouvelle invention, pour celebrer la fête de son Mariage, que Jean Cochlée, qui nous en fait l'Histoire, nous a conservée. Aprés la mort de Frederic de Saxe, qui ne pouvoit soufrir de Moines, ni de Prêtres mariez, Lu-

Ioan Cochl. ad an. 1525. l. de act. & scripr. Luth fol. 126.

PREFACE.

ther fît la même chose. Il épousa Catherine Bore Religieuse, que Leonard Koppen Bourgeois de Torgave avoit enlevée, avec huit autres de Familles tres-illustres, au Monastere de Ninimic, le Vendredi-Saint, deux ans auparavant.

Ulricus Zuingle Chanoine de Zurich commença l'an 1520. à faire un semblable ravage en Suisse. Il s'opposa à Samson de Milan Cordelier, que Leon X. avoit envoïé en ce Païs, pour ramasser l'argent des indulgences, comme Tetzel en Allemagne. Il se jetta dans des erreurs bien differentes de celles de Luther. Il ne reconnoissoit qu'une simple figure dans l'Eucharistie ; il rejetoit la penitence, la Confession, & toutes les ceremonies de l'Eglise ; il ne pouvoit souffrir d'Images ; il vouloit que les enfans des Fidelles fussent justifiez par la foi de leur parens. Voila les principaux Dogmes, qui lui étoient particuliers ; les autres lui sont communs avec Luther. Les 12. Cantons voïant le desordre, que ces nouvelles doctrines causoient dans leur état, prirent la resolution de faire examiner ces matieres dans une dispute publique, comme celle de Lipsic. Ekius y fut apelé. On envoïa un Sauf-conduit à Zuingle ; mais il ne voulut point s'y trouver. Éco-

PREFACE.

lampade Religieux apoſtat de l'Ordre de ſainte Brigite, Jacques Imeli, Berchtolde Halier, Ulricus Studerius ſoûtinrent le choc contre Exius, à ſon abſence. On diſputa particulierement ſur la préſence réelle du ſaint Sacrement de l'Euchariſtie. Ces Novateurs furent confondus & convaincus en préſence d'un grand nombre de Perſonnes ſçavantes, que les Evêques de Conſtance, de Bâle, de Lauſane, de Coire ou Chur y avoïent envoïez, & un grand nombre d'autres, qui y étoient venus d'eux-mêmes. Ces Cantons aſſemblez firent un decret ſolemnel, par lequel ils défendirent d'enſeigner la doctrine de Luther déja condamnée par le Pape Leon X. proſcrite par l'Empereur Charles V. & déclarée fauſſe par les Univerſitez de Paris, de Louvain, de Cologne, &c. Et on nomma des Magiſtrats pour faire executer ce decret avec les Officiaux des Evêques, & pour punir les tranſgreſſeurs. On ajoûta, que celui, qui ſeroit trouvé enſeigner cette doctrine, & en ſeroit convaincu dans un canton, ſeroit reputé coupable & criminel dans tous les autres, & puni au nom de toute la République.

Les affaires de la Religion allant toûjours de pis en pis en Allemagne, on fut obligé d'entendre la Confeſſion des Lu-

é iiij

PREFACE.

theriens, ce qu'on avoit refusé jusqu'alors. Ils la presenterent à la diette d'Ausbourg, qui fut convoquée le huitiéme d'Avril de l'année 1530. Elle fut examinée, & refutée, par de sçavans Theologiens, entre lesquels étoient Exius & Jean Faber. L'Empereur tâcha inutilement d'engager les Princes Lutheriens à souscrire à cette réfutation. On tenta diverses voïes pour les faire rentrer en leur devoir, & ils ne voulurent rien écouter. On demandoit de toute part un Concile General, les Protestans plusque tous les autres, quoiqu'ils ne souhaitassent rien moins dans leur cœur. Adrien VI. fît tout ce qu'il put pour surmonter une infinité d'obstacles, qui l'empêchoient ; mais son Pontificat fut de trop peu de durée, pour pouvoir en venir à bout. D'ailleurs il le croïoit moins necessaire, que la Reforme de la Cour de Rome. C'est à quoi il s'attacha, croïant que cela sufiroit, pour faire rentrer les heretiques dans leur devoir. Clement VII. tint le saint Siege dix ans & dix mois ; mais l'effroïable guerre, que lui déclara Charles V. qui se servit même des Lutheriens contre lui, empêcha l'execution de ce dessein. Bien loin de se voit en état d'arrêter le progrez de l'heresie, & de calmer

PREFACE.

les troubles de l'Eglife, il eût été trop heureux de ne pas voir naître une infinité de defordres nouveaux par l'horrible apoftafie de Henry VIII. Roi d'Angleterre, qui avoit merité le titre de défenfeur de la foi, par les Ouvrages, qu'il avoit faits contre Luther. Il fe fépara de l'Eglife l'an 1535. fous prétexte de ce qu'il ne peut obtenir de ce Pape la permiffion de repudier Catherine Infante d'Efpagne, tante de Charles Quint du côté de fa mere, pour époufer Anne de Boulen fa Concubinne.

Paul III. fon fucceffeur convoqua le Concile à Mantouë, pour le feptiéme du mois de Mai 1537. par une Bule du 2. Juin 1536. François I. s'opofa au choix, qu'il avoit fait de cette Ville, prétendant qu'elle n'étoit pas une Ville de fûreté. Le Duc de Mantouë demanda au Pape une garnifon, pour l'affurance de fa place; ce qui obligea le Pape de furfoir & de remettre la convocation au mois de Novembre. Il le convoca de nouveau à Vicence, qui eft dans le domaine des Venitiens, au premier jour de Mai 1538. mais les Princes n'y envoïerent ni Evêques, ni députez, & il fut obligé de revoquer fes Légats. Enfin il envoïa Jean Moron Evêque de Modène à la diette de

PRÉFACE.

l'Empire, qui se tint l'an 1542. pour déclarer aux Princes, qu'il aloit convoquer le Concile à Trente. La Bulle en fut expediée le vingt deux Mai, pour le premier jour de Novembre de la même année.

Il ne reste plus, pour finir cette Préface, que de donner un plan de cet Ouvrage, & d'exposer le dessein que je me suis proposé de suivre, pour la défense de l'Eglise contre les horribles erreurs, & les calomnies atroces de toutes ces malheureuses Sectes, qui se sont déchaînées contre elle, sous prétexte d'y vouloir établir une Reforme, chacun selon son caprice. Les uns disent, qu'elle s'est cachée dans les tenebres de l'Idolatrie, de mille supestitions, de diverses Traditions purement humaines, & de toutes sortes d'erreurs. Les autres, qu'elle est tombée en ruine & en désolation. C'est là le point capital, que j'ay crû devoir ataquer, & voici de qu'elle maniere je vais l'entreprendre.

Tous les heretiques conviennent avec nous, que nous sommes obligez de croire, & de suivre tout ce que JESUS-CHRIST & les Apôtres nous ont enseigné: & tout le point de la difficulté se réduit à sçavoir, quelle est cette doctrine, quels

PREFACE.

sont ces Dogmes, que le Sauveur du monde a enseignez lui-même, & que ses Apôtres remplis de son Esprit ont prêchez par tout le monde. Les Heretiques ne manquent pas de dire, que ce sont ceux là-mêmes, qu'ils enseignent, & dont ceux de leur Secte font profession. Il est certain, qu'il n'y a que la Tradition, par où l'on puisse s'en assurer; mais ils la rejettent tous d'une commune voix, & ils voudroient, qu'on s'en raportât uniquement à l'Ecriture-Sainte expliquée comme ils veulent. Et comme toutes les Sectes monde, quoique contraires les unes aux autres dans les points les plus essentiels, disent la même chose, il faudroit demeurer dans une horrible incertitude, & réduire toute la Religion en problêmes. C'est le parti, que Michel Servet suivit, & que Lælius & Faustus Socin l'oncle & le neveu embrasserent aprés lui, d'où la Secte des Sociniens tire son origine.

Comme ils rejettent donc la Tradition, qui les incommode, ou plutôt qui les acable, parce qu'il est facile de les convaincre par cette voïe, qui est directe & naturelle, & de leur démontrer par le témoignage des Peres, l'autorité des Conciles & par l'histoire & les monuments de chaque siécle, qu'on a toûjours tenu dans l'Eglise, comme une Doctrine apostolique tous les articles, qu'ils se sont avisez de contester depuis quelques années, on a été obligé d'avoir recours à divers moïens, pour pouvoir les combattre. On les a convaincus de Schisme, ne pouvant disconvenir, qu'ils se sont séparez d'une societé, qu'ils regardoient autre fois comme la veritable Eglise. On a fait voir la corruption des mœurs, où conduisent toutes leurs maximes, ce qui prouve évidemment, que leur doctrine ne peut être celle de JESUS-CHRIST. On leur a montré mille fois, que cette Doctrine n'étoit qu'un tissu de contradictions, ce qui ne peut convenir à celle que JESUS-CHRIST, & les Apôtres ont prêchée. On leur a mis devant les yeux tous les changements, & les variations, qui s'y trouvent depuis le commencement de la Reforme ; cette instabilité ne pouvant convenir qu'au mensonge, fait voir clairement, qu'elle n'a aucun caractere de verité. Comme ils s'atachent à l'Ecriture, disant qu'ils la suivent uniquement, on les a ataquez en plusieurs manieres dans ce retranchement. Premierement leur faisant voir, qu'il n'y a rien dans l'Ecriture, qui favorise leurs sentimens, & les réduisant à prouver nettement leurs Dogmes par l'autorité seule de l'Ecriture,

PREFACE.

sans y ajoûter ni diminuer ; & c'est ce qu'ils n'ont pû faire. Secondement leur demandant par où ils peuvent connoître le vrai sens de l'Ecriture, & comment ils peuvent distinguer les Livres Canoniques de ceux qui ne le sont pas; pourquoi ils en ont rejetté, qu'ils ont reconnûs aprés, pour être la veritable parole de Dieu ? & ils ne répondent à tout cela autre chose, sinon qu'ils ont reçû de Dieu une lumiere interieure, qu'ils apellent l'esprit particulier, par laquelle ils distinguent aisément ces choses, & entendent facilement le vrai sens de l'Ecriture. Mais cela a paru si faux & si ridicule, que les plus habiles ont été obligez d'abandonner cet esprit illuminatif, & chercher quelque autre porte de deriere, pour se tirer d'affaire; à quoi ils n'ont encore pû réüssir. Enfin on leur a fait voir l'horreur des Dogmes monstrueux, qu'ils ont embrassez suivant les principes de la reforme, comme l'inamissibilité de la grace, l'impossibilité des commandemens de Dieu, la reprobation sans démerite, l'incompatibilité de la foi avec le peché, l'égalité des pechez, le démerite des œuvres les plus saintes ; & autres semblables erreurs, qui ne peuvent être, que d'énormes blasphêmes entierement contraires à la doctrine de Jesus-Christ & des Apôtres.

PRÉFACE.

Comme un des principaux artifices des Ministres, & de tous ceux, qui se séparent de l'Eglise consiste particulierement à décrier sa doctrine, & à lui imputer mille erreurs, qui ne sont que dans leur tête, entre plusieurs methodes differentes, dont on peut se servir utilement, pour la conversion des heretiques, qui furent proposées dans l'assemblée du Clergé de France de 1682. On aprouva particulierement celle qu'avoit suivie le Sçavant & Illustre Prélat, Monseigneur de Meaux, auparavant Evêque de Condom, dans son petit Livre intitulé *Exposition de la Doctrine de l'Eglise Catholique*, où il expose simplement & briévement la Doctrine du Concile de Trente ; afin que les plus simples pûssent voir, si elle étoit telle, que les Ministres la dépeignoient, pour leur en donner de l'horreur. Le succez de ce Livre a fait voir, que cette methode étoit tres-excellente, & qu'il s'agissoit moins de disputer avec les heretiques, que de les instruire.

Me trouvant donc aujourd'hui obligé d'écrire, & engagé à refuter le Livre de Monsieur Masius, pour les raisons que j'ai exposées cy-dessus, j'ai crû qu'il seroit inutile de suivre ces routes, que tant de grands Hommes ont découvertes, &

PREFACE.

ont fraïées, n'aïant rien à ajoûter au poids, ni au nombre des raisons, qu'ils ont aportées, pour convaincre les heretiques. J'ai long-tems déliberé, si je ne devois point m'atacher à suivre Monsieur Masius de point en point, répondant à ce qu'il alegue contre la foi de l'Eglise; mais j'ai consideré qu'en suivant cette voïe je ne pouvois faire qu'un Ouvrage, qui auroit été utile à peu de personnes, & ennuïeux à beaucoup, & j'ai crû, qu'il étoit plus à propos de me proposer un système, dans lequel je pûsse établir des principes generaux, pour convaincre tous les heretiques secrets ou déclarez de l'injustice de leur procedé: & comme ils sont obligez, pour soûtenir leurs imaginations, de suposer que l'Eglise a changé de Doctrine, qu'elle a abandonné celle de Jesus-Christ, qu'elle a renoncé à la foi des Apôtres, j'ai entrepris de leur faire voir combien cette prétention est fausse & insoûtenable, démonstrant, qu'il est impossible, que l'Eglise change le moindre article de sa foi, ni de la doctrine, qui regarde les mœurs. J'ai pris ce parti d'autant plus volontiers, qu'il me donne lieu d'attaquer la Reforme par le premier fondement. Car c'est la premiere raison, qu'on aporte du Schisme, &

PREFACE.

le principe de toutes les calomnies, qu'on vomît contre cette épouse de Jesus-Christ. C'est sur cette imagination que Monsieur Masius a bâti son Ouvrage. Il insulte perpetuellement à l'Eglise dans cette fausse supposition. Il est donc important de la ruiner; car le reste tombe de lui même, & toutes les controverses s'évanoüissent, si cet article devient constant & assûré.

Il y a trois choses à considerer dans ce prétendu changement, dont les heretiques nous parlent sans cesse, qu'il est important d'examiner; sçavoir de quelle maniere il s'est fait, qui peut en avoir été la cause, & en quel tems cela est arivé; c'est qui m'a donné lieu de diviser cet Ouvrage en trois parties.

Dans la premiere je ferai voir, que de quelque maniere, qu'on puisse suposer, qu'il soit arivé, cela est absolument impossible. Le titre des Chapitres qui suivent, fera voir le grand détail, où je suis entré, pour le démontrer.

Dans la seconde je ferai voir, que quelque cause, qu'on puisse aporter d'un tel changement, elle n'a jamais pû avoir un tel effet. Je n'oublirai aucune de celles, que les heretiques aleguent pour le soutenir. Et la seule diversité, les contra-

PREFACE.

dictions & la bizarerie de leurs sentimens sur ce point seroit capable de les convaincre de mensonge.

Dans la troisiéme, que les époques, qu'ils donnent à un petit nombre de tant de changements, sont absolument fausses, & qu'il n'est jamais arivé rien de semblable dans ces mêmes tems. La seule diversité de ces époques, qu'ils donnent à un même article, & pour un seul changement, les détruit. Et pour donner un surcroît de confusion aux ennemis de l'Eglise, qui avancent des choses si fausses & si temeraires, j'ajouterai une quatriéme Partie, dans laquelle je montrerai, que toutes les erreurs de Luther ne sont qu'un assemblage de diverses heresies, qui ont été condamnées long-tems avant qu'il fût au monde, & même la plus grande & plus considerable Partie, dans les quatre premiers siécles. C'est ce qu'on a plusieurs fois reproché aux Protestans ; ainsi il sera bon de le verifier. On verra par ce moïen, que ç'a toûjours été le même esprit, qui a conduit l'Eglise, & que le Concile de Trente a justement condamné ces erreurs, comme contraires à la foi, qu'elle avoit reçûë de JESUS-CHRIST, & des Apôtres, puisqu'elles avoient été condamnées long-

PREFACE.

tems auparavant par tout le monde.

Mais afin qu'on puisse connoître tout d'un coup, qu'elles sont ces erreurs, que nous condamnons, & que les Lutheriens prétendent être les articles de foi des premiers siécles, j'ai voulu les raporter ici dans un certain ordre autant qu'il a été possible de les y réduire, marquant à la fin de chaque proposition, le lieu d'où elle est tirée. J'ai crû qu'il faloit chercher cette doctrine des Lutheriens, non dans les Ouvrages particuliers; mais dans les Livres, qu'ils appellent Symboliques, qui sont reçûs de tout le parti. Je n'ai pas entrepris de faire un Catalogue exact de toutes les fausses opinions & de toutes les heresies, qui s'y trouvent; mais seulement des plus considerables, & qui servent comme de principes aux autres, dont le nombre est infini. Si j'ai raporté le témoignage de quelques particuliers, ce n'a été que pour éclaircir ce qui ne paroissoit pas assez expressément raporté dans les Livres Simboliques.

PRÉFACE.

CATALOGUE DES ERREURS les plus communes parmi les Lutheriens, que Monsieur Masius apelle la doctrine ancienne de l'Eglise.

Touchant la Justification.

I. Qu'on est justifié par la seule foi. Apol. art. 2. Conc. pag. 73. Epit. art. 3. Conc. pag. 584. Masius 2. Part. chap. 7.

II. Que la concupiscence est un veritable peché, qui reste en nous aprés le Batême, Apol. art. 1. Conc. pag. 56. & art. 3. Conc. pag. 91. art. 3. Smacal. Conc. pag. 321. Masius Part. 1. Chap. 7. pag. 68.

III. Que nous n'avons aucun Libre-arbitre pour les choses surnaturelles. art. Smacal. 2. Conc. pag. 318. solid. repet. art. 2. Conc. pag. 680. Masius Part. 1, pag. 68.

IV. Que la diference de la Loi & de l'Evangile consiste en ce que la Loi nous acuse, comme lui étant contraires, & l'Evangile nous rassûre en nous remettant devant les yeux la satisfaction de JESUS-CHRIST. Epit. art. 5. Conc. pag. 592.

PREFACE.

solid. repet. art. 5. Conc. pag. 710.

V. *Que l'acomplissement des commandemens de Dieu est impossible.* Apol. art. 3. Conc. pag. 90. & seq. Masius Part. 1. chap. 8. pag. 71. Part. 2. pag. 145.

VI. *Que tout peché est mortel de sa nature.* Apol. art. 3. Conc. pag. 91. Melanct. in cap. 8. Epist. ad Rom. Joan. Olearius disp. 4. Thesi 24. in Pontif.

VII. *Que les bonnes œuvres ne sont d'aucune utilité, ni d'aucun merite pour le salut.* Confess. August. art. 6. Conc. pag. 11. art. 20. Conc. pag. 16. Apol. art. 3. Conc. pag. 87. Epit. art. 4. Conc. pag. 590.

VIII. *Qu'on a une certitude infaillible de la remission de ses pechez, lorsqu'on a la foi ; que ce seroit faire injure à* JESUS-CHRIST *d'en douter, quoi qu'on n'ait aucune certitude de la penitence.* Apol. art. 3. Conc. p. 87. & 90. Ep. art. 3. n. 6. Conc. pag. 585. Masius 2. Part. chap. 7. pag. 148.

Touchant l'Eglise.

IX. *Qu'on peut se separer de l'Eglise, sans être coupable de schisme, pour certaines raisons.* Confess. August. art. 7. Conc. pag. 11. Apol. art. 4. Conc. pag. 151. Olearius Thesi. 71. Masius 1. Part. c. 1. pag. 21.

PREFACE.

X. *Que le Pape n'est point chef de l'Eglise.* art. Smacal. 4. Conc. pag. 312. Masius Part. 1. ch. 1. pag. 21.

XI. *Que les veritables marques de l'Eglise ne sont autre chose, sinon la veritable prédication de l'Evangile, & l'administration des Sacrements, comme il faut.* Ap. art. 4. Conc. pag. 148. art. Smacal. 12. Conc. pag. 325. Confess. August. art. 7. Conc. pag. 11.

XII. *Qu'elle n'est point infaillible.* On dit dans la Confession d'Ausbourg art. 7. *Que l'Eglise subsistera toûjours*; cependant on soutient qu'elle est tombée dans des idolatries & des erreurs énormes, & on l'apelle par tout le Siege de l'Antechrît. C'est une contradiction manifeste.

XIII. *Qu'elle peut s'obscurcir de telle maniere, qu'on ne puisse plus la reconnoître.* C'est une maniére de concilier la contradiction précedente; comme si une Eglise invisible pouvoit être celle, que J. C. a établie visible. Jean Olearius Professeur en Theologie à Lipsic en 1684. disput. xi. Cont. Pontif. Thes. 63. & 64. dit qu'elle n'est pas infaillible & qu'elle peut devenir invisible.

XIV. *Que l'Universalité n'est pas une marque de la vraie Eglise.* Cela suit de l'onziéme proposition.

XV. *Qu'elle n'est point juge des Controverses, ni du sens des Saintes-Ecritures.* C'est une doctrine fondamentale dans le parti, par laquelle on s'autorise à rejeter les Conciles generaux, & toutes les décisions de l'Eglise. Elle suit de la 12. On prend pour juge du sens des Ecritures l'Esprit interieur ou particulier. *Joan. Olear. disp. 4. Cont. Soc. & 17. Masius Part. 2. chap. 1. pag. 3.* la Confession de foi des Calvinistes de France art. 4. porte que *ce n'est pas tant par le commun acord & consentement de l'Eglise, que par le témoignage & persuasion interieure du Saint-Esprit, qui nous fait discerner les Livres Saints des autres Livres Ecclesiastiques, que nous connoissons ces Livres être Canoniques, & la regle tres-certaine de nôtre foi.*

XVI. *Que la Tradition n'est d'aucune autorité.* Confess. August. art. 5. Conc. pag. 28. Apol. art. 8. Conc. pag. 205. Masius Part. 2. ch. 1. p. 21.

XVII. *Que les vœux de Religion, que l'Eglise aprouve & reçoit, sont contraires à la parole de Dieu, & à ses commandemens.* Confess. August. art. 6. de abus. Conc. pag. 32. Apol. art. 13. Conc. pag. 276. art. Smacal. 3. Conc. pag. 311. &c

PREFACE.

art. 14. pag. 336. Masius instr. fam.

XVIII. *Que les jeûnes & abstinences qu'elle commande sont aussi contraires à la parole de Dieu.* Confess. August. de abus. art. 5. Conc. pag. 28. Apol. art. 15. Conc. pag. 214.

XIX. *Qu'elle n'a aucun pouvoir d'établir des Fêtes, de nouvelles ceremonies, des vigiles, &c. tout cela étant contraire à la parole de Dieu.* Confess. Aug. art. 7. de abus. Conc. p. 40. Apol. art. 14. Conc. pag. 293.

Touchant le culte.

XX. *Que l'honneur, qu'on rend aux Saints, est une pure Idolatrie.* Apol. art. 9. Conc. pag. 223. art. Smacal. 2. Conc. p. 311. Masius Part. 2. ch. 2. p. 25.

XXI. *Que l'invocation des Saints est aussi une pure Idolatrie.* Confess. August. art. 21. Conc. p. 19. Apol. art. 9. Conc. pag. 223. art. Smacal. 2. Conc. pag. 310. Masius Part. 2. ch. 2. p. 25.

XXII. *Que la veneration des Saintes Reliques est aussi une pure Idolatrie.* art. Smacal. 3. Conc. pag. 311. Catech. maj. in 1. præcept. Conc. pag. 403.

XXIII. *Que le culte de la Croix & des Images doit être encore regardé comme une Idolatrie.* Apol. art. 9. Conc. p.

229. Masius Part. 2. ch. 2. p. 55.

Touchant les Sacremens, le Sacerdoce, & le Sacrifice.

XXIV. *Qu'il n'y a que trois Sacremens, le Batême, l'Eucharistie & la Penitence.* Apol. art. 3. Conc. pag. 200. Ce nombre n'est pas encore bien fixé ; car quelquefois on rejette la Penitence, quelquefois on en fait un Sacrement. Luther dans son Livre de la captivité de Babylone ne l'a reçûë que par provision, *ad tempus.*

XXV. *Qu'ils ne conferent aucune grace en vertu de leur aplication, ex opere operato.* Confess. August. art. 13. Conc. p. 13. Apol. art. 7. Conc. pag. 200. art. Smacal. 5. Conc. p. 329.

XXVI. *Que la Confirmation n'est point un Sacrement.* Apol. art. 7. Conc. pag. 201. Masius 1. Part. chap. 5. p. 54.

XXVII. *Que l'humanité de* JESUS-CHRIST *est non seulement au Ciel & au saint Sacrement, mais par tout, où est sa Divinité ; ce qu'on apelle l'Ubiquité.* Solida repet. art. 8. Conc. p. 784. Luther dans son Livre pour le sens literal contre Ecolampade.

XXVIII. *Que le Pain & le Vin demeurent dans l'Eucharistie & qu'il ne s'y*

PREFACE.

s'y fait aucune transubstantiation, art. Smacal. 6. Conc. pag. 330. Epit. art. 7. Conc. pag. 602. solid. repet. art. 7. Concord. pag. 735. & 756.

XXIX. *Que c'est un crime d'Idolatrie d'adorer le saint Sacrement de l'Autel:* Epit. art. 7. Conc. pag. 604. solid. repet. art. 7. Concor. pag. 760.

XXX. *Que le Corps de Jesus-Christ ne demeure point dans l'Eucharistie, mais qu'il se communique seulement dans la manducation,* Solid. repet. art. 7. Conc. pag. 729.

XXXI. *Que la Communion sous une espece est contraire à l'institution de ce Sacrement.* Confess. Aug. art. 1. de abus. Conc. pag. 21. Apol. art. 10. Conc. pag. 233.

XXXII. *Que la célébration de l'Eucharistie n'est point un Sacrifice.* Apol. art. 12. Conc. pag. 253. Epit. art 7. Conc. pag. 602.

XXXIII. *Que la Messe privée est une veritable prophanation de l'Eucharistie.* Confess. August. art. 3. de abus. Conc. pag. 24. Apol. art. 12. Conc. pag. 250. & 269. art. Smac. 2. Conc. pag. 305.

XXXIV. *Que tout Laïque, en cas de necessité, peut absoudre de tous pechez, aussi-bien qu'un Prêtre.* Traité de potest.

Tom. I.   i

& princ. Papæ., à la fin des art. de Smacal. Conc. pag. 353. Luther. in assert. art. per Bullam damnatorum ann. 1520. prop. 13. dit, *que tout Chretien, une femme même, & un Enfant peuvent absoudre à l'absence du Prêtre, en vertu de ces paroles*: Tout ce que vous délirez sera délié; & dans le Livre de la *Messe privée il soûtient, que le Diable même peut faire validement toutes les fonctions de Ministre & de Pasteur, & consacrer l'Eucharistie.*

XXXV. *Qu'il n'est pas nécessaire de confesser tous les pechez mortels, mais seulement ceux, qu'on veut.* Confess. Aug. art. 11. Conc. pag. 12. & art. 4. de abus. Conc. pag. 27. art. Smac. 8. Conc. pag. 331.

XXXVI. *Que la Contrition nécessaire, pour la Pénitence, n'est autre chose, que la crainte & le trouble d'une conscience, qui sent que Dieu est irrité, laquelle est apaisée par la Foi, & que c'est faire injure à Jesus-Christ de s'imaginer, que nos pechez sont remis, parce que nous aimons Dieu.* Apol. art. 5. Conc. pag. 165. art. Smacal. 2. & 3. Conc. pag. 319. Apol. art. 3. Conc. pag. 87.

XXXVII. *Que la satisfaction n'est pas une partie de la Pénitence, & qu'elle n'est pas necessaire.* Confess. Aug. art. 4. de abus. Conc. pag. 27. Apol. art. 6. Conc. pag. 184. art. Smacal. 3. Conc. pag. 324.

XXXXVIII. *Que les Indulgences ne sont qu'une invention des Papes pour amasser beaucoup d'argent.* art. Smacal. 3. Conc. pag. 324.

XXXIX. *Que le Purgatoire est aussi une pure fiction, & la prière pour les morts, une chose inutile.* Apol. art. 12. Conc. pag. 272. art. Smacal. 2. Conc. pag. 207. Mas. 2. part. pag. 59.

XL. *Que l'Extrême-Onction n'est point un Sacrement.* Apol. art. 7. Conc. pag. 201. Mas. 1. part. ch. 5. pag. 54.

XLI. *Que l'ordre n'est point un Sacrement, & que la puissance, qu'on y reçoit, n'est qu'une députation extérieure, pour prêcher la parole de Dieu, & administrer les Sacremens.* Tract. Smacal. de potest. Episc. Conc. pag. 353. Mas. 1. part. ch. 5. pag. 54.

XLII. *Qu'il n'y a aucune différence entre les Prêtres & les Evêques.* Tract. Smacal. de potest. Episc. Conc. pag. 352.

XLIII. *Que c'est l'Eglise composée de tous les états, qui doit ordonner, & donner la mission immediatement aux Ministres, & non point les Pasteurs.* Tract. de potest. Episc. Conc. pag. 353.

PREFACE.

XLIV. *Que le Celibat des Ecclesiastiques est contraire au droit naturel, & au droit divin.* Confess. August. art. 2. de abus. Conc. pag. 21. Apol. art. 11. Conc. pag. 136. art. Smacal. 11. Concord. pag. 334.

XLV. *Que le Mariage n'est point un Sacrement.* Apol. art. 7. Concord. pag. 200.

Ce sont là les opinions principales & dominantes dans la Secte de ceux qui font profession de suivre la Confession d'Ausbourg. Ce Catalogue peut servir de plan à ceux qui voudront sçavoir l'état de cette heresie, & disposera ceux qui liront cet Ouvrage à entendre beaucoup de choses, qu'il seroit dificile de bien comprendre sans cela.

TABLE
DES CHAPITRES
de la premiére Partie.

CHAPITRE I.

Ce qu'on entend par l'Infaillibilité de l'Eglise, page 1

Chap. II. *Quels articles les Lutheriens prétendent avoir été changez, ou alterez dans la doctrine de l'Eglise Catholique.* 10

Chap. III. *Diverses supositions absolument nécessaires pour établir ces prétendus changemens.* 22

Chap. IV. *De quelle maniere la Doctrine de l'Eglise a dû changer selon les Protestans.* 41

Chap. V. *Que les Reformateurs n'ont aucune aparence de raison de suposer, que leur doctrine etoit celle des premiers siécles.* 52

Chap. VI. *Que ces prétendus changemens n'ont pû se faire par succession de tems,* 70

Chap. VII. *Que ces prétendus changemens n'ont pû se faire successive-*

ĩ iij

TABLE

ment par raport aux lieux. 83

CHAP. VIII. *Que ces prétendus changemens ne peuvent avoir été insensibles, si on les considere selon l'ordre politique.* 94

CHAP. IX. *Que ces prétendus changemens ne peuvent avoir été insensibles, si on les considere selon l'ordre du gouvernement Ecclesiastique.* 104

CHAP. X. *Que les moïens, qu'on a pris, pour conserver la Foi de l'Eglise, font voir l'impossibilité de ces prétendus changemens insensibles.* 115

CHAP. XI. *Que les moïens, qu'on prend pour marquer précisément, en quoi consiste la doctrine de l'Eglise, lorsque les Heretiques la combatent, font voir la fausseté, & l'impossibilité de ces prétendus changemens sensibles.* 126

CHAP. XII. *Que Dieu a envoïé dans tous les tems des hommes sçavans & remplis d'un veritable zele, pour s'oposer aux heresies dés leur naissance, d'où suit l'impossibilité de ces prétendus changemens insensibles.* 140

CHAP. XIII. *Que le soin, qu'on a toûjours pris dans l'Eglise de suivre exactement le fil de la Tradition Apostolique, & de rejeter tout ce qui pou-*

DES CHAPITRES.

voit y être contraire, fait voir l'impossibilité de tous ces prétendus changemens. 150

Chap. XIV. *Que les Traditions Pharisiennes n'ont rien de semblable à ce que nous apelons Tradition dans l'Eglise, & qu'elles n'ont fait aucun changement dans la doctrine de la Synagogue.* 193

Chap. XV. *Que la doctrine de la Synagogue étoit fondée sur la Tradition, aussi-bien que celle de l'Eglise Catholique.* 211

Chap. XVI. *Que le soin, qu'on a toûjours pris de distinguer la veritable, & la fausse Tradition, fait voir combien est injuste la comparaison, qu'on tire des Traditions Pharisiennes, & en même-temps, combien ces prétendus changemens sont impossibles.* 229

Chap. XVII. *Que ces prétendus changemens n'ont pû ariver, comme ceux qui sont arivez dans quelques points de Discipline.* 254

Chap. XVIII. *Que les plus considérables changemens de la discipline de l'Eglise sont une preuve de l'immutabilité de sa Doctrine.* 270

Chap. XIX. *Dans quel sujet repose l'esprit d'infaillibilité, qu'on atribue à l'Eglise.* 289

TABLE

TABLE DES CHAPITRES de la seconde Partie.

CHAPITRE I.

Que les manières figurées de parler, dont les Peres se sont servis, ne peuvent produire aucun changement dans la doctrine de l'Eglise. 355

CHAP. II. *Que les fausses interprétations de l'Ecriture ne peuvent faire aucun changement dans la doctrine de l'Eglise.* 394

CHAP. III. *Que l'ignorance des Pasteurs, ou des peuples n'a pû être cause de ces prétendus changemens.* 411

CHAP. IV. *Que la négligence des Pasteurs ne peut jamais être cause de tels changemens.* 425

CHAP. V. *Que l'interêt n'a pû produire aucun changement dans la doctrine de l'Eglise.* 444

CHAP. VI. *Que la violence n'a jamais pû faire aucun changement dans la doctrine de l'Eglise.* 467

CHAP. VII. *Que l'ambition n'a pû causer aucun changement dans la doctrine de l'Eglise.* 513

DES CHAPITRES.

CHAP. VIII. *Que la politique ne peut faire aucun changement dans l'Eglise.* 538

CHAP. IX. *Que la corruption des mœurs n'a jamais fait aucun changement dans la Foi de l'Eglise.* 566

CHAP. X. *Que le changement des Protestans ne peut venir que la corruption de leurs mœurs.* 575

CHAP. XI. *Que l'Eglise ne peut devenir invisible.* 600

Fin de la Table des Chapitres.

APPROBATION

Monsieur Pirot, Docteur de la Maison & Societé de Sorbone, & Chancelier de l'Université de Paris.

J'Ay lû ce Livre, qui porte pour titre *l'Infaillibilité de l'Eglise, dans tous les articles de sa Doctrine*, où je n'ai rien trouvé que d'orthodoxe & d'édifiant. En Sorbone le 1 Avril 1700.

Signé, PIROT.

Autre Approbation.

NOus soussignez Docteurs en Theologie de la sacrée Faculté de Paris certifions, que par l'ordre de ladite Faculté, nous avons lû & examiné un Livre, qui a pour titre : *L'Infaillibilité de l'Eglise, dans tous les articles de sa*

Doctrine, touchant la Foi & les mœurs, composé par Monsieur LANGEVIN Prêtre Docteur de Sorbone; & que nous n'y avons rien trouvé de contraire à la Foi Catholique, ni aux bonnes mœurs. En foi dequoi nous avons signé. Fait à Paris ce 21. jour d'Avril 1700.

GARSON, Curé de S. Landri.

ANQUETIL.

Autre Approbation.

JE souſſigné Prêtre Docteur de Sorbone, & Curé de saint Pierre des Arcis, en la Cité à Paris, certifie avoir lû un Livre qui a pour titre, *L'Infaillibilité de l'Eglise dans tous les articles*, &c. composé par Monsieur LANGEVIN, Docteur de Sorbone, dans lequel je n'ai rien trouvé de contraire à la Foi de l'Eglise. Cét Ouvrage est très-propre à désabuser les personnes, qui sont dans l'erreur, & à les engager à rentrer dans le sein de l'Eglise. Fait à Paris ce 1. Aoust. 1701.

DE LA COSTE.

APPROBATION DE MONSIEUR Nehou, Docteur en Théologie de la Faculté de Paris, Curé d'Huqueville Diocèse de Rouen.

ENtre tous les moïens, dont on peut se servir pour combattre les Heretiques, il n'y en a point de plus court & de plus efficace, que d'établir solidement l'Infaillibilité de l'Eglise, & l'autorité qu'elle a reçûe de Jesus-Christ, pour décider les questions de la Foi &

des mœurs. C'est par la force de cét argument que les Peres des premiers siécles ont étoufé la plûpart des Heresies dans leur naissance, combatu avec avantage contre les défenseurs de l'erreur, fait triompher la verité Catholique, confondu les raisonnemens humains, & renversé toute la hautesse qui a osé s'élever contre la science de Dieu. Les Docteurs Catholiques, qui ont traité de nos Controverses avec les Heretiques de ces derniers tems, ont reconnu par experience que ce moïen étoit également propre pour convaincre les plus opiniâtres, desabuser les simples, & terminer promtement toutes les disputes. C'est la fin que s'est proposé l'Auteur du Livre qui a pour titre: *L'Infaillibilité de l'Eglise dans tous les articles de sa Doctrine, touchant la Foi & les mœurs*, & il a crû avec raison, qu'il ne pouvoit choisir de voïe plus sûre pour y arriver. Ceux qui liront cét Ouvrage avec attention trouveront, que ce point décisif en faveur de l'Eglise Catholique, y est traité avec beaucoup d'erudition & de solidité. L'Auteur aprés avoir établi des principes dont les Protestans ne peuvent disconvenir, en tire des conclusions, qui font comme toucher au doigt l'impossibilité des changemens dont ils ont osé accuser l'Eglise. En raportant les justes précautions, dont l'Eglise a usé dans tous les siécles, pour conserver le sacré dépôt de la foi; en examinant toutes les causes, qui auroient pû produire ces prétendus changemens; en refutant les differentes époques, que les Ministres ont été obligez de feindre, pour tâcher de les soûtenir; il fait voir clairement que les Protestans n'ont pû rejetter l'autorité de l'Eglife sans tomber dans des contradictions manifestes, & des absurditez monstrueuses ; qu'il n'y a rien de fixe dans le systême de la prétenduë reforme, & que les principes, sur lesquels elle est apuïée, conduisent au libertinage & à l'irreligion. Enfin en leur montrant que la plûpart des articles qu'ils ont opposez à la Doctrine de l'Eglise, ont été frapez d'anathême dés les premiers siécles, il les contraint, pour ainsi dire, de prononcer eux-mêmes leur propre condamnation. Il y a donc sujet d'esperer que la lecture de cet Ouvrage sera tres-utile à tous ceux qui cherchent sincerement la verité. Les Catholiques y verront avec plaisir la conduite admirable, que Dieu a tenuë dans tous les siécles sur son Eglise, pour la preserver de l'erreur, & ils en seront éclairez & affermis de plus en plus, dans la saine Doctrine. Les Heretiques, à qui Dieu inspire le desir de s'instruire de la voïe du salut, y trouveront des preuves convaincantes, qu'il n'y en a point d'autre que de s'atacher inviolablement à l'Eglise Catholique ; & ils rougiront d'avoir méprisé l'autorité dont Dieu l'a revêtuë, pour suivre aveuglément un petit nombre de revoltez, qui d'ailleurs se sont rendus par leur nouveauté, leur temerité, leur inconstance, leur orgueil & leurs emportemens tout a fait indignes d'être crûs. C'est le succez que je souhaite à ce Livre, dans lequel je n'ai rien trouvé qui ne soit conforme à la foi & aux bonnes mœurs. Donné à Haqueville le 27. Juillet 1701.

P. NEHOU

L'INFAILLIBILITÉ

L'INFAILLIBILITÉ DE L'EGLISE
DANS TOUS LES ARTICLES DE SA DOCTRINE,
TOUCHANT LA FOY ET LES MOEURS.

✱✱✱✱✱✱✱✱✱✱✱✱✱✱✱✱✱✱✱✱✱✱

PREMIERE PARTIE,

Où l'on examine de quelle maniere il pourroit arriver du changement dans une Doctrine reçûë & approuvée ; & où l'on fait voir que cela est impossible en celle de l'Eglise.

CHAPITRE PREMIER.

Ce qu'on entend par l'Infaillibilité de l'Eglise.

IL faut bien que ce terme ait paru obscur ou équivoque aux Lutheriens, puis qu'ils disent dans leur Confession de foi, que l'Eglise, qui est seule & sainte, sub-

Confess. August. art. 7.

Tome I.   A

sistera toûjours : *Item docent quòd unâ sancta Ecclesia perpetuò mansura sit* ; & qu'ils ne cessent cependant de l'accuser d'être tombée dans des erreurs les plus grossieres & les plus horribles ; comme d'avoir établi de nouveaux Sacremens sans pouvoir & sans autorité ; de leur avoir attribué une vertu que JESUS-CHRIST ne leur a point donnée ; d'avoir reçû, approuvé & autorisé une infinité d'Idolatries ; d'avoir aneanti les merites de JESUS-CHRIST, & le mystere de nôtre Redemption, par la Doctrine des bonnes œuvres, &c. Ce qui fait voir qu'ils sont tombez dans une grossiere & ridicule Contradiction, ou qu'ils ont mis une grande difference entre l'Infaillibilité & la Perpetuité de l'Eglise, en prétendant qu'en quelques erreurs qu'elle puisse tomber, elle subsistera toûjours jusqu'à la fin des siecles.

Ce qu'on entend par le mot de Perpetuité.

Il est vrai que parlant en general, ces deux termes de Perpetuité & d'Infaillibilité signifient des choses differentes. Car par le premier, nous entendons simplement, une durée, qui selon ses principes, ne doit jamais finir. C'est en ce sens que nous appellons un mouvement, perpetuel ; comme celui du sang dans les

DE L'EGLISE. Chap. I. 3
veines d'un animal, le flux & reflux de la mer, le cours des Astres, & autres semblables, lors qu'il vient d'un principe, qui de soi ne doit jamais cesser de le produire ; parce qu'il en a la vertu en lui même, quoique le sujet, c'est-à-dire, la chose muë, doive necessairement perir, & en perissant, cesser d'être muë.

D'où suit la difference qui se trouve entre ce que nous appellons éternel, & ce qui est seulement perpetuel : car ce qui est éternel, doit au moins n'avoir jamais de fin, en quelque maniere que ce puisse être, l'éternité étant une durée sans fin ; au lieu que ce que nous appelons perpetuel, peut finir en bien des manieres, quoique le principe soit de lui-même capable de toûjours agir, & doive toûjours produire son effet. Ainsi le mouvement d'une montre, qui pourroit se remonter elle-même, si on avoit trouvé le secret d'en faire de cette maniere, seroit perpetuel, quoique la montre pût être cassée, que les rouës pussent s'user, qu'on la pût démonter, qu'on pût l'arrêter en y mettant quelques obstacles, ou en quelque autre maniere que ce pût être.

Le mot de perpetuel se prend quelquefois pour signifier une durée sans inter-

Ce qu'on entend par éternel.

A ij

ruption, & on le confond alors avec celui de continuel ; mais cette signification lui est étrangere & impropre. Ce qui fait qu'on confond aisément ces deux termes, c'est qu'une durée perpetuelle est necessairement continuelle, au moins par rapport au principe qui la produit ; au lieu que ce qui est continuel n'est pas toûjours perpetuel, le principe pouvant s'épuiser ou cesser d'agir par lui-même.

Nous convenons avec les Lutheriens, que l'Eglise subsistera toûjours, c'est-à-dire qu'elle est perpetuelle, & qu'elle durera jusqu'à la fin des siecles, quoique ses enfans & les membres qui la composent, meurent les uns aprés les autres ; mais nous prétendons qu'elle est encore infaillible, & que sa perpetuité n'est fondée que sur son infaillibilité.

Ce qu'on entend par l'infaillibilité.

Ce terme ne signifie autre chose selon l'idée commune & ordinaire, sinon un attachement inviolable à la verité, qui exclut non seulement toute erreur, mais même le pouvoir d'y tomber. Or il y a de deux sortes d'infaillibilitez ; l'une entiere, generale, parfaite & sans reserve, qui ne convient qu'à Dieu, qui ne peut jamais se tromper ni être trompé ; & une particuliere, & qui ne s'étend qu'à certaines choses. Telle est celle de l'Eglise : Elle ne regarde que le dépôt de la Foi, qui lui a été confié par Jesus-Christ & par les Apôtres, remplis de son Esprit, & les maximes de morale qui lui ont été enseignées pour la conduite de ses enfans. D'où il suit qu'elle ne decide rien dans tous les faits, qui ne sont pas au nombre de ceux qui lui ont été revelez, ni suivant le raisonnement des hommes, quelque évident qu'il puisse être; & qu'elle condamne generalement tout ce qui est contraire à la Doctrine qu'elle a reçûë, sans avoir égard à aucune raison humaine, rien n'étant capable de l'en détacher, ni de lui faire perdre de vûë un seul moment, l'autorité sur laquelle cette Doctrine est fondée.

Cette idée d'Infaillibilité suppose donc dans son objet une puissance de discerner le vrai d'avec le faux, pour suivre toûjours l'un avec un attachement invincible, & rejetter toûjours l'autre avec une severité inébranlable. C'est pour cela qu'on dit bien, qu'une chose est infaillible lors qu'elle arrivera infailliblement, dépendant d'une puissance qui ne peut manquer d'agir (ce qui se prend quelque fois moralement) & qu'on ne dit jamais, que la verité est infaillible, mais qu'elle est certaine, constante, indubitable ; parce qu'elle ne juge point. On ne peut pas dire pareillement, que la Foi est infaillible, mais perpetuelle, parce qu'elle ne manquera jamais ; & parler ainsi, ce seroit parler improprement, comme on fait quelquefois.

Mais quoyqu'il en soit, nous n'entendons autre chose par l'Infaillibilité de l'Eglise, que cette fidelité inviolable qu'elle a à garder le dépôt de la Foi ; & cette fermeté invincible avec laquelle elle marche dans la voïe que Dieu lui a tracée, premierement par les Prophetes, ensuite par Jesus-Christ son Fils unique, & enfin par les saints Apôtres, remplis de son Esprit ; de sorte qu'aucune puissance, aucun artifice, aucune consideration, aucune raison n'est capable de l'ébranler, ni de l'en détourner un seul moment, ni de lui faire recevoir ou approuver aucune Doctrine ni Maxime contraire à ce qui lui a été revelé & enseigné.

Cette idée est parfaitement conforme à tout ce qu'en dit l'Ecriture ; sçavoir, que les portes de l'enfer ne prevaudront jamais contre-elle ; que c'est une maison fondée sur la Pierre ferme par un sage Architecte ; que ni les vents, ni les orages, ni les pluïes, ni les tempêtes, ni les débordemens des Rivieres, qui nous marquent les persecutions, les heresies, les schismes, les passions humaines, les artifices du demon, la corruption des siecles, ne pourront jamais ébranler; qu'elle est enfin, comme le marque saint Paul, la Colonne & le fondement de toute verité.

Comme cette Eglise n'est autre chose qu'une Societé, qui fait profession en quelque lieu ou en quelque tems qu'elle se trouve, d'être ainsi attachée à la Doctrine qu'elle a reçûë de Jesus-Christ, il est évident que son infaillibilité renferme necessairement sa perpetuité. Car cette Societé ne peut manquer qu'en deux manieres; sçavoir par l'embrasement general de tout le monde, comme il arrivera à la fin des siecles; ce qui n'empêche pas qu'elle ne soit perpetuelle, mais éternelle, comme nous avons remarqué; ou par une apostasie generale de cette Societé, comme si abandonnans la verité revelée, elle embrassoit l'erreur, & s'attachoit à l'heresie y étant obligée par force ou par artifice; & en ce cas elle ne seroit ni infaillible ni perpetuelle, elle periroit, la foi qui nous unit venant à perir, quoique les sujets qui la compo-

L'Infaillibilité de l'Eglise renferme sa perpetuité.

sent ne perissent pas. D'où il suit que sa perpetuité suppose necessairement son infaillibilité, & que son infaillibilité renferme absolument sa perpetuité.

Un Roïaume pourroit être perpetuel sans que la puissance que Dieu a donnée à ceux qui le gouvernent fût infaillible, parce que c'est l'attachement des Sujets à leur Souverain, & la soûmission qu'ils doivent avoir pour les loix, qui fait le nœud de ces societez, qui subsisteront tant que cela subsistera ; quoique les jugemens de ceux qui gouvernent ne soient pas tous justes. Mais il n'en est pas ainsi de l'Eglise, c'est un Roïaume, qui se trouve répandu dans tous les Roïaumes du monde, & dont le nœud consiste dans la conformité de la Foi, & dans l'ordre de la Charité que ses sujets ont en JESUS-CHRIST qui est leur chef. Ce nœud étant rompu, il faut que le Roïaume perisse & cesse d'être ; ainsi ce Roïaume n'est perpetuel qu'en ce que ce nœud ne peut jamais être rompu.

Il est donc évident que les Lutheriens se contredisent eux-mêmes, lorsqu'ils disent que l'Eglise subsistera toûjours & qu'ils soûtiennent qu'elle est tombée dans plusieurs erreurs depuis long-temps ; comme si cette societé pouvoit subsister sans la Foi & la Charité, qui nous tiennent unis en Jesus-Christ: si elle a toûjours subsisté, elle n'a jamais changé, & elle ne changera jamais si elle doit toûjours subsister, puisqu'elle ne peut jamais changer en ce qui regarde la Foi & les mœurs sans cesser de subsister. Et c'est ce qui nous oblige pour démontrer son infaillibilité, & consequemment sa perpetuité, de prouver qu'elle ne peut changer en aucune maniére dans le moindre article de la Foi, ni dans les maximes qu'elle a reçûës de Jesus-Christ pour la conduite de ses enfans.

Il seroit inutile de ramasser ici tant de passages de l'Ecriture-Sainte qui prouvent cette verité, puisque les Heretiques qui les sçavent aussi-bien que nous, n'en sont pas pour cela convaincus. Mais les moïens que nous emploïons feront voir la fausseté de leurs explications, & les forceront, s'ils y font attention, à s'arrêter au sens naturel, que suit l'Eglise, & nous les raporterons pour cela dans les endroits où il sera nécessaire.

A v

CHAPITRE II.

Quels Articles les Lutheriens prétendent avoir été changez ou alterez dans la Doctrine de l'Eglise Catholique.

IL semble que les Lutheriens devroient nous accuser d'avoir changé ou alteré autant d'articles dans la Doctrine de l'Eglise, qu'il s'en trouve de contraires à la leur : car si tous ces dogmes dont nous avons fait le catalogue ci-dessus, sont la Doctrine ancienne de l'Eglise, comme ils prétendent ; la Doctrine contraire doit être nouvelle, ce qui suppose autant de changemens que d'articles : cependant Monsieur Masius n'en produit que neuf, & nous fait grace pour le reste. Voicy le Catalogue qu'il nous en donne dés le commencement de son Livre sous ce Titre.

Les Articles de Controverse entr'eux (Catholiques) & nous (Lutheriens) sont :

I. De l'autorité du Pape, comme Chef de l'Eglise.

II. *Des Traditions outre l'Ecriture, & hors l'Ecriture.*

III. *De l'Invocation des Saints & du culte des Images.*

IV. *Du Purgatoire.*

V. *Des sept Sacremens où l'on traitte aussi de la Transubstantiation, & du retranchement de la Coupe.*

VI. *Du Sacrifice de la Messe.*

VII. *Du péché Originel & du franc-arbitre.*

VIII. *Du Celibat des Prêtres & des Clercs; comme aussi des conseils Evangeliques sur la pauvreté volontaire, & sur l'obéissance aveugle.*

IX. *De la Justification, de l'accomplissement de la Loi & des bonnes œuvres.*

Ce sont là, dit-il, les Articles sur quoi nous sommes en different avec l'Eglise Romaine.

Il s'en faut beaucoup qu'il n'ait suivi le genie de Luther, en faisant un si petit Catalogue de nos differents. Ce Reformateur publia dés le commencement de sa revolte jusqu'à 95. Propositions contre les Indulgences; les peines satisfactoires, & la Pénitence, qu'il envoïa bien-tôt après au Prince Albert qui étoit alors Archevêque de Mayence, Evêque de

Magdebourg & Cardinal Prêtre, dont on en condamna 41. à Rome l'an 1520.

Jerôme Alexandre, Nonce du Pape en Allemagne, en produisit 40. à la Diette de Vormes l'année suivante, qu'il avoit tirées du Livre de la Captivité de Babylone, que Luther venoit de mettre en lumiére.

Censure de la Faculté de Theologie de Paris, contre Luther. La Faculté de Theologie de Paris, qu'il choisit à Vormes l'an 1518. & à Lipsic l'an 1519. pour Juge de sa Doctrine, en condamna 104. tirées de ses Ouvrages le 15. Avril l'an 1521. ce qui déconcerta tout ce parti, & fit changer tous les éloges qu'ils faisoient de cet illustre Corps en injures & en calomnies.

Enfin, Jean Cochlée Doyen de Nôtre Dame de Francfort sur le Mein, en produisit 50. qu'il avoit tirées de 36. Sermons de Luther, pour les presenter à la Diette de Ratisbone, qui se devoit tenir l'an 1524. Cependant Monsieur Masius se retranche à neuf Articles, qu'il dit être seulement en Controverse entre les Lutheriens & nous.

Je sçai bien qu'une même erreur peut être bien des fois, & en bien des maniéres dans un même Ouvrage, ou dans plusieurs; mais il est bien certain & la suite le fera connoître, qu'un si grand nombre de Propositions differentes qui se sont trouvées condamnables dans les écrits de Luther, ont plus de neuf principes.

Il est vrai que ces neuf Articles du Catalogue de Monsieur Masius en peuvent fournir aisément seize ; car le troisiéme en comprend deux, l'Invocation des Saints, & le culte des Images, qui sont deux choses bien differentes.

Le cinquiéme en comprend trois, sçavoir les sept Sacremens, la Transubstantiation & le retranchement de la coupe. Et comme les Lutheriens rejettent cinq de nos Sacremens, on en peut encore faire cinq Articles, dont il n'y en a aucun qui ne soit d'une tres-grande importance, & qui ne renferme un tres-grand nombre de points de Controverses.

Le septiéme comprend le peché Originel & le Franc-arbitre, qui sont deux choses bien distinguées, & deux sources d'un grand nombre de disputes particulieres.

Le huitiéme en comprend encore deux, sçavoir le Celibat des Ecclesiastiques majeurs, & ce qu'il appelle les conseils Evangeliques.

Le neuviéme en comprend encore

trois, la Justification, l'accomplissement de la Loi, & les bonnes œuvres.

Les cinq Sacremens n'étant pris que pour un seul article, ce détail en fera trouver seize, & si on les prend pour cinq articles, il s'en touvera vingt.

Pourquoi Monsieur Masius a diminué les articles de Controverses qui sont entre lui & nous.
Je ne sçai pas pourquoi Monsieur Masius a voulu reduire ces articles à un si petit nombre. Il a voulu apparemment nous faire grace de ne pas nous imputer un si grand nombre de changemens qu'il auroit pû; ou peut-être n'a-t-il pas jugé que tous ces autres points de Controverse soient fondamentaux. Mais je doûte qu'il soit approuvé en cela des autres Ministres qui s'éforcent au contraire de les multiplier, tant qu'ils peuvent, pour insulter à l'Eglise avec plus d'apparence de raison, à l'éxemple de leur Patriarche. Il est vrai que Monsieur Masius pourroit leur répondre que le nombre des articles fondamentaux n'ayant pû encore être fixé jusqu'à present; il est libre à chacun d'en admettre tant & si peu qu'il lui plaira.

Peut-être aussi Monsieur Masius veut-il se faire grace à lui-même. Car c'est à lui qui est nôtre accusateur, de prouver que nous sommes coupables de tant de changemens; il a donc pû & a dû même considerer, que moins il nous en imputera, moins aussi se hazardera-t-il dans une telle entreprise. Il est difficile d'imaginer de quelle maniere tant de changemens si differens auroient pû se faire, & de leur fournir des raisons, des causes, des occasions & des Epoques. Il a donc jugé qu'il valoit bien mieux se retrancher à un tres-petit nombre d'articles, d'en mettre même trois ou quatre ensemble, quand il ne pouvoit abreger autrement, que de multiplier ses peines & ses embarras, Mais il peut se rassûrer; car je lui déclare que s'il peut nous convaincre d'avoir changé un seul article, tel qu'il puisse être, de la Doctrine de l'Eglise en ce qui regarde la simplicité de la Foi, & la pureté des mœurs, nous consentons qu'on nous traite comme si nous avions tout changé, & qu'on nous applique cette parole de Saint Jacques; *Quiconque a gardé toute la Loi & l'a violée en un seul point est coupable, comme l'ayant toute violée.* Le changement d'un seul article bien prouvé fait donc tout le gain de sa cause. Et nous qui sommes les prétendus coupables de ces changemens, nous ne rougissons point d'exposer exactement & autant qu'il nous est possible tous ceux qu'on veut nous imputer.

si l'Eglise peut changer un article de Foi, elle peut nous châger. Jacobi 2. v. 10.

J'ai reduit tous ces Articles à quatre Chefs principaux, qui sont, la Justification, l'Eglise, le Culte & les Sacremens. Il faut rapporter à ce dernier article ce qui regarde le Sacerdoce & le Sacrifice. Il est aisé de connoître par le Catalogue que j'ai donné ci-dessus, les changemens que les Reformateurs nous imputent ordinairement, pour cacher & déguiser ceux qu'ils ont faits eux-mêmes, & dont nous avons droit de les accuser & pouvoir de les convaincre. Mais chaque Ministre a ses sentimens particuliers; outre cela, il y a un tres-grand nombre de Sectes differentes, qui disputent entr'elles, & qui font naître de jour en jour une infinité de nouvelles opinions. La plus grande partie des sentimens de Luther sont aujourd'hui abandonnez par ses Sectateurs. Ses écrits sont remplis de mille contradictions, de mille blasphêmes, de mille folies, de mille saletez inexcusables, & Monsieur Masius nous déclare lui-même, qu'*il y a bien à dire entre ses premiers Ecrits, où il semble quelquefois favoriser ceux de Rome, & les derniers. Et que dans ceux-ci il faut bien distinguer ces passages, où il ne fait que combattre les mauvais sentimens de ses adversaires, se servant avantageusement de*

Nul point fixe dans les sentimens des Reformateurs.

Basti sami

leurs principes contre eux-mêmes, d'avec ceux où il défend & soûtient absolument la cause de Dieu, & de la verité revelée dans la Bible. C'est-à-dire, qu'il faut bien distinguer ces endroits, où il parle d'une manière, de ceux où il parle d'une autre. Comment pouroit-on donc trouver quelque chose de fixe & de certain dans cet affreux cahos d'opinions, & dans cette mer de contradictions ? Voici ce que nous avons fait dans cet embarras.

Il y a des Livres ramassez en un Corps de Doctrine, & reliez en un même volume, qui sont des écrits publics, qui furent autrefois aprouvez & autorisez par les Princes, les Etats & les Ministres, qui faisoient alors la plus grande & la plus considerable Partie de toute la Secte. On les apelle Symboliques, parce que la Doctrine, qui y est exposée, est comme le Symbole des Lutheriens. Il y en a cinq ; sçavoir, 1. la Confession d'Ausbourg, non celle qui fut corrigée & changée dés le commencement par Philippe Melancton, & ensuite par plusieurs autres ; mais celle qu'on apelle *invariée*, c'est-à-dire, telle qu'elle est sortie des mains de Luther, qui en est l'Auteur. 2. L'Apologie de

Livres Symboliques des Lutheriens.

T. I.

cette Confession, qui fut faite par le même Melancton. 3. Les Articles de Smalcalde, que Luther composa pour être presentez au Concile, alors convoqué à Mantouë, & tenu ensuite à Trente. 4. Le grand & le petit Catechisme de Luther. 5. Un écrit composé en l'année 1576. à Torges, par six Theologiens députez, & revû & corigé dans le Monastere de Berges l'an 1577. & publié à Dresde l'an 1580. sous le titre d'*Epitôme des Articles qui sont controversez par les Theologiens, qui suivent la Confession d'Ausbourg. Ou bien, regle ou forme en abregé, selon laquelle on doit juger de tous les dogmes, & finir toutes les disputes, qui surviennent sur ce sujet.* Ce Livre s'appelle encore, *Formule de Concorde*, & n'est qu'un abregé de celui qu'on apelle Solide Repetition.

Le Corps de Doctrine, qui contient tous ces Ouvrages & plusieurs autres encore, s'appelle aussi *Concorde*, ou *Formule de Concorde*; mais dans un autre sens. Car le premier s'apelle ainsi, parce qu'il contient un Lutheranisme repurgé de toutes les opinions contraires, qui s'y étoient glissées; & le second; parce que c'est un assemblage de ces cinq Ouvrages publiquement reçûs par ceux qui se disent les veritables Lutheriens, & dont le premier ne fait qu'une partie.

Ces cinq Ouvrages, dans lesquels on doit trouver la pureté du Lutheranisme, quelque authentiques & approuvez qu'ils puissent être, n'ont cependant qu'une autorité humaine, & personne n'est obligé sur peine de damnation de s'y arrêter, selon la premiere maxime de la Reforme tant vantée, que nulle autorité sur la terre, sinon celle de l'Ecriture, qui est divine, ne peut captiver nôtre foi. Ainsi personne n'est encore obligé de s'en tenir à la doctrine de ces Livres Symboliques, & chacun est en droit de les reformer quand il voudra, lors qu'il y trouvera des choses qui ne lui paroîtront pas conformes à l'Ecriture expliquée & entenduë selon son sens, & selon les lumieres que peut lui fournir l'esprit particulier.

Les Livres Symboliques ne sont d'aucune autorité.

Mais comme il n'y a rien de plus autentique dans toute la Reforme Lutherienne, j'ai crû que c'étoit dans ces Livres qu'il falloit chercher les Dogmes les plus purs & les plus approuvez parmi les Lutheriens, pour les comparer avec ceux de l'Eglise, & voir par ce moyen, quel est le nombre & la qualité des changemens dont on nous accuse ; & comme il est beaucoup plus grand & plus considerable, que Monsieur Masius ne l'a fait, j'ai sujet de croire, qu'il se sert du privilege que la Reforme accorde à tous ses Partisans, qui est de ne croire, que ce qu'il trouvera à propos de tout ce qui est contenu dans ces Livres Symboliques, ou dans tous les autres qu'elle a produits. Et comme l'autorité de ces Livres Symboliques ne laisse pas d'être beaucoup plus considerable dans son parti, que la sienne, je suivrai le Catalogue des Articles que j'en ai tirez, lors qu'il s'agira de les combattre en particulier, & regarderai tous ceux qui leur sont contraires, comme des changemens qu'on nous impute, mais injustement, comme la suite le fera voir.

Distinction de la Doctrine, & de la Discipline.

Mais avant que de passer outre, il est bon d'avertir Monsieur Masius & les autres Ministres, de ne point confondre, comme ils ont coutume de faire, par malice ou par ignorance, ce qui est d'une pure Discipline, c'est-à-dire, ce qui regarde le bon ordre, la décence du service Divin, ou la maniere d'administrer les Sacremens, avec ce qui est de Foi & tenu pour tel dans l'Eglise. Nous convenons que la Discipline & les Ceremonies ont quelquefois changé, & ont été differentes dans les tems & les lieux differens chez les Catholiques ; mais infiniment moins que chez les Heretiques, & particulierement chez les Lutheriens ; car l'Office public, ou la Liturgie Lutherienne, est si differente dans les Prêches d'Alsace, de Saxe & autres lieux, & les Coûtumes si contraires dans les choses les plus essentielles, qu'il est impossible de croire en y assistant, que ce soit la même Religion.

Que Monsieur Masius ne demande donc plus qui a observé ces differentes Rites de l'Eglise Romaine ; car s'il n'entend par ces Rites autre chose, sinon quelques Ceremonies, ou quelques points de Discipline, nous ne disconviendrons pas qu'il y en a plusieurs chez nous qui ont été changés ou ajoûtés, ou pour imprimer un plus grand respect pour les choses saintes, ou pour condescendre à la foiblesse du peuple, ou pour confirmer la foi des Mysteres, ou pour confondre les Heretiques, ou pour mille autres raisons que nous ne sçavons peut être pas. Quoi qu'il en soit, il est très-facile de faire voir,

Preface page 8.

La Discipline peut changer.

que la plus grande partie est tres ancienne, & qu'il y en a plusieurs que les Heretiques ont rejettées, qui s'observoient dans l'Eglise dés le second siecle.

Mais si par ces Rites, il entend les Dogmes de pratique, que nous observons dans l'Eglise; comme l'Invocation des Saints, la veneration des Reliques, la Priere pour les Morts, l'Adoration de JESUS-CHRIST present réellement & substantiellement dans l'Eucharistie, &c. Nous lui ferons voir évidemment, que les Fidelles les ont toûjours observés depuis le temps des Apôtres, & l'établissement de l'Eglise.

CHAPITRE III.

Diverses Suppositions absolument necessaires pour établir ces prétendus Changemens.

IL faut necessairement faire de deux sortes de Suppositions, pour soûtenir les Changemens que les Reformateurs imputent à l'Eglise. Les unes regardent la chose, & les autres la maniere. Je parlerai de celles-ci dans le

DE L'EGLISE. Chap. III. 23
Chapitre suivant, & je vais examiner les premieres dans celui-ci.

1. Il faut supposer que tous les Articles de la Doctrine Lutherienne, que nous avons reduits au nombre de 45. ont été prêchez par les Apôtres, & laissez en dépôt à toute l'Eglise, comme une Doctrine sacrée & invariable. C'est ce que tous les Heretiques sont obligez de dire chacun de leur Doctrine, pour fausse, ridicule & impie qu'elle puisse être; car quel pretexte pourroient-ils avoir de renoncer à la Doctrine de leurs Peres, pour s'attacher à des inventions toutes nouvelles, s'ils convenoient, que celle qu'ils abandonnent est la Doctrine de JESUS-CHRIST, qui a été prêchée par les Apôtres? Il faut donc qu'ils disent, que celle qu'ils veulent établir étoit la Doctrine des premiers Fidels, quand ils viendroient de l'imaginer depuis une heure. Si nous soûtenions, dit Monsieur Masius, quelque Dogme, qui fût contraire aux sentimens de l'ancienne Eglise, nous ne pourrions nous garantir de leurs anathêmes; mais tout ce que nous enseignons étant conforme à la parole de Dieu, & d'ailleurs ayant pour nous l'Antiquité Orthodoxe, nous pouvons avec bien

Tous les Heretiques soutiennent que leur Doctrine étoit celle des Apôtres.

" " Preface pag. 3. " " " " "

» plus de justice renvoyer ces anathêmes
» contre-eux, &c. C'est donc la Doctrine de Luther qui doit être la plus ancienne, & par consequent la seule veritable. Il n'y a pas un seul Heretique qui ne dise la même chose de la sienne. Mais parce qu'il est trés-évident que la Doctrine contraire est trés-ancienne, portant avec soi un grand nombre de caracteres d'antiquité, par lesquels il est facile de la connoître ; comme de ne porter le nom d'aucun Auteur, sinon celui de Jesus-Christ, ce qui la distingue de toutes les fausses Doctrines, qui retiennent toûjours le nom des Heretiques qui les ont inventées ; comme d'être appellée Catholique, ce que les Heretiques n'ont jamais pû lui ôter, &c. On tâche de faire remonter les Epoques imaginaires de ces prétendus Changemens, le plus haut qu'il est possible, afin de faire croire, que si on ne les connoît pas assez exactement, c'est qu'elles se sont perduës dans la longueur des tems, avec les monumens qui auroient pû nous en conserver la memoi-
» re. Quand ils pourroient (c'est-à-dire
» ceux de l'Eglise Romaine) montrer l'an-
» tiquité de leurs erreurs, dit encore Mon-
» sieur Masius, pendant huit ou dix siecles,

DE L'EGLISE. Chap. III.

cles, on devroit pourtant les renvoïer à
la Doctrine de la primitive Eglise. Ce
changement a dû donc commencer à se
faire dés le six, sept ou huitiéme siécle, selon la supputation de M. Masius, & la Doctrine des siécles precedens, étoit celle que Luther & ses Successeurs ont enseignée dans le siécle passé, laquelle est contenuë dans les 45.
articles, que nous avons rapportez ci-dessus.

2. Il faut encore supposer, que ç'a été
pour la deffense de cette même Doctrine
Lutherienne, qu'un nombre infini de
Martyrs ont prodigué leur vie; & que si
l'on trouvoit qu'ils eussent suivi un seul
article de la Doctrine contraire, comme
est celle que l'Eglise Catholique tient
aujourd'hui, on devroit juger qu'ils ont
répandu leur sang inutilement, qu'ils
sont morts dans leurs pechez, qu'ils ne
peuvent être que des Martyrs du mensonge, & non point de la verité. Car
il faut dire la même chose de chacun
de ces articles en particulier, & de tous
en general, que ce que saint Paul disoit de la foi touchant la resurrection
des morts, que de faux Docteurs impugnoient dés le commencement. Si tous
ces Martyrs, & generalement tous ceux

Les Martyrs seroient morts pour la deffense du Lutheranisme.

dont la memoire est si chere à l'Eglise, & dont la mort a paru si pretieuse devant Dieu, n'ont pas crû tous les articles de la Doctrine Lutherienne, supposé qu'elle fût celle des Apôtres, comme les Reformateurs le prétendent, ils sont perdus sans resource : *Ergo qui dormierunt in Christo perierunt* ; & que n'aïant point eu d'autre esperance que pour cette vie, ils ont été les plus miserables de tous les hommes. Ceux qui comme saint Paul ont été exposez aux bêtes farouches, ont été des desesperez, & auroient bien mieux fait de ne penser qu'à boire, qu'à manger & à se divertir, que de s'exposer eux-mêmes à souffrir comme ils ont fait, pour rendre un faux témoignage contre Dieu même.

1. Cor. 15. v. 18.

1. Cor. 15. v. 32.

 Les Reformateurs ne peuvent pas se dispenser d'admettre cette supposition, qui est une consequence qui suit évidemment de la premiere ; & comme ils sont forcez à cause de l'évidence de plusieurs témoignages, de convenir, que dés le second & le troisiéme siecle, on croïoit déja beaucoup d'articles contraires à la Doctrine de Luther dans toute l'Eglise, comme l'invocation des Saints, le Purgatoire, la Superiorité

DE L'EGLISE. Chap. III. 27

des Evêques au deſſus des autres Miniſtres, la neceſſité des ſatisfactions, &c. Il faut auſſi qu'ils regardent tous ces grands Hommes, qui ont ſoûtenu, enſeigné & prêché cette Doctrine, comme des Apoſtats, des Heretiques, des Idolâtres, en un mot, comme des Reprouvez, & qu'ils condamnent tous ceux qui les ont ſuivis dans leur croïance, & qui les ont imitez dans leur conduite.

Il ne ſuffit pas de dire, pour adoucir une ſi affreuſe conſequence, que ce n'eſt pas à nous de juger du ſalut de qui que ce ſoit; car ce n'eſt pas nous qui les jugeons, c'eſt JESUS-CHRIST qui en a déja jugé. *Celui qui ne croit point, eſt déja condamné.* Si les articles de la Doctrine de Luther ſont celle de JESUS-CHRIST, quiconque n'a pas crû & n'a pas ſuivi cette Doctrine, même dans un ſeul point, n'a point eu la foi; & s'il eſt mort en cet état, il eſt mort Heretique & eſt un reprouvé.

<small>Joan. 3. v. 18.</small>

3. Il faut encore ſuppoſer, ou que le changement de tant d'articles de Foi, eſt arrivé tout d'un coup, ce qui eſt impoſſible; ou qu'il s'eſt fait ſucceſſivement autant de changemens qu'il y a d'articles dans l'Egliſe Catholique con-

<small>Il doit être arrivé autant de changemens, qu'il y a d'articles.</small>

B ij

traires à ceux de la Secte de Luther. Ainsi il faut selon l'hypothese de la Reforme, qu'il soit arrivé 45. Changemens dans la Doctrine de l'Eglise depuis un certain temps, lesquels sont si considerables, qu'un seul est suffisant pour aneantir toute la Foi, & renverser toute la Religion de JESUS-CHRIST.

Cette supposition qui n'est encore qu'une consequence évidente tirée de la premiere, fait voir l'impossibilité de ces mêmes changemens, lors qu'on soûtient, comme on est obligé de faire, qu'ils sont arrivez insensiblement, comme nous verrons dans le Chapitre suivant.

Les Livres de la Liturgie ont dû changer autant de fois.

4. Il faut encore supposer, qu'on a été obligé de changer autant de fois la Liturgie & les Prieres de l'Eglise, qu'il s'est fait de tels changemens ; car il a falu y mettre, par exemple, l'Invocation des Saints, la Priere pour les morts, l'Adoration de JESUS-CHRIST dans l'Eucharistie &c. à mesure que ces Dogmes & tous les autres semblables ont été reçûs & autorisez. Il a donc falu changer les Rituels pour y ajoûter l'administration de plusieurs Sacremens, qui ne s'y trouvoient point auparavant ; les Missels, les Livres de Prieres, les Catechismes, ainsi des autres.

5. Comme toutes les anciennes Liturgies, & tous les plus anciens Rituels que nous avons, comme celui de Gelase, de saint Gregoire, l'Ordre Romain & un grand nombre d'autres qu'on a trouvez en divers endroits parmi les plus anciens Manuscrits, contiennent les mêmes Dogmes que nous croïons, & presque toutes les mêmes Ceremonies que nous observons encore à present dans l'Eglise, il faut encore supposer que tous ces Livres ont été corrompus, que la Doctrine y a été alterée par le mélange de toutes ces prétenduës erreurs. Et parce qu'il ne s'en trouve aucun autre dans le monde, soit imprimé, soit Manuscrit, où l'on trouve les moindres vestiges de cet ancien Lutheranisme, il faut encore supposer, qu'en changeant les uns, c'est à dire, ceux que nous avons encore à present, on a pris un soin extrême de brûler & d'aneantir generalement tous les autres dans tout le monde, de peur que la Posterité n'eût aucune connoissance de cette Doctrine, qu'on avoit changée, & à laquelle on avoit renoncé, quoi qu'elle vînt de Jesus-Christ & des Apôtres.

Il a falu aneantir tous les anciens Livres de la Liturgie.

6. Mais parce que nous ne trouvons rien encore, ni dans les Conciles, ni

Il a falu que tous les hom-

ils soient convenus de cacher ces changemens à la Postérité.

dans les Histoires sacrées ou prophanes, ni dans les Sermons & les Homelies des Peres, ni dans les Catalogues des Heresies, ni dans aucun monument que ce puisse être de l'antiquité, qui puisse nous faire connoître directement ou indirectement, qu'il soit arrivé aucun de tous ces changemens; il faut encore necessairement supposer, que tous ceux qui ont écrit dans tous les tems & les lieux où ils ont commencé ou fini, sont convenus entre-eux, non seulement de n'en rien écrire, mais encore de supprimer tout ce qui pourroit en donner le moindre soupçon aux siecles à avenir. Car sans cette conspiration, il n'est pas possible de s'imaginer comment tant de revolutions si considerables & si extraordinaires seroient arrivées, sans que nous en eussions une entiere connoissance, aussi bien que d'une infinité d'autres, qui ne sont d'aucun poids, & dont l'histoire ne nous est presque d'aucune utilité.

La Doctrine de l'Eglise contraire à celle des lutheriés a dû passer au cómencemét pour Heretique.

7. Il faut supposer encore, qu'on a regardé cette Doctrine nouvelle & contraire à celle dont l'Eglise étoit en possession, c'est-à-dire selon l'hypothese des Reformateurs, à celle de Luther, comme des heresies, des idolatries, des superstitions, des sacrileges, des abomi-

nations, des impietez contraires à l'Ecriture sainte, enfin comme la Doctrine de l'Antechrist; car ce sont les éloges communs & ordinaires, que les Lutheriens font de la Doctrine de l'Eglise Catholique, & les titres qu'ils lui donnent. Il ne faut pas croire que ces prétendus Lutheriens Apostoliques, c'est-à-dire, les premiers Chrétiens, qui selon les Reformateurs, n'avoient point d'autres sentimens que les Prophetes du seiziéme siecle, eussent moins de zele pour la Doctrine qu'ils suivoient, & plus de moderation, que ceux qui prétendent l'avoir fait revivre dans ces derniers tems. Il semble donc qu'ils auroient dû tenir des Conciles pour condamner tous ces changemens, & anathematiser tous ces articles d'une Doctrine nouvelle, à mesure qu'ils commençoient à paroître & à se répandre, & excommunier les Auteurs & les Partisans de cette nouvelle Doctrine, & mettre toutes ces oppinions dans les Catalogues des Heresies, avec celles qui avoient paru jusqu'à lors & dont nous avons des memoires dressez par saint Jean Damascene, Tertulien, saint Jerôme, Philastrius, saint Augustin, Theodoret & plusieurs autres. Mais il n'est arrivé rien de tout cela: ou plûtôt nous voïons qu'il est arrivé tout le contraire; car nous trouvons la plus grande partie des articles de la Doctrine de Luther, condamnez dés les premiers siecles comme une Doctrine nouvelle & contraire à la Tradition de l'Eglise.

On a dû combattre cette Doctrine lorsqu'elle a commencé, par un nombre infini d'écrits.

Il suit encore de cette supposition, qu'on a dû écrire une infinité de Livres contre toutes ces innovations, ces additions qu'on faisoit à la Liturgie, & tous ces changemens de Doctrine; que la plus grande partie des Gens sçavans, des Evêques & des Pasteurs ont dû emploïer toutes leurs forces, leur autorité, leur credit auprés des Puissances Ecclesiastiques & Seculieres; leur science, leur éloquence, & generalement tout ce qui étoit en leur pouvoir, pour arrêter le cours de ces mauvaises Doctrines, & deffendre à ceux qui leur étoient soûmis, de s'y attacher, comme il arrive toutes fois & quantes qu'une Heresie vient à s'établir. Ainsi, nous devrions avoir une infinité d'Ecrits, de Sermons, de Conferences & de Livres, qui auroient été faits contre tout ce que l'Eglise Catholique croit à present, en faveur de la Doctrine contraire. Il faut donc que tout cela ait peri, quoique tout ce qui a été fait contre les Heretiques des siecles passez, nous soit demeuré. Car il est certain, que les Lutheriens ont foüillé toutes les Bibliotheques d'Allemagne & des autres Roïaumes où ils sont établis, pour voir s'ils n'y trouveroient rien qui pût leur donner quelque connoissance de ce Lutheranisme imaginaire des premiers siecles. Ce sont eux qui nous ont produit le Livre de Ratramne, les premiers ouvrages qui ont paru de l'Abbé Rupert, l'ancienne Messe des Gaules, que Mathias Illiricus fit imprimer, un certain petit Livre de Liturgie du tems de Charlemagne, sur lequel Volfangus a fait des remarques, & plusieurs autres, dans lesquels ils n'ont rien trouvé de leurs opinions, & qui pût faire connoître qu'elles eussent jamais été reçûës dans l'Eglise. Cependant il faut necessairement dire, que si tous ces changemens de Doctrine sont arrivez, on les a regardez comme des Heresies, puisqu'ils étoient contraires à la Doctrine qu'on avoit reçûë des Apôtres : Si on les a regardé comme des Heresies, on les a combattus en mille manieres ; si on les a combatrus, nous devons avoir une infinité d'ouvrages écrits en faveur de la Doctrine contraire, c'est-à-dire en faveur de celle de Luther ; & si nous n'en avons aucun, il

B v

faut que tout ce qui a été fait en faveur de la verité ait peri.

Ces changemens eussent dû se faire par tout le monde sans exception.

8. Il faut supposer que ce changement s'est fait par tout où l'Eglise étoit répanduë, c'est-à-dire, par tout le monde ; car s'il n'avoit pas été general, il se seroit trouvé en quelque endroit de la terre, quelque Societé qui auroit conservé la veritable Doctrine & l'ancienne Religion, & Luther n'auroit pas eu besoin de l'esprit de Prophetie, pour faire revivre une Doctrine, dont personne n'avoit alors entendu parler, & dont il ne craint point de se dire lui-même l'Auteur. Or il est certain qu'il n'y avoit au tems de Luther, aucune Societé dans tout l'Univers, où l'on fist profession de cette Doctrine, que les Lutheriens appellent la Doctrine des Apôtres, la Foi des premiers siecles. Les Lutheriens ont fait tout ce qu'ils ont pû pour pouvoir en découvrir, & ils n'ont trouvé dans tous les fidels que les mêmes sentimens & la même Foi & dans toutes les autres Sectes, rien qui favorisât leurs opinions.

Les Heretiques n'ont pû trouver leurs

Camerarius dit dans son histoire des Freres de Boheme, qu'au commencement de leur separation, ils s'aviserent d'envoïer du côté du Nord en Moscovie; du côté d'Orient en Grece, en Armenie, en Palestine ; du côté du midi en Egypte, pour voir s'ils ne pourroient point découvrir en quelque endroit du monde, une Secte semblable à la leur ; quoique les Prêtres Grecs qui s'étoient sauvez du sacagement de Constantinople en Boheme, les eussent assurez qu'ils perdroient leur peine. Cela arriva en effet ; car tous les Députez se rassemblerent à Constantinople, comme ils l'avoient projetté, & revinrent en Boheme dire aux autres, qu'ils devoient tenir pour tres-assuré, qu'ils étoient seuls de leur croïance dans tout le monde.

Sectes en aucun endroit du monde.

Les Lutheriens qui ont suivi leurs erreurs, & qui y en ont ajoûté un grand nombre d'autres, peuvent dire la même chose. Ce fut inutilement qu'ils députerent vers Joseph Patriarche de Constantinople, vers l'an 1558. ou 59. pour voir s'il ne seroit point de leur sentiment, ou s'il ne seroit point d'humeur à y entrer. Ce Patriarche envoïa son Diacre à Vittemberg, pour s'informer de la Doctrine de la Reforme. Il revint au bout de six mois, chargé d'un Exemplaire de la Confession d'Ausbourg, que Philippe Melancton avoit traduite

B vj

en Grec, & Joseph ne daigna pas seulement leur faire la moindre réponse, tant il méprisa leurs opinions & leur Synagogue. Les Theologiens de Tubinge, crurent que son Successeur le Patriarche Jeremie, pourroit leur être plus favorable. Ils lui envoïerent encore un exemplaire de la Confession d'Ausbourg, l'an 1574. & en firent distribuer un grand nombre à Constantinople. Jacques André Ministre, & Crusius Professeur des Lettres latines & grecques dans cette même Université, entretinrent pendant quelque temps un commerce de lettres avec Jean & Theodose Zygomale, Officiers de ce même Patriarche, par le moïen d'Etienne Gerlak Lutherien, Aumônier de l'Ambassadeur de l'Empereur à la Porte. Ces Lettres ont été depuis imprimées en Grec vulgaire. Tout cela se termina par une condamnation que Jeremie fit faire dans un Concile, de toutes leurs opinions; après laquelle il leur declara une bonne fois, qu'ils perdoient leur peine & leur tems.

Les Calvinistes avoient tenté la même chose long-tems auparavant, mais avec plus d'adresse; car ils corrompirent un Prêtre nommé Cyrille, lequel leur promit que s'il étoit Patriarche, il établiroit tous leurs Dogmes en Orient. Ils lui fournirent de grandes sommes d'argent pour cela. Il ne manqua pas d'accuser son Predecesseur de divers crimes auprés du grand Seigneur, pour le faire déposer & pour se mettre à sa place. Il y réüssit, & aussi-tôt aprés il convoqua un Concile, & choisit ce qu'il avoit d'Evêques & de Prêtres scelerats & impies pour y assister. On y approuva & on y reçût la Doctrine de Calvin. Les Heretiques firent publier cette decision avec les Articles qui avoient été reçûs, & commencerent à triompher en disant, que toute l'Eglise Orientale s'étoit trouvée dans leurs mêmes sentimens. Mais le Patriarche Parthenius, Successeur de l'Apostat Cyrille, condamna toute cette impieté dans un Concile de 26. Evêques & de 22. Prêtres, qui étoient élevez aux premieres dignitez de son Eglise, ou qui étoient Generaux d'Ordres l'an 1642.

Il est donc veritable que le changement a dû être general, puisqu'il ne restoit au tems des Hussites, des Lutheriens & des Calvinistes, aucun endroit du monde où l'on connût seulement leur Doctrine.

D'où il suit necessairement, que l'Eglise n'étoit pas seulement devenuë in- *Etranges consequences.*

de l'hypothese des Reformateurs.

visible, comme disent les Luthetiens, mais *qu'elle étoit tombée en ruine & desolation*, comme prétendent les Calvinistes; car une Societé défigurée par tant d'Heresies, ne peut être l'Eglise. Ce seroit assez même qu'elle cessât d'être visible pour cesser d'être celle que Jesus-Christ a établie. Ainsi la voïe du Ciel étoit fermée long-tems avant que Luther vînt pour l'ouvrir. Les Saints avoient manqué sur la terre; il n'y avoit plus d'Elûs depuis plusieurs siecles; les portes de l'enfer avoient prévalu; le demon triomphoit de Jesus-Christ, & le Mystere de la Croix étoit entierement anéanti. Ces consequences font horreur; mais elles suivent naturellement du principe, sans lequel ce prétendu Lutheranisme Apostolique ne peut subsister un seul moment.

Ceux qui auroient changé, auroient été ennemis d'eux mêmes.

9. Il faut enfin encore supposer, que tous les Chrêtiens étoient devenus non-seulement ennemis de Dieu, de Jesus-Christ & de son Eglise, mais encore d'eux-mêmes. Car il ne faut que lire le Catalogue que nous avons fait des Articles de la Reforme, pour voir combien cette Doctrine est commode & favorable aux passions humaines. Il est difficile d'établir une Secte qui ait quelque

apparence de Religion, moins opposée à la corruption du cœur de l'homme. On interprette tout ce qu'il y a de plus terrible dans l'Ecriture sainte comme on veut, & on rend le saint Esprit garand de l'explication qu'on lui donne ; car c'est lui qui par une lumiere interieure, qu'il répand dans l'esprit de tout le monde, en fait penetrer les sens les plus cachez, aux enfans mêmes, qui n'ont pas encore l'usage de raison, comme dit Luther. Qu'on ait commis tous les crimes imaginables, il suffit de se ressouvenir un moment que JESUS-CHRIST est mort pour nous & tout cela est effacé. Les bonnes œuvres n'étant point necessaires à salut, on n'est obligé d'en faire aucune. Le Carême, les Jeûnes, les Abstinences & toutes les autres mortifications que l'Eglise nous prescrit, sont non-seulement inutiles, mais même injurieuses au mystere de la Redemption, selon le sentiment le plus commun de la Reforme. Enfin l'on n'est obligé qu'à croire & l'on peut faire tout ce qu'on voudra, pourvû qu'on crie de toutes ses forces contre l'Eglise Romaine. C'est cependant ce bienheureux état, cette voïe large & facile qui conduisoit au Ciel avec tant de certitude, que ce seroit même un crime d'en douter selon Luther, qu'on a quittée pour embrasser des obligations si dures, si penibles, & pour vivre dans une Societé toute nouvelle, dont les maximes n'inspirent que haine de soi-même, & dont les Loix ne semblent faites que pour détruire l'homme sans lui donner aucune certitude de son salut. Il faloit donc être insensé & ennemi de soi-même, pour renoncer à une vie si douce, qu'on prétend être conforme à la Doctrine de JESUS-CHRIST & des Apôtres, pour se charger d'un joug si pesant & si dur, qui venoit d'être fait par la main des hommes.

Il n'y a personne, pour peu qu'il ait de bon sens & de raison, qui ne convienne que pour faire remonter la Doctrine de Luther jusqu'aux premiers siecles, comme fait M. Masius, & comme tous les Ministres sont obligez de faire, afin qu'elle puisse passer pour celle de JESUS-CHRIST & de son Eglise; il est absolument necessaire de faire toutes ces suppositions, & de tirer toutes ces consequences, & plusieurs autres semblables, suivant les reflexions que chacun peut faire sur le Systême des Reformateurs. Il ne s'agit plus que de les accorder avec les qualitez qu'on donne à ces changemens, & la maniere dont on dit qu'ils doivent être arrivez.

Chapitre IV.
De quelle maniere la Doctrine de l'Eglise a dû changer selon les Protestans.

IL n'y a rien de si changeant que l'homme & rien ne semble lui être plus à cœur que le changement. C'est pourquoi Job le compare à une feüille d'arbre, qui est continuellement agitée par le vent. *Contrà folium quod vento rapitur ostendis potentiam tuam.* Son cœur sera toûjours agité, dit saint Augustin, tant qu'il ne reposera point en Dieu. Il n'y a que la grace de Dieu, sa loi, son autorité, sa crainte, qui soit capable de le fixer, & sans cela, il est impossible qu'il puisse se plaire toûjours à une même chose & demeurer long-tems dans une même situation.

Job. 13. v. 25. L. 1. Confess. C. 1.

L'experience continuelle ne justifie que trop cette verité en toutes choses, mais particulierement dans les sciences prophanes. On a vû naître des Sectes de Philosophes avec tout l'éclat imaginable & souvent dans le même siecle,

Toutes les Doctrines humaines sujettes au changement.

tomber dans le dernier mépris & perir entierement aprés avoir été tres-fameuses dans tout le monde & avoir occupé les plus beaux Esprits. Quelques-unes ont duré plus long-tems, & sembloient devoir être éternelles, lesquelles cependant ont eu le même sort, & ont été obligées de ceder à de plus nouvelles. La raison de ces changemens est évidente. C'est qu'il n'y a en cette matiere aucune barriere qui puisse arrêter l'esprit humain. Chacun veut avoir la gloire d'encherir sur ce qu'il a apris des autres & s'il ne le peut pas, au moins croit-il la trouver dans la ruïne & la perte de celle que les premiers Auteurs de ces Sectes s'étoient acquise parmi les hommes; & c'est pour cela que ne pouvant les surpasser, il s'efforce au moins de découvrir aux yeux de tout le monde le foible de leurs raisonnemens & de les décrier.

Les Ministres font tous leurs efforts & emploïent toute leur éloquence, pour persuader à tout le monde, qu'il en est ainsi de la Doctrine de l'Eglise. Il faut bien qu'ils le disent necessairement; car c'est sur cette prétention que tout le grand édifice de leur Schisme & de leur Reforme est établi, comme sur son fondement. Car quelle raison pourroient-ils alleguer

DE L'EGLISE. Chap. IV. 49
de leur Apostasie, s'ils reconnoissoient que la Doctrine qu'ils combattent étoit celle des premiers Chrétiens, qui l'avoient reçuë des Apôtres & qui avoient été témoins d'une infinité de prodiges que Dieu faisoit à chaque moment pour la confirmer. *Domino coopperante & sermonem confirmante sequentibus signis.* Marc. ult. v. 20.

Mais il y a une grande difference entre les sciences prophanes & la Foi. Dieu a abandonné le monde à la recherche des hommes, dit l'Ecclesiaste & il ne leur a prescrit aucunes bornes; mais il n'en est pas ainsi de la Doctrine qu'il a laissée en dépôt à son Eglise, qui est la source du salut. Il l'a revêtuë de son autorité & il n'est permis à qui que ce soit d'y changer la moindre chose, sur peine de damnation. Il a laissé en mêmetems le pouvoir à l'Eglise de frapper d'anathême tous ceux qui seroient assez hardis, que de vouloir souïller ces eaux pures de la Sagesse éternelle, qui doivent se répandre sur tous les Fidels jusqu'à la fin des siecles, par le canal de la Tradition, en y mêlant les eaux bourbeuses d'une sagesse charnelle & prophane. C'est pourquoi les Peres nous repetent si souvent & particulierement dans les Conciles, cette parole du Sage: La Doctrine de l'Eglise est invariable. Eccl. 3. v. 11.

" Prenez garde de paſſer au-delà des bor-
" nes anciennes que vos Peres vous ont
marquées. *Ne tranſgrediaris terminos an-*
tiquos, quos poſuerunt Patres tui.

Prov.
21.v.28.

Il ne s'agit donc que de voir de quelle maniere on a pû outre-paſſer ces bornes tant de fois depuis qu'elles ont été
placées par les Apôtres, & par quels artifices on auroit pû ſoüiller la pureté de
la Foi, & alterer les maximes les plus
ſacrées, qui regardent les mœurs, par tant
d'articles d'une Doctrine étrangere, dont
la plus grande partie merite, à ce que
prétendent les Reformateurs, les titres
d'idolatrie, d'abomination, de ſacrilege
& de Doctrine de l'Antechriſt.

Ces chã-
gemens
n'ont pû
ſe faire
tout d'un
coup.

Il eſt impoſſible que tous ces changemens ſoient arrivez tout d'un coup, ſoit
par rapport au tems, ſoit par rapport aux
lieux, où ils ont dû être reçûs; car il faudroit neceſſairement ſuppoſer, que cela
auroit commencé en quelque endroit d'où
cette Doctrine ſe ſeroit répanduë par
tout le monde. Or cela ne peut ſe faire
tout d'un coup; car il faudroit pour cela
qu'il ſe fût trouvé dans tous les Roïaumes, dans toutes les Provinces & toutes
les Villes du monde des Predicateurs qui
euſſent commencé en même-tems à la
prêcher & qu'elle eût été reçûë auſſi-

tôt sans aucune contradiction; & ce seroit le plus grand de tous les miracles, qui le puisse jamais faire & que Jesus-Christ n'a pas même voulu faire pour établir la Foi par tout le monde. Il n'a établi pour l'annoncer que douze Apôtres & a permis qu'on s'y soit opposé de toutes parts & qu'on les ait persecutez par tout où ils ont été. Il n'y a que lui seul qui puisse faire ce prodige. Il ne l'a pas fait pour la verité, le fera-t-il en faveur du mensonge ? Aussi personne ne s'est-il avisé de dire que cela soit arrivé de cette maniere.

On ne peut pas dire que ces changemens se soient faits sensiblement; car si cela avoit été facilement connu de tout le monde, il n'est pas possible que nous ne connussions les Auteurs de ces Revolutions & toute la Secte en porteroit le nom, comme chaque Heresie porte celui de son Patriarche. Il n'est pas possible encore, que nous ne connussions parfaitement le commencement & le progrez de cette nouvelle Doctrine; à moins qu'on n'aime mieux dire selon nôtre sixiéme supposition, que tous ceux qui ont été témoins oculaires de ces sortes de changemens, ou qui en ont entendu parler, comme étant nouvellement arri-

Ces changemens n'ont pû se faire sensiblement.

vez, ont conspiré les uns avec les autres, quoique dispersez dans toutes les parties du monde, de n'en rien écrire, afin que la Posterité n'en eût aucune connoissance & même de supprimer tout ce qui pourroit en donner le moindre soupçon dans les siecles à venir; que cette conspiration a eu son entier effet, puisque les Reformateurs sont encore à nous en produire les moindres vestiges & les moindres marques dans toute l'antiquité & se trouvent reduits à raisonner sur de simples conjectures, dont la fausseté saute aux yeux.

Embaras de M. Claude, touchant le silence de l'antiquité sur le changement de la presence réelle.

Le Ministre Claude semble avoir voulu prendre ce parti, pour accorder ce changement sensible avec ce silence surprenant de toute l'antiquité, touchant la Presence réelle. On lui demandoit des preuves & des témoignages de ce prétendu changement qu'il soûtenoit être arrivé au neuviéme siecle, où l'on avoit commencé, disoit-il, à croire la presence réelle de JESUS-CHRIST dans l'Eucharistie. Il répondit à l'Auteur de la Perpetuité de la Foi; que *les Catholiques en devoient être mieux informez, que ceux de son parti; que s'il avoit affaire à des Grecs, à des Egyptiens ou à des Etrangers, qui n'eussent aucune part au mal-*

heur qui étoit arrivé à ceux de sa Secte, (d'avoir ainsi perdu tous les titres, par lesquels ils auroient pû prouver leur Doctrine, si on ne les avoit pas supprimez) ils voudroient bien sans repugnance & sans déplaisir s'appliquer à satisfaire à leur curiosité : mais qu'on ne peut souffrir sans quelque espece de chagrin & de douleur, que ces mêmes Transubstantiateurs, ce même Parti qui a fait ce changement, & qui a emploié mille artifices pour le faire réussir insensiblement, qui s'est servi de fraude & de la violence pour empêcher qu'il ne se fist avec éclat ; qui a pris des soins infinis pour dérober à la Posterité la connoissance de la maniere dont il s'est fait, lui vienne aujourd'hui demander raison de cette innovation, c'est ce qu'il ne peut supporter. Demandez-la, dit-il, s'il vous plaît, à ceux des vôtres, qui en ont été les premiers Auteurs ; demandez-la à ceux qui ont travaillé de tout leur pouvoir à fermer la bouche aux gens de bien ; demandez-en des nouvelles à la Cour de Rome, à ses Inquisiteurs & à ses Croisez ; demandez à ceux qui ont tant pris de soin, pour nous déguiser les choses. Mais quant à nous, laissez-nous au moins en repos, aprés nous avoir enlevé nos titres, ne nous venez pas dire, Où sont-ils ? &c.

Il faut donc que ce changement se soit fait d'une maniere si insensible, que personne n'ait pû s'en apercevoir ; ce qui fait que tous les Historiens Ecclesiastiques ou politiques, qui vivoient & écrivoient ce qui se passoit dans les tems où il se faisoit, n'en ont parlé en aucune maniere & qu'il ne nous est resté aucun monument qui puisse nous en donner connoissance ; ou qu'aïant eté sensible & connu de tout le monde, tout le monde aussi se soit appliqué à le rendre insensible à la Posterité, par le silence & la suppression de tout ce qui auroit pû nous l'apprendre. Et c'est de cette maniere que M. Claude prétend que cela est arrivé ; car on ne peut pas dire que ces gens qui s'appliquoient avec tant de soin à supprimer ses titres, pour dérober à la Posterité la connoissance de ce prétendu changement, l'ignorassent. Il étoit donc connu à la Cour de Rome, aux Croisez, aux Inquisiteurs ; c'est-à-dire, à une infinité de personnes & s'il s'est fait insensiblement, ce n'a été que par rapport à ceux qui sont venus long-tems après, qui n'en peuvent avoir aucune connoissance, à cause de la perte de ces monumens qui ont peri.

Il ne reste donc que deux manieres
dont

dont ces changemens ont dû se faire; sçavoir, successivement & insensiblement, en prenant le mot d'insensiblement par rapport à nous. Ce sont les deux qualitez que M. Masius donne continuellement à ces prétendus changemens. *Ceux qui ont la moindre connoissance de l'Histoire Ecclesiastique, dit-il, sçavent que toutes ces choses se sont glissées par succession de tems dans l'Eglise Romaine, à peu prés comme autrefois les Traditions des Pharisiens s'insinuerent dans l'Eglise Judaïque.*

Et comme on est obligé de reconnoître selon la troisiéme supposition, qu'il s'est fait autant de changemens, qu'il se trouve d'articles dans la Doctrine de l'Eglise, qui sont contraires à celle de Luther, il faut aussi que chaque changement ait eu ces deux qualitez, c'est-à-dire, qu'il se soit fait successivement & insensiblement. Il est à propos de remarquer ceci; car quoique le changement d'un seul article bien prouvé & évidemment démontré, soit suffisant pour faire voir la possibilité des autres, cependant plus le nombre des articles, qu'on prétend avoir été changez, est grand, plus l'accusation, que les Lutheriens forment contre-nous, devient atroce & incroïable, & nous découvre en même-tems

Ces changemens ont dû être successifs & insensibles.

Preface pag. 3.

plus de degrez d'impossibilité dans leur Systeme, comme nous le verrons dans la suite.

La succession de ces changemens doit se considerer par rapport au tems & par rapport aux lieux où ils ont été reçûs.

Changemens succeßifs par rapport au tems. Par rapport au tems, l'on peut dire, que chaque changement s'est fait ou tres-promptement, ou peu à peu & lentement. J'appelle un changement tres-prompt, celui qui se fait en peu d'années dans un grand Païs, & même dans toute l'Eglise où il a dû se faire, par la huitiéme supposition ; & j'appelle un changement lent, celui qui ne peut s'achever en un ou plusieurs siecles, soit par le défaut d'ouvriers, qui y travaillent, ou des moïens necessaires ; ou à cause des grands obstacles, qui s'y trouvent.

Par rapport aux lieux. Si l'on considere cette succession par rapport aux lieux où ce changement a été reçû, il faut necessairement convenir, 1º. qu'il a commencé, comme font toutes les Heresies, dans quelque Ville, quelque Province, quelque Roïaume ; car il est impossible qu'il ait commencé par tout en même-tems, comme nous avons déja dit, 2º. que cette Doctrine s'est ensuite cōmuniquée aux lieux voisins, & s'est enfin trouvée établie, reçûë & autorisée dans tout le monde, comme elle étoit au tems de Luther. Ces reflexions paroissent peu importantes, mais la suite en fera connoître l'utilité.

Les Reformateurs se servent de deux exemples tres-sensibles, pour nous faire voir la possibilité de tous ces prétendus changemens, & de ces grandes revolutions, qu'ils soutiennent être arrivées successivement & insensiblement dans l'Eglise. Le premier se tire de la Synagogue, dans laquelle la Foi a été, dit-on, toute changée, successivement & insensiblement par un grand nombre de *Traditions humaines*, que les Pharisiens avoient inventées & introduites. Le second se tire de l'Eglise même, dans laquelle on ne peut disconvenir qu'il ne soit arrivé un grand nombre de changemens, au moins selon la Discipline; comme touchant le celibat des Prêtres, la substraction de la coupe, mille ceremonies, & mille coûtumes differentes, qui se sont établies, & dont on n'avoit aucune connoissance dans les premiers siecles; sans parler de celles, qu'on a abandonnées ou reformées.

Exemples des changemés successifs & insensibles.

Tout ce que nous avons dit jusqu'à present regarde simplement le Système des Reformateurs, qui ne manquent jamais de poser pour principe & de supposer comme une verité indubitable, que leur Doctrine, quoiqu'ils viennent de l'inventer & qu'on n'en ait jamais oüi parler auparavant, étoit celle de JESUS-CHRIST & des Apôtres. Pour faire voir le ridicule & le faux de cette prétention, il falloit auparavant sçavoir quelle étoit cette Doctrine; il falloit ensuite examiner toutes les circonstances des changemens, qu'on dit être arrivez, lorsque la Doctrine ancienne a été rejettée, pour en substituer une nouvelle en la place; enfin, il falloit examiner de quelle maniere ces grandes revolutions ont pû arriver. Voyons à present si toutes ces choses peuvent s'accorder entre elles, & c'est ce que nous allons voir dans la suite.

CHAPITRE V.

Que les Reformateurs n'ont aucune apparence de raison, de supposer que leur Doctrine étoit celle des premiers siecles.

Tous les Heretiques prétendent enseigner la Doctrine des Apôtres.

LEs Heretiques sont bien éloignez d'avoir aucune apparence de raison de supposer, comme ils font tous, qu'une Doctrine, qu'ils viennent d'inventer, & dont on n'avoit jamais entendu parler jusqu'alors, est la Doctrine des Apôtres & des premiers siecles de l'Eglise, puisque toutes choses concourent à découvrir la fausseté de cette imagination. Mais comme c'est une maxime incontestable en matiere de Religion, que toute Doctrine nouvelle est necessairement fausse, ils se trouvent obligez de dire, que si celle qu'ils mettent au jour, n'est pas conforme à celle de l'Eglise, c'est l'Eglise qui a changé ce dépôt, qu'elle avoit reçû des Apôtres, & que c'est ce qu'ils veulent faire revivre parmi les Chrêtiens. Ecoûtons sur cela M. Masius. *Quand bien même*, dit-il, *les Docteurs de l'Eglise Romaine pouroient montrer l'antiquité de leurs erreurs pendant huit ou dix siecles, on devroit pourtant les renvoïer à la Doctrine de la primitive Eglise, & sur tout à celle de* JESUS-CHRIST *& de ses Apôtres, & il nous sera toûjours permis de dire ; il n'en étoit pas de même au commencement*. Preface pag. 7.

Quoique M. Masius parle en cet endroit avec une grande assurance, il ne laisse pas de nous faire sentir par un *sur tout*, qu'il apprehende fort que la Doctrine, qu'il attribuë à JESUS-CHRIST *& à ses Apôtres*, ne se trouve differente en bien des articles de celle de la primi- Faux-fuïant de M. Masius.

tive Eglise. Et en cas qu'il se trouve convaincu par des témoignages irreprochables, que la Doctrine de Luther, c'est-à-dire, les 45. Articles que nous avons rapportez, est contraire à celle de la primitive Eglise, il ne manquera pas de revenir à son *sur tout*, & de dire que *sur tout* elle est conforme à la Doctrine de Jesus-Christ & de ses Apôtres ; comme si la Doctrine de la primitive Eglise pouvoit être differente de celle de Jesus-Christ & de ses Apôtres. Mais par où connoîtra-t-on, que cette Doctrine est conforme à celle de Jesus-Christ & de ses Apôtres ? M. Masius ne manquera pas de nous dire, que c'est par l'Ecriture sainte. Mais qui sera l'Interprete & le Juge du sens de l'Ecriture sainte ? Ce seront les Ministres eux-mêmes, qui prétendent avoir un esprit Prophetique & un don particulier pour entendre la parole de Dieu & pour en penetrer tous les sens les plus cachez. Ainsi la Doctrine de Jesus-Christ & de ses Apôtres, sera toûjours celle qu'il plaira aux Ministres illuminez de leur attribuer.

La Doctrine de la primitive Eglise differente de M. Masius s'explique plus clairement dans la suite, & nous fait évidemment voir, que ce n'est pas sans raison, qu'il a mis ce *sur tout*, & qu'il prétend par-là, mettre une grande difference entre la Doctrine de JESUS-CHRIST & celle des premiers siecles. *C'étoit une chicane des Juifs, dit-il, de reprocher à* JESUS-CHRIST *sa nouveauté & de lui objecter, qu'il détruisoit les decrets de Moïse & de leurs Ancêtres; mais* JESUS-CHRIST *en appelle à Moïse, Joan. 5. v. 46. & à Abraham, Joan. 8. v. 56. Les Philosophes d'Athenes disoient de même, que la Doctrine de* JESUS-CHRIST *étoit une Doctrine nouvelle, Act. 8. v. 20. Que nous apportez-vous, disoient-ils, aux oreilles de nouveau? Ainsi tout ce qui paroît nouveau, ne l'est pas en effet. Nôtre Doctrine est veritablement ancienne, puis que son origine est dans l'Ecriture, laquelle est plus ancienne que toutes les Traditions de ceux de l'Eglise Romaine.* Il compare ensuite la Tradition, par laquelle l'Eglise prouve l'antiquité de sa Doctrine, aux haillons dont les Gabaonites se servirent pour faire croire à Josué, qu'ils venoient de bien loin, afin de faire alliance avec lui.

celle de J. C. & des Apôtres, selon M. Masius. Preface pag. 8.

Il semble, que M. Masius voudroit nous persuader, que la venuë de Luther avoit été prophetisée par JESUS-CHRIST, comme celle de JESUS-CHRIST avoit été prophetisée par Moï-

Abus manifeste de l'Ecriture.

se, & que ce Reformateur étoit un nouveau Messie promis aux Apôtres & à toute l'Eglise, comme JESUS-CHRIST avoit été promis à Abraham & à toute la Synagogue. Car c'est pour cela que JESUS-CHRIST renvoïe les Juifs à Moïse & à Abraham. *Si vous croïez à Moïse, vous me croïriez aussi, leur dit-il ; parce que c'est de moi qu'il a écrit. Que si vous ne croïez pas ce qu'il a écrit, comment croïrez-vous ce que je vous dis ?* Il leur avoit dit auparavant qu'ils lussent avec soin les Ecritures, dans lesquelles ils croïoient trouver la vie éternelle, & qu'elles rendoient témoignage de lui ; & la question consistoit alors uniquement à sçavoir, s'il étoit le Fils de Dieu, & il le prouvoit par ses miracles & par les saintes Ecritures où il les renvoïoit. Dans le second passage que M. Masius nous cite, JESUS-CHRIST prouve qu'il est plus grand qu'Abraham, & qu'il est avant lui. *Abraham vôtre Pére, a désiré avec ardeur de voir mon jour, il l'a vû, & il en a été comblé de joie.* Cela marque qu'il étoit avant Abraham, & plus grand qu'Abraham ; c'est-à-dire, le vrai Messie & le Fils de Dieu. Car il ne s'agissoit point de sa Doctrine, qu'on n'a jamais accusée de nouveauté ; il n'en

DE L'EGLISE. Chap. V. 57
seignoit rien qui fût contraire à la Loi. Il n'en est pas ainsi de Luther, dont la venuë semble à la verité avoir été prophetisée, mais bien d'une autre maniere & comme celle de plusieurs autres semblables Monstres dont parle S. Paul. Si M. Masius nous renvoïoit à l'Ecriture pour y chercher la prediction de ce qui devoit arriver dans ces derniers tems, comme JESUS-CHRIST y renvoïoit les Juifs, pour y chercher les Propheties où il étoit parlé de lui, il auroit quelque raison. Mais lorsqu'il s'agit de sçavoir, si la Doctrine de Luther est celle de JE-SUS-CHRIST & des Apôtres, c'est une chose toute differente.

Mais quoi qu'il en soit, M. Masius nous fait voir par là, qu'il faut mettre une grande difference entre la Doctrine de JESUS-CHRIST, des Apôtres, & celle de la primitive Eglise, & que l'antiquité de celle de Luther, ne se tire pas de la conformité, qu'elle devroit avoir avec celle des premiers Chrêtiens, mais seulement de ce qu'elle est conforme à l'Ecriture, *qui est plus ancienne que toutes les Traditions* ; mais à l'Ecriture expliquée, non comme on l'entendoit dans la primitive Eglise par tout le monde, mais comme on a commencé à l'enten-

C v

dre au seiziéme siecle à Vittembertg.

En quel sens M. Masius dit que sa Doctrine est celle de l'ancienne Eglise.

Cela étant ainsi, n'est-ce pas se moquer du public, d'oser dire & de supposer, comme une chose indubitable, que tous ces articles de Doctrine, que nous avons rapportez, *sont la Doctrine de la primitive Eglise*, comme fait M. Masius, en disant. *Si nous enseignions quelque chose de contraire à l'Ecriture ; si nous soûtenions quelque Dogme, qui fût contraire aux sentimens de l'ancienne Eglise, nous ne pourrions nous garantir de leurs anathêmes ; mais tout ce que nous enseignons étant conforme à la parole de Dieu, & d'ailleurs aïant pour nous l'Antiquité Orthodoxe, nous pouvons avec bien plus de justice, renvoïer ces anathêmes contre ceux de l'Eglise Romaine.* Car s'il y avoit en cela quelque apparence de raison, je demande aux Protestans, pourquoi ils prendroient tant de soin de distinguer la Doctrine de la primitive Eglise d'avec celle de Jesus-Christ & des Apôtres par un *sur tout*, & par cette autre maniere de parler : *Nôtre Doctrine est vraïement ancienne, puisque son Origine est dans l'Ecriture, laquelle est plus ancienne que les Traditions de ceux de l'Eglise Romaine.* Comme si une Tradition venuë à nous depuis le tems des Apôtres, pouvoit contenir une autre Doctrine, que celle de Jesus-Christ & des Apôtres. La suite fera voir encore plus manifestement pour quelle raison les Protestans distinguent tantôt la Doctrine de Jesus-Christ & des Apôtres, de celle de la primitive Eglise, & tantôt ils les confondent. Nous l'avons déja marqué, mais il est bon d'en faire encore souvenir le Lecteur. C'est que d'un côté il y a certains articles de la Doctrine Catholique, qui paroissent si évidemment avoir été la Doctrine de la primitive Eglise, comme l'invocation des Saints, la veneration des Reliques, le Purgatoire & la Priere pour les morts, sans parler de tous les autres, dont ils tâchent d'éluder les preuves, qu'ils n'ont jamais pû en disconvenir. C'est pourquoi ils se trouvent obligez, ou de se condamner eux-mêmes, ce que leur orgueil ne peut permettre ; ou de dire anathême à tous les fideles de ces bien-heureux tems, où l'Eglise avoit presque autant de Martyrs, que d'Enfans : & de l'autre, ils voïent combien c'est une chose horrible, d'oser dire, que toute l'Eglise a été pervertie, dés son berceau ; & qu'une Doctrine qui a été condamnée dés ces premiers tems, puisse avoir la moindre apparence de ve-

Pourquoi les Protestans distinguent la Doctrine de la primitive Eglise de celle de J. C. & des Apôtres.

C vj

rité. Ainsi ils distinguent & confondent en même-tems la Doctrine de la primitive Eglise & celle de JESUS-CHRIST ou des Apôtres, afin de se mettre en droit d'abandonner l'une & d'expliquer l'autre quand & comme ils voudront.

Mais tâchons, s'il est possible, de penetrer encore plus avant dans le secret de la Reforme, pour voir si nous pourons découvrir quelque aparence de raison dans cette supposition ; que la Doctrine de Luther (tous les Heretiques le prétendent ainsi de la leur) étoit celle de JESUS-CHRIST, ou des Apôtres & de la primitive Eglise.

Les Heretiques n'ont aucun moyen de nous faire voir que leur Doctrine est celle de la primitive Eglise.

Je demande aux Reformateurs, comment cela est-il venu à leur connoissance ; puisque par la quatriéme supposition, il n'est resté aucun monument de toute l'antiquité, qui nous le puisse faire connoître, & que tous les ouvrages les plus anciens, qui nous restent, soit imprimez, soit manuscrits ; Rituels, Cathechismes, Sermons, Homelies, Liturgies, Traitez, Conferences &c. nous marquent le contraire ? Je veux donc bien supposer avec M. Claude & M. Masius, s'ils veulent se servir de cette chimerique prétention dans une cause qui leur est commune, que tous ces titres ont peri, qu'ils ont été supprimez sans qu'on puisse sçavoir par qui, ni quand, ni comment; je les prie donc de nous apprendre par quelle voïe ils ont pû connoître, que leur Doctrine étoit celle des premiers Chrêtiens. Car si nous n'avons aucun Livre, aucune Histoire, aucun monument, qui puisse nous en donner connoissance, il faut qu'ils conviennent, qu'ils n'en sçavent rien, à moins qu'ils n'aïent eu des revelations particulieres; & en ce cas, nul ne seroit obligé de les croire, s'ils ne faisoient autant de prodiges & d'aussi extraordinaires, pour rétablir cette Doctrine, que Jesus-Christ & les Apôtres en ont fait pour l'établir. Or il est certain que cela n'est pas ainsi; il faut donc qu'ils avoüent, qu'ils n'ont eu aucune raison de supposer, que tous ces Articles ont été enseignez, crûs & reçûs dans les premiers tems de l'Eglise.

Ce seroit une ridicule réponse de dire, qu'on le sçait par l'Ecriture sainte; car il faudroit trouver tous ces Articles dans l'Ecriture en termes clairs & formels, & c'est ce que les Reformateurs n'ont jamais pû faire. Ou tout au moins il faudroit, qu'ils nous fissent voir, que leurs explications sont conformes à cel-

L'ancienne Eglise nous apprend le vrai sens de l'Ecriture.

les, que toute l'Eglise donnoit à l'Ecriture dés le commencement ; car il est certain, que le sens qu'on donnoit à l'Ecriture dans les premiers tems, & qui étoit le même dans toute l'Eglise, est le véritable & celui que les fideles avoient reçû de la bouche des Apôtres, qui n'ont pas laissé en dépôt seulement la Lettre qui tuë, mais encore l'Esprit qui vivifie. Or comment pourront-ils nous faire voir, que le sens qu'ils donnent à l'Ecriture sainte, est celui qu'on y trouvoit dés le commencement, puisque tous les titres de cette prétenduë possession ont peri ? Cette supposition est donc sans aucune apparence de raison.

Le seul moyen qu'on a pour voir si une Doctrine est celle de la primitive Eglise, est la Tradition, & les Heretiques la rejettent.

Mais comme c'est une fausseté visible, de dire, que tout ce qui pourroit nous faire connoître la Doctrine des premiers siecles a peri, ou a été supprimé, puisque nous avons un nombre innombrable de volumes de tout tems & de tout siecle, qui traitent des matieres de la Religion, sans parler d'une infinité de Conciles generaux & particuliers, qui peuvent nous en donner une pleine & entiere connoissance : il semble que les Heretiques devroient se servir de la Tradition, pour prouver cette proposition, qui est le fondement & la base de tant de Reformes que chaque Apostat fait à sa fantaisie. Mais c'est tout le contraire ; car ils rejettent tous la Tradition d'une commune voix. Fût-il jamais un procedé plus ridicule ? On nous accuse de tenir une Doctrine contraire à celle de la primitive Eglise. Nous convenons que si on peut nous en convaincre, nous sommes condamnables, & promettons de nous condamner nous-mêmes. Nous produisons un nombre infini de témoins irreprochables, qui ont tous travaillé & souffert pour la deffense de la Doctrine, dont il s'agit. Nous demandons avec instance, qu'on les interroge les uns aprés les autres, & on nous répond qu'on n'en veut écouter aucun. Je demande si ce fondement peut avoir aucune apparence de raison ?

Il n'y a donc personne, qui ne voïe aisément la fausseté de cette premiere supposition & sans entrer dans une plus grande discussion, il suffit pour cela de faire quelques reflexions, comme celles que nous venons de marquer, sur les motifs qui purent engager les Reformateurs à commencer par l'établir, & à rejetter tout ce qui peut la détruire, pour certain & évident qu'il puisse être. Mais comme il est difficile d'en imposer à ceux qui examinent les choses de prés, comme on doit faire, lorsqu'il s'agit du salut & de l'éternité, on s'est avisé de deux sortes d'adoucissemens, dont le premier se trouve dans la Confession d'Ausbourg, & le second est de l'invention de M. Masius. Il est necessaire de les exposer ici, afin de faire voir le piege qu'on tend à tout le monde, pour donner à chacun les moïens qui sont necessaires pour l'éviter.

2. sortes d'adoucissemens dont les Heretiques se servent lorsqu'ils rejettent la Tradition.

Ce sont deux insignes mensonges. Le premier consiste à dire, que toute cette Doctrine, qu'on condamne se reduit à certains abus ; quoique dans le fond, celle de Luther n'ait rien de contraire à celle de l'Eglise Catholique. Voici comme on parle dans la Confession d'Ausbourg, selon la Traduction de M. Masius. *Voilà*, dit-on à la fin de la premiere partie, *à peu prés l'abregé de la Doctrine, que nos Eglises proposent, pour instruire les Chrêtiens.... Puis donc que nôtre Doctrine est évidemment fondée sur l'Ecriture sainte, & qu'elle n'a rien de contraire à l'Ecriture sainte, ni à l'Eglise Catholique, ni à la Romaine, autant qu'on la peut connoître par ses Ecrits ; nous pensons que les sentimens de nos Adversaires, ne pourront pas differer des nôtres dans les*

1. Adoucissement on condamne la Doctrine de l'Eglise seulement, sous le nom d'abus.

Confess. Aug. art. 21.

DE L'EGLISE. Chap. V.

Articles, que nous venons de marquer. Il n'y a personne qui ne voïe clairement un mensonge si grossier ; car il ne faut que lire les Articles de la Confession d'Ausbourg & sçavoir un peu sa croïance, pour voir que JESUS-CHRIST & Belial ne sont pas plus opposez, que ces deux sortes de Doctrines ; & c'est ainsi que tous les Catholiques en jugeoient & en ont toûjours jugé, ce qui donne lieu à ce qui suit. *C'est pourquoi*, dit-on, *ceux-là jugent avec grande dureté & précipitation nos Docteurs, qui les veulent faire passer pour Heretiques, puisque tout le different qui peut être entre-eux & nous, n'est fondé que sur certains abus qui se sont glissez dans les Eglises sans autorité.* On appelle par tout ailleurs la Doctrine de l'Eglise, des idolatries, des sacrileges, des prophanations, des traditions humaines contraires à la parole de Dieu ; une Doctrine qui détruit le mystère de la Redemption, qui rend les souffrances de JESUS-CHRIST inutiles ; des superstitions, des impietez, des abominations, en un mot, la Doctrine de l'Antechrist : & dans la Confession de Foi, tout cela se reduit à certains abus. Il faut lire le Catalogue de ces abus, que nous avons mis à la tête de cet Ouvrage, pour voir de quelle nature on les fait & les titres qu'on leur donne.

Mais il falloit parler ainsi dans cette Confession, parce que les esprits n'étoient pas encore disposez à croire sur la simple parole des Theologiens de Vittemberg, qu'elle ne contenoit autre chose que la Doctrine de la primitive Eglise. On demandoit des preuves tirées de la Tradition. Les Protestans la rejettoient, parce qu'elle ne leur étoit pas favorable. On voïoit bien que c'étoit l'unique raison qu'ils en eussent, mais qu'ils n'osoient dire; & comme on ne peut disconvenir qu'il n'y ait toûjours eu des abus dans l'Eglise, puisque saint Paul en a condamné lui-même dans des choses tres-importantes, comme est l'usage de la sainte Eucharistie, les Reformateurs crûrent qu'il faloit donner seulement ce titre à la Doctrine, qu'ils rejettoient, afin de persuader plus facilement à tout le monde, qu'elle pouvoit être fausse & condamnable, quoiqu'elle fût dés le commencement du Christianisme. Mais leur conduite démentoit leurs paroles; car s'il ne s'agissoit que de certains abus que les Protestans vouloient reformer, comme cela est visiblement faux, quelle raison pouvoit les porter à faire un horrible Schis-

DE L'EGLISE. Chap. V. 67
me & à se separer de l'Eglise comme ils faisoient ? Les abus ne consistent que dans le mauvais usage, qu'on fait des choses saintes ; ils pouvoient s'abstenir de suivre ces mauvais exemples, sans rompre l'unité & ruïner la paix & la charité Chrêtienne, par une si détestable Apostasie. Cependant ils l'ont fait. Il faut donc nécessairement conclure, qu'ils ne donnoient alors le nom d'abus à la Doctrine de l'Eglise, que parce qu'ils ne pouvoient supposer avec la moindre apparence de raison, que la leur eût été celle de la primitive Eglise.

Le second mensonge consiste à dire & à soutenir contre toute sorte de raison, que les Controverses, qui sont entre les Reformateurs & nous, ne sont d'aucune importance au jugement même des Docteurs Catholiques. Personne ne s'étoit encore avisé de parler ainsi, jusqu'à M. Masius, qui voudroit bien reduire tous ces Articles en problêmes (c'est où les principes de sa Secte le conduisent directement) & nous faire croire en même-tems, que ce sont des sentimens communs parmi les Docteurs Catholiques, qu'il fait décider sur les points fondamentaux à sa fantaisie, sans en citer aucun, & sans en rapporter aucun témoi-

<small>2. Adoucissement qui est de M. Masius. 1. part. il reduit tout en problêmes.</small>

gnage. On ne peut pas nous condamner, dit-il, sur cet Article, quoi qu'il soit contraire à la Doctrine de l'Eglise Catholique; parce que selon les Docteurs de cette Eglise, ce n'est pas un point fondamental; comme si les Docteurs qu'il fait parler, ne reconnoissoient pas pour points fondamentaux, ce qui a été decidé dans tous les Conciles generaux, & nommément dans celui de Trente, où l'on a jugé tous les Articles de Controverses, qui se trouvent entre les Reformateurs & nous. Les Heretiques sont maîtres des points fondamentaux. Comme ils ne reconnoissent ni la Tradition de l'Eglise, ni l'autorité des Conciles, ils peuvent en admettre tant & si peu qu'il leur plaît. Mais il n'en est pas ainsi des Docteurs de l'Eglise Romaine. Le premier principe de leur Theologie est de dire, que toute Doctrine reçûë dans toute l'Eglise, venuë jusqu'à nous par le Canal de la Tradition, est un point fondamental, que nous devons tenir comme un Article de Foi, & il n'y a que des Docteurs Apostats ou Heretiques de naissance, qui puissent dire le contraire. Si M. Masius en a trouvé, qui parlent autrement, nous leur disons anathême; ainsi leur autorité ne prouve rien.

De l'Eglise. Chap. V.

Cette declaration renverse toute la premiere partie du Livre de M. Masius, qui roule sur cet argument. Nous ne sommes pas condamnables pour ne pas croire & ne pas recevoir des choses, qui ne sont pas necessaires à salut. Or plusieurs Docteurs de l'Eglise Romaine (qu'on ne nomme point) croïent, les uns, que nous avons raison de ne pas croire certains Articles ; les autres, que plusieurs de ceux que nous rejettons, ne sont pas fondamentaux ; ou que nous ne sommes pas obligez sur peine de damnation à certaines choses ausquelles nous ne voulons pas nous soûmettre &c. Donc nous ne devons pas être condamnez. La mineure de ce raisonnement fondamental, est notoirement fausse ; car ces prétendus Docteurs ne sont que dans l'imagination de M. Masius, & s'il s'en trouve de cette trempe, ils ne sont nullement Catholiques.

Ce n'est pas une chose extraordinaire de voir en matiere d'opinions & de problêmes, un parti s'élever peu à peu & prévaloir sur un autre. Ainsi si tous ces Articles débatus entre les Protestans & nous, ne sont que de purs problêmes & des sentimens, qu'on peut soûtenir pour & contre ; en sureté de conscience, on

M. Masius suppose qu'il y a des Docteurs dans l'Eglise Romaine qui font des problêmes des points de Controverse, cè qui est un mensonge.

pouvoit dire qu'un Parti ou qu'une Secte auroit entierement détruit l'autre, & se seroit enfin établie par tout le monde, comme une Secte de Philosophes obscurcit insensiblement, & détruit souvent celle qui lui est contraire. C'est-là justement le Systême des Sociniens ; il y faut necessairement venir, lorsqu'on est maître des points fondamentaux & qu'on est conduit par l'esprit particulier ; car alors tout devient problême. Il faut donner cette loüange à M. Masius, qu'il ne suit pas mal ses principes ; mais par malheur pour lui, ils sont détestables.

M. Masius Socinien.

CHAPITRE VI.

Que ces prétendus changemens n'ont pû se faire par succession de tems.

LA Doctrine des Lutheriens a été celle des premiers tems, & celle qui a été prêchée par les Apôtres, selon la premiere supposition. Toute l'Eglise étoit en possession d'une autre toute contraire en 45. Articles au moins, lorsque Luther commença à dogmatiser par la huitiéme. Il faut donc absolument qu'il soit arrivé un changement general, ou plûtôt autant de changemens & de re-

DE L'EGLISE. Chap. VI. 71
volutions qu'il y a d'articles en celle des Protestans, qui sont contraires à la nôtre, par la troisième supposition.

Mais par la sixième supposition, il ne se trouve rien dans toute l'antiquité, qui puisse nous marquer & nous faire connoître aucun de ces changemens; & si les Protestans avoient pû découvrir quelque Livre, quelque Histoire ou quelque Monument, qui pût nous en informer directement ou indirectement, ils n'auroient pas manqué de le produire. Il faut donc dire, que cela s'est fait si promptement, que personne n'a eu assez de tems, pour y faire attention ou pour en parler. Car qu'on suppose, si l'on veut, que tous les hommes qui vivoient lorsque ces changemens sont arrivez, aïent conspiré ensemble en quelque partie du monde, qu'ils aïent été, pour nous dérober la connoissance du tems, des Auteurs, des circonstances & des suites de toutes ces revolutions doctrinales, ce qui est une supposition intolerable & la plus chimerique du monde: si ces changemens ont demandé un long-tems, par exemple un siecle pour s'accomplir entierement; comment aura-t'on pû obliger tous ceux, qui auront vêcu dans un si grand espace de tems & qui auront été

Ces chāgemens pour être demeurez inconnus, auroient dû se faire en un moment.

des témoins oculaires de tous ces changemens si capables de frapper les yeux & l'esprit de tout le monde, à s'en taire & à ne rien emploïer dans leurs ouvrages qui fût capable de nous faire connoître quelle étoit la Religion de nos premiers Peres, & les bouleversemens qui y seroient arrivez de leur tems ?

Il n'y a personne, qui ne voïe aisément, que plus le tems qui renferme tant de changemens sera long, plus aussi se trouvera-t-il de degrez d'impossibilité dans ce changement inconnu & enseveli dans les tenebres, mais qui doit avoir été revelé aux Reformateurs de ces derniers siecles. Afin donc qu'il n'y eût aucun degré d'impossibilité du côté de la succession, il faudroit l'ôter entierement, & supposer, qu'il est arrivé dans un moment. Mais cette supposition ne manqueroit pas de nous jetter, par une autre voïe, dans un abîme de difficultez & de contradictions. Car comment accorder ces choses? 45. changemens au moins en matiere de Religion, c'est-à-dire dans la Foi, dans le Culte, dans les Maximes de Morale, dans le nombre & l'administration des Sacremens, dans la Police exterieure & le gouvernement de l'Eglise, & dans les Ceremonies, arrivés dans toute

Impossibilitez touchant les changemens precipitez.

DE L'EGLISE. Chap. VI.

toute l'Eglise, c'est-à-dire, par toute la terre où elle est répanduë, & cela dans un moment ? Rien ne paroît au monde plus impossible.

Il faut donc malgré toutes les impossibilitez, que renferme la succession, y revenir; qu'elle s'accorde avec le profond silence d'un million d'Ecrivains qui ont été témoins oculaires ou auriculaires de tant de revolutions, ou non, il n'importe; c'est la voïe la plus apparente, qu'on puisse tenir, pour donner quelque couleur à tant de changemens imaginaires. Mais combien de siecles seroientils suffisans, pour établir dans toute l'Eglise tant d'articles d'une Doctrine étrangere, & lui aquerir le crédit, l'autorité & la veneration qui n'étoit dûë qu'à celle de JESUS-CHRIST & des Apôtres? Qu'on en mette tant qu'on voudra, de 17. qui sont écoulez depuis la naissance de JESUS-CHRIST, & même quand on supposeroit que tous ces siecles auroient été emploïez & occupez continuellement à faire tous ces changemens & ces revolutions Doctrinales, je soûtiens qu'il s'en faudroit beaucoup, que cette longue durée fût suffisante pour établir tant de points de Religion, & tant d'articles de Doctrine dans tout le monde & par toute l'Eglise, pour supprimer & anéantir la Secte contraire, & donner à la nouvelle, qui lui succedoit, les titres de Catholique & d'Apostolique, dont elle étoit en possession paisible au tems de Luther. Pour en convaincre tout homme raisonnable, il suffira de remarquer.

Premierement : Qu'un siecle, & même tous les siecles ensemble, ne suffiroient pas pour faire changer toute la terre en un seul point de Religion, à moins que Dieu ne fît autant de prodiges & de miracles qu'il en a fait par les Apôtres, afin de faire recevoir la Doctrine nouvelle, qu'on voudroit établir, pour raisonnable qu'elle pût être. Ceci est évident ; car il faut que cette Doctrine soit prêchée & enseignée par tout le monde, où l'Eglise est établie ; & pour cela il faut une infinité de Docteurs, de Prédicateurs qui l'annoncent ; une infinité de Livres pour la publier ; il faut mettre en usage une infinité de moïens & d'artifices pour y faire ajoûter Foi. Il faut une finité de Conciles, d'Assemblées, de Disputes, d'Ordonnances & de Loix, pour lui donner quelque autorité ; car si Dieu n'opere ni au dedans par sa grace, ni au dehors par les miracles, il faut ne-

Ces chāgemens successifs demandent un tems infini.

cessairement avoir recours aux moïens humains, pour pouvoir venir à bout d'une telle entreprise. Or il n'y a personne qui ne voïe, que tous ces moïens ne peuvent être d'un grand usage dans une affaire de telle consequence, & quand ils pourroient avoir toute l'efficacité imaginable, qu'il faudroit un tems infini pour un tel effet. Car quand il s'agit de faire changer de croïance à toute la terre, & obliger tous les hommes à embrasser une Doctrine qu'ils detestoient auparavant, comme damnable, comme une idolatrie, comme impieté, prophanation, sacrilege &c. il n'y a personne qui ne juge facilement, que sans un secours visible de Dieu, il est impossible que cela puisse se faire, non seulement en 17. siecles, mais en 20. ou en 30.

Or il est bien certain que Dieu ne peut concourir en aucune maniere à de tels changemens, qui ne seroient que l'ouvrage du demon, un bouleversement general de toute l'Eglise, & un renversement universel de sa Doctrine. Qu'on juge donc si jamais cela a pû se faire dans un seul article, & ce qu'on doit penser de tous ensemble, puisque l'établissement de chacun en particulier, renferme les mêmes dégrez d'impossibilité.

Secondement : Que quand on supposeroit, qu'un ou plusieurs siecles seroient suffisans, pour pervertir generalement toute la terre, & anéantir la Foi, la Religion & la Doctrine de l'Evangile dans le cœur des fideles, ils ne suffiroient pas tous ensemble pour anéantir le souvenir de l'ancienne croïance, par la suppression de toutes les Liturgies, Rituels, Catechismes, Livres de Prieres, de Ceremonies, ou pour les changer & les corrompre par tout le monde, comme on est obligé de dire, qu'il est arrivé, selon la cinquiéme supposition.

Il est impossible d'anéantir le souvenir de l'ancienne Doctrine.

Troisiémement : Que s'il y avoit quelque chose au monde qui pût favoriser le succez de ces changemens, qui ne se pouvoient faire qu'humainement ou par les artifices du demon, selon l'hypothese des Reformateurs, ce seroit les passions des hommes, si cette Doctrine leur étoit favorable ; mais c'est tout le contraire ; car celle qui a dû ainsi s'établir, les condamne generalement toutes, sans en excepter aucune ; au lieu que la Doctrine de Luther, que M. Masius prétend être l'ancienne, les favorise en toute maniere. Il ne faut que lire les articles que nous avons rapportez & les comparer avec la Doctrine contraire, qui est cel-

La Doctrine de l'Eglise est contraire à toutes les passions.

le de l'Eglise Catholique, pour en juger.

Quatriémement : Que toutes ces prétenduës erreurs, à qui on donne si liberalement le nom de Doctrine nouvelle, d'heresie, d'idolatrie &c. n'ont pas dû avoir un plus grand privilege que toutes les autres Doctrines, que les Reformateurs condamnent comme nous ; par exemple, que les heresies des Valentiniens, des Marcionites, des Montanistes, des Sabelliens, Ariens, Macedoniens, Nestoriens &c. Or il n'y a pas une seule de toutes ces heresies, dont plusieurs ne consistoient que dans un seul point de Doctrine, qui n'emportoit avec soi aucun changement dans la Liturgie, ni dans la Police exterieure de l'Eglise, ni dans la Morale, qui ait pû faire un progrez considerable & passer les bornes de quelques Provinces ; & bien loin de s'étendre par succession de tems, l'experience a fait voir au contraire, que les plus grands mouvemens, qu'elles ont excitez, n'ont duré que tres-peu de tems, & qu'elles sont tombées & se sont éteintes insensiblement. Comment seroit-il donc possible, que tant d'erreurs eussent infecté toute l'Eglise les unes après les autres, par succession de tems & eussent anéanti la Doctrine contraire ; c'est-à-

Jamais l'Heresie n'a fait un assez grand progrez, pour s'étendre dans la plus grande partie du monde.

dire, celle des Apôtres? Une Heresie, par exemple, l'Arianisme, qui ne consistoit que dans un seul point, laquelle ne manquoit ni de prétextes tres-specieux, ni de raisons tres-apparentes, ni de passages de l'Ecriture, ni d'autorité, étant deffenduë avec fureur par de tres-grands & de tres-sçavans Evêques, ni enfin de puissance, étant soûtenuë par l'Emreur Constance maître de tout le monde, n'a pû penetrer avec toute cette force dans les plus grands Roïaumes & les plus considerables Provinces, & a fait si peu de progrez, comme il paroît par la Lettre du Conc. Rom. sous Damase, & celle du Conc. d'Alexandrie, dans celles où elle s'est établie par l'artifice ou par la violence, & l'on s'imaginera, qu'on aura pû recevoir tranquillement & pacifiquement dans tous les Roïaumes, les Provinces, les Villes & generalement dans tous les Lieux du monde, plus de 40. Articles d'une fausse Doctrine l'un aprés l'autre, quoique chaque Article entrainât avec soi un changement tres-considerable dans le Dogme, dans la Liturgie, dans les Ceremonies, dans les Prieres publiques ou particulieres, dans la Police exterieure de l'Eglise, & en mille autres choses, qu'il

Apud Theodor. L. 2 hist. Eccl. cap. 22. & L. 4. cap. 3.

eût falu corriger & reformer autant de fois, qu'il fût arrivé de semblables revolutions? Il n'y a personne qui faisant quelque attention sur tout ceci, ne convienne, qu'il y a dans tous ces changemens un tres-grand nombre d'impossibilitez, qui se multiplient à proportion du tems qu'on veut leur donner, & qui vont à l'infini, lorsqu'on considere le grand nombre d'Articles qu'il auroit falu changer, selon le Systême des Reformateurs.

Cinquiemement: Puisque la Doctrine de Luther doit être la Doctrine de JESUS-CHRIST, que les nouveaux Prophetes sont venus rétablir, si on veut les croire, on ne peut douter qu'elle n'ait été revêtuë de tout ce qui étoit necessaire pour lui donner un grand cours & lui faire faire un tres-grand progrez en peu de tems, & semblable à celui qu'elle eut dans les premiers siecles. Qu'on examine donc le progrez qu'elle a fait depuis prés de 200. ans, qu'on travaille en Allemagne à la prêcher & à la publier de vive voix & par écrit, & l'on verra s'il est possible, que tant d'articles d'une Doctrine, qui lui est contradictoirement opposée & qu'on prétend être, non seulement fausse, mais

Le peu de progrez que la Doctrine de Luther a fait dans le monde depuis prés de 200. ans.

encore celle de l'Antechrist, auront pû innonder toute la terre & anéantir celle, que Luther a fait revivre, quelque tems qu'on puisse assigner pour cela. Le lieu où le Lutheranisme s'est le plus répandu est l'Allemagne & en Allemagne la Saxe où il a pris naissance ; or qu'on considere l'état present de cet Empire & l'on verra laquelle y est la plus florissante de la Religion Catholique ou de celle de Vittemberg. Combien se trouve-t-il de Villes, de Bourgs & de Villages où les Reformateurs n'ont encore pû trouver d'accés ? & des Lieux même, qui ont été infectez de cette peste, combien y en a-t-il, où il y a dix Catholiques contre un Lutherien ? Des quatre parties du monde où l'Eglise est établie, il n'y a que l'Europe, qui se soit sentie de cette contagion & dans l'Europe il n'y a presque que l'Allemagne, la Suede & le Danemark, où elle se soit répanduë & bien loin de s'accroître par succession de tems, elle diminuë tous les jours : quand aura-t-elle donc rempli toute la Terre ? il me semble qu'elle n'en prend guere le chemin. Il paroît bien plûtôt qu'elle est prête de rentrer dans l'abîme, d'où elle est sortie par les artifices de son Auteur. Si cette Syna-

DE L'EGLISE. Chap. VI.
gogue, qu'on pretend être la Cité de Dieu, a fait un si miserable progrez depuis prés de deux siecles, comment l'Eglise, qu'on prétend être la Cité du Demon, aura-t-elle pû remplir toute la terre de sa Doctrine, & en même-tems détruire, étouffer & anéantir l'autre en moins de 15. siecles ? C'est à Mess. les Protestans à juger suivant ces reflexions, si cela est possible.

Et pour faire voir ceci dans la derniere évidence, par des exemples tirez de la chose même, considerons le tems qui a été necessaire, selon les Reformateurs, à faire les moindres de ces changemens. M. Masins dit que le Dogme de la Transubstantiation commença à se glisser dés le neuviéme siecle ; que quelques Docteurs, l'enseignerent alors, que les Papes l'appuierent depuis ; cependant, que ce Dogme ne passoit point encore pour article de Foi avant le Concile de Latran. Il ne se met pas en peine d'apporter aucunes preuves de tout cela, & ce n'est pas ici le lieu où nous devons lui en demander, mais seulement de lui faire remarquer, que pour faire un changement, qui ne paroit pas des plus considerables, il a falu au moins trois siecles selon son calcul. Il en a falu

1. part, chap. 15 pag. 100.

D v

plus de 15. pour établir la Doctrine du Purgatoire, puisqu'elle avoit commencé avant JESUS-CHRIST & qu'elle n'a pû être reçuë comme article de Foi, qu'au Concile de Florence, à ce qu'il prétend. Il faut dire la même chose touchant quelques autres articles dont on a voulu marquer le commencement & le progrez suivant les conjectures, qu'on a faites & qu'on a établies sur des fondemens imaginaires. Par là il est aisé de voir, que du consentement même des Protestans, il n'y a point d'article de nôtre Doctrine, qui n'eût demandé un grand nombre de siecles pour pouvoir être reçû & autorisé par tout le monde, & que la durée de 16. siecles seroit trop courte pour tant de revolutions si grandes & si considerables.

<small>Part. 1. chap. 3. pag. 74. & 75.
2. part. chap. 2. pag. 51.</small>

D'où il suit necessairement qu'il n'y a pas un seul de ces changemens qui ne nous fût connu en toutes ses circonstances par une infinité de monumens autentiques, dont les Reformateurs se serviroient contre-nous. De combien de témoignages tirez des Histoires, des Conciles, des Homelies des Peres, des Catechismes, des Sermons, des Catalogues des Heresies &c. ne nous accableroient-ils pas? Et comme il ne se trouve rien de tout cela qu'ils puissent produire, il faut supposer, que tout ce qui pouvoit nous en donner connoissance a peri, que tout ce qui nous reste a été corrompu, & que tous les hommes se sont accordez en cela & sont convenus de tout renverser, pour nous dérober la connoissance de tant d'évenemens repandus dans chaque siecle, dans une matiere aussi importante, qu'est celle de la Religion, où il s'agit du salut de tout le monde. Quel affreux cahos de contradictions, & quel horrible assemblage de chimeres ne se presente-t-il pas à nôtre esprit, lorsque nous faisons ces reflexions & plusieurs autres semblables, que je laisse à faire à ceux, qui voudront s'en donner la peine.

Chapitre VII.

Que ces prétendus changemens n'ont pû se faire successivement par rapport aux lieux.

IL n'y a personne qui puisse s'imaginer & qui ose dire, qu'aucun de tous ces changemens ait pû se faire tout d'un coup dans tous les lieux du monde, comme nous l'avons déja remarqué; il faut donc que cela ait commencé dans quelque lieu, & se soit insensiblement répandu par toute la terre où l'Eglise étoit établie; voïons si cela est croïable.

La Foi répanduë par tout le monde en peu de tumps. Joan. 7. v. 38.

Il faut remarquer que la foi se trouva établie dans toutes les parties du monde en tres peu de temps, comme il avoit été predit en beaucoup d'endroits de l'ancien Testament. Ces Torrens d'eaux vives, qui sortirent de la bouche des Apôtres, lors qu'ils furent comme enyvrez de l'Esprit de Dieu qui descendit sur eux dans le Cenacle, se répandirent en peu de temps par toute la terre, Dieu aïant assemblé un nombre infini de Juifs de toutes les nations, qui sont sous le Ciel, dont la plus grande partie se convertit, pour aller en même temps annoncer JESUS-CHRIST jusques aux extremitez du monde & raconter toutes les merveilles, qu'ils avoient vûës & qu'ils avoient entenduës; & ces mêmes Apôtres s'étant dispersez en diverses parties de la terre entrainoient par leur Predication, qui étoit accompagnée d'une infinité de prodiges, des provinces entieres, présque sans aucune resistance. C'est pour quoi S. Paul écrivant aux Colossiens, peuple de Phrygie, qui avoit été converti par Epaphras, ne fait point de difficulté de leur dire " que l'Evangile, qu'ils avoient

Act. 2. v. 5.

Coloss. 1. v. 23.

reçû, avoit été déja annoncé par toute la « terre, *quod prædicatum est in universa creatura, quæ sub cælo est* : Et il n'y avoit pas encore trente ans que JESUS-CHRIST étoit mort. Mais il avoit promis, immediatement avant que de monter au Ciel, que cela seroit ainsi, disant " Vous recevrez la vertu du S. Esprit, qui descendra sur « vous & vous me rendrez témoignage « dans Jerusalem, & dans toute la Judée « & la Samarie, & jusques aux extremitez « de la terre.

Act. 18. v.

C'est pourquoi les mêmes Apôtres donnerent à l'Eglise le titre de Catholique, & ils l'emploïerent dans leur symbole, pour nous apprendre, que c'est une qualité qui lui est essentielle, & que toute Eglise qui n'est point Universelle, c'est-à-dire répanduë dans toutes les parties du monde & la plus grande societé qui ait jamais été, & qui puisse être sur la terre, ne peut être celle de JESUS-CHRIST ; & que celle au contraire à qui ce titre peut legitimement convenir, doit être regardée, comme l'Eglise qu'il a fondée en vertu de la puissance qu'il a reçuë de son Pere aprés sa resurrection qui s'étend sur toute la terre, *data est mihi potestas in cælo & in terra*.

L'Eglise de J. C. est universelle.

Ainsi ce nom de *Catholique*, dit Saint

S. Pacia. Epiſt. 1. ad Sympr. an. 360.

Pacien Evêque de Barcelône, *ne marque ni Marcion, ni Appelle, ni Montanus* (ajoûtons) *ni Luther, ni Zuingle, ni Calvin, &c. & ne ſe donne point aux heretiques. Je m'apelle Chrétien,* dit-il encore au même endroit, *& mon ſurnom eſt celui de Catholique.* Il dit encore qu'en ce temps, c'eſt-à-dire, vers le milieu du quatriéme ſiécle on diſtinguoit par ce nom les fidéles des heretiques, comme on fait aujourd'hui & comme on fera toûjours.

S. Aug. L. Cont. Epiſt. Manich. ſeu fund. cap. 4.

Entre les raiſons que S. Auguſtin apporte de ſon attachement à l'Egliſe, une principale eſt le titre de Catholique, qu'elle a preferablement à toutes les autres ſocietez, qui ſont dans le monde, *par lequel elle eſt ſi connuë,* dit-il, *que ſi quelqu'un arrivant à une ville s'informe où ſont les aſſemblées de l'Egliſe Catholique, il n'y a pas un heretique, qui oſe lui montrer le lieu où s'aſſemblent ceux de ſa ſecte, quoi-qu'ils affectent tous de ſe dire Catholiques.*

S. Iren. L. 1. c. 3. Tert. côt. Jud. c. 3. S. Cypr. L. de unit. Eccl. S. Ath. L. Quæſt. q. 36.

Dans le Livre de l'unité de l'Egliſe, il ne ſe contente pas de dire, comme avoient fait de leur tems S. Irenée, Origène, Tertullien, S. Cyprien, S. Athanaſe, S. Jean Chryſoſtome, S. Jerôme, Euſebe de Ceſarée, Theodoret, & plusieurs autres, que l'Eglise étoit répanduë par toute la terre ; mais il prouve que cela doit être ainsi, parce qu'il avoit été prophetisé. Et c'est un grand principe dont il se sert, pour prouver aux Donatistes, que s'étant separez de l'Eglise Catholique, ils étoient convaincus de schisme & par consequent condamnables. Et ils n'ont jamais peu répondre à ce raisonnement, qu'il leur repetoit sans cesse.

<small>S. Chrys. S. Hieron. in 24. Math. Euseb L. 1. hist. Eccl. c. 5. S. Aug. Epist. N. E. 197. & 199. l. 2. cont epist. petil. c. 12. & c. 31.</small>

D'ou il suit, que comme il n'est resté aucune societé par toute la terre, qui fist profession de la doctrine, que les Reformateurs pretendent avoir autrefois porté cet auguste nom de Catholique & avoir été prêchée par tout le monde, le changement qui s'est dû faire a été general, & la doctrine de l'Antechrist, comme ils l'appellent, ayant pris la place de celle de Jesus-Christ, est devenuë la doctrine Catholique. Ainsi lors qu'on dit en recitant le Symbole *je croi en l'Eglise Catholique*, cela ne signifie autre chose presentement selon la pensée de nos Reformateurs, sinon *je croi en l'Eglise de l'Antechrist*, parce qu'il n'y a plus à present d'autre Eglise Catholique. Et comme nous sommes incorporez par le saint Batême à cette même societé, que nous croïons être l'EgliseCatholique, il faut di-

<small>Selon les Pretestás la seule Eglise de l'Antechrist est presentement Catholique.</small>

re pareillement que nous devenons les membres de l'Antechrist par nôtre Bâteme.

Divers artifices des Protestans pour ôter à l'Eglise le titre de Catholique.

Art. Smacal. 6. Conc. pag. 312. trart. 12. Conc. pag. 335 Foan. Olear. disput. 11. Thess 61. Cont. pontif.

Petit Catechisme de Strasbourg imprimé l'an 1681. en François & en Allem.

Les Reformateurs se trouvent embarassez par des consequences si terribles & si détestables, qui suivent naturellement & visiblement de leurs principes. Ainsi ils se sont avisez de confondre le nom de Catholique avec celui de Chrétien. C'est ainsi, dit Luther, que les enfans prient, Je croi la sainte Eglise Catholique ou Chrétienne *Credo sanctam Ecclesiam Catholicam, sive Christianam.* Les Ministres de Strasbourg ont fait encore pis; car ils ont ôté le nom de Catholique du Symbole, pour y mettre celui *de Chrétienne. Je croi*, disent-ils, *en l'Eglise Chrétienne* c'est-à-dire en une societé composée d'un nombre infini de sectes qui se detestent les unes les autres. C'est le sens des Sociniens, qui renferment dans le sein de l'Eglise toutes sortes de sectes telles qu'elles puissent être, pourvû qu'ils croyent en JESUS-CHRIST, comme a fait M. Jurieu dans son systême de l'Eglise. Il y en a qui soûtiennent que ce titre n'est point essentiel à l'Eglise, & qu'il doit être reformé, parce qu'il n'accommode point les Reformateurs; & c'est ce que firent les Docteurs Faustius à Strasbourg

DE L'EGLISE. Ch. VII.

l'an 1690. & Olearius à Lipsic l'an 1684. Il faut donc necessairement reformer le symbole, mais il est difficile de trouver quelque autre terme, pour mettre en la place de celui de Catholique, sans tomber dans quelque precipice.

Luther a voulu quelquefois tourner ce titre auguste en ridicule, appellant l'Eglise Cacolyque au lieu de Catholique. Ces deux noms sont Grecs, le dernier signifie Universelle & le premier méchante Louve : κακολυκίς. Mais ce blasphême fait voir, que ce seul nom renversoit tout cet édifice d'iniquité, qu'il vouloit élever, & c'est ce qui rend ce titre si odieux à tous les heretiques & à tous les schismatiques.

Contr. 32. art. Doct. Louan.

Mais afin que ces changemens fussent arrivez par toute la terre & qu'une societé d'idolâtres soit devenuë l'Eglise Catholique, il faut necessairement supposer que cela auroit commencé en quelque endroit, comme nous avons déja remarquer, soit une ville, un bourg ou un village, par des predications, des livres, des assemblées secrettes & que cela se seroit répandu peu à peu d'un lieu en un autre, & comme il se seroit fait autant de changemens que d'articles, selon la troisiéme supposition, il faut dire, que cha-

Ces changemens sont dû commencer par quelque chap. 5.

que changement se seroit fait de la même manière passant d'un lieu à un autre,
& qu'il seroit arrivé successivement plus
de quarante revolutions semblables, non
seulement dans l'Eglise Latine, mais encore dans la Grecque, & non seulement
parmi les vrais Catholiques, mais encore parmi toutes les sectes schismatiques
& heretiques, comme sont les Eutychiens,
Nestoriens, les Armeniens, les Cophtes,
les Moscovites, les Jacobites, les Grecs,
&c. Car toutes ces sectes conviennent a-
vec nous dans les articles que les Lutheriens combattent, comme il paroît par
leurs Liturgies.

Obstacles à ces changemens.

Or peut-on s'imaginer, que tous ces
changemens aient pû se faire sans que
personne s'y soit opposé & qu'il ait été
facile de changer plus de quarante fois
la face de toute l'Eglise sans aucune resistance, & qu'il ne se soit pas trouvé une
seule Eglise qui n'ait embrassé chaque
point de la doctrine nouvelle, à mesure
qu'il étoit proposé, avec joie & n'ait renoncé tres-librement & tres facilement à
la Religion de ses peres sans plainte & sans
murmure, pour suivre les dogmes de
quelques particuliers, dont on n'avoit jamais entendu parler ? Quand la Religion
ne feroit pas des impressions aussi fortes

qu'elle en fait sur l'esprit de tout le monde, le seul amour propre, l'ambition, l'interêt de plusieurs personnes, qui se trouveroit blessé dans ces changemens, la coûtume, l'habitude, & mille autres choses semblables auroient été capables d'empêcher ces desordres & ces bouleversemens; au moins en une infinité de lieux, où l'ancienne Religion se seroit conservée pure, & où elle se seroit trouvée du temps de Luther.

Mais quand on supposeroit les Catholiques capables d'une telle inconstance, les Schismatiques, les Heretiques, & même les Catholiques Grecs auroient ils été dans cette même disposition? Ne sçait on pas que les heretiques & ceux qui sont separez de nous ont en horreur les meilleures choses lors qu'elles viennent de l'Eglise, quand même elles seroient indifferentes pour la Religion. Les Anglois n'ont jamais voulu recevoir la correction du Calendrier, quoiqu'ils en connoissent l'utilité, parce que c'est un Pape qui l'a fait faire. Chaque changement n'auroit-il pas été un nouveau sujet de se soulever contre l'Eglise & une occasion de la charger de calomnies? Les Lutheriens n'auroient pas été en peine de trouver des Sectes & des Provin-

Les Sectes Heretiques auroient rejeté ces changemens.

ces entieres, où cette prétenduë anciene doctrine se seroit exactement conservée; & Luther n'auroit pas eu sujet de se glorifier d'en être l'Auteur comme il a fait. Quel prodige n'auroit-ce pas été de voir toutes les nations du monde, toutes les sectes les plus ennemies, tous les peuples les plus éloignez se réünir ensemble, pour embrasser une doctrine nouvelle, & par consequent fausse & heretique, sans y être portez par aucuns miracles, & demeurer toûjours partagez & opposez sur quelque autre article de la doctrine ancienne & apostolique? Si le progrez du Lutheranisme dans quelques Provinces est le miracle des miracles selon M. Masius, quel prodige seroit-ce de voir toute la terre ainsi changée, malgré un nombre infini d'obstacles si grands & si insurmontables?

Il faudroit que Dieu eur donné le Don des langues pour prêcher ces preteduës erreurs par tout le monde.

Enfin ces changemens ne se peuvent faire que par des Prédicateurs, qui aillent prêcher la Reforme dans differens lieux; car comment tous les peuples du monde auroient-ils pû apprendre cette nouvelle doctrine, contraire à celle qu'on leur avoit enseignée dans leurs Catechismes, qu'ils enseignoient eux-mêmes à leurs enfans, qui étoit dans tous les livres de la liturgie, dans les livres de priéres, qui étoient entre les mains de tout le peuple, si on ne leur avoit envoïé de nouveaux Prédicateurs, pour les seduire & leur faire changer de foi, de pratique, en un mot de Religion. *Quomodo audient sine prædicante, & quomodo prædicabunt nisi mittantur?* Or pour cela il faudroit necessairement trouver des Apôtres modernes, qui eussent le don de toutes les langues comme les premiers Apôtres, afin qu'ils pussent se faire entendre par toutes les nations. Il faudroit donc que Dieu eut fait le même miracle en faveur de l'erreur, qu'il a fait en faveur de la verité, ce qui est impossible. Ainsi il est faux, que la Religion Romaine étant la Religion Catholique, comme elle est, soit la Synagogue de l'Antechrist, ainsi que les heretiques le publient ; mais au contraire, il est notoire & visible, selon ces demonstrations, que c'est cette multitude de Sectes differentes, qui se trouvent resserrées dans de petits coins de terre, dans quelques Provinces, dans quelques petits Cantons & qui ne peuvent jamais s'étendre, mais qui diminuent chaque jour & perissent enfin les unes aprés les autres.

Rom. 10. v 14. 15.

CHAPITRE VIII.

Que ces prétendus changemens ne peuvent avoir été insensibles, si on les considere selon l'ordre politique.

ON peut considerer ces changemens selon deux raports differens ; sçavoir par rapport au gouvernement politique, qui est different selon les états differens, & par rapport au gouvernement Ecclesiastique. Comme on ne trouve dans toute l'antiquité aucun monument, qui nous fasse connoître qu'il soit arrivé rien de semblable à tant de revolutions imaginaires, que les Protestans soutiennent être arrivées, ils ont été obligez de dire que tout cela s'est fait insensiblement. Voïons si cela est possible, dans le gouvernement civil, & s'il se peut faire, qu'on change tant de fois de Religion dans les Etats sans qu'il en arrive aucun trouble. C'est-ce que je vais examiner dans ce Chapitre. Et pour cela,

L'heresie met le trouble dans les Etats.

Il faut remarquer premierement, qu'il y a une si grande connexion entre le gouvernement Politique & l'Ecclesiastique, qu'il n'est pas possible, qu'il arrive quelque changement dans l'Eglise sans que l'Etat en souffre. On n'a jamais vû

DE L'EGLISE. Ch. VIII.

d'heresie se rendre un peu considerable, qu'elle n'ait excité une infinité de desordres, de seditions, de guerres & de troubles dans les lieux où elle a pris racine. Les Histoires civiles & politiques sont pleines des bouleversemens, que l'esprit d'erreur a causez dans les siécles passez au sujet de la Religion par tout le monde, & certes cela ne peut pas être autrement ; car quiconque est assez impie pour se revolter contre l'Eglise, ne manque guere d'être assez perfide, pour lever l'étendard de la sedition contre son Prince legitime. Et si l'on veut être pleinement convaincu de ces veritez, qu'une fatale experience n'a renduës que trop sensibles en chaque siécle, il ne faut que jetter les yeux sur ce qui s'est passé dans les commencemens de la Reforme & l'on verra les desordres effroïables que tant de Sectes differentes ont causez en Allemagne, en France, en Hollande, en Suede, en Danemark, & generalement dans tous les Etats, les Provinces & les Villes où elles trouverent des Partisans. On ne manquoit pas même de passages de l'Ecriture, pour autoriser les plus abominables forfaits, & l'on faisoit sonner bien haut cet oracle de JESUS-CHRIST, *Je ne suis pas venu pour aporter la paix, mais la guerre,* comme s'il a-

Math. 10. v. 34.

voit voulu dire qu'il étoit permis de mettre tout à feu & à sang, pour forcer tout le monde à renoncer à la Religion de ses peres & embrasser les rêveries d'un Moine Apostat.

Joan. Cochl. ad an. 1540. fol. 316.

Il faut remarquer en second lieu, qu'il n'y a jamais eu de Religion plus amie de la paix, plus propre à la procurer & à la conserver, & en même temps plus favorable aux Puissances que la Religion Catholique, puisqu'une des principales & des plus importantes maximes de sa doctrine, est qu'on est obligé sur peine d'être puni non seulement dans le temps mais encore dans l'éternité, *non solùm propter iram, sed propter conscientiam*, dit S. Paul, d'obéïr aux Princes, aux Souverains, aux Magistrats ; de les reverer & de prier continuellement pour eux ; de garder exactement leurs loix & leurs commandemens tant qu'ils ne sont point contraires à la loi de Dieu premier Souverain, qui leur a mis les rênes du gouvernement entre les mains & de mourir plûtôt, que de causer le moindre trouble & la moindre sedition dans un Etat, quand on auroit toutes les forces imaginables. Jesus-Christ a prêché lui-même efficacement cette maxime, en ordonnant de rendre à Cesar ce qui appartient

Tout respect & obéïssance dûs aux Souverains selon la Loi de J. C.

Rom. 13. v. 5.

DE L'EGLISE. Ch. VIII. 97
tient à Cesar & à Dieu, ce qui appartient à Dieu & en souffrant la mort la *Math.* plus injuste & la plus honteuse plûtôt 22. v. 21. que d'user de sa puissance, pour se délivrer des mains de ses ennemis. Les Apôtres ont pris un tres grand soin d'enseigner cette doctrine à tous ceux, qu'ils ont convertis & de la pratiquer eux-mêmes en toutes sortes d'occasions. Ceux qui sont venus aprés eux ont fait la même chose. Tertullien dit, que les Empereurs ne devoient rien apprehender d'une Secte, où l'on étoit obligé d'aimer ses plus cruels ennemis & où il étoit deffendu de rendre injure pour injure, & que s'il étoit permis de se vanger des cruautez, qu'on exerçoit injustammen envers les Chrétiens, il s'en trouveroit assez à Rome, pour renverser toute la Ville en une nuit, & dans tout le monde pour renverser tout l'Empire » Quelle guerre ne serions nous point capables de soûtenir, dit-« il, & que ne serions nous point capables « d'entre prendre, quand nous serions « beaucoup inferieurs en nombre, nous qui « souffrons si volontiers, qu'on nous égor- « ge, s'il ne nous étoit pas plus permis, se- « lon les regles de nôtre Discipline, de « souffrir qu'on nous tuë, que de tuer nous « mêmes. *Cui bello non idonei, non prompti*

Tome I. E

fuissemus etiam impares copiis, qui tam libenter trucidamur? si non apud istam disciplinam magis occidi liceret, quam occidere.

<small>Apolog. Cap. 37.</small>

<small>Le Christianisme n'a pû s'établir insensiblement.</small>

S'il y eut donc jamais Secte au monde, qui pût s'établir insensiblement, c'étoit celle-là, qui étoit si favorable aux Souverains, si souhaitable aux sujets & si pacifique ; mais le cœur de l'homme ne se détache pas si aisément de ses préventions, pour ridicules & absurdes qu'elles puissent être, & l'on sçait combien de troubles se sont excitez dans tous les Etats du monde, lorsque la Foi y a été portée & que l'Eglise n'a été cimentée, que par le sang d'un nombre infini de Martyrs. Combien de loix ont été faites par les Empereurs pour éteindre le Christianisme, ou pour l'arrêter ? Et c'est en ce sens là que Jesus-Christ a dit, *Ne pensez pas que je sois venu aporter la paix sur la terre. Je ne suis pas venu aporter la paix, mais l'épée ; car je suis venu séparer le fils d'avec le pere, la fille d'avec la mere & la belle-fille d'avec la belle-mere, & l'homme aura pour ennemis ceux de sa propre maison.* Le parti des Chrétiens dans ces troubles & dans cette guerre étoit de souffrir & non pas de faire souffrir, comme font les Heretiques,

<small>Math. 10. v. 34. & seq</small>

DE L'EGLISE. Ch. VIII. 99

Si la verité accompagnée de tant de miracles & revêtuë des marques les plus sensibles n'a pû trouver aucun credit dans le monde sans donner occasion à une infinité de troubles, qui faisoient connoître si clairement le changement, qui se faisoit dans tous les Etats, que doit on juger du mensonge? pourra-t-on se persuader, qu'il puisse obscurcir & même éteindre toutes les lumieres de l'Evangile par toute la terre, sans qu'il trouve aucun obstacle; & que tout le monde se trouve enseveli dans une horrible apostasie, sans qu'on s'en soit apperçû, sans que les loix aïent été violées, & que les Etats en aïent souffert? Et pour faire voir combien cela est impossible supposons par exemple, qu'on ait crû autrefois, comme le pretendent les Reformateurs, que c'étoit une Idolatrie que d'adorer l'Eucharistie, les premiers qui auroient commencé à le faire auroient été regardez comme des Idolâtres, & le nombre de ceux-ci venant à se multiplier, cet article auroit causé du trouble & de la division. Il est impossible, qu'on eût pû souffrir un culte si different dans une même Eglise & qu'on eût pû se supporter long temps les uns les autres. On auroit chassé ou les nouveaux Idolâtres, ou les anciens

Si la verité n'a pû s'établir insensiblement le mensonge le peut encore bien moins.

E ij

Juifs & cela eût été capable de faire sentir un tel changement à toute la terre; car les Princes n'auroient pû se dispenser de prendre parti & de faire beaucoup de loix, ou pour moderer le zele des Catholiques, ou pour reprimer l'insolence des Heretiques; les Codes en seroient pleins comme celui de Theodose & celui de Justinien le sont de toutes celles, que ces Empereurs ont faites dans de semblables occasions; & les Histoires des lieux où ces changemens se seroient faits, seroient remplies de tout ce qu'on auroit fait en faveur de l'ancienne ou de la nouvelle Religion.

Les Princes Catholiques font éclater leur zele dans de tels changemens.

Outre la necessité où les Princes se seroient trouvez d'empêcher de tels changemens dans leurs Etats, à cause des troubles, qui les auroient infailliblement suivi, peut-on s'imaginer, que tous ceux, qui faisoient profession de la foi Catholique, eussent pû être indifferens jusqu'à un tel point, en ce qui regarde leur propre salut & celui de leurs sujets, que de soûfrir de telles revolutions & de tels changemens dans la Religion, sans se mettre en peine de les empêcher & d'en punir les Auteurs? Qu'on lise tout ce qui s'est passé au sujet de l'Arianisme, du Macedonianisme, des Heresies de Nestorius, d'Eutiches & d'une infinité d'autres ; & l'on verra combien les Empereurs se sont interessez dans ces troubles, ce qu'ils ont fait pour les appaiser ; les Conciles, qu'ils ont convoquez, pour faire examiner les opinions des Heretiques ; les peines, qu'ils leurs ont imposées ; les loix, qu'ils ont faites, pour les retenir dans leur devoir, enfin la necessité où ils se sont trouvez de faire toutes ces choses. Tout cela n'est que trop suffisant, pour faire voir combien tant de changemens insensibles sont chimeriques & impossibles en les considerant seulement selon l'ordre politique.

Enfin si ces changemens avoient favorisé l'ambition, la cupidité, ou quelqu'autre passion violente des Princes, on pourroit juger, qu'ils auroient emploié leur autorité pour les faire recevoir par leurs sujets. Il n'y a personne, qui ne sçache, que l'amour impudique de Henry VIII. pour Anne de Boulen a été la cause du changement de Religion, qui arriva en Angleterre dés le commencement de l'autre siécle ; que les Hollandois n'embrasserent le Calvinisme, que pour avoir un pretexte specieux de sécoüer le joug de l'Espagne, qui les incommodoit ; que les Princes de France ne se

Les passions des Princes ne trouvoient rien de favorable dans ces prétendus changemens, qui pût les engager à les appuier.

jetterent dans ce parti, que pour avoir lieu de faire éclater leur mécontentement. Ce fut pareillement des raisons de politique, qui engagerent ceux d'Allemagne dans celui de Luther. Si l'on trouvoit donc quelques raisons semblables, qui eussent pû engager les Princes ou les Republiques à embrasser & autoriser tous ces prétendus changemens, on pourroit au moins avoir quelque soupçon ou quelque raison de douter, qu'ils n'eussent pris des mesures & des moïens assez justes, pour faire réüssir un si grand dessein, sans qu'il arrivât aucun trouble dans leurs Etats? Mais, outre qu'il est impossible, que cela se pût faire insensiblement, il n'y a aucune raison qui pût engager les Souverains à quitter des maximes si favorables aux sens & aux passions, comme sont celles de la Reforme, qu'on ose attribuer aux Chrétiens des premiers siécles, pour suivre une doctrine, qui n'a rien que de dur & de rebutant, comme l'obligation de faire de bonnes œuvres, de s'abstenir des plaisirs illicites, d'user avec une grande moderation de ceux qui sont permis, de jeûner le Carême, de faire abstinence deux jours la semaine, de confesser tous ses pechez & ainsi de tous les autres Articles contraires à ceux de la

DE L'EGLISE. Ch. VIII. 103

Reforme. En tout cela il n'y a rien qui puisse être capable de flater l'ambition ou la passion de qui que ce soit, comme nous avons remarqué dans la neûviéme supposition & encore bien moins de ceux qui sont assis sur les Thrônes ou sur les Tribunaux de ce monde, pour pouvoir les engager à favoriser une Secte, qui auroit été si contraire à Dieu & aux hommes.

Il seroit inutile d'entrer dans un détail des raisons politiques, qui auroient arrêté le progrez de ces changemens en divers endroits. Si les uns eussent été reçûs, les autres auroient été rejettez selon le genie des peuples, le caprice de ceux qui gouvernoient alors, l'interêt des Etats, les loix, les coûtumes de chaque païs, de sorte qu'il y auroit eu dans la suite autant de Religions differentes, que de Provinces. Les uns auroient retenu une partie de l'ancienne Liturgie, les autres une autre, quelques-uns l'auroient rejetté tout à fait ; ainsi tout seroit dans le desordre & le monde seroit enseveli dans un cahos d'opinions contraires, & l'Eglise seroit entiérement aneantie. Cependant nous voïons tout le contraire. Luther a trouvé tous les Articles de la Doctrine qu'il a combattuë, établis par tout le monde sans aucune difference, en

Ces changemens auroient produit autant de Religions differentes, qu'il y a de Provinces.

E iiij

ce qui regarde la foi & les mœurs; preuve évidente, que c'est l'ouvrage de Dieu & non point celui des hommes, & que tous ces prétendus changemens generaux, insensibles, si contraires à la tranquilité des Etats, aux genies, aux interêts, à l'ambition & à la passion des Princes, sont absolument impossibles.

Chapitre IX.

Que ces prétendus changemens ne peuvent avoir été insensibles, si on les considere selon l'ordre du gouvernement Ecclesiastique.

L'Eglise se gouverne par les Canons, selon cette maxime *Ecclesia Canone regitur*; & les Canons se font dans les Conciles. Les Apôtres même, tout remplis du S. Esprit, qu'ils étoient, ne faisoient rien, qui fût un peu considerable, qu'ils n'en eussent conferé dans quelque Assemblée ordinaire ou extraordinaire entre-eux & avec les Disciples, souvent même en la presence de toute l'Eglise; & l'on trouva mauvais que S. Pierre fût allé de Joppé à Cesarée, pour y bâtiser Corneille le Centenier, qui étoit Gentil, sans avoir consulté personne sur une af-

Act. II.
v. 2. 3.

faire de telle importance, qui ne sembloit souffrir aucune difficulté, puisque JESUS-CHRIST leur avoit dit à tous ensemble, *Allez prêchez l'Evangile à toutes les creatures; celui qui croira & sera bâtisé, sera sauvé, & celui qui ne croira point sera condamné, &c.* Marc 16. v. 16. Mais lors qu'il raconta, au milieu de toute l'Assemblée, ce qu'il avoit vû à Joppé & ce qui s'étoit passé à Cesarée sur ce sujet, ils s'appaiserent tous & glorifierent Dieu en disant, *Dieu a donc aussi fait part aux Gentils du don de la penitence, qui mene à la vie.* Act. 11. v. 18.

Entre toutes les Assemblées que firent les Apôtres, la plus considerable & qui fut un Concile dans les formes fut celle, qui se tint à Jerusalem quatorze ans après la mort de J. C. dans laquelle on definit, que les Gentils n'étoient point obligez à se faire circoncire, mais seulement à renoncer à l'Idolatrie & à s'abstenir des viandes étouffées, du sang & de la fornication. Act. 15. Le Concile des Apôtres exemple & regle de tous les autres. Les Apôtres n'avoient pas besoin de s'assembler, pour faire cette decision: chacun d'eux étant rempli du Saint Esprit pouvoit decider par tout où il étoit, comme ils ont fait en beaucoup d'autres occasions; mais il étoit necessaire d'apprendre aux Evêques & à tous les autres Pasteurs, de quelle maniere ils devoient gouverner l'Eglise : aussi ce Concile a-t-il servi de modéle aux autres & lors qu'il est arrivé quelque trouble ou qu'il est survenu quelque difficulté importante, on a assemblé des Conciles, quand on l'a pû, pour en decider; dans lesquels on a aussi en même tems fait des Canons pour la police & pour le gouvernement exterieur de l'Eglise.

Conciles Provinciaux tenus deux fois par an.

On a crû même, qu'il ne falloit pas attendre, qu'il arrivât du trouble, ou qu'il s'élevât quelque Heresie, pour en assembler ; mais qu'il étoit necessaire de prevenir ces maux, pour les étouffer dés leur naissance. C'est pourquoi on ordonna au saint Concile de Nicée, qu'on assembleroit tous les ans deux Conciles, dans chaque Province.

Conc. Nic. can. 5. an. 325.

Cela s'est executé par toute l'Eglise dans la suite des tems, comme il paroît par divers Canons qui ont été faits, pour marquer les tems qu'on devoit les assembler ; car le Concile de Nicée avoit seulement déterminé, qu'on assembleroit le premier avant le Carême & le second dans le tems de l'Automne, ce qui n'étoit pas également commode pour toutes les Provinces & souvent même impossible

Can. 38. Apost.

pour diverses raisons, comme dans les tems de guerre & de troubles. C'est pour quoi on ordonna en quelque lieux, que le premier de ces deux Conciles se tiendroit la quatriéme semaine aprés la Pentecôte & le seconde le douziéme d'Octobre. On mit le premier la troisiéme semaine aprés Pâques au Concile d'Antioche & le second au quinziéme d'Octobre. Le Primat d'Afrique assembloit un Concile tous les ans dans les premiers tems, sans parler des Conciles extraordinaires; & avant ce Concile il s'en faisoit un dans chaque Province, où l'on députoit trois Evêques, pour assister au Concile du Primat & y presenter les décisions des Conciles particuliers. Le Concile general de Calcedoine ordonne qu'on fera correction aux Evêques, qui negligeroient d'assister à ces Assemblées & reïtera ce qui avoit été ordonné sur cela au Concile de Nicée. On les déclara excommuniez aux Conciles d'Arles, d'Agde & de Tarragone.

Saint Leon, Hormisdas, S. Gregoire parlent de cette coûtume & exhortent les Evêques de tenir exactement ces Assemblées.

Le III. & IV. Concile d'Orleans ordonne, que ces Conciles se feront au moins une fois par an, & déclarent les Evêques suspens, qui seront deux ans sans

S. Cypr. Epist. 52. Conc. Carth. III an. 397. Conc. Calced. Can. 19. an 451. Arel. II. Can 19. an. 452. Agath. Can. 35. an. 506. Tarrac. Can. 6. an. 517. S. Leon. Epist. 84. v. 7. Hormisd. Epist. 25. c 3. S. Gr. l. 12. epist. 31. Conc. Aur III. an. 540. & IV. an 541. Can. 37. Con. Tur. II an. 570. Can I. Conc. Matisc. an. 588. To 10. Conc. Meld. an. 845 C. 52.

E vj

y assister, & le Metropolitain même s'il est deux ans sans les convoquer. Le Concile II. de Tours ordonne, qu'on en celebrera deux dans chaque Province tous les ans, selon les anciens Canons. Le Concile II. de Mascon ordonne sous de tres-rigoureuses peines, qu'on en fera au moins de trois ans en trois ans. Il fut resolu au Concile de Meaux, qu'on exhorteroit les Princes de permettre aux Evêques d'assembler un Concile dans chaque Province une ou deux fois par an. Ce qui fait voir, que cette Coûtume étoit en France aussi bien qu'en Orient; & dans l'Afrique pendant que l'Eglise y a subsisté.

Conc. Tol. III. an. 589. Can. 18. Conc. IV. an. 633. Can. 3.

Le III. & IV. Concile de Tolede ordonnerent encore diverses choses, qui regardent ces Assemblées ordinaires. Enfin il n'y a rien de si certain, que cette coûtume a été observée regulierement dans toute l'Eglise & c'est de là que nous vient ce grand nombre de Conciles generaux & particuliers, que nous avons & qui ont été ramassez par differens Collecteurs, par lesquels nous connoissons quelle a été la Doctrine de l'Eglise dans tous les tems, les Heresies qui ont été condamnées & la Discipline qu'on a observée.

Conciles extraordinaires.

Outre ces Conciles ordinaires, c'est-à-dire, qui se tenoient dans chaque Province une ou deux fois par an, on ne manquoit pas d'en tenir d'extraordinaires toutes fois & quantes qu'il étoit necessaire, pour s'opposer à quelque Heresie naissante, ou pour remedier à quelque desordre, qui étoit arrivé, ou pour quelque raison semblable & jamais les Evêques ne se trouvoient assemblez en nombre un peu considerable, comme à la dedicace d'une Eglise, sans se consulter reciproquement sur ce qui regardoit le gouvernement de leurs Eglises sans condamner les Heretiques & faire quelques Canons, s'il étoit necessaire, pour rétablir ou soûtenir la Discipline. Nous avons un grand nombre de ces sortes d'Assemblées.

Outre cela, on a toûjours tenu dans chaque Diocese, une ou deux fois par an, des Assemblées particulieres des Curez, où l'on parle de la Doctrine & de la Discipline du Diocese. Si les tems fâcheux ont fait quelque interruption dans ces saintes coûtumes, elles se sont rétablies dés le moment qu'il a été possible & particulierement, lorsqu'on s'est apperçû, que le loup étoit dans la bergerie du Seigneur; c'est-à-dire, que quelque Heresiarque, comme Luther, Calvin, Zuingle, Muncer & autres sem- *Assemblées dans chaque Diocese.*

blables Apostats, s'appliquoient sourdement & en cachette à dévorer, perdre & dissiper le troupeau par leurs détestables Doctrines. Combien a-t-on fait d'Assemblées en Allemagne, en France & dans les autres Lieux, où l'Heresie se glissa dans le dernier siecle ? Mais ces Assembées n'aïant pas été capables d'arrêter le mal, on fut obligé d'avoir recours au dernier remede, qui est le Concile general, où toutes ces Heresies furent condamnées.

l'impossibilité du changement insensible suivant ces regles.

C'est donc ainsi, que l'Eglise est gouvernée & qu'elle le sera toûjours; il ne s'agît plus que de voir, si malgré toutes ces précautions, ces Conciles, ces Assemblées ordinaires ou extraordinaires, generales ou particulieres, qui se sont faites si souvent dans tout le monde, dans chaque Nation, dans chaque Province & même dans chaque Diocese, il a été possible que la face de cette Epouse de Jesus-Christ ait été tellement défigurée, qu'elle soit devenuë insensiblement méconnoissable & que la Doctrine se soit trouvée corrompuë en plus de 40. articles essentiels, sans que personne s'en soit jamais apperçû jusqu'à Luther, Calvin, Zuinglé &c. Il ne faut qu'exposer cette imagination, pour en faire voir le ridicule & l'impossibilité. Car peut-on se persuader, que si ces changemens étoient arrivez, il ne se trouvât pas des Conciles generaux ou particuliers, où il en seroit parlé, où l'on auroit condamné la Doctrine nouvelle & deffendu l'ancienne? Est-ce que tous les Pasteurs, tous les Evêques, tous les Papes, tous les Docteurs, toutes les Universitez, tous les Prêtres & generalement tous ceux, qui sont chargez d'instruire ou de faire instruire le Peuple, ont été endormis pendant 8. ou 10. siecles, pour ne pas s'appercevoir, que la Foi s'éclipsoit peu à peu & que l'ennemi commun semoit de mauvais grain dans le champ du Pere de famille? Quels privileges ces Idolâtries prétenduës, ces Superstitions, ces nouveaux Sacremens, cette Doctrine enfin, qu'on appelle la Doctrine de l'Antechrist, auront-ils eu au dessus de toutes les Heresies les plus cachées, les plus palliées, comme celles des Manichéens, des Priscillianistes, des Apostoliques & d'une infinité d'autres semblables, non seulement pour avoir pû éviter leur condamnation, mais encore pour avoir trouvé un si grand crédit dans l'esprit de tout le monde, dans quelque Roïaume, quelque Province

L'INFAILLIBILITÉ & quelque Nation que ce puisse être?

Conciles necessaires pour faire & autoriser ces changemens.

Mais quand on supposeroit, que jamais personne ne se seroit apperçû de ces sortes de changemens si extraordinaires & en si grand nombre pour s'y opposer, ce qui est la chose du monde la plus impossible & la plus incroïable; comment pourra-t-on se persuader que cette Doctrine, qu'on dit être nouvelle, auroit pû se répandre dans tout le monde, sans qu'on eût tenu des Conciles, pour l'autoriser, la faire prêcher par tout, & condamner en même-tems la Doctrine ancienne & Apostolique, dont on faisoit profession auparavant? En ce cas, nous aurions un nombre infini de tels Conciles & de Canons opposez aux anciens, qui nous feroient connoître tout ce qui seroit arrivé dans tous ces changemens. On n'auroit pas changé toutes les Liturgies, les Catechismes, les Livres de Prieres, les Coûtumes, les Ceremonies mêmes, qui se font en consequence de quelque Dogme, sans une autorité publique & sans des décisions Canoniques. Le Peuple, les Magistrats, les Princes & generalement tout le monde s'y seroit opposé & l'auroit empêché. Il ne dépend pas d'un ou plusieurs particuliers de renverser toute la Religion selon leur caprice ou leurs fantaisies. Si Luther avec toute sa Cabale n'avoit été soutenu par les Ducs de Saxe, de Lunebourg, le Marquis de Brandebourg, le Landgrave de Hesse & par quelques autres, qui se servoient de cette occasion, pour faire agir leur politique contre Charles-Quint, sa Confession de Foi & tout ce grand édifice de la Reforme auroit bien-tôt tombé par terre, ou plûtôt ne se seroit pas élevé si haut. Et s'il a falu tant de machines, tant de colloques, tant de conventicules, pour trouver les moïens de séduire le peuple & lui persuader les maximes du nouvel Evangile, qui s'accommodoit si aisément avec les passions, les interêts & la corruption de tout le monde ; que doit-on juger de la Doctrine contraire, que ces nouveaux Apôtres & ces Prophetes modernes ont regardée comme un joug insupportable ? Peut-on juger qu'elle se seroit établie d'elle-même sans resistance, insensiblement, sans qu'il eût été necessaire de faire aucunes Assemblées ni aucuns Conciles, pour l'établir, & pour envoïer des Predicateurs la prêcher par tout le monde ? Rien n'est plus impossible & plus chimerique.

Il faut donc necessairement conclure,

que toutes ces prétenduës erreurs, qu'on impute à l'Eglise Romaine & qu'on appelle des Idolatries, des Profanations, des Traditions humaines &c. sont la Doctrine pure & veritable de JESUS-CHRIST, que les Apôtres ont prêchée, dont l'Eglise est la Depositaire, qu'elle a conservée fidellement sans aucune alteration, qui a été signée & scelée non seulement avec le sang de JESUS-CHRIST & des Apôtres, mais encore d'un nombre infini de Saints Martyrs, qui est venuë jusqu'à nous sans aucun changement, sans aucune alteration & sans aucun mélange; & que toutes ces dénominations & ces titres infames, qu'il plaît aux Heretiques de lui donner, pour la décrier dans leur parti, sont des calomnies, des mensonges & des blasphêmes inventez & fabriquez par l'esprit de ténébres, qui les anime & qui les conduit.

CHAPITRE X.

Que les moïens qu'on a pris pour conserver la Foi de l'Eglise, font voir l'impossibilité de ces prétendus changemens insensibles.

LE Sauveur du monde compare lui-même la Doctrine de son Eglise à un grand fleuve, qui devoit sortir de la bouche des Apôtres, après qu'ils auroient reçû le saint Esprit, pour aller aroser toute la terre à plein canal. Qu'on considere exactement toutes choses & on verra que cela est ainsi. On voit que cette Doctrine annoncée par les Apôtres, se conserve & se perpetuë paisiblement par une Tradition constante de siecle en siecle. Les Pasteurs l'enseignent, comme ils l'ont reçûë; les peres & les meres en instruisent leurs enfans, sans y rien changer; chacun s'interesse à la conserver pure. Ainsi ces eaux salutaires, qui réjaillissent jusqu'à la vie éternelle, coulent sans bruit, tant qu'il ne se trouve aucun obstacle, qui les arrête. Mais lorsque le pere du mensonge vient à susciter quelque Heretique, pour s'opposer à ce torrent, il ne manque jamais

Joan. 7.
v. 38.

La Doctrine de l'Eglise se perpetuë sans bruit, tât qu'il n'y a point d'Heretiques pour la combattre.

de se faire un grand bruit ; tout ce qu'il y a d'immonde & d'impur s'attache à cet écueil ; ceux qui renoncent à leur conscience y font naufrage, selon l'expression de saint Paul ; le Parti se grossit, les gens de bien s'intéressent, les Pasteurs prêchent contre cette dépravation & soûtiennent leur peuple ; les Evêques font leurs Assemblées particulieres, on examine la Doctrine nouvelle, on consulte les Docteurs, on la condamne suivant l'Ecriture & la Tradition de l'Eglise. Si cela suffit pour arrêter le mal, on en demeure là : mais s'il ne s'arrête pas, le Métropolitain convoque le Concile de la Province où le mal a commencé ; l'erreur y est condamnée & si cela ne sert de rien, on vient quelque fois au Concile national & souvent tout d'un coup au general ; sçavoir, lorsque le mal est si grand, qu'on prévoit bien que tout autre remede seroit inutile. C'est la conduite qu'on a tenuë dans le dernier siecle, contre les Reformateurs en France & en Allemagne.

Lorsque le Concile general est fini, les Evêques prennent soin d'en tirer une copie, pour la communiquer à ceux, qui n'y ont pas assisté, afin que toute leur Province soit informée de tout ce qui s'y

1. Timoth. 1. v. 19.

est passé. Ce fût l'Evêque Cecilien, qui apporta les Canons du Conc. de Nicée en Affrique, comme il est marqué dans le VI. Conc. de Cartage. Les Evêques des grands Sieges sont particulierement obligez de s'y trouver, parce que c'est à eux d'en faire publier les decisions dans les Eglises, sur lesquelles ils ont inspection. Les Peres du VI. Concile general, qui fut tenu pour condamner l'Heresie des Monothelites, demanderent qu'on en fît cinq exemplaires & prierent l'Empereur de les signer de sa propre main, afin qu'ils demeurassent entre les mains des cinq Patriarches, comme des Originaux, ausquels on pourroit avoir recours en cas de besoin.

De quelle maniere on publie les Conciles.

Le Patriarche communique les décisions du Concile aux Metropolitains, afin qu'ils les publient dans leurs Conciles Provinciaux, & les Evêques les communiquent dans leurs Synodes aux Curez, afin qu'ils les observent & les fassent observer à leurs peuples. C'est pourquoi le Concile XVI. de Tolede, tenu en 693. ordonne, que chaque Evêque assemblera un Synode dans l'espace de six mois après le Concile Provincial, pour instruire les Prêtres, les Religieux & les Laïques même, qui voudront y

Conc. Toled. XVI. an. 693. Can. 6.

assister, de ce qui aura été décidé dans le Concile de la Province. Ce n'est pas que cela ne se pratiquât auparavant ; mais comme quelques Evêques differoient de le faire, on les obligea sur peine d'excommunication à ne pas negliger une affaire de cette importance, afin d'affermir les Peuples dans la Foi, d'arrêter le progrez des mauvaises Doctrines, qui y auroient été anathematisées & rétablir au plûtôt la discipline dans les lieux, où elle auroit souffert quelque dommage ; & on leur donne tout au plus six mois pour cela.

C'est encore ce qui a donné lieu à un grand nombre de Canons, qu'on a faits, pour obliger les Evêques d'assister à tous les Conciles, qui seroient convoquez, & en cas de maladie ou de quelque empêchement insurmontable, d'y envoïer un Prêtre ou un Diacre, pour y apporter leurs excuses par écrit ou de vive voix, pour y assister en leur place & pour leur en porter les decisions & les instructions necessaires, pour le gouvernement de leurs Dioceses. Nous en avons marqué quelques uns dans le Chapitre precedent.

Comme il est difficile, d'extirper entierement une Heresie, pour peu qu'elle

DE L'EGLISE. Chap. X. 119

ait pris racine & que souvent même celles, qui paroissent éteintes se rallument après un long-tems, on a pris divers moïens, pour empêcher, que les décisions des Conciles ne tombassent dans l'oubli.

1. On n'admettoit personne aux premiers Ordres, qu'ils ne fussent instruits dans la science des saintes Ecritures & qu'ils n'eussent fait une étude particuliere de ce qui regardoit la Foi, comme il est marqué dans le III. Concile de Carthage. Le III. Conc. de Tours ordonne aux Evêques de lire continuellement l'Ecriture sainte & particulierement le saint Evangile, les Epîtres de saint Paul; de les apprendre autant qu'ils pourront, par memoire & tous les autres Livres de l'Ecriture, qui sont Canoniques & les traitez, que les Peres ont composez sur ces Livres, afin de les bien entendre. Il ordonne encore qu'ils apprendront les SS. Canons, qu'ils liront le Pastoral de saint Gregoire & qu'ils auront soin d'instruire le peuple de tout ce qu'il doit faire ou éviter. Le Concile de Reims & le Concile II. de Châlons sur Saone, qui furent tenus dans la même année, ordonnent la même chose. Le Concile de Meaux or-

On a toûjours pris soin d'instruire les Ecclesiastiques des choses, qui regardent la Foi & les mœurs.

Conc III. Carthag. c. 4. an. cir. 397. Conc. III. Turon. Can. 2. 3. 4. an 813.

Conc. Rem. can. 14. & 15. & Conc. Cabil. c. 1. an 813. Conc. Meld. an. 843. c. 34.

donne, qu'on jugera les differens, qui arriveront dans chaque Diocese suivant les SS. Canons; qu'on expliquera les SS. Ecritures, selon l'interpretation des Peres, que l'Eglise a toûjours reçûs & approuvez comme tres-Catholiques; qu'on rejettera & qu'on deffendra toutes manieres nouvelles de parler dans les Monasteres & qu'on fera correction à ceux, qui voudroient s'en servir. Que chaque Evêque tâchera d'avoir un Theologal, pour instruire dans les matieres, qui regardent la Foi, l'observation des Commandemens de Dieu & le Ministere de sa parole, selon le sens tres-sincere & tres-pur des Peres, que l'Eglise tient pour Orthodoxes, tous ceux qui seront destinez à être Pasteurs. Le Concile I. de Mayence sous Raban ordonne, que chaque Prêtre lira les Canons des Conciles & qu'il les apprendra, afin de sçavoir de quelle maniere on est obligé de vivre & ce qu'on doit prêcher au peuple. Ce Concile ordonne aux Evêques de lire outre cela les Homelies des Peres, pour instruire le Peuple des choses, qui y sont contenuës & permet aux uns & aux autres, de les traduire en langue vulgaire, afin que chacun puisse les entendre.

2. Avant que d'ordonner un Ecclesiastique

siastique ou un Evêque, on lisoit publiquement le Code des SS. Canons, afin qu'ils ne pussent les ignorer & qu'ils ne fussent pas excusables, s'ils les violoient. Cela fut ordonné au III. Concile de Carthage, dont nous avons parlé ci-dessus. Les Canons de ce Concile étoient dans le Code de l'Eglise, comme il paroît par le Nomocanon de Photius, la Collection de Denys le Petit & les autres ; ainsi on doit juger, que c'étoit une pratique commune & generale ; & c'est ce qui a donné lieu à tant de differentes Collections, qui se sont faits de tems en tems ; afin que chacun pût les étudier & y avoir recours dans les difficultez, qui se presentoient.

Conc. Carth. III can. 3. in Nom. Can. 19.

Voilà un craïon leger de la conduite, qu'on a toûjours tenuë dans l'Eglise, pour y conserver la Doctrine, qui regarde la Foi & les mœurs, & en même-tems le bon ordre & la discipline. Qu'on juge donc à present s'il est possible, malgré toutes ces précautions, qu'un si grand nombre de changemens se soient faits insensiblement, presque dans tous les siecles & par succession de tems ; & comment il auroit pû arriver, que tant d'erreurs, dont plusieurs, selon le langage des Reformateurs, ne sont rien moins que

Impossibilité des prétendus changemens.

Tome I. F

des Idolatries, des Prophanations & des Abominations, se fussent glissées dans l'Eglise & eussent été enfin autorisées, comme une Doctrine Orthodoxe.

Mais on nous dira peut-être, que ces Canons regardent principalement la Discipline & qu'ainsi, on ne peut juger par cette voïe de la veritable Doctrine, que l'Eglise a toûjours suivie depuis les Apôtres. Je conviens que la plus grande partie de ces Canons, regardent particulierement la Discipline ; mais il faut remarquer

Les Canons, qui sont pour la Discipline, fôt connoître le Dogme.

1. Que les mêmes Conciles, qui ont fait ces Canons pour la Discipline, ont aussi défini le Dogme, lorsqu'ils ont été assemblez contre les Heretiques. Exemple ; le Concile de Nicée, qui a fait 20. Canons touchant la Discipline, a défini la consubstantialité du Verbe contre Arius ; a condamné le Schisme des Meletiens & declaré, que les Ordinations de Colluthus, qui n'étoit qu'un simple Prêtre, étoient nulles. Celui de Constantinople a condamné les Ariens de nouveau, les Macedoniens, les Sabbatiens, les Novatiens, les Quartodecimans, les Apollinaristes & plusieurs autres semblables Heretiques. Ainsi des autres.

2. Il y a beaucoup de Canons, qui con-

damnent les Heresies & qui soûtiennent le Dogme, comme ceux qui ont été faits dans les Conciles de Carthage, de Milan contre les Pelagiens ; d'Arles, de Nicée, de Capouë contre les Donatistes, pour la validité des Sacremens administrez par les Heretiques ; d'Orange contre les Semi-Pelagiens &c.

3. Les définitions de Foi étoient aussi comprises & rapportées dans toutes les Collections avec les Symboles & même les Canons des Eglises particulieres & les Constitutions faites par les grands Hommes, qui les ont gouvernées, comme les Canons de saint Gregoire Taumaturge, de saint Gregoire de Nysse, de S. Basile &c. par lesquels on connoît quelle étoit la Foi de ces Eglises & consequemment de toutes les autres, où ils étoient approuvez & reçûs.

4. Les Canons de Discipline supposent necessairement le Dogme & nous font connoître, quelle étoit la Foi de l'Eglise ; parce que la Discipline qui est établie dans ces Canons, regarde la conduite des Ministres, leur Ordination, l'administration des Sacremens, le sacrifice, les vœux de Religion, la Priere pour les morts, le culte des Saints, des Images, la Prédication de la parole de

Dieu, la subordination des Pasteurs, des Prêtres & des autres Ministres, la Benediction des Mariages, ce qui regarde le Sacrifice, les œuvres satisfactoires, qu'on doit imposer dans la penitence, la necessité de la Confession & de quelle maniere on la doit faire, les jeûnes, les abstinences, les Fêtes, le Celibat des Ministres & une infinité d'autres choses, qui sont les Dogmes mêmes, qu'on conteste aujourd'hui ; ou qui y ont un tel rapport, qu'ils les font évidemment connoître ; ou une telle connexion, qu'il est impossible d'approuver & de pratiquer ces Canons, sans croire ce que l'Eglise, qui les a faits, croïoit alors & croit encore à present, puisqu'elle les approuve. Cela est si veritable, que dés le moment qu'on renonce à la croïance de l'Eglise, il faut aussi renoncer aux Canons & à la Discipline, qu'ils contiennent, comme tous les Heretiques du siecle passé ont été obligez de faire.

5. Une grande partie de ces Canons établissent une Discipline, que les Reformateurs rejettent & qu'ils disent condamnable, comme contraire à la parole de Dieu, selon leur sens ; comme ceux, qui établissent les Fêtes ; qui ordonnent

des jeûnes, des peines satisfactoires pour l'expiation des pechez ; le Celibat des Ecclesiastiques, qui sont dans les Ordres sacrez ; qui parlent des ceremonies de la Confirmation, de l'Extrême-Onction, de la Benediction Nuptiale, de l'Ordre & autres choses semblables, qui nous fournissent des sujets de Controverse avec eux.

6. Ces Canons sont une preuve du soin, qu'on a pris d'établir & de conserver la Discipline dans toute l'Eglise ; que doit-on donc juger de la Doctrine, qui est le fond de la Religion & l'essence du Christianisme ? étoit-il facile de la renverser en plus de 40. articles ? Il semble au moins, qu'on devroit trouver parmi tous ces Canons & entre toutes ces Décisions, quelques vestiges de tant de changemens. On devroit y voir l'ancienne Doctrine soûtenuë en quelques endroits & condamnée en plusieurs autres. La Discipline, qui consiste dans certaines Regles & certaines Loix, qu'on a établies, pour faire que les choses saintes fussent traitées avec respect & avec décence, ou pour reformer les mœurs, auroit changé à proportion, comme elle a changé chez les Heretiques, & particulierement dans les Sectes

modernes, qui ont suivi, autant qu'ils l'ont pû, les Coûtumes de l'Eglise dans le commencement, afin de ne pas faire un si grand éclat, ni un si grand scandale, & qui cependant se sont trouvez comme forçez, pour s'accommoder avec eux-mêmes, d'abandonner tout ce qui est en usage dans l'Eglise, ne trouvant presque rien, qui ne leur fût entierement contraire.

CHAPITRE XI.

Que les moïens, qu'on prend pour marquer précisément en quoi consiste la Doctrine de l'Eglise, lorsque les Heretiques la combattent, font voir la fausseté & l'impossibilité de ces prétendus changemens insensibles.

Eph. 4. v. 14.

SAint Paul nous avertit de n'être pas comme des enfans, comme des personnes flotantes & qui se laissent emporter à tous les vents des oppinions humaines, par la tromperie des hommes & par l'adresse, qu'ils ont à engager artificieusement dans l'erreur. Les Heretiques sont des loups, qui se cachent sous des peaux de brebis. Ils affectent souvent de parler à peu prés, comme on parle dans l'Eglise, afin de faire insen-

DE L'EGLISE. Chap. XI. 127
siblement glisser leur poison à la faveur de quelque expression nouvelle, mais entortillée ou équivoque ; & l'artifice est quelque-fois si caché, que les plus clairvoïans y sont trompez : nous en avons un grand nombre d'exemples dans les siecles passez.

C'est dans les Conciles, qu'on éclaircit les difficultez, qu'on tire la lumiere des ténébres & qu'on dégage la verité des nuages épais, dans lesquels ses ennemis ont coûtume de l'envelopper, pour la confondre & la condamner avec l'erreur. Un seul est souvent suffisant, pour arrêter le progrez d'une grande Heresie & souvent même une condamnation faite à propos par un Evêque dans un Synode, est capable d'empêcher de grand maux. Etoit-il necessaire, dit S. Augustin, de convoquer un Concile, pour condamner l'Heresie des Pelagiens, qui étoit une corruption si manifeste, comme s'il ne s'en trouvoit point de semblable, qui n'eût été condamnée dans quelque Concile ? Au contraire, il s'en trouve peu, qui aïent été telles, qu'il ait été necessaire de convoquer des Conciles, pour les condamner, & il s'en trouve incomparablement plus, qui ont merité d'être condamnées dans le mo-

Souvent un seul Concile, ou même un Synode arête le progrès d'une grande Heresie

« S. Aug.
L. 4.
Cont.
Epist.
Pelag.
cap. 12.
«
«
«
«
«
«
«
«

F iiij

» ment & dans le lieu même où elles ont
» commencé & dont on a publié la con-
» damnation dans tous les autres Païs, afin
» qu'on prît soin de les éviter. Cela paroît par les Catalogues des Heresies, qui
ont été dreffez par S. Irenée, S. Epiphane, Philastrius, S. Augustin & plusieurs autres.

<small>Ce qu'on fait pour arrêter le cours des Heresies.</small> Mais lorsqu'on est obligé d'en venir à un Concile, on fait ordinairement trois choses, pour abattre entierement l'erreur.

1. On la condamne & l'on frappe d'A-
nathême tous ceux, qui la soûtiennent.
L'on envoie cette condamnation aux E-
glises principales, afin qu'elle y soit approuvée & que ceux, qui voudroient
soûtenir une telle Doctrine avec opiniâtreté, soient regardez comme Heretiques par tout le monde.

2. On fait un Symbole, si on le trouve à propos, dans lequel on exprime
clairement & simplement la Foi de l'E-
glise, dans les articles contestez par les
Heretiques ; ou bien l'on ajoûte quelque
chose à ceux, qui étoient faits auparavant, pour l'opposer aux vaines distin-
ctions, ou aux fausses explications des
Heretiques. Exemple ; Le Symbole des
Apôtres portoit expressément, que JE-

sus-Christ est Fils de Dieu; les Ariens étoient donc forcez d'en convenir; mais ils disoient, qu'il n'étoit pas consubstantiel à Dieu son Pere. C'est pourquoi on fût obligé de faire un second Symbole & d'y emploïer le terme de consubstantiel; parce qu'il exprimoit tres-bien la Foi de l'Eglise, quoiqu'il eût été rejetté dans le Concile d'Antioche, dans un autre sens, que Paul de Samosate avoit voulu lui donner, pour soûtenir son erreur. *S. Hil. L. de Synodis.*

Ce même Symbole fut augmenté au Concile de Constantinople & on y emploïa un article contre la Doctrine des Macedoniens, qui nioient la divinité du saint Esprit.

Pour voir combien ce moïen est efficace pour ruïner les machines des Heretiques, il ne faut que faire attention sur les artifices, que les Ariens imaginerent & mirent en pratique dans le quatriéme siecle, pour rompre cette barriere, qu'on leur opposoit. Ils publierent un grand nombre de Symboles équivoques, à qui ils donnoient même le nom de Symboles de Nicée. Ils suggererent à l'Empereur Constance de convoquer un Concile à Nicée, pour y faire un faux Symbole, qui pût porter le

Artifices des Ariens pour ruïner le Symbole de Nicée.

Socr. L. 2. cap. 29 Theod. L. 2. c. 21 & 26. Sozom L.

même nom. Basile d'Ancyre lui fit entendre, que le souvenir du grand Concile, qui avoit été tenu auparavant dans cette Ville, étoit un puissant obstacle à ce dessein, & il le convoqua à Nicomedie & cette Ville aïant été renversée par un tremblement de terre, avant que les Evêques y fussent assemblez, ces Prelats voulurent aller à Nicée ; mais ils en furent détournez par les violentes secousses, que cette Ville ressentit de ce même tremblement. Enfin Constance obligea les Deputez du Concile d'Arimini, de s'assembler avec les Ariens à Nice de Thrace, où ils traduisirent en Grec la Formule de Foi, qu'ils avoient proposée à ce Concile, qui étoit la troisiéme de Sirmic, conçûë en termes équivoques & la publierent sous le nom de Symbole de Nicée, esperant qu'on pourroit la confondre sous ce titre, avec celle de Nicée en Bythinie, où Arius avoit été solemnellement condamné. Tout cela fait voir, que le Symbole, qui fut fait alors, étoit un puissant rampart, pour mettre la Foi de l'Eglise à couvert de leurs insultes.

4. c. 1. 15 & 18. Niceph. L. 9. c. 38. & 41.

Artifice des Nestoriens.

Les Nestoriens répandirent aussi un grand nombre de faux Symboles, & tromperent par ce moïen les fidelles de la Lydie. Carifius Econome de Philadelphie, s'en plaignit au Concile d'Ephese & produifit le faux Symbole, que deux Prêtres envoïez par Anaftafe premier Partifan de Neftorius, & Photius Evêque, avoient répandu à Philadelphie & en plufieurs autres lieux de la Province; & par le moïen duquel ils avoient attiré dans leur Parti les Quartodecimans, qui vouloient fe réünir à l'Eglife, comme ils firent après au Concile d'Ephefe. C'eft pourquoi le Concile deffendit de faire aucun Symbole & d'ajoûter rien à celui de Nicée. Ce fut peut-être pour la même raifon qu'on n'en fit point au Concile de Calcedoine & qu'on fe contenta d'approuver celui de Nicée avec les additions, qui avoient été faites au Concile de Conftantinople. Ce fut vers ce tems-là, ou peu auparavant, que parut celui qui porte le nom de faint Athanafe & que quelques-uns attribuent à Vincent de Lerins, d'autres à Vigile de Tapfe, dans lequel les Herefies de Sabellius, d'Arius, de Macedonius, de Photin, d'Apollinaire, des Neftoriens, des Manichéens & d'Eutiches font rejettées, & la Foi de l'Eglife, touchant les Myfteres de la tres-fainte Trinité & de l'Incarnation clairement expofée.

*Conc. E-
phef. act.
6.*

F vj

3. Lorsque la Foi de l'Eglise peut s'exprimer par un seul mot, on ne manque pas de s'en servir pour renfermer, dit Vincent de Lerins, dans un petit nombre de Lettres, le sommaire des plus grandes choses, les désigner par une expression nouvelle & les rendre plus intelligibles, & non pas pour donner un sens nouveau aux articles de nôtre Foi.

Comm. 1. cap. 32.

Le Concile de Nicée se servit du mot d'ὁμοούσιος, qui signifie, *Consubstantiel*, & il n'y eût rien au monde, que les Ariens ne missent en usage, pour changer ou abolir cette expression. Luther a voulu aussi la rejetter, comme il paroît par le Livre, qu'il écrivit contre Jacques le Masson. Et George du Vicel, qui s'étoit converti aprés avoir été dix ans un de ses plus fameux Disciples, lui reprocha cette impieté, comme une marque évidente de son Apostasie.

Luther a rejetté le terme de Consubstantiel comme les Ariens.

On fixa dans le 4. siecle, la signification du mot d'Hypostase; parce que les Ariens, les Sabelliens & les Photiniens cachoient dans l'équivoque cette expression, le poison de leurs Heresies.

On ordonna dans toute l'Eglise de se servir du mot de Θεοτόκος, qui signifie, *Mere de Dieu*, au Concile d'Ephese; parce que les Nestoriens, qui ne vou-

DE L'EGLISE. Chap. XI. 133
loient pas reconnoître une union intime & substantielle entre le Verbe & la nature humaine en JESUS-CHRIST, ne pouvoient aussi souffrir, qu'on appelât la sainte Vierge Mere de Dieu, mais ils vouloient qu'on l'appellat simplement, Mere de J. C. C'est pourquoi ils affectoient de se servir du mot de χριστοτόκος, qui est Catholique à la verité; car il est tres-certain que la sainte Vierge est Mere de JESUS-CHRIST, mais qui devint suspect à cause de cette affectation.

On ajoûta au Symbole de Constantinople, la particule (Filioque) dans le septiéme siecle, on ne sçait précisément en quel tems, ni pour quelle raison cela s'est fait. On croît plus probablement, que ce fut dans un Concile de Tolede, qui fut tenu l'an 653. & que ce fut pour l'opposer à quelque nouvelle Heresie, qui commençoit à naître en Espagne & qui n'a pas fait grand bruit. Tout cela fait voir, que la conduite de l'Eglise est toûjours la même dans tous les tems & tous les lieux.

Le Concile de Latran IV. sous Innocent III. qui fut tenu l'an 1215. se servit du mot de Transubstantiation, dont il n'y avoit jusques-là que quelques parti-

In Conc. sess. Fidei capite fir- miter.

culiers qui se fussent servis, pour exprimer la Foi de l'Eglise, toûjours la même touchant le saint Sacrement de l'Autel, contre l'erreur des Vaudois, qui nioient, que le pain fût changé au Corps de JESUS-CHRIST & le vin en son Sang, comme le marquent Evrard & Ermengard. Les Grecs se sont toûjours servis de termes, qui signifient la même chose; mais la Langue latine n'en aïant point de semblables, on étoit obligé de se servir communément de Paraphrases, de Comparaisons & autres semblables moïens, pour s'exprimer, comme il paroît dans les premiers mille ans, par S. Ambroise, & même par les premiers Auteurs, qui ont écrit contre l'erreur de Beranger. On mit donc, aprés Pierre de Blois & Etienne d'Authun, ce terme en usage fort à propos, par lequel on ferme la bouche tout d'un coup aux Vaudois, aux Lutheriens, aux Zuingliens, aux Calvinistes & à tous les autres Heretiques, qui combattent le mystere de l'Eucharistie.

Quand ces derniers Heretiques se sont avisez de dire, que le Corps & le Sang de JESUS-CHRIST, qui sont exprimez par ces paroles. *Ceci est mon Corps, ceci est mon Sang*, ne sont qu'un

Evrardus contr. Vald. c. 8. Ermengardus cap. 4.

S. Ambr. L. de init. cap. 9. & L. de Sacram. cap. 4. Pet. Bles. Ep. 140. an. circ. 1177. Steph. Æduensis tract. de Sacram. Altaris cap. 14. an. circ. 950.

Corps & qu'un Sang en figure, ou que ce Corps & ce Sang ne sont presens dans l'Eucharistie, que par leur vertu ou par la Foi de ceux, qui le recevoient, il a falu trouver des termes précis & propres à exprimer clairement & distinctement la Foi de l'Eglise, pour les opposer à ces nouvelles Heresies. On se contentoit auparavant de dire, que le Corps & le Sang de Jesus-Christ, sont dans l'Eucharistie; cela suffisoit pour exprimer nôtre croïance; mais il a falu y ajoûter les termes de Réel & Substantiel, ou de Réellement & Substantiellement, en disant, le Corps réel & substantiel, ou le Corps de Jesus-Christ est réellement & substantiellement dans l'Eucharistie.

Il paroît par ces Exemples, que l'Eglise a un langage fixe & déterminé, que tous ses enfans sont obligez de parler; & dés le moment que les Heretiques veulent le détourner en mauvais sens, pour y accommoder leur fausse Doctrine, on leur oppose des termes si clairs & si précis, qu'ils sont obligez de mettre bas la peau de brebis, sous laquelle ils se cachoient. C'est pour cela, que sans entrer en discussion du sens, elle a toûjours rejetté & condamné les

Le langage de l'Eglise est fixe & il n'est jamais permis de le changer.

manieres de parler nouvelles, ou comme dit saint Paul, les profanes nouveautez de paroles. Il suffit en effet, que le langage soit nouveau, que les expressions soient inusitées & paroissent opposées à la Doctrine, pour meriter d'être condamnées. Car s'il étoit necessaire de penetrer dans les divers sens, ou qu'on leur donne, ou qu'on peut leur donner, on ne condamneroit jamais rien & l'Eglise deviendroit une Babilone, dans laquelle on ne s'entendroit point & où chacun pouroit dire & croire tout ce qu'il voudroit, pourvû, qu'il pût déguiser ses oppinions par des manieres de parler, qui pourroient avoir quelques apparences de verité. On sçait que les Heretiques changent de sens à tout moment, quoiqu'ils continuënt souvent de parler de la même maniere. Que seroit-ce donc, s'il leur étoit aussi permis de parler comme ils voudroient? Il n'y a guere de propositions si mauvaises, où par differens détours, on ne puisse trouver quelque bon sens; ni de si bonnes, où l'on ne puisse en trouver quelque mauvais. Ainsi il faudroit tout condamner, ou rien. Pour éviter donc ces deux mauvaises extrêmitez, l'Eglise a coûtume de condamner toute proposition conçûë en des

1. Ti.
Math. 6.
v. 20.

termes, qui paroissent contraires à ceux, dont elle se sert, pour exprimer sa Foi. C'est pour cela qu'on ne voulut point écoûter les explications de Theodoret au Concile de Calcedoine & qu'on l'obligea de dire tout simplement Anathême à Nestorius, & que ses Anathematismes contre saint Cyrille d'Alexandrie, furent condamnez avec la Lettre d'Ibas au V. Concile general & la Lettre d'Honorius au VI. quoiqu'on puisse trouver des sens tres-Catholiques dans ces Ecrits, dont les expressions sont tres-mauvaises & favorables aux Heretiques.

Conc. Chalced. Act. 8

En effet, lorsqu'on pense comme l'Eglise, pourquoi ne pas parler comme elle ? C'est ce que Jean d'Antioche écrivit à Nestorius au commencement de son Heresie. Ce ne peut être que l'effet d'un horrible orgueil, qu'il faut déposer, ou d'une ignorance qu'il faut dissiper en se faisant instruire par des gens éclairez, dés le moment qu'on est repris & qu'on en est averti. On peut lire sur cette matiere, les excellentes reflexions de Vincent de Lerins dans ses Commonitoires.

Conc. Ephes. part. 1. N. 25.

Voilà quel a toûjours été & est encore l'esprit de l'Eglise & les moïens qu'elle a pris pour s'opposer aux vaines subtilitez des Heretiques, qui tâchent de faire glisser le poison de leur Heresie sous l'équivoque de quelques termes, qu'ils inventent, ou qu'ils expliquent selon leur sens. Je prie donc les Reformateurs de nous apprendre comment tant d'erreurs, qu'ils nous imputent, ont pû se glisser insensiblement dans la Doctrine, & non seulement des erreurs de speculation, mais encore de pratique ; qui ne sont pas seulement des disputes de Savans, mais des Coûtumes & des Usages établis parmi tout le peuple ; & qui entraînent avec eux un renversement extrême dans toute la Liturgie & toute la discipline. L'Eglise veille avec tant de soin & combat avec tant de force contre les Heretiques, qu'elle les attaque sans cesse dans tous leurs retranchemens ; elle les désarme de leurs termes équivoques ; elle leur oppose des expressions précises, claires & invariables, afin de les démasquer & de les arrêter ; elle condamne tout ce qui approche de leur maniere de parler & par ce moïen elle a découvert & abatu un grand nombre d'Heresies, qui ne consistoient que dans un seul Article, un terme, une Lettre, qui ne changeoient rien dans la Liturgie,

Impossibilité des changemens selon ce principe.

dans la difcipline, dans les mœurs & dans les Coûtumes, comme l'Arianifme, le Macedonianifme, le Neftorianifme, l'Eutychianifme & une infinité d'autres femblables; & Luther vient nous dire au 16. fiecle, que le loup eft entré dans la bergerie du Seigneur, fans que perfonne s'en foit jamais apperçû ; qu'il a tout ravagé ; qu'il n'y a plus qu'un phantôme de Religion, qui nous refte ; qu'une apparence d'Eglife & nulle Foi ; que toutes nos Coûtumes ne font que fuperftitions, facrileges, profanations, Idolatries ; que perfonne ne s'en étoit aperçû jufqu'à lui ; que tout l'Univers s'eft ainfi trouvé perverti & la Doctrine des Apôtres & l'Evangile de JESUS-CHRIST anéantis, fans fçavoir comment cela a pû arriver. Fût-il jamais une pareille extravagance ?

Il faut donc neceffairement convenir, à moins qu'on ne veüille renoncer au bon fens & à la raifon, que tous ces Articles, que les Proteftans ne ceffent de décrier fous des titres fi pleins de calomnies, font la pure & veritable Doctrine de JESUS-CHRIST, que les Apôtres ont prêchée, que les Martyrs ont fignée de leur Sang, que tous les Saints ont cherie & eftimée plus que leur vie &

dans laquelle ils se sont sanctifiez. Enfin celle, que nous devons suivre & pratiquer si nous voulons avoir part au Roïaume de Dieu.

CHAPITRE XII.

Que Dieu a envoïé dans tous les temps des Hommes sçavans & remplis d'un veritable zele, pour s'opposer aux Heresies dés leur naissance ; d'où suit l'impossibilité de ces prétendus changemens insensibles.

JESUS-CHRIST a fondé l'Eglise, pour durer jusqu'à la fin des siecles & non pas seulement pour un tems, comme la Synagogue, qui n'en étoit que l'ombre, & qui devoit disparoître au moment qu'il auroit envoïé la lumiere. Ainsi il a pourvû à tous les moïens necessaires pour l'affermir contre les embûches & les attaques, que le demon devoit faire contre-elle ; & jamais les portes de l'enfer ne prévaudront contre-elle ; c'est-à-dire selon l'explication des Peres, la Doctrine des Heretiques, les medisances & les calomnies des Schismatiques, les persecutions des Tyrans, les jugemens des Impies & generalement tous les arti-

S. Hier. l. 3. in Math.

DE L'EGLISE. Chap. XII. 141
fices que les Puissances de l'enfer devoient mettre en usage contre-elle pour la perdre, s'il étoit possible. C'est pourquoi saint Paul l'appelle la colonne & le fondement de toute verité.

Cette Eglise a donc toûjours eu besoin de Personnes sçavantes & remplies de zele, pour la deffendre & pour combattre pour elle jusqu'à l'effusion de leur sang au nom du Seigneur, & jamais elle n'en a manqué. Plus elle a eu d'ennemis, plus aussi a-t-elle eu de Deffenseurs. Dieu a toûjours suscité des Davids pour combattre Goliath, & des Sansons pour terrasser les Philistins. *L'Eglise a toûjours eu besoin de Deffenseurs.*

Il y avoit dans l'Eglise d'Antioche dés sa naissance, des Prophetes & des Docteurs, dit saint Luc dans les Actes. Saint Paul fait souvent mention des Docteurs. Dieu a établi, dit-il aux Corinthiens, premierement des Apôtres, en second lieu des Prophetes, troisiémement des Docteurs. Il repete la même chose aux Ephesiens. Il a donné lui-même, dit-il, à son Eglise, les uns pour être des Apôtres, les autres pour être Prophetes, les autres pour être Evangelistes, les autres pour être Pasteurs & Docteurs; afin qu'ils travaillent à la perfection des Saints, aux fonctions de

Act. 13. v. 1.

Ephes. 4. v. 11. & 12.

» leur Ministere, à l'édification du Corps
» de JESUS-CHRIST. Entre les qualitez qu'il requiert dans un Evêque, il
met celle de Docteur; parce qu'il doit
être capable de resister aux ennemis de
l'Eglise & de deffendre son Troupeau,
lorsque ces loups viennent l'attaquer &
tentent de le perdre par leurs fausses Doctrines. Enfin c'est à un Evêque à choisir les pâturages, dont il doit paître ses
Oüailles, afin qu'elles soient toûjours
saines & toûjours bien nouries.

1. Timot.
3. v. 2.

Dieu pouvoit soûtenir son Eglise en mille manieres.

Cela n'étoit aucunement necessaire, si
on en croît les Protestans, puisque Dieu
vouloit donner à chacun des Fideles,
l'esprit particulier, pour penetrer les sens
de l'Ecriture les plus obscurs & les plus
difficiles, comme il l'a fait à ce qu'ils
prétendent. Il est vrai qu'il pouvoit nous
faire tous Prophetes & déclarer à chacun de nous en particulier sa volonté in-
terieurement par lui-même, ou exterieu-
rement par le Ministere des Anges. Il pouvoit empêcher par mille manieres differentes, que les hommes ne s'écarrassent
de la voïe de la verité & qu'il ne s'élevât
aucune Heresie, en affermissant tout le
monde dans la Foi & même dans la grace. Mais il vouloit, que les fideles assu-
jettissent volontairement & librement les

DE L'EGLISE. Chap. XII. 143
lumieres de leur esprit aux tenebres de la Foi & meritassent le Ciel par cette soûmission, aussi-bien que par la pratique de toutes les vertus morales. Ainsi il a confié à son Eglise le dépôt de la Foi, le sens des saintes Ecritures, le pouvoir de reprendre, de corriger & d'instruire, & quiconque ne l'écoutera pas, doit être regardé comme un Païen & un Publicain. Et pour exercer ces fonctions, il a établi des Pasteurs, il a toûjours entretenu dans cette sainte Societé des Personnes éclairées & remplies de la science du Ciel & embrasées d'un grand zele & d'un grand amour pour la verité, afin de la deffendre contre les Heretiques, lorsqu'il s'en trouve, qui veulent l'attaquer. Le nombre de ces SS. Deffenseurs de la Foi est presque infini. Il n'y a point eu de siecle, qui n'en ait produit beaucoup ; mais particulierement ceux où il y a eu le plus d'Heresies.

Math. 18. v. 17.

Outre les Ouvrages, qui nous restent entiers des premiers tems, comme les Apologies de saint Justin, Tatian, Tertulien, Athenagore, Arnobe &c. contre les Gentils & un grand nombre d'autres semblables contre les Juifs, les Marcionites, les Valentiniens, on peut voir dans l'Histoire d'Eusebe, les Catalogues de

Divers Catalogues, où sont écrits les noms des Deffenseurs de la Foi dans les premiers siecles.

saint Jerôme, de Gennadius, de saint Isidore de Seville, la Bibliotèque de Photius & plusieurs autres semblables Ouvrages, l'histoire & les noms d'un grand nombre d'Auteurs, qui ont écrit dans les premiers siecles, dont les Livres ont peri entierement, ou dont il ne nous reste que quelques extraits ou quelques fragmens.

Il n'y a point d'Heresie, qui n'ait été attaquée & combatuë par un trés-grand nombre de ces Sçavans Docteurs, entre lesquels quelques-uns se sont particulierement distinguez & signalez ; comme saint Irenée contre toutes les anciennes erreurs ; saint Justin contre les Juifs ; Tertulien contre les Marcionites ; saint Denys d'Alexandrie contre les Millenaires, & les Sabelliens; S. Athanase, & S. Hilaire contre les Ariens ; saint Pacien de Barcelône contre les Novatiens; saint Basile Evêque de Cesarée en Capadoce, & saint Gregoire de Nysse son frere contre les Anoméens. Saint Epiphane a écrit contre toutes les Heresies, qui avoient paru jusqu'à lui; Optat de Mileve contre les Donatistes. Saint Augustin, le plus grand genie de son siecle, a triomphé de toutes les Sectes, qui étoient en Affrique de son tems, mais particulierement des Manichéens,

Manichéens, des Pélagiens & des Semi-Pélagiens. Saint Jerôme s'opposa à Jovinien, à Helvidius, à Vigilantius, aux Luciferiens & aux Origenistes. Saint Cyrille d'Alexandrie fut le fleau de Nestorius ; saint Leon Pape, Flavien de Constantinople & Theodoret d'Eutyche. Saint Sophronius de Jerusalem & saint Maxime Religieux de Constantinople combatirent l'Heresie des Monothelites dés sa naissance. Saint Germain de Constantinople s'opposa à l'Empereur Leon Isaurien, pour la deffense des Images. Ainsi d'une infinité d'autres.

Lorsque Jean Scot produisit ses erreurs inoüies & inconnuës jusqu'alors, touchant la presence réelle & la Prédestination au neuviéme siecle, il fut attaqué par Hincmare, par Adrevaldus Religieux de l'Abbaïe de Fleuri, & par l'Eglise de Lyon. Combien de grands Hommes se soûleverent contre l'impieté de Beranger Archidiacre d'Angers, lorsqu'il osa faire revivre cette detestable Heresie au milieu de l'onziéme siecle ? Lanfranc Abbé de saint Etienne de Caën & ensuite Archevêque de Cantorbery, Adelman Evêque de Brece, Guitmond Evêque d'Averse, Algerus & plusieurs autres le forcerent dans tous ses retran-

La Presence réelle défenduë contre J. Scot au neuvieme siecle.

Tome I.   G

chemens & l'obligerent à admettre premierement la Presence réelle, & ensuite la Transubstantiation.

Deffenseurs de la Foi contre les Vaudois. Evrard, Ermengard, Renier Jacobin, Luc de Tide, Pierre Philichdorf & plusieurs autres, écrivirent contre les Vaudois & les Albigeois, qui furent condamnez au Concile de Latran III. sous Alexandre III. l'an 1179. & au Concile de Latran IV. sous Innocent III.

Contre Vuiclef. Dés le moment que Vuiclef fit paroître ses erreurs, il fut attaqué par une infinité de sçavans Hommes, qui étoient en Angleterre. On condamna 160. articles de son Heresie dans l'Université d'Oxfort, vers l'an 1372. & ensuite dans la Faculté de Theologie de Paris. Et Jean Huz son Disciple ayant voulu répandre à Prague, une partie de ces erreurs, qu'il avoit aportées d'Angleterre, cette Université en condamna 45.

Contre Luther. Lorsque Luther commença à dogmatizer, on vit aussi une infinité de grands Hommes s'élever contre sa Doctrine monstrueuse & impie. Henry VIII. Roy d'Angleterre écrivit contre son Livre de la captivité de Babilone l'an 1522. Thomas Morus Chancelier d'Angleterre & Jean Fischer Evêque de Rochester l'attaquerent avec vigueur. Ces deux grands

Hommes meriterent par la fermeté, qu'ils firent paroître en s'opposant au Schisme d'Angleterre, la Couronne du Martyre. Sylvestre Prieres Maître du sacré Palais, Erasme un des plus grands ornemens de ce siecle, attaquerent aussi le nouvel Evangile, particulierement touchant le libre arbitre. Jean Cochlée Doyen de sainte Marie de Francfort sur le Mein, Jean Ekius Professeur en Theologie à Ingolstad, Josse Clitou Docteur en Theologie de la Faculté de Paris & plusieurs autres combattirent toutes ses erreurs.

Il seroit impossible de faire ici le dénombrement de tous ceux, qui ont écrit contre les Dogmes impies de Zuingle, de Calvin, de Muncer Chef des Anabaptistes & de tant d'autres Sectes qui sont sorties de celles de Luther, & cela même seroit assez inutile ; ce que nous avons dit des siecles passez, sans entrer dans un grand détail, est plusque suffisant, pour faire voir, que l'Eglise n'a jamais manqué de deffenseurs & que Dieu a toûjours suscité des Personnes sçavantes, & remplies d'un veritable zele & d'un grand amour de la verité, pour combattre toutes les erreurs à mesure qu'elles ont pris naissance & même tant qu'elles ont subsisté.

S'il est même permis de juger de ce qui s'est passé dans les autres siecles, parce que nous voïons dans celui-ci (comme sans doute on le peut, puisque l'Eglise est toûjours gouvernée par le même esprit) on comprendra encore plus aisément, combien la prétention des Protestans est chimerique, de vouloir, que tout le corps de la Doctrine de cette Eglise ait pû se trouver insensiblement corrompu, sans qu'on puisse sçavoir en quel tems ni de quelle maniere cela a dû arriver. Car dans le tems où nous sommes, nous voïons qu'on ne peut avancer la moindre proposition, qui blesse la Foi directement ou indirectement, qu'au même-tems elle ne soit combattuë. On écrit contre cette Doctrine; on en fait des plaintes au Pape, aux Evêques, au Public; on la dénonce en quelque Faculté de Theologie, pour la condamner; on oblige l'Auteur à faire une retractation publique. Enfin de quelque maniere que ce puisse être, l'erreur est étouffée dés son commencement, & rarement il s'en trouve, qui puisse faire aucun progrez, à moins que les Princes & les Souverains, n'emploïent leur autorité à soûtenir les Novateurs, que l'Eglise condamne. On peut apporter de tout ceci

DE L'EGLISE. Ch. XII. 149
un tres-grand nombre d'exemples. Il y a peu d'années même, qui ne nous en fourniffent quelqu'un & fouvent plufieurs.

Quel privilege auroient donc eu ces prétenduës Erreurs, pour avoir été fi favorablement reçûës, pendant qu'un nombre infini de fçavans Hommes travailloient avec toute la vigilance, l'application & l'érudition poffible à exterminer les autres ? Par quel enforcellement feroit-il arrivé, que tout le monde fe fût laiffé feduire fi long-tems, fi fouvent & d'une maniere fi étonnante, fans que jamais perfonne eût pris la défenfe de la verité & fe fût oppofé à de telles nouveautez ?

Il faut donc encore neceffairement conclure de ce principe, que nous avons établi, que tous ces Articles conteftez par les Proteftans, font veritablement la Doctrine de JESUS-CHRIST, prêchée par les Apôtres, confirmée par une infinité de miracles, fignée du fang d'un nombre prodigieux de Martyrs, fuivie & pratiquée par tous les Saints, que l'Eglife revere ; & que tous ceux qui la méprifent & la condamnent, font eux-mêmes vraiment condamnables, comme Impies & Heretiques.

Impoffibilité de ces prétendus changemens.

G iij

Chapitre XIII.

Que le soin, qu'on a toûjours pris dans l'Eglise de suivre exactement le fil de la Tradition Apostolique, & de rejetter tout ce qui pouvoit y être contraire, fait voir l'impossibilité de tous ces prétendus changemens.

<small>Marci 16. v. 20.</small> Tous les Heretiques conviennent avec nous, que la Doctrine que les Apôtres ont prêché, le Seigneur cooperant avec eux & confirmant leur parole par des prodiges, est celle que nous sommes obligez de suivre, sur peine de damnation. C'est le dépôt dont parle saint Paul à Timothée son Disciple, & à tous ceux, qui devoient être dans la suite Pasteurs comme lui. *Timothée*, lui dit-il dans sa premiere Epître, *gardez le dépôt, qui vous a été confié, fuïant les profanes nouveautez de paroles & tout ce qu'oppose une Doctrine, qui porte faussement le nom de science; dont quelques-uns faisant profession, se sont égarez de la Foi.* Il lui repete la même chose dans la seconde Epître. *Proposez-vous*, lui dit-il, *pour modele les saines Instructions, que vous avez entenduës de moi & la charité*

<small>S. Paul ordonne qu'on suive la Tradition.
1 Timoth. c. 6. v. 20.
2 Timoth. cap. 1. v. 13. & 14.</small>

qui est en JESUS-CHRIST; gardez par le saint Esprit, qui habite en vous, l'excellent dépôt, qui vous a été confié.

Dans le 3. Chap. de cette même Epître, il l'avertit, que *dans les derniers jours, il viendra des tems fâcheux, où il y aura des hommes amoureux d'eux-mêmes, glorieux, superbes &c.* que ces méchans & ces imposteurs se fortifieront de plus en plus dans le mal, *séduisant les autres & étant séduits eux-mêmes;* & pour leur resister, il ne lui ordonne autre chose, sinon *de demeurer ferme dans les choses, qu'il a apprises, qui lui ont été confiées, sçachant de qui il les a apprises.* S. Paul ne lui dit point, quand vous aurez à disputer contre ces Seducteurs, servez-vous seulement des saintes Ecritures, pour les confondre. Il ne lui promet point de lui donner par écrit de quoi les convaincre. Mais il lui dit seulement de demeurer ferme dans les choses, qu'il avoit apprises & qui lui avoient été confiées comme un dépôt, sçachant de qui il les avoit apprises. *Tu autem permane in iis, quæ didicisti & credita sunt tibi, sciens à quo didiceris.* Et c'est ce que nous faisons, lorsque nous nous attachons à la Tradition.

Mais saint Paul ajoûte au même-tems,

2 Timoth. cap. 3. v. 14.

2 Timoth. 3. v. 14.

Objections des Ministres

disent, les Ministres, que l'Ecriture est suffisante, pour combattre ces Impies, « dont il parle. Voici ses paroles. Consi- « derant, que vous avez été nourri dés vô- « tre enfance dans les Lettres saintes, qui « peuvent vous instruire pour le salut par « la Foi, qui est en JESUS-CHRIST. « Toute Ecriture, qui est inspirée de Dieu, « est utile pour instruire, pour reprendre, « pour corriger & pour conduire à la pieté « & à la justice ; afin que l'homme de « Dieu soit parfait & parfaitement dispo- « sé à toutes sortes de bonnes œuvres. *Et quia ab infantiâ sacras Literas nosti, quæ te possunt instruere ad salutem per fidem, quæ est in Christo Jesu. Omnis Scriptura divinitus inspirata UTILIS est ad docendum ad arguendum, ad corrigendum, ad erudiendum in justitiâ : ut perfectus sit homo Dei ad omne opus bonum instructus.* C'est-là tout ce qu'on a pû trouver dans l'Ecriture, pour s'autoriser à rejetter la Tradition. Mais pour faire voir combien saint Paul est éloigné d'avoir cette pensée & de détruire ce qu'il vient d'établir immediatement auparavant, il faut remarquer

2. Timoth. c. 3. v. 16.

Réponse.

1º. Que saint Paul apporte deux raisons, qui doivent engager Timothée à demeurer ferme dans les choses, qu'il avoit

DE L'EGLISE. Chap. XIV. 153
apprises & qui lui avoient été confiées.
La première est qu'il sçavoit de qui il les
avoit apprises, c'est à dire, de S. Paul
même, qui avoit confirmé toutes ces veritez par beaucoup de miracles ; & la
seconde, parce qu'il sçavoit, qu'elles
étoient tres-conformes à tout ce qui avoit
été prophetisé dans l'ancien Testament,
& que la Foi lui faisoit connoître être
entierement accompli en JESUS CHRIST.
*Sciens à quo didiceris & quia ab infantiâ
sacras Litteras nosti &c.* Et ce sont ces
deux mêmes raisons, qui affermis-
sent encore toute l'Eglise aujourd'hui
dans les choses qu'elle a apprises ; sçavoir l'Ecriture sainte & la Tradition,
par laquelle nous en connoissons le sens.
Et les Heretiques retranchent une de ces
raisons en rejettant la Tradition, pour
donner à l'Ecriture tel sens, qu'il leur
plaît ; comme il paroît par celui-là même, qu'ils donnent à ce passage en question.

2°. Timothée n'avoit appris dés son
enfance, que l'ancien Testament ; car
sa mere Eunice, qui l'avoit instruit,
n'avoit pas connoissance du Nouveau,
lorsque Timothée étoit encore dans l'Enfance. Il ne vint au monde, que peu
de tems après la Passion de JESUS-

*Timo-
thée ins-
truit dés
son enfan-
ce dans
l'ancien
Testa-
ment, ce-
lui n'est
pas suffi-*

G v

CHRIST, & il n'y avoit alors encore aucun Evangile; & même au tems que saint Paul lui écrivit cette Lettre, qui fut environ 33. ans aprés la Passion de JESUS-CHRIST, la plus grande partie du nouveau Testament n'étoit pas encore en lumiere. C'est donc particulierement des Ecritures de l'ancien Testament, dont parle saint Paul en cet endroit; c'est-à-dire, de celles que Timothée avoit apprises. Or il n'y a personne, qui puisse dire, que ces Ecritures soient suffisantes pour combattre les Heretiques dans le nouveau. Donc &c.

sant pour convaincre les Heretiques du nouveau.

3°. Saint Paul dit, que toute Ecriture divinement inspirée, *est utile* & non pas suffisante *pour instruire* &c. Il y a dans le Grec ὠφέλιμος, qui n'a jamais signifié dans aucun Dictionnaire, *suffisant*, mais *utile*; c'est donc une corruption manifeste de ce passage, d'y mettre le mot de *suffisant* au lieu de celui d'*utile*. Combien de choses sont utiles pour enseigner, qui ne sont pas suffisantes ? Il est utile pour cela d'avoir une voix sonore, de parler bien, d'avoir une bonne santé, d'être élevé & placé commodément &c. Cela suffit-il ?

S. Paul dit que l'Ecriture est utile & non pas suffisante.

Mais l'Ecriture suffit, dit-on, pour rendre l'homme de Dieu parfait & par-

C'est assez pour rendre un

DE L'EGLISE. Ch. XIII. 155
faitement disposé à toutes sortes de bonnes œuvres. Oüi, il suffit pour cela, d'instruire, de reprendre, de corriger, de conduire à la pieté & à la justice. Or S. Paul ne dit pas, que l'Ecriture soit *suffisante* pour faire ces choses, mais seulement qu'elle est *utile*. Il est certain, que si Dieu avoit abandonné les saintes Ecritures au sens de tout le monde, il n'y auroit plus d'Eglise & même il n'y en auroit jamais eu; car à peine se trouveroit-il quatre personnes, qui pûssent convenir dans l'explication des lieux les plus clairs. Ce seroit un cahos affreux d'oppinions, & des tenebres, qu'il seroit impossible de dissiper. Cela paroît visiblement parmi les Heretiques, qui citent tous l'Ecriture sainte, pour prouver leurs sentimens & qui ne peuvent jamais convenir entr'eux. Ils affectent même d'en remplir leurs Ouvrages, comme dit Vincent de Lerins; mais qui prouvent ce qu'ils prétendent, comme celui que le demon citoit à JESUS-CHRIST, pour lui persuader, qu'il pouvoit sans rien craindre se précipiter du haut en bas du Temple. C'est ainsi qu'on se sert de l'Ecriture; on en fait parade, pour autoriser son Schisme & son Heresie & pour en imposer aux sim-

homme parfait, de l'enseigner, le reprendre &c. mais pour l'enseigner & le reprendre l'Ecriture ne suffit pas.

Comm. l. cap. 35.

G vj

Joan. Coch. fol. 168.

ples. C'est pour cela que les Lutheriens s'aviserent à Spire l'an 1526. de mettre sur la manche droite de leurs habits ces cinq Lettres, V. D. M. I. Æ. qui sont les Lettres initiales de ces paroles, *Verbum Domini manet in æternum*; & ils imitoient en cela les Pharisiens, qui la portoient comme en triomphe sur leurs manteaux, selon la lettre, & qui la rejettoient de leur cœur selon l'esprit, en la corrompant par leurs fausses interpretations.

Les Lutheriens imiterent les Pharisiens à Spire en faisant parade de l'Ecriture.

Si l'Ecriture sainte suffisoit sans la Tradition, il n'y auroit aucun moïen efficace dans l'Eglise de convaincre les Heretiques. Car chacun auroit droit de l'entendre comme il lui plairoit, & personne ne pouroit lui contester le sens, qu'il y donneroit par aucune autorité. Car pour le contester, il faudroit être certain, qu'il y en a un autre opposé, qui est le veritable; & où le trouvera-t-on ce sens veritable, si l'Eglise n'en est pas la dépositaire & si elle ne l'a pas reçû par une Tradition constante & non interrompuë? Sera-ce dans la tête de quelque particulier? Il faudroit, qu'il l'eût reçû immediatement de Dieu & qu'il en donnât des preuves par des miracles tres-certains & tres-averez.

Sans la Traditiō on ne peut convaincre aucun Heretique.

DE L'EGLISE. Ch. XIII. 157

Or il est impossible, que l'Eglise n'ait pas une voie certaine & assûrée, pour convaincre les Heretiques, autrement ce seroit une Babylone. Cette voie ne peut être que la Tradition, par laquelle nous connoissons le veritable sens de l'Ecriture, & plusieurs autres choses, qui n'y sont pas contenuës. Il faut donc necessairement la recevoir.

Pour faire voir la force de ce raisonnemen, nous n'avons qu'à faire attention sur la maniére dont les Heretiques prouvent leurs sentimens; non seulement contre nous, mais encore contre les autres. Ils alleguent l'Ecriture, quand ils y trouvent quelque chose, qui paroît les favoriser; si l'on donne un autre sens au passage, tel qu'il puisse être, il faut en demeurer là. L'esprit particulier n'est en cette occasion d'aucun secours. Car outre que les Sociniens s'en mocquent, les autres Heretiques ont droit de se l'attribuer aussi bien, que les Lutheriens, & se vantent même de l'avoir plus abondamment.

Il faut donc necessairement en revenir à la Tradition. C'est ce que fait Philippe Melancton dans son Apologie, où il se sert du Canon des anciennes Liturgies, pour prouver la presence réelle contre

Les Heretiques sont forcez eux-mêmes d'en revenir à la Tra-

Carlostad, Zuingle, Calvin, & les autres Heretiques, qui la rejetoient ; & il ne fait pas semblant de s'appercevoir, qu'il prouve en même tems la Transubstantiation contre lui-même, par le même passage. C'est ce que fait encore l'Auteur d'un Traité, touchant la personne de JESUS-CHRIST contre les Sociniens, qui est à la fin de la Concorde. Si Luther avoit osé s'en servir contre les Anabaptistes, qui rejettoient le Baptême des enfans, selon ses principes, se fondans même sur l'Ecriture, il n'auroit pas été réduit à dire pour toute raison en écrivant contre-eux, comme il fit l'an 1528. *Que les bons Chrêtiens & les gens, qui ont un peu de raison, ne s'avisent point de lui demander des preuves tirées de l'Ecriture-Sainte, pour le Baptême des enfans.*

Lorsque l'Antechrist viendra *accompagné de la puissance de Sathan avec toutes sortes de miracles, de signes & de prodiges trompeurs, & avec toutes sortes d'illusions, qui peuvent porter à l'iniquité ceux, qui périssent, parce qu'ils n'ont pas reçû & aimé la verité, pour être sauvez,* comme dit saint Paul; il ne manquera pas, lui & ses Prophetes, de se servir de l'Ecriture-Sainte, pour autoriser ses Dogmes & soûtenit ses impiétez. Car s'il la rejettoit & la méprisoit, on ne comprend pas comme les Elûs même pouroient être en danger d'être seduits, & le seroient veritablement, si Dieu ne les en preservoit par une grace particuliere. Le blasphême & l'impiété manifeste ne sont point capables de seduire les gens de bien. Que faudra-t-il donc opposer aux passages de l'Ecriture, qu'il alleguera selon son sens, comme font les Heretiques aujourd'hui, & qu'il apuira même par de faux miracles ? La Tradition, dit S. Paul. C'est pourquoi, mes Freres, demeurez fermes & conservez les Traditions, que vous avez apprises, soit par nos paroles, soit par nôtre Lettre. *Itaque fratres state & tenete* Traditiones, *quas didicitis, sive per sermonem, sive per epistolam nostram.* Selon les principes des Reformateurs, il auroit dû leur dire, ne vous mettez pas en peine, vous avez l'Ecriture-Sainte, où vous trouverez toûjours la verité, & jamais cet imposteur ne poura vous seduire. Car vous avez l'esprit particulier, qui vous fera connoître le veritable sens de cette Ecritnre, laquelle d'ailleurs est assez claire par elle-même. Mais il a fait tout le contraire. Il parle, comme l'Eglise parle encore

Matth. 24. v. 24.

" " " " "

2. Thess. 2. v. 14.

aujourd'hui à ses enfans. Ce ne peut être que de lui, qu'elle a emprunté ce langage. Il est même tres-aisé de le faire voir, & c'est ce que nous allons faire.

<small>Les Disciples des Apôtres ont suivi & ordonné de suivre la Tradition.

S. Iren. li. 3. c. 3. apud Euseb. lib. 5. Hist. Eccl.</small>

Saint Clement étoit le disciple de saint Paul, & l'Eglise de Corinthe aïant été troublée pendant son Pontificat par une dissention, qui n'étoit pas peu considerable, ce S. Pape leur écrivit pour les réünir & pour reparer le dommage, que leur foi avoit pû souffrir dans cette tempête, leur annonçant, dit saint Irenée, quelle étoit là TRADITION qu'ils avoient reçûë tout recemment des Apôtres. *Anuntians quam in recenti ab Apostolis receperant* TRADITIONEM. Cette Lettre perduë depuis plus de mille ans, s'est enfin retrouvée dans nôtre siécle. Saint Irenée la cite, pour prouver aux Heretiques de son tems, comme nous faisons aujourd'hui à ceux du nôtre, qu'on doit s'attacher à la Tradition.

<small>Ibid.</small>

Saint Irenée, dit encore, pour prouver cette même verité, que saint Polycarpe, disciple de saint Jean alla à Rome, sous le Pape Anicet, & y convertit beaucoup d'Heretiques, leur enseignant la Doctrine, qu'il avoit reçûë des Apôtres; qu'il ne leur apprit autre chose & qu'il n'y a que cela de veritable; que toutés les Eglises d'Asie rendoient ce témoignage, aussi-bien que les Successeurs de ce saint Martyr, lequel étoit un témoin de la verité bien plus digne de foi, que Valens & Marcion, dont la doctrine étoit pervertie & corrompuë.

Ce saint Martyr ajoûte encore pour prouver nôtre these, qu'il y avoit de son tems des Eglises, qui n'avoient encore aucunes Ecritures-Saintes, & qui conservoient par la TRADITION la foi, qu'elles avoient reçuës des Apôtres dans la plus grande pureté, quoiqu'elles n'eussent aucun commerce avec les autres nations Chrêtiennes ; que si ces Chrétiens avoient entendu quelqu'un entr'eux tenir le langage des Heretiques, ils se seroient bouché les oreilles & auroient pris la fuite, de peur que leurs oreilles ne fussent soüillées de tels blasphêmes. C'est ainsi que saint Irenée combat les premiers Heretiques, qui rejettoient la Tradition, comme font ceux de nôtre siecle.

L. 3. c. 8. Eglises à la fin du 2. siécle dont la foi étoit soûtenuës par la seule Tradition.

Saint Ignace disciple des Apôtres fait la même chose. *J'ai entendu dire à quelques-uns*, dit ce saint Martyr. *Si je ne trouve l'Evangile dans les Archives, je ne croi rien*, & il répond que JESUS-CHRIST *est nôtre archive, que c'est une damnation*

S. Ignat. epist. ad Philadelp.

manifeste, de ne vouloir pas l'écouter. Sa Croix, dit-il, sa mort, sa Resurrection & la Foi, que nous avons à toutes ces choses, par lesquelles nous esperons être justifiez, le demandant par nos priéres, sont pour moi une archive. qui ne peut jamais être violée. Celui qui ne croit point l'Evangile, ne croit rien. Car on ne doit point preferer des Archives à l'esprit. C'est une chose dure de regimber contre l'éguillon. C'est une chose dure de ne vouloir pas croire à JESUS-CHRIST. de rejetter la Prédication des Apôtres. Nous avons de Saints Prêtres & des Ministres de cette parole; un Pontife qui est au dessus des autres, à qui on a confié le Saint des Saints & les divins mysteres. Dieu a donné des vertus excellentes, pour l'administration de ces choses. Nous avons le Saint-Esprit consolateur, & ce Verbe Fils du Pere Eternel, par lequel il a fait toutes choses & pourvoit à tout. C'est là la voie, qui conduit au Pere, c'est là la Pierre, &c. C'est l'Eglise où toutes ces choses se trouvent. Elle est donc nôtre Archive ? C'est donc elle qui est la dépositaire de nôtre Foi, la guide fidelle des Saintes Ecritures, & la dépositaire de leur veritable sens.

Ceci est si constant, que Luther a été obligé de le reconnoître dans sa plus grande fureur, & d'en rendre un témoignage autentique dans le plus méchant de ses Ouvrages ; c'est dans le Livre de la Messe Privée, qu'il composa l'an 1521. dans sa Patmos, après la Conference qu'il eut avec le Diable & qu'il fit imprimer l'an 1533. *Dieu*, dit-il, *a conservé miraculeusement & par un effet de sa souveraine puissance, dans l'Eglise Romaine, qui s'est maintenuë sous la Papauté, le Baptême, la Prédication de l'Evangile, qui se fait dans les Chaires publiques & dans les Prônes, qu'on fait les Dimanches, & le Texte sacré de l'Ecriture traduite dans la langue de chaque Pays ; ensuite la remission des pechez & l'Absolution, qu'on donne tant en particulier dans la Confession, qu'en public ; outre cela le Sacrement de l'Autel....... & le Ministere de la parole de Dieu........ Enfin le reste y est demeuré par un miracle de Dieu ; le Psautier, l'Oraison Dominicale, le Simbole, les dix Commandemens, plusieurs beaux & pieux Cantiques, tant en Latin qu'en Allemand, comme le* Veni sancte Spiritus & emitte cælitùs lucis tuæ radium, *&c. qui ont été laissez à la posterité par des hommes vraiment spirituels & Chrétiens. Là où l'on trouve ces choses saintes & que les Saints nous ont laissé, là aussi a été & est en-*

<small>Luther est convaincu, que l'Eglise Romaine est la veritable Eglise.</small>

core l'Eglise de JESUS-CHRIST & la demeure des Saints. Il ajoûte, que JESUS-CHRIST est vrayment present dans cette Eglise ; que son Esprit y reside & y à conservé la vraye connoissance & la vraye Foi dans ses Elûs. C'est donc-là qu'il la faut chercher dans les doutes & les disputes, qui surviennent.

Eusebe l. 3. Hist. Eccl. cap. 30.

Eusebe rapporte, que le bienheureux Martyr saint Ignace étant conduit à Rome, pour y être dévoré par les bêtes sauvages, avertissoit toutes les Eglises des Villes par où il passoit, en les exhortant à demeurer fermes dans la foi ; de prendre garde de suivre la Doctrine des Sectes nouvelles, qu'on voïoit naître de jour en jour, & les conjuroit de s'attacher fortement à la TRADITION des Apôtres, à laquelle il rendoit lui-même témoignage, d'une maniere autentique, & qu'il

Recueil de diverses choses, qu'on sçavoit par la seule Tradition, fait par Hesegippe. L. 4. hist. eccl. c. 8. S. Hier. in catalogo.

jugeoit devoir être mise par écrit pour être sûrement conservée à la posterité. C'est ce que fit Hesegippe, qui florissoit dans le second siécle, lequel, dit Eusebe & saint Jerôme après lui, fit un Ouvrage divisé en cinq Livres, dans lequel il exposoit sincerement & fidellement tout ce que les Apôtres avoient enseigné de vive voix, & laissé à l'Eglise par une simple Tradition. Eusebe avoit vû cet Ouvrage

DE L'EGLISE. Ch. XIII. 165
& en avoit tiré, comme il le dit lui-même, beaucoup de choses, qu'il nous raporte du tems des Apôtres. Il a peri comme beaucoup d'autres, & celui que nous avons de ce nom touchant la Guerre des Juifs & la destruction de Jerusalem, n'est qu'un abregé de Joseph, & n'est pas de ce Pere.

Non seulement Tertulien se sert partout de la Tradition, pour convaincre les Heretiques, qu'il combat, comme ont toûjours fait les autres Peres avant lui; mais il fait voir encore dans son Livre des Prescriptions, où il donne des régles, pour disputer contre les Novateurs, que la Tradition est presque l'unique moïen de les convaincre. En voici la raison. *C'est*, dit-il, *que les Heretiques ont coûtume de rejetter les Saintes Ecritures, qui ne leur sont pas favorables.* Luther rejettoit l'Epître aux Hebreux, celles de saint Jacques, de saint Jude & l'Apocalypse, ne pouvant répondre aux passages, qu'on en tiroit contre lui. *Que s'ils les reçoivent, ils les corrompent.* C'est ce que faisoit Marcion & les autres Heretiques de son tems. C'est ce que Luther a fait aussi. Il corrompit le Nouveau-Testament en une infinité d'endroits par sa Traduction. *Que s'ils reçoivent l'Ecri-*

Tert. l. de præscript. cap. 17, 18, 19.

La Tradition est l'unique moyen de convaincre les Heretiques.

Joan. Cochl. ad an. 1522, fol. 83.

ture sans corrompre le Texte, ils ne manquent jamais d'en corrompre le sens par de fausses explications & rendent par ce moyen inutile tout ce qu'on peut apporter contre-eux. Il ne suffit donc pas d'en venir à l'Ecriture ; mais quand les Heretiques n'agiroient pas ainsi, l'ordre demande, dit Tertullien, qu'on commence par mettre en question une chose, dont il s'agit seulement, sçavoir qui étoit en possession de la Foi, lorsque les Heretiques ont commencé à l'attaquer ; à qui appartiennent les Saintes-Ecritures ; de qui, par qui, quand, & à qui a été confiée la Discipline, par laquelle on fait des Chrétiens. Car quand on aura vû, de quel côté se trouvera la verité de la Discipline & de la Foi Chrétienne, il faudra aussi convenir, que c'est de ce côté, que se trouve la verité des Saintes Ecritures, de leur Interpretation & de toutes les TRADITIONS Chrêtiennes. *Ergo ad scripturas provocandum non est, nec in his constituendum certamen, in quibus aut nulla aut certa victoria est aut parùm certa ; nam etsi non ita evaderet conclusio scripturarum, ut utramque partem parem sisteret, ordo rerum desiderabat illud priùs proponi, quod nunc solùm disputandum est : quibus competat fides ipsa, cujus sint scriptura : à quo & per quos & quando & quibus sit tradita disciplina, quâ fiunt Christiani : ubi enim apparuerit esse veritatem disciplinæ & fidei Christianæ, illic erit veritas Scripturarum & expositionum, & omnium* TRADITIONUM *Christianarum.*

Tertullien veut donc, qu'on commence par prouver la Foi & la verité de l'Eglise par la Tradition ; parce que c'est le seul moïen de connoître le vrai sens des Saintes-Ecritures : & les Heretiques au contraire veulent, qu'on commence par l'Ecriture ; parce qu'ils l'expliquent comme ils veulent.

Ils citent les Saintes-Ecritures, dit Origene ; Tout homme Chrêtien les reçoit, & y croit. Puis ils nous disent, voila comme nous avons la parole de verité chez-nous. Nous ne devons pas les en croire pour cela, ni abandonner l'ancienne TRADITION, pour croire autre chose, que ce que toutes les Eglises nous ont laissé par une Tradition venue jusqu'à nous sans interruption, *Illis credere non debemus, nec exire à primâ & Ecclesiasticâ* TRADITIONE, *nec aliter credere, nisi quemadmodum per successionem Ecclesia tradiderunt nobis.*

C'a toûjours été & ce sera toûjours

« *Orig.*
Hom.
« *29. in*
Math.
« *in fine.*
«
«
«
«
«
«
«
«
«
«

Nulle
Foi sans

la Tra-dition. une maxime constante, qu'on a suivie & qu'on suivra jusqu'à la fin des siécles, qu'on doit juger de la verité & du sens des Saintes-Ecritures par la Tradition ; puisque sans cela il n'y a rien, qui puisse nous obliger à croire, qu'il y ait même des Ecritures-Saintes. Car nous ne croïons, que ces Ecritures sont la parole de Dieu, sinon parce que nous l'avons ainsi apris par la Tradition. Nous voïons, que dans tous les siécles passez on l'a toûjours crû ainsi en remontant jusques aux Apôtres, & les Heretiques n'ont aucune raison de le croire, outre celle-là. Car de dire, que Dieu a donné à chacun l'esprit illuminatif, cet esprit prophetique, par lequel les plus grossiers & les plus ignorans peuvent distinguer sans peine un Livre Canonique d'un autre, qui ne l'est pas, & connoître par des marques évidentes ce qu'on doit appeller la parole de Dieu, c'est abuser de la credulité des simples & des ignorans, & se rendre ridicule parmi ceux qui ont tant soit peu de jugement. Si les Reformateurs le disent, ce n'est pas qu'ils en soient persuadez eux-mêmes ; mais c'est seulement pour se tirer d'affaire, lorsqu'ils se trouvent pressez par la force de ce raisonnement, auquel il est impossible de répondre.

La

DE L'EGLISE. Ch. XIII.

La pratique de l'Eglise répond à la speculation. Car il est certain, que toutes fois & quantes, qu'il s'est trouvé des personnes, qui ont voulu établir de nouvelles opinions touchant la Foi ou les mœurs, on a toûjours eu recours à la Tradition, pour les examiner, comme à la pierre de touche. C'est une condescendance, qu'on a euë pour ceux, qui vouloient les établir. Car la seule nouveauté d'une Doctrine en matiere de Religion est suffisante, pour la condamner sans autre examen; comme l'antiquité & l'universalité est seule suffisante, pour nous obliger à croire, qu'elle est de Tradition Apostolique, selon cette maxime que saint Augustin repete si souvent dans ses Ecrits. Tout ce que l'Eglise univer- « selle tient & a toûjours tenu & dont on « ne trouve point l'origine dans aucun « Concile, doit être crû comme étant éma- « né de l'autorité des Apôtres & descendu « d'eux par une Tradition non interrom- « puë. *Quod universa tenet Ecclesia, nec Conciliis institutum, sed semper retentum est, non nisi autoritate Apostolicâ traditum rectissimè creditur.* S. Aug. l. 4 de Baptismo cap. 14.

Rien n'est plus raisonnable & en même tems plus certain, & si l'on fait voir, qu'on n'a jamais manqué de suivre ces

Tome I. H

maximes, il est évidemment impossible, qu'un seul de tous ces changemens, qui regardent la Foi, puisse être arrivé depuis le tems des Apôtres. C'est ce que reconnut Georges du Vicel après avoir été dix ans attaché avec une prévention extraordinaire à la personne & à la doctrine de Luther. Car aïant consideré, que la Doctrine de l'Eglise devoit être toûjours la même dans tous les tems ; & qu'ainsi elle devoit passer de siécle en siécle aux Fidelles par une Tradition constante & sans interruption, il crut, que pour décider tous les differens, qui se trouvoient entre les Lutheriens & les Catholiques, il ne falloit, que consulter les témoins de cette Tradition, c'est à dire, les Peres, les Conciles, & generalement tous les monumens, qui peuvent nous faire connoître, quelle a été la Foi de chaque siécle, pour voir si elle est conforme à la nôtre. Il le fit avec beaucoup de soin & d'application, & abandonna le parti de la Reforme. Il écrivit ensuite contre Luther & revela les mysteres de ce malheureux parti, ce qui fut un grand sujet d'étonnement, de honte, de chagrin à toute la Secte.

Les Evêques assemblez au Concile d'Antioche l'an 266. pour condamner

Joan. Cochl. ad an. 1531. fol. 253. Georges du Vicel, examinant la Doctrine de Luther par la Tradition se convertit.

In professione fidei ad Paul.

l'Heresie de Paul de Samosate, ne le firent qu'après avoir consulté la Tradition. Nous avons jugé, disent-ils, qu'il est à propos de produire & d'exposer la Foi, que nous avons reçûë depuis le commencement par TRADITION, & que nous avons conservée dans la sainte Eglise Catholique jusqu'à ce jour ; qui a été prêchée selon la Loi, les Prophetes & la nouvelle alliance par les Bienheureux Apôtres, qui ont vû eux-mêmes JESUS-CHRIST & qui ont été Ministres de sa parole. *Quam à principio accepimus & habemus traditam & servatam in Catholicâ & sanctâ Ecclesiâ usque in hodiernum diem, &c.*

Antiochenna missa, et Paul de Samosate, condamné suivant la Tradition.

Saint Etienne Pape opposa toûjours à saint Cyprien la TRADITION Apostolique, pour prouver la validité du Baptême des Heretiques. *Nihil innovetur, nisi quod traditum est.* Et tout le monde convenoit, que ce different devoit être jugé suivant la Tradition, comme il le fut en effet au Concile d'Arles l'an 314. dont la décision fut suivie & confirmée au Concile de Nicée onze ans après.

Epist. S. Cypr. 74. ad Pompeium. Les rebatisans cõdânez suivant la Tradition. Conc. Arel. I. C. 8. Conc. Nic. C. 8. & 19.

Nous démontrâmes aux Ariens dans le Concile de Nicée, dit saint Athanase, que le sentiment de l'Eglise touchant la

Les Ariens condânez suivant la

Tradi-tion; ainsi des autres Heretiques.

« Divinité du Verbe étoit descendu jusqu'à
« nous, par le canal de la TRADITION,
« passant d'un pere à un autre, comme de
« main en main. *Ecce nos quidem ex patribus ad patres per manus traditam fuisse hanc sententiam demonstravimus.* Et il défie les Ariens en ce même lieu de produire aucun Pere, qui ait été de leur sentiment dans les siécles passez, sinon les Juifs & Caïfe.

L. 1. de decr. Nic. Synod.

Les Peres du II. Concile de general, I. de Constantinople déclarent, qu'on doit reconnoître la Divinité du Saint-Esprit, parce que cette foi est conforme à la TRADITION. *Quippe cum antiquissima sit & lavacro baptismatis, quo tincti sumus, consentanea, &c.*

Conc. CP. I. an. 381.

Epist. Synodica ad Damas.

Dans le Concile d'Ephese on examina les Lettres de saint Cyrille & du Pape Celestin, & on les approuva, parce qu'elles étoient conformes à la Tradition. On produisit les preuves de cette Tradition contenuës dans un grand nombre de passages tirez de l'Ecriture-Sainte & des Peres des siécles précedens, & l'on condamna l'opinion de Nestorius, parce qu'elle y étoit visiblement contraire.

Conc. Eph. par. 2. act. 1. an. 431.

L'Empereur Marcian déclara au Concile de Calcedoine par ceux qu'il avoit envoïez, pour empêcher les troubles, que

Conc. Chalc. act. 2. an. 451.

DE L'EGLISE. Ch. XIII. 173
les Heretiques y pouvoient faire, *qu'il gardoit la Foi Catholique, qu'il avoit reçûë par* TRADITION *dés 318. & dés 150. & de tous les autres tres saints & des tres-glorieux Peres.* Les Evêques répondirent, *que personne d'entr'eux ne pouvoit exposer la Foi autrement ; qu'ils ne prétendoient & n'osoient le faire.* La Lettre de saint Leon à Flavien de Constantinople fut examinée & approuvée dans ce Concile, *parce qu'elle contenoit,* comme disent les Peres dans leurs suffrages, *la Foi de l'Eglise telle, qu'ils l'avoient reçûë par une* TRADITION *constante.* Enfin, quand la définition de Foi fut faite, tous les Evêques crierent. *C'est-là la Foi de nos Peres. C'est celle des Apôtres. Nous nous y attachons tous, c'est nôtre sentiment commun.*

Act. 4.

Qu'on lise tous les Conciles, où l'on a traité des Dogmes de Foi, & l'on verra, qu'il n'y en a pas un seul, qui soit approuvé & reçû, qui n'ait suivi cette regle. Il seroit inutile d'entrer dans un plus grand détail ; je ne puis cependant m'empêcher de rapporter ici un trait d'Histoire, qui fait voir combien on a toûjours été ataché à la Tradition, comme à un moïen assûré de connoître la veritable Doctrine de l'Eglise & la distinguer

H iij

de celle des Heretiques.

Socrates Hist. eccl. l. 5. cap. 10. Theodose embarassa tous les Heretiques de son Empire voulant, qu'on examinât leurs opinions par la Tradition.

Theodose le Grand voulut réünir toutes les Sectes d'Heretiques, qui étoient dans son Empire, à la Foi Catholique vers l'an 383. Il crût, que cette division subsistoit faute de s'entendre les uns les autres, & qu'on pouvoit s'éclaircir en sa présence sur les principaux chefs de Controverse sans dispute ; mais en s'expliquant simplement. Il fit assembler les Evêques de chaque parti. On lui conseilla de leur demander d'abord, s'ils ne reconnoissoient pas pour Orthodoxes les anciens Péres, qui avoient fleuri avant leur separation ; parce que s'ils osoient les rejetter & leur dire Anathême, le peuple, qu'ils abusoient, ne pouroit supporter une telle insolence, & qu'ils seroient abandonnez & regardez comme des imposteurs ; & que s'ils les recevoient & reconnoissoient pour Catholiques, il seroit aisé de les convaincre eux-mêmes d'erreur, en faisant voir, qu'ils suivoient une Doctrine entierement contraire à la leur. Ces Heretiques furent fort embarassez, quand l'Empereur leur fit cette question. Ils ne sûrent que répondre. Ils se diviserent entre-eux, & ceux qui étoient d'une même Secte, ne pûrent s'accorder. L'Empereur les voïant

DE L'ÉGLISE. Ch. XIII. 175
ainsi embarassez, leur ordonna de coucher chacun leur Confession par écrit; surquoi les voïant encore partagez, il les renvoïa avec mépris, comme gens opposez aux anciens Peres de l'Eglise, qui ne pouvoient s'accorder avec eux-mêmes, & beaucoup de leurs Sectateurs les abandonnerent. Il n'y eut que les Novatiens, qui déclarerent, qu'ils s'en tenoient à la Doctrine des anciens Peres, parce qu'il ne s'agissoit que des Heresies, touchant la sainte Trinité, ausquelles ils n'avoient aucune part.

On se servit de ce même moïen dans le Concile de Florence, lorsqu'on traita de la réûnion de l'Eglise Grecque avec l'Eglise Latine. Ce fut Marc d'Ephese le plus Schismatique de tous les Grecs, qui le proposa, comme un moïen infaillible de s'accorder en toutes choses & de connoître le parti, qui avoit tort. *Voici*, dit-il, *un excellent moïen, pour remedier aux maux & au scandale, que cause le Schisme, qui est entre-nous. Nous vous demandons, & nous vous conjurons de vouloir bien, que nous remontions au tems, que nous étions unis ensemble, que nous parlions tous de la même maniére & qu'il n'y avoit aucun Schisme entre nous. Renouvellons donc cette même amitié, qui étoit en-*

Le differend des Grecs & des Latins jugé au Conc. de Florence suivant la Tradition. Sess. 5. feriâ 3. 14. Oct. an.1438.

H iiij

tre nous & réunissons-nous aussi dans les mêmes sentimens, qui nous étoient alors communs à nous & à nos peres, qui ont été les lumières des sept premiers Conciles. Qu'on commence par la lecture de leurs définitions, si le tems le peut permettre ; afin de faire voir, que nous pensons comme eux & que nous les suivons, non seulement dans l'ordre des tems, mais encore dans celui de leurs sentimens.

Cela fut executé. On lût les Simboles des premiers Conciles, qui ont été tenus avant le Schisme, & les Grecs furent convaincus par les témoignages des Peres, tant Grecs que Latins des huit premiers siécles, que leur separation étoit injuste.

Si les Heretiques Modernes vouloient tenir cette conduite, il seroit facile de les convaincre de la fausseté & de la nouveauté de leurs Dogmes. Ils le voïent bien ; mais comme ils n'apprehendent rien davantage, que d'être détrompez, ils font aussi tout ce qu'ils peuvent, pour se fermer à eux-mêmes cette voie, par laquelle ils pourroient facilement arriver à la connoissance de la verité. Luther recevoit au commencement la Tradition & prétendoit, que c'étoit les Scholastiques, qui avoient dépravé & corrompu

Luther est forcé d'abandonner la Tradition.

le sens des Peres, pour introduire les opinions, qui se trouvoient contraires aux siennes. Mais s'étant trouvé accablé par des témoignages certains & évidens, qu'on tiroit des Peres dans la dispute de Lipsic, & voïant qu'il s'étoit rendu ridicule par les explications, qu'il vouloit y apporter, il se resolut de les abandonner, publiant de vive voix & par écrit, qu'on trouvoit par tout des erreurs dans leurs Ouvrages, qu'ils se contredisent eux-mêmes à tout moment, qu'ils sont contraires les uns aux autres, qu'ils prennent souvent les Saintes-Ecritures dans un mauvais sens. Que saint Augustin dispute ordinairement tout seul, sans rien définir. Que saint Jerôme n'établit presque rien dans ses Commentaires ; qu'à la verité il avoit souvent appellé du sentiment des Scholastiques à celui de ces Peres ; mais qu'il ne croïoit pas pour cela, que tout ce qu'ils avoient dit, fût veritable ; mais qu'ils avoient plus approché de la verité, les Scholastiques n'aïant presque jamais dit un seul mot de verité. Aprés cela il se déchaîne, selon sa coûtume, contre le Pape, les Evêques, les Peres, les Conciles, &c. supposant toûjours, que toutes ces anciennes Colonnes de l'Eglise, dont la plus grande partie ont versé leur sang pour la

In asser. art. in Bullâ damnat. per Leonem X. an. 1520.

M v

Foi, font contraires à l'Evangile. *Pour moi*, dit-il dans le Livre, qu'il écrivit contre le Roi d'Angleterre l'an 1522. deux ans après celui, dont nous venons de parler. *J'oppose à ce que les Peres, les Hommes, les Anges, les Diables ont pû dire, non l'ancien usage de qui que ce soit; mais l'Evangile, qui est la parole de la Majesté éternelle, qu'ils sont forcez d'approuver. C'est-là où je m'arrête; c'est sur cela que je me repose, j'en demeure là; c'est en cela que je me glorifie, que je triomphe, que j'insulte aux Papistes, aux Thomistes, aux Henricistes, aux Sophistes & à toutes les portes de l'Enfer, & aux paroles des hommes, pour saints qu'ils puissent être, & à la coûtume trompeuse. La parole de Dieu est au dessus de toutes choses. La majesté Divine fait que je ne me mets point en peine, si mille Augustins, mille Cypriens, mille Eglises, comme celle de Henry, sont contre moi. Dieu ne peut errer & ne peut tromper. Augustin, Cyprien & tous les Elûs ont pû errer & ont erré.* De telles déclamations, dans lesquelles on mêle le Diable avec les Anges & où l'on suppose, qu'ils sont également contraires à la parole de Dieu, aussi bien que tous les Peres, les Hommes les plus Saints, les coûtumes anciennes de l'Eglise & l'Eglise même, sont

Henry VIII. Roy d'Angleterre qui avoit écrit contre son Livre de la Captivité de Babylone.

propres à faire voir de quel esprit un tel Prophete étoit possedé.

Mais les Heretiques nous disent, que la Tradition, par laquelle nous prétendons nous assûrer de la Foi des premiers tems & même de chaque siécle, est une voie purement humaine & par consequent trompeuse ; car ce n'est pas Dieu, qui nous apprend ce qu'on a crû de siécle en siécle, mais des hommes sujets à tromper. Ainsi c'est une temerité inexcusable de fonder la Foi, qui doit être tres-certaine, sur des témoignages, qui peuvent être faux. *Sophisme des Heretiques.*

Pour resoudre ce Sophisme, qui ne peut faire ombrage, qu'à ceux qui n'ont pas une veritable idée des choses, il faut remarquer, que la Tradition n'est autre chose que la Doctrine de JESUS-CHRIST & des Apôtres, laquelle soit qu'elle soit contenuë dans l'Ecriture ou non, passe aux Fidelles de main en main par les Catechismes, les Prédications, les Instructions publiques, qui se font dans tous les lieux, où l'Eglise est répanduë. Or il est impossible, comme nous l'avons fait voir par tout ce que nous avons dit ci-dessus, que cette Doctrine puisse jamais changer. Il faut donc nécessairement, qu'elle soit toûjours pure dans tous les tems & *Ce que c'est que la Tradition.*

tous les lieux où elle se trouvera.

Solution du Sophisme. Pour connoître, quelle a été cette Doctrine dans chaque siécle, nous consultons les Ouvrages de ceux, qui l'ont enseignée, qui ont combattu pour sa défense, qui ont assisté aux Conciles où elle a été soûtenuë & declarée ; qui l'ont signée même, comme la plus grande partie ont fait, de leur propre sang. Quoique ces hommes aïent été capables de tromper ou d'être trompez, cela empêche-t-il, qu'ils n'aïent enseigné la verité & la Doctrine, qu'ils avoient eux-mêmes reçûë des autres ? si c'étoit une raison pour ne les pas croire, il faudroit, que Dieu donnât le don d'infaillibilité à tous les Pasteurs ; & comme cela n'est pas ainsi, personne ne seroit obligé de les écouter. Mais quand bien même ils seroient tous Prophetes & tous remplis du Saint-Esprit comme les Apôtres, nous pourions encore nous dispenser de le faire, selon le raisonnement des Protestans; car nos oreilles étant sujettes à nous tromper, il y auroit à craindre, que nous n'entendissions mal, ce qu'ils nous prêcheroient bien. Et nos yeux aïant aussi coûtume de nous tromper, nous n'aurions jamais aucune raison sufisante, pour nous faire croire, que ce que nous lisons dans l'Ecriture - Sainte y est veritablement. Qui ne voit que tout cela est ridicule?

Je soûtiens donc, que non seulement la Foi de l'Eglise est infaillible, mais encore que les moïens, dont Dieu se sert, pour nous la communiquer, ou pour nous en assûrer, contre ses ennemis, le sont aussi, mais d'une maniére differente. La Foi est infaillible, parce que c'est Dieu même, qui nous a revelé, ce qu'elle nous enseigne. Les moïens dont Dieu se sert, pour nous la communiquer, sont infaillibles, parce qu'ils dépendent d'un certain concours de causes, qui ne peuvent jamais manquer. Quand toutes choses sont bien disposées, il n'est pas possible, que les sens nous trompent; car Dieu ne les a pas faits, pour nous jetter dans l'illusion, mais pour nous servir à connoître les choses, comme elles sont. Et s'il arive, par exemple, qu'on entende mal une fois, on pourra entendre bien plusieurs autres & apprendre sans erreur les veritez, qu'on nous enseigne.

La Foi est infaillible & les moïens dont Dieu se sert pour nous la döner le sont aussi, mais diversement.

Il faut dire à plus forte raison la même chose des témoignages, que les Peres rendent à la Tradition. Il s'agit, par exemple, de sçavoir si l'on croïoit la Transubstantiation dans les quatre, cinq ou six premiers siécles. C'est un fait,

Les témoignages dont on se sert pour prouver

qu'il est aisé d'éclaircir ; il ne faut que consulter les Auteurs, qui ont écrit sur le Sacrement de l'Eucharistie, pour voir de quelle maniére on parloit dans les Catechismes, les Prédications, les Traitez, les Liturgies & les autres Ouvrages publics, où la Foi de l'Eglise est expliquée ; & les témoignages, qu'on y trouve étant conformes, il faut nécessairement convenir, que cela étoit ainsi. Car il est impossible, que tant de grands Hommes, qui sont les Auteurs de ces Livres, soient convenus ensemble de tromper tous ceux, qui viendront aprés eux. Rien ne pouvoit les engager à cela, quand ils l'auroient pû ; & ils ne le pouvoient jamais faire, quand ils l'auroient voulu, puisqu'ils ne vivoient pas dans les mêmes tems, ni dans les mêmes lieux.

Ce seroit une folie extrême aux yeux de tout le monde, de revoquer en doute, s'il y a eu un Cesar, ou un Alexandre ; si celui-ci a conquis l'Asie, ou si celui-là s'est rendu maître des Gaules ; sous prétexte, que nous ne le sçavons que par le rapport de certains Historiens, qui étant hommes, ont été sujets à se tromper & à être trompez ; car ces faits étoient de leur tems si generalement connus, qu'il

La Tradition, ne peuvent être faux.

est impossible de s'imaginer, que personne ait pû y être trompé: Il est évident, que ces Auteurs n'ont jamais pû convenir ensemble, pour nous en imposer & qu'il n'y a aucun motif, qui pût les engager à prendre une telle resolution.

Il faut dire la même chose touchant les articles de la Doctrine de l'Eglise. Il s'agir de sçavoir si on les a tenus dans les siécles passez; c'est un fait, qu'il est aisé de connoître tres-certainement, & même d'une plus grande certitude, que tous les autres faits du monde; parce que ces choses étoient plus generalement connuës, puisque le salut de tout le monde dépend de leur connoissance, & qu'on a toûjours établi par toute la terre des personnes, pour les enseigner, & les soûtenir contre tous ceux qui les auroient contredits. Il y a donc en cela autant de dégrez de certitude, qu'on en puisse jamais trouver dans aucune démonstration, de quelque genre que ce puisse être. *La Tradition est tres-certaine.*

C'est pourquoi dés le moment, qu'un Auteur ose s'écarter le moins du monde du fil de cette Tradition, il ne manque jamais d'être rejetté & son sentiment est frappé d'anathême. Ainsi sa Doctrine est purifiée, son témoignage est recevable en ce qui est approuvé, ou n'est pas con- *Maxime pour distinguer les fausses opinions d'un Auteur des Dogmes de l'Eglise.*

damné par l'Eglise, & personne n'a droit de le rejetter en tout, parce qu'il a erré en quelque chose. Ainsi que Tertulien & Origene aïent été condamnez, pour être tombez en quelques erreurs, qui ont été détestées par tous les Fidelles, doivent-ils pour cela être rejettez par M. Masius, lorsqu'ils parlent comme l'Eglise, de la Priére pour les Morts, comme d'une pratique universelle, & du Purgatoire, comme d'une Doctrine, que les Apôtres avoient enseignée?

M. Masius parc. 2. ch. 3. pag. 74.

C'est cependant sur de telles illusions, que sont fondez tous les Sophismes, que les Protestans ont coûtume de faire contre la Tradition. Il faut voir le Traité que Daillé Calviniste & Ministre de Charenton a fait, pour combattre cet article. Mais tous ces efforts ne peuvent servir qu'à faire voir, que les Heretiques *sont pervertis*, comme dit saint Paul, *qu'ils péchent & qu'ils sont condamnez par leur propre jugement.* Car si leur Doctrine est celle des Apôtres, pourquoi rejetter tous les moïens, par lesquels on peut s'en assûrer ? tout homme, qui dit la verité, n'empêche point, qu'on ne se serve des moïens, par lesquels on peut la connoître. Il n'y a que ceux, qui font le mensonge, qui tiennent cette conduite. C'est

Le Progrez qu'ô fait dans la Reforme.

Tit. 3. v. 11.

DE L'ÉGLISE. Ch. XIII. 185

le procedé de nos Reformateurs. Ils veulent ensevelir la Foi dans une espece de cahos ; afin d'en tirer ce qui leur plaira à la faveur des fausses lumiéres de l'esprit particulier : lequel n'étant qu'une chimére d'une nouvelle fabrique, il faut de toute nécessité en venir à la raison & la faire juge du sens des Ecritures. Cette raison aveugle n'y pouvant pénétrer, on les méprise & on les abandonne bientôt. C'est pour cela qu'un bon Lutherien, ou un bon Calviniste ne peut jamais manquer de devenir un bon Socinien, & un bon Socinien doit nécessairement devenir Deïste. Quand on en est venu là, il est difficile de trouver l'immortalité de l'ame, le Paradis & l'Enfer, & on arrive bientôt à l'Atheïsme. C'est-là le progrez qu'on fait dans la Reforme.

M. Masius prétend, que nous tombons dans le même abîme, selon nos principes. 1. Il dit que le Concile de Trente ne condamne pas absolument ceux, qui rejettent les Traditions ; mais ceux, qui les méprisent sachant & connoissant ce qu'elles sont, ou ce qu'ils font. *Si quis Traditiones prædictas sciens & prudens contempserit, anathema sit.* Pour nous, dit-il, nous n'avons pas une connoissance certaine, que ces Traditions, qu'ils ap-

Object. de M. Masius. part. 1. chap. 2. pag. 34. & seq.

Conc. Trid. Sess. 4. in dec. de Scr. Canon.

» pellent Apoſtoliques, ſoient telles : donc
» par les ſuffrages du même Concile nous
» ſommes à couvert des anathêmes. 2. Que
» les Catholiques n'ont pas eux-mêmes une
» ſcience aſſez certaine, quelles ſont les
» Traditions ſinceres & veritables ; puiſ-
» que ſur ce point-là ils ſont tous les jours
» aux mains les uns contre les autres, com-
» me le ſçavent tres-bien les Sçavants. 3.
» Que juſques-ici ils n'ont point voulu
» mettre au jour une liſte des Traditions,
» qu'ils reçoivent, ou plûtôt qu'ils ne l'ont
» pû faire : ce qui eſt une preuve, qu'ils ne
» ſont pas encore d'accord du nombre des
» Traditions, qu'il faut recevoir, ni de
» l'autorité, qu'elles doivent avoir, ni de
» la certitude avec laquelle on doit les croi-
» re. 4. Que les plus éclairez de l'Egliſe
» Romaine rendent la foi & la créance des
» Traditions fort ſuſpecte. Cela paroît par
» les Ecrits du Pere Simon dans le Livre
» des Ceremonies des Juifs page 9. où on
» lit ces paroles : *Il ne faut pas toûjours
ajoûter foi à ce grand axiome des Juifs,
Halaca lo Moſſe mi Sinaï,* c'eſt une dé-
» ciſion, que Moyſe a reçûë ſur la Monta-
» gne de Sinaï ; non plus qu'à cet autre
» principe de nos Theologiens, *cela eſt de
» Tradition Apoſtolique* ; puiſqu'il eſt certain, que l'un & l'autre ne ſont pas in-

faillibles, & que dés les premiers siecles «
du Christianisme, il s'est trouvé de sça- «
vants hommes, qui ont donné le nom «
de Tradition Apostolique à des senti- «
mens, qui leur étoient singuliers & qui «
n'étoient pas même orthodoxes. «

Il est juste de contenter M. Masius touchant ces difficultez.

1. Le Concile de Trente dit anathême à ceux, qui rejettent un Dogme, qu'ils sçavent bien être proposé par l'Eglise, comme un article de Foi, parce qu'elle le tient des Apôtres par Tradition, quoiqu'il ne soit pas contenu ou clairement exprimé dans l'Ecriture; par exemple, le Baptême des Enfans, la validité de celui des Heretiques, les formes des Sacremens & plusieurs autres semblables. Ce sont les Heretiques, qui sont frappez de cet anathême, parce qu'ils ne veulent ni consulter l'Eglise, ni examiner la Tradition, & qu'ils décident de toutes choses, ou par l'esprit particulier, comme font les Lutheriens, les Calvinistes, les Zuingliens & les autres; ou par la force, ou plutôt par la foiblesse de leurs raisonnemens, comme font les Sociniens. Mais il y a des articles principaux, qui font naître plusieurs questions parmi les Theologiens, & qui

donnent lieu à diverses opinions Scolastiques. Chaque parti tâche de trouver la sienne dans la Tradition, par des consequences tirées de passages des Peres, que les autres nient & rejettent. C'est pourquoi le Concile, qui n'a jamais voulu entrer dans ces sortes de disputes, a sagement déclaré, que cet anathême ne pouvoit tomber, que sur ceux, qui oseroient nier un Dogme, qu'ils sçauroient bien être proposé par l'Eglise, comme l'aïant reçû par Tradition. On peut ignorer, par exemple, qu'un Dogme soit reçû par Tradition & dire consequemment, que ce n'est pas un article de Foi ; c'est ce que le Concile excuse. Mais l'on peut sçavoir qu'un Dogme est de Tradition Apostolique & dire cependant, que ce n'est pas un article de Foi & qu'on n'est pas obligé de le croire & c'est ce que le Concile condamne & soumet à l'anathême.

L'Anathême à celui, qui nie un Dogme, que l'Eglise tiét par Tradition.

2. Il est faux, que nous ne convenions point entre-nous de ces Traditions. Tous les Catholiques conviennent ensemble touchant les articles de Foi, que l'Eglise propose, lesquels sont appuïez sur l'Ecriture & sur la Tradition. Et pour faire voir, qu'on en convient, c'est que lorsqu'on assemble un Concile, on examine le Dogme des Heretiques suivant

Nous convenons de tous les Articles de Foi & par consequent de tout ce qui est de Tradition.

la Tradition des Eglises, que ces Evêques représentent. Chaque Evêque déclare, quelle est celle de l'Eglise où il préside. On lit les Ecrits de ceux, qui y ont autrefois présidé, les Conciles, les Ouvrages des Peres, & quand tout cela est trouvé conforme, on condamne la Doctrine contraire. Il arrive quelquefois, que des Theologiens prétendent, qu'une opinion est fondée sur la Tradition, parce qu'ils la tirent, du sentiment unanime de l'Eglise par des consequences. D'autres, qui raisonnent autrement soûtiennent le contraire. Mais que cela fait-il à l'Eglise, qui ne juge jamais des articles de Foi par des consequences, & qui ne condamnera jamais personne en suivant le raisonnement humain ? En ce cas on pourra en croire ce qu'on voudra, tant que la chose ne sera pas examinée suivant l'Ecriture & la Tradition. L'unique regle, qu'on doit se proposer dans ces sortes de disputes, est de suivre toûjours l'opinion, qui établit le mieux la charité, c'est-à-dire, la plus édifiante, ou qui paroît avoir un plus grand rapport avec la Foi; parce que la fin de la loi c'est la charité, & que sans la Foi il est impossible de plaire à Dieu.

3. Il n'est pas aisé de faire une liste de

ces sortes d'opinions Scholastiques, que quelques uns prétendent être de Tradition. Mais que nous importe, puisqu'elles ne sont pas des articles de Foi, mais de simples Problêmes & des matiéres de disputes ? Car nous ne reconnoissons pour article de Foi, que ce qui a toûjours été crû & enseigné expressément dans toute l'Eglise, & le nombre de ces articles n'est pas si grand, que M. Masius se l'imagine. Il n'est pas fort difficile d'en faire une liste. Les Catechismes contiennent tout ce que nous sommes obligez de croire en peu de pages. Il est certain, qu'on peut envisager un seul & même Article en differentes maniéres, & faire diverses propositions, qui seront toutes des articles de Foi, mais qui toutes ensemble se reduisent à un même point. Exemple ; Cette proposition, *le Verbe s'est fait chair*, est un article de Foi, qui en contient plusieurs autres ; sçavoir que JESUS-CHRIST est Dieu, contre Paul de Samosate, & Photin; qu'il y a deux natures en lui, contre Apollinaire & Eutiche; qu'il n'y a qu'une personne, contre Nestorius; qu'il y a deux operations, contre les Monothelites ; qu'il n'est pas un Fils adoptif, contre Felix & Elipande, &c. Tout cela ne fait donc à proprement parler, qu'un seul Article de Foi, que les Heretiques ont attaqué en differentes maniéres, & qu'on a été obligé de déveloper en suivant la Tradition, qui nous apprend comment on a toûjours entendu ce passage de l'Ecriture & plusieurs autres, sur lesquels il est fondé. Il faut dire la même chose du Mystere de la tres-sainte Trinité; qui consiste en un seul Dieu en trois personnes, le Pere, le Fils & le Saint-Esprit; ainsi des autres.

4. Il est faux, que les plus éclairez de l'Eglise Romaine rendent la Foi & la créance des Traditions fort suspecte, & cela ne paroît en aucune maniére par les écrits de Monsieur Simon. Les Rabins veulent faire passer certaines pratiques, que leurs Prédecesseurs ont inventées, pour des Préceptes non écrits, que Moïse a dû recevoir sur la Montagne de Sinaï, qu'il n'a point voulu mettre par écrit, mais qu'il a seulement enseignées aux Anciens. Ils veulent par là donner plus de poids & d'autorité à ces sortes de régles, en les proposant sous le titre de Traditions du Mont Sinaï. Le Pere Simon a raison de dire, qu'on n'est pas obligé de les croire. On peut dire aussi la même chose des Theologiens, qui vou-

On n'est obligé de croire, que ce que l'Eglise propose cõme Article de Foi.

droient nous perſuader, que certaines opinions, que l'Egliſe n'a jamais regardées, ni propoſées aux Fidelles, comme des Articles de Foi, ſeroient de Tradition Apoſtolique. Mais on le peut dire encore bien plus juſtement des Heretiques, lorſqu'ils nous diſent ſans preuve & ſans aucun témoignage, que la Doctrine, qu'ils enſeignent & qu'ils prêchent, eſt celle des Apôtres.

M. Simon n'a jamais dit, qu'il ne falloit pas croire la Synagogue, lorſqu'elle déclaroit, qu'un Dogme ou une pratique étoit deſcenduë de Moïſe par une continuelle Tradition ; car elle avoit ſa Tradition legitime. Il a encore bien moins voulu parler de celle de l'Egliſe ; mais ſeulement de quelques obſervances, ou de quelques opinions particuliéres de Rabins, ou de Theologiens Scholaſtiques. Car il eſt certain, qu'il n'y a aucun autre moïen de s'aſſurer de la Doctrine des Apôtres & de la conſerver pure, que la Tradition ; & comme on l'a toûjours exactement conſultée dans les difficultez, qui ſont ſurvenuës & que les Heretiques ont fait naître, il eſt impoſſible, qu'il ſoit jamais arrivé le moindre changement dans cette Doctrine.

CHA-

CHAPITRE XIV.

Que les Traditions Pharisiennes n'ont rien de semblable à ce que nous appellons Tradition dans l'Eglise, & qu'elles n'ont fait aucun changement dans la Doctrine de la Synagogue.

LEs Reformateurs disent continuellement, que les Traditions de l'Eglise sont semblables à celles des Pharisiens, & que comme celles-ci ont fait de grands changemens dans la Doctrine de la Synagogue, celles-là ont aussi corrompu toute la Foi. Cela nous fournît deux choses à examiner dans ce Chapitre. La premiere consiste à sçavoir ce que c'étoit que ces Traditions Pharisiennes, pour voir si elles sont comparables à ce que nous appellons Tradition parmi nous. La seconde, Si ces Traditions ont aporté quelque changement dans la Doctrine de la Synagogue, qui étoit celle, que les Juifs avoient reçûë de Dieu par Moïse & par les Saints Prophetes.

Mais avant que d'entrer dans cette discussion il est bon de remarquer, que jamais comparaison ne prouva rien, particulierement en matiére de Religion, dans laquelle nous ne pouvons alleguer d'autres raisons, sinon la volonté de celui, qui a établi & ordonné toutes choses. Il y a toûjours de la difference entre les choses, qu'on compare. Mais celle-ci a cela de particulier, que quand on supposeroit, que nos Traditions seroient semblables à celles des Pharisiens, qu'on dit avoir changé toute la Doctrine de la Synagogue, on ne pouroit en rien conclure. Car si l'on pouvoit en conclure quelque chose, ce ne seroit qu'en vertu de ce principe. *Il peut arriver à l'Eglise ce qui est arrivé à la Synagogue.* Or il n'y a rien de si faux que cette Proposition. 1°. Parce que selon toutes les Propheties, la Synagogue ne devoit durer que jusqu'à la fondation de l'Eglise Catholique, dont elle étoit l'ombre & la figure, & cette Eglise durera jusqu'à la fin des siécles, selon la promesse de JESUS-CHRIST. 2°. La Synagogue devoit être renfermée dans une seule Nation, qui étoit même une des plus petites du monde, & l'Eglise doit renfermer toutes les Nations de la Terre. 3°. L'Eglise ne peut être destituée de Temple, d'Autel, de Sacrifices universellement, comme l'a été la Synagogue pendant les 70. années de la Captivité. Il est donc faux, qu'il puisse

Fausseté de ce principe, Il peut arriver à l'Eglise ce qui est arrivé à la Synagogue.

arriver à l'Eglise ce qui est arrivé à la Synagogue. Ainsi quand on supposeroit, que les Traditions des Pharisiens auroient corrompu toute la Doctrine de la Synagogue (ce qui est absolument faux) on ne pouroit en aucune maniére conclure, qu'il seroit arrivé la même chose à celle de l'Eglise. Cela suffiroit pour démonter cette batterie.

Mais venons à ces Traditions Pharisiennes, qu'Isaïe appelle *des Commandemens & des Doctrines purement humaines*, que J. C. a tant condamnées, que saint Paul apelle *des fables*, & saint Pierre *une vanité paternelle & hereditaire*. Saint Irenée dit, qu'elles consistoient à retrancher certaines choses de la Loi de Dieu, à en ajoûter d'autres, ou à l'expliquer selon son sens ; cela est tres-veritable.

Jesus-Christ reproche aux Pharisiens d'avoir retranché de la Loi l'obligation d'aimer ses ennemis ; d'honorer & de secourir ses Parens, de soûlager & assister son prochain le jour du Sabath. C'est pour cela qu'ils condamnoient tous les miracles, qu'il faisoit en ce jour, quoiqu'ils ne fissent aucun scrupule de retirer un Bœuf ou un Asne, qui leur appartenoit, d'une fosse, lorsqu'il y étoit tombé. Ils avoient encore retran-

Trois sortes de Traditions Pharisiennes. If. 29. v. 13. 1. Tim. 1. v. 4. 1. Pet. 1. v. 18. S. Iren. l. 4. cap. 25.

Math. 5. v. 43. c. 15. v. 4.

Luc 14. v. 1.

ché de la Loi le Précepte, qui les obligeoit à quitter leur Pere & leur Mere, pour s'attacher uniquement à leurs femmes jusqu'à la mort; & ils se donnoient la liberté d'en repudier autant, qu'il leur plaisoit, pour des raisons tres-legeres, se fondant sur la permission, qu'ils en avoient obtenuë de Moïse, qui ne l'avoit accordée, que parce qu'il ne pouvoit les en empêcher.

Gen. 2. v. 24.

Math. 19. v. 4. & siq.

Ils avoient ajoûté aux Préceptes de la Loi une infinité d'observances inutiles ou indifferentes, comme de ne manger jamais qu'aprés avoir lavé leurs mains, & même de les laver plusieurs fois pendant le repas; d'où étoit venu la coûtume de mettre plusieurs vases pleins d'eau dans le lieu où l'on mangeoit; de donner la dixme des moindres herbes; de purifier & nétoïer exactement les vases, dans lesquels ils beuvoient & mangeoient, & tous les meubles, dont ils se servoient; de ne couper ni arracher aucunes herbes, plantes, ou bois le jour du Sabath; de passer ce qu'ils beuvoient, de peur qu'ils n'avalassent quelque moucheron, ce qu'ils croïoient contraire au Précepte, qui leur défendoit de manger d'une viande étoufée; de ne marcher que deux mille pas le jour du Sabath, parce que le Taber-

Math. 15. v. 2. Marc. 7. v. 3.

Joan. 2. v. 6.

Math. 23. v. 23. Marc. 7. v. 4. Math. 7. v. 1.

Math. 23. v. 24.

Act. 1. v. 12.

DE L'EGLISE. Ch. XIV. 197
nacle n'avoit été éloigné dans le Desert
des extremitez du Camp, que de cette
distance ; de ne point entrer dans le lieu, *Ioan. 18.*
où l'on condamnoit les criminels, pour *v. 18.*
ne pas contracter d'impureté, qui pût
les empêcher de participer aux Sacrifices ; de ne point laisser les corps au lieu
du supplice le jour du Sabath : ainsi de
plusieurs autres choses indifferentes d'elles-mêmes, qu'on pouvoit observer, si
on vouloit, pourvû qu'on n'obmit pas
les Préceptes de la charité, *hæc oportuit* *Math. 24.*
facere & illa non omittere, dit JESUS- *v. 23.*
CHRIST.

Enfin ils expliquoient la loi à leur fan- *Deux*
taisie & toûjours d'une maniére favora- *sortes*
ble à leurs passions, comme font les Re- *d'expli-*
formateurs ; & ils admettoient de deux *cations*
sortes d'Interpretations, sçavoir de lite- *selon les*
rales & de mystiques. *Phari-*
siens.

Dans les premieres ils s'atachoient tellement à la lettre de la Loi, qu'ils en anean- *Explica-*
tissoient entierement l'esprit ; c'est pour- *tions lit-*
quoi saint Paul dit, que la lettre tuë, *terales.*
c'est à dire, ces fausses interpretations, *1. Cor. 3.*
par lesquelles on resserre le sens de la loi *v. 6.*
à des bornes si étroites, qu'elle devient
inutile. C'étoit à quoi les Scribes ou les
Docteurs de la Synagogue s'apliquoient,
& saint Paul appelle cette occupation un

I iij

ministere de mort, un ministere de condamnation.

<small>Ibid. v. 7. 8. 9.</small>

Ils disoient, par exemple, que ce n'étoit point pécher contre ce Commandement, *Tu ne tuëras point*, de se mettre en colere, de charger son ennemi d'injures, de lui faire violence, de lui souhaitter toutes sortes de maux, parce qu'il étoit seulement deffendu de le tuer.

<small>Math. 5. v. 21.</small>

Qu'il n'étoit pas nécessaire de se reconcilier avec son ennemi, pour offrir à Dieu des Sacrifices, pourvû qu'on eût la pureté exterieure exprimée par la Loi; comme si la Loi n'avoit pas ordonné la pureté de cœur, mais seulement du corps.

<small>Ibid. v. 23.</small>

Que les mauvais desirs, les regards impurs, les discours dissolus, & les attouchemens sales &c. n'étoient point des péchez; parce que la Loi ne deffendoit précisément, que la fornication.

<small>Ibid. v. 27.</small>

Que ce n'étoit rien de jurer par le Temple, par l'Autel, ou par le Ciel, & qu'on n'étoit pas obligé de garder un tel serment; mais que c'étoit quelque chose de jurer par l'or du Temple, par le don qu'on mettoit sur l'Autel, par le Trône de Dieu, & par celui qui y étoit assis.

<small>Math. 23. v. 19. & seq.</small>

Qu'il étoit permis à chacun de se ven-

<small>Math. 5. v. 38.</small>

ger, pourveu qu'on ne fist pas plus de mal à son ennemi, qu'on n'en avoit reçû, selon la Loi du Talion, qui dit Oeil pour œil & dent pour dent. Cette loi étoit la régle, que les Juges devoient suivre, pour punir les coupables & non pas les particuliers, pour se venger. C'étoit un Précepte judiciaire, dont ils faisoient un Précepte moral.

Ils comptoient pour rien la dureté de cœur, les injustices, la mauvaise foi, l'infidelité dans ses promesses & autres semblables pechez. *Math. 15. v. 25.*

Le Prochain, que nous sommes obligez d'aimer par la Loi, étoit, selon leur explication, celui avec qui nous avons quelque liaison, qui est nôtre ami, qui nous fait du bien; mais non pas celui qui nous abandonne, ou qui nous fait du mal. Ainsi de plusieurs autres. *Luc. 10. v. 36.*

Dans les secondes Interpretations, qui étoient toutes mysterieuses, ils suivoient une prétenduë Tradition, qu'ils disoient être descenduë de Moïse & avoir été conservée par Josué, puis par les 72. Anciens, par les premiers Prophetes & par la grande Synagogue; qu'Esdras avoit couchée par écrit en 204 Livres, qu'il avoit dictez à cinq Hommes divinement remplis d'intelligence; mais que *Explications mystiques. L. 4. Esdr. cap. 14. v. 44. &c.*

I iiij

de ce grand nombre de Livres Dieu avoit ordonné à Esdras d'en conserver seulement 72. dans lesquels il y avoit une veine d'intelligence, une source de sagesse & un fleuve de science, pour les mettre entre les mains des Sages, & d'abandonner les autres à tout le monde & même aux plus indignes. Cette Histoire qui se lit dans le quatriéme Livre d'Esdras, est une vraïe imagination de Rabin. Il y en a plusieurs semblables dans cet Ouvrage.

Ce qu'on appelle Kabala chez les Rabins. Ils apeloient cette science Loi Orale, c'est-à-dire, non-écrite, mais qui s'enseigne seulement de vive voix, & en Hebreu ils la nomment *Kabalah*, c'est-à-dire, Loi reçûë par Tradition. Ils en distinguent de deux sortes, l'une qu'ils appellent *Hijuvith*, c'est-à-dire, speculative, & l'autre qui s'appelle *Mahisith*, c'est-à-dire pratique. La premiere est une simple connoissance des sens mystiques,

Premiere espéce de Cabale. qui sont contenus dans les phrases, les mots, les sylabes & les lettres de l'Ecriture; car ils prétendent, que tout est plein de mysteres jusqu'au moindre petit point. Exemple, le Rabin Elie, dit, que le monde ne doit durer, que six mille ans; parce que dans le premier verset de la Genese il y a six fois א qui si-

DE L'EGLISE. Ch. XIV. 201
gnifie mille, lorſqu'il eſt marqué d'un accent par deſſus. Il y a dans le huitiéme verſet du premier Chapitre d'Aggée ECHABHER qui ſignifie, Je ſerai ou je ſuis glorifié ; & les Rabins liſent ECHABHRAH, y ajoûtant un hé emphatique, qui ſignifie cinq en nombre, diſant que cette lettre a été retranchée, pour marquer, qu'il manquoit cinq choſes au ſecond Temple, qui étoient dans le premier. La ſeconde eſt une eſpece de Magie, par laquelle quelques-uns prétendent, qu'en ſe ſervant de certains paſſages de l'Ecriture, ou de certaines lettres, on peut faire des miracles, ou ſe rendre des Anges familiers, pour faire ou apprendre par leur moïen des choſes extraordinaires. Quelques Rabins infatuez de ces rêveries ont dit, que ſi quelqu'un pouvoit trouver la maniére de prononcer le Nom de Dieu, qui s'eſt perduë parmi eux, il feroit autant de miracles que JESUS-CHRIST, & qu'il n'avoit eu le pouvoir d'en faire, que parce qu'il avoit trouvé par hazard ce Nom adorable écrit ſur un petit morceau de parchemin dans le Temple, & qu'il l'avoit caché dans une plaïe, qu'il avoit au pied.

Seconde eſpece de Cabale.

On peut ajoûter à ces ſortes de Tra-

202 L'INFAILLIBILITE'

Les 630. Préceptes des Juifs. ditions celles, qui étoient de Précepte. Ils en comptoient 630. sçavoir 248. affirmatifs. Ce nombre s'exprime par ces trois lettres חרם prises numeralement, lesquelles étant jointes ensemble forment le mot de H E R E M, qui signifie Anathême, pour montrer, que celui, qui ne gardera pas ces Commandemens, sera anathematisé. Ces trois lettres peuvent aussi étant autrement disposées, former le mot de R E H E M, qui signifie misericorde, & dans l'ordre naturel où elles doivent être, pour signifier 248. elles forment le nom de R E M A H, qui signifie une lance. Les Préceptes négatifs sont 365, autant qu'il y a de nerfs dans le corps humain, selon l'anatomie des Rabins ; ou qu'il y a de jours en l'an. Il faut encore y ajoûter les 10. du Décalogue, sçavoir autant qu'il y a de membres radicaux ; & les 7. de Noé, dont la Transgression étoit punie de mort; ce qui fait 630.

Le Talmud des Juifs. Toutes ces rêveries & une infinité d'autres semblables, sont rapportées dans la première partie du Talmud, qui fut composée par R. Jehudan ou Haccados aidé par les plus sçavants de sa Nation, qu'il fit assembler l'an 150. selon le pouvoir, qu'il en obtint de l'Empe-

DE L'EGLISE. Ch. XIV. 203
reur Antonin, auprés duquel il étoit en credit. Ils appellerent cet Ouvrage *Miſchena*, c'eſt-à-dire ſeconde Loi ou repetition, en Grec δευτέρωσις. R. Aſché & R. Rabbina le perfectionnerent par une explication ou un Commentaire, environ 250. ans aprés, vers la fin du quatriéme ſiécle, aïant aſſemblé, par l'autorité du Roi de Perſe, les plus habiles Rabins, pour y travailler avec eux & ils firent la ſeconde partie du Talmud, qu'ils appellerent Ghemarah, c'eſt à dire Complement ou déciſion.

Voilà ce qu'on appelle les Traditions des Juifs; voïons à preſent ſi elles ont été regardées, comme faiſant une partie de la Loi, & ſi elles ont été reçûës dans la Synagogue & approuvées par le Sanedrin? cela eſt abſolument néceſſaire, pour faire le changement, qu'on ſuppoſe être arrivé; car l'opinion de quelques particuliers ne doit pas être imputée à toute une Nation, ni regardée comme un Dogme de Religion.

Pour ce qui regarde les devoirs qu'ils retranchoient diſans, qu'on n'y étoit pas obligé par la Loi, comme d'aſſiſter ſon pere & ſa mere, d'aimer ſon prochain & même ſes ennemis, de pardonner les offenſes, de ſe reconcilier, &c. C'étoit

Traditions Juives contraires à la Doctrine de la Synagogue.

I vj

une corruption, que ces faux Docteurs tâchoient d'introduire dans la Morale, comme les Casuistes ont voulu faire en nôtre siécle, pour s'attirer du credit parmi les gens d'une modique vertu. Mais les bons Israëlites avoient autant d'horreur de ce relâchement, que les bons Chrétiens en ont aujourd'hui de celui, qu'on a voulu autoriser par les décisions du Casuitisme ; & jamais Doctrine ne fut plus contraire à celle de la Synagogue.

Les minuties superstitieuses des Pharisiens n'étoient par la Doctrine de la Synagogue. S. Iren. l. 4. cap. 25.

Pour ce qui regarde certaines observances inutiles ou indifferentes, ce n'étoit autre chose, que des superstitions d'hypocrites, que ces Pharisiens mettoient en usage, pour paroître de rigides observateurs de la Loi dans les moindres choses. Cela leur étoit particulier, comme dit saint Irenée. *Quibus (Traditionibus) utuntur singulariter magistri eorum* ; & ce n'étoit en aucune maniére la Doctrine de la Synagogue.

1. Parce que tout le monde sçavoit bien, que ces minuties n'étoient qu'un rafinement d'une devotion palliée. Non seulement les Saducéens s'en moequoient, mais encore les plus gens de bien, & se mettoient peu en peine de les observer. Les disciples de JESUS-CHRIST,

par exemple, ne faisoient aucune difficulté de se mettre à table sans avoir lavé leurs mains, quoiqu'ils fussent avec un Maître, qui étoit un tres-exact observateur de la Loi. Ils ne faisoient point de scrupule d'arracher des épics le jour du Sabath même en présence de ces Docteurs hypocrites. Personne ne trouvoit à redire, excepté ces Pharisiens, que J. C. guerît publiquement des malades le jour du Sabath; au contraire tout le monde s'empressoit de lui en presenter, sans se mettre en peine si ces Docteurs approuvoient cette conduite ou non. Le Paralitique, qui fut gueri sur le bord de la Piscine un jour de Sabath, ne laissa pas de prendre son lit sur ses épaules & de s'en aller chez lui, comme nôtre Seigneur lui avoit dit, quoique ces faux Devots lui dissent, que cela ne lui étoit pas permis. Toutes ces scrupuleuses imaginations n'étoient donc pas d'un grand poids parmi le peuple & même parmi les plus simples.

Math. 15. v. 2.

2. Si ces sortes de Traditions avoient été regardées, comme faisant une partie de la Loi des Juifs, que tout le monde étoit obligé d'observer, on n'auroit pas manqué d'accuser JESUS-CHRIST devant le Sanedrin, de les avoir méprisées & violées. On auroit trouvé un bon

nombre de témoins, pour le prouver ; il le faisoit assez publiquement. Cependant ces faux Docteurs n'oserent pas seulement s'en pleindre ; parce qu'ils voïoient bien, que ni le peuple ni ceux, qui composoient le Sanedrin, n'auroient pas approuvé cette accusation.

Les Saducéens rejettoient les Traditions.

3. Les Saducéens soûtenoient qu'on étoit obligé d'observer la Loi, & l'observoient eux-mêmes avec beaucoup d'exactitude, quoiqu'ils ne crussent ni l'immortalité de l'ame, ni que les hommes dussent ressusciter, ni qu'il y eût un Paradis & un Enfer. On les souffroit parce qu'au dehors ils vivoient comme les autres, & cette Secte étoit même la plus puissante, comme remarque Joseph ; *Ioseph. l. 13. antiq. Jud. c. 17.* parce que c'étoit celle des gens de qualité. Le grand Prêtre même, qui étoit le Chef & le President du Sanedrin, étoit ordinairement de ce parti dans les derniers tems. Jean Hircan dernier fils de Simon Machabée grand Prêtre, ne fist point de difficulté de l'embrasser. Caïphe *Act. 5. v. 17. & cap. 23. v. 2.* & la plus grande partie de ceux, qui condamnerent Jesus-Christ. Ananie, qui voulut faire fraper saint Paul en sa presence, étoient Saducéens. Ils recevoient la Loi & ils rejettoient les Traditions des Pharisiens, comme ceux-

ci rejettoient & condamnoient les detestables dogmes des Saducéens. Ainsi la Doctrine des uns & des autres ne pouvoit être celle de la Synagogue. Elle étoit en horreur à tout le peuple, mais beaucoup moins celle des Pharisiens, que celle des Saducéens.

4. On sçavoit l'origine de ces prétenduës Traditions. Les Saducéens faisoient bien voir dans leurs disputes, qu'elles ne venoient pas de Moyse. Aussi lors qu'on demandoit aux Pharisiens, dit saint Jerôme, de qui ils avoient reçû ces sortes de Doctrines, ils ne répondoient autre chose, sinon que c'étoit R. Akibas, Simeon & Hillé leurs Maîtres, qui leur avoient enseigné ces choses. Les premiers, qui s'appliquerent à cette science Rabinique, furent selon le même Pere, Sammaï & Hillel, qui vécurent peu de tems avant JESUS-CHRIST, Akibas leur succeda. Il fut le Maître, à ce qu'on croit, d'Aquila Auteur d'une Traduction de l'Ecriture, qu'Origéne mît dans les Exaples. Aprés lui vint Meir, ensuite Johannan fils de Zachaï, à qui succeda Eliezer. Aprés celui-ci vint Delphon & puis Joseph de Galilée, & enfin Josué, qui vit la ruine de Jerusalem. Ainsi la source de ces contes de vieilles,

S. Jerôme epist. 151. ad Alg. Q. 10.

Les premiers Auteurs de ces Traditions.

S. Jerôme in Is. cap. 2.

aniles fabulæ, comme les appelle saint Jerôme, n'étoit pasloin, & étoit trop connuë, pour pouvoir les faire passer pour des Préceptes de la Loi de Moyse, reçûs par Tradition. Aussi ne les appelloient-ils ordinairement que les Constitutions, les Préceptes, ou les Traditions des Anciens, comme il paroît par tous les endroits, où il en est parlé dans le Nouveau Testament.

Epist. 151.
2. 10.

Pour ce qui regarde les Interpretations Mystagogiques ou Caballistiques, que les Rabins se sont avisez de donner à l'Ecriture, ce sont des imaginations de Rabin sans raison & sans fondement, où le Peuple n'avoit aucune part; une science toute pleine de faux mysteres, inconnuë à la Synagogue, qui n'étoit d'aucun usage, & que les gens un peu raisonnables méprisoient.

Voila donc ce qu'on appelle les Traditions Pharisiennes, dont les Prêches retentissent, & dont les Ministres se servent si souvent, pour décrier la Doctrine tres-pure & tres-sainte, que nous avons reçuë de Jesus-Christ & des Apôtres, par le canal d'une Tradition constante & non interrompuë; c'est-à-dire, qui a toûjours été crûë & tenuë comme divine dans tous les siécles passez, pour laquelle tant de millions de Martyrs ont versé leur sang & donné leur vie, que tous les Fidelles se sont obligez solennellement dans leur Baptême de croire jusqu'à la mort & de souffrir plutôt les derniers suplices, que d'y renoncer; que les peres & les meres sont obligez d'enseigner à leurs enfans; dont les Pasteurs nourrissent leurs Oüailles; que les Ministres de la parole de Dieu doivent anoncer unanimement au Peuple par toute la Terre; laquelle est contenuë dans les Catechismes, les Livres de Priéres, les Rituels, les Liturgies de toutes les Eglises du monde; que les Peres ont soûtenuë contre les Heretiques, qui l'ont attaquée, qui a été reçûë & approuvée dans une infinité de Conciles generaux & particuliers; en un mot qui est la Doctrine du salut & sans laquelle nul ne peut entrer dans le Ciel.

Il y a donc deux horribles faussetez dans la comparaison, que les Ministres font de ces Traditions Pharisiennes, avec la Doctrine de l'Eglise. La premiere consiste en ce qu'ils supposent, que toutes ces imaginations de Rabin étoient regardées comme la Doctrine de la Synagogue, & qu'elles avoient changé entierement la Foi des Juifs; rien n'est plus

Fausseté de la cõparaison, que font les Hretiques de la Doctrine de l'Eglise, avec les Traditions des Pharisiens.

faux, comme nous l'avons démontré. La seconde consiste en ce qu'ils supposent, que comme ces Traditions Pharisiennes ont commencé long-tems aprés Moyse & peu avant la venuë de JESUS-CHRIST, aussi les Dogmes, qu'ils contestent, se sont établis de nouveau dans l'Eglise ; mais il n'y a encore rien de si faux ; puisqu'on sçait positivement que la Secte des Pharisiens n'a commencé qu'au tems des Machabées, c'est-à-dire, environ 200. ans avant JESUS-CHRIST, & n'en a pas duré plus de 250. & que nous sommes certains au contraire, que la Doctrine de l'Eglise a été celle de tous les siécles, ce qui nous est connu par la Tradition même de chaque article. Cela est encore évident en ce que les Pharisiens ne faisoient qu'une Secte dans le Judaïsme, comme les Lutheriens en font une dans le Christianisme. Leur Doctrine étoit reçûë de peu de personnes & étoit contestée par le plus grand nombre ; au lieu que la Doctrine, que les Heretiques ont commencé d'attaquer dans l'autre siécle, étoit celle de toute l'Eglise. Il n'y a donc rien de si peu raisonnable, que cette comparaison, qu'on fait de la Doctrine, que nous avons reçûë de JESUS-CHRIST &

Joseph L. 13. antiq. Jud. c. 8.

des Apôtres par la Tradition, avec les fausses Traditions des Pharisiens.

CHAPITRE XV.

Que la Doctrine de la Synagogue étoit fondée sur la Tradition, aussibien que celle de l'Eglise Catholique.

LE nom de Tradition se prend ordinairement, pour signifier deux choses, l'une proprement & l'autre metaphoriquement. Les Heretiques cachent leur venin dans l'obscurité de cette équivoque ; il est donc à propos de l'ôter entierement, afin de faire paroître leur malice, & de détromper ceux, qui s'y seroient laissé surprendre.

Ce que c'est que Tradition.

Le terme de Tradition signifie donc dans sa propre idée la voïe par laquelle nous connoissons des faits, qui sont arivez il y a long-tems, que nous n'avons pû voir, & qui ne nous ont pas été immediatement revelez ; mais que nous avons apris successivement de ceux, qui nous ont precedez, qui les avoient aussi apris de ceux, qui avoient été avant eux, en remontant ainsi jusqu'à ceux, qui les ont vûs par eux-mêmes, où à qui ils ont été immediatement revelez & qui en ont donné des preuves indubitables par une infinité de miracles. Exemple, nous avons un Livre que nous disons être l'Ecriture-Sainte ; la veritable parole de Dieu dictée par le Saint-Esprit, confirmée par une infinité de prodiges & de miracles, de telle nature, que ce ne pouvoit être ni des illusions, ni des artifices des puissances de l'Enfer. Nous n'avons rien vû de tout cela ; Dieu ne nous l'a pas revelé immediatement ; comment pourrai-je donc le sçavoir & qui peut m'obliger à croire des choses si incroïables ? sera-ce le Livre même ? mais si ce Livre a été fait par quelqu'un, qui aura pris plaisir à faire des contes, comme tant d'autres, & à supposer des miracles, qui n'ont jamais été ; les Livres des Payens ne sont-ils pas pleins de faits aussi surprenans ? Il faudra donc tout croire également ou ne rien croire du tout. Les Reformateurs prétendent avoir un don du Ciel, une lumiére prophetique, par laquelle le plus ignorant d'entre-eux connoît, entre tous les Livres du monde, ceux qui ont été inspirez de Dieu. Mais ce qui fait croire la fausseté de leur imagination, c'est qu'ils ne peuvent convenir entre-eux du nombre ni du choix de ces Livres saints, & qu'ils reçoivent souvent ceux, qu'ils rejettoient auparavant. D'ailleurs personne n'est obligé de les croire, à moins qu'ils ne prouvent par des miracles tres-assûrez, que Dieu les a établis Juges de la Canonicité de ces Livres, & qu'il leur a donné cette lumiére surnaturelle ; ce qu'ils ne peuvent faire. Cet esprit particulier, quand ils l'auroient effectivement, seroit donc inutile à l'Eglise, personne n'étant obligé d'y ajoûter foi. Ainsi l'unique voïe, qui nous reste, pour être assûrez de la verité de ces saintes Ecritures & de tout ce qui y est contenu, est la perpetuité de cette croïance dans toute l'Eglise, depuis JESUS-CHRIST & les Apôtres, qui ont prêché ces veritez & qui les ont prouvées par des millions de prodiges, qui en ont convaincu tout le monde de telle maniére, que tous les plus sçavants, les plus incredules, leurs plus grands ennemis n'ont jamais pû y resister. Cette perpetuité de croïance est ce que nous appellons proprement *Tradition*.

Mais ce terme se prend encore metaphoriquement, pour signifier les choses mêmes, dont la connoissance & la Foi sont venuës jusqu'à nous par cette voïe; sur tout dans les choses de pratique, comme sont les Cérémonies, les Jeûnes, les Coûtumes, qui regardent l'adminiſtration des Sacremens, le culte &c. Les Juifs, dont la langue eſt tres-pauvre & qui tâchoient d'exprimer leurs penſées en peu de termes, quoiqu'ils ſoient diffus par leurs repetitions, ſe ſervoient de cette maniére de parler: mais elle n'a jamais été en uſage parmi les Catholiques, qui parlent exactement. Nous diſons bien, par exemple, que le Jeûne du Carême, les Exorciſmes, qui ſe font en baptiſant & pluſieurs autres choſes ſemblables, ſont de Tradition Apoſtolique; mais nous ne diſons pas, que ce ſoit des Traditions Apoſtoliques. Ce ſont les Heretiques, qui ont affecté de parler comme les Phariſiens, pour nous imputer leur maniére d'agir, & pour donner plus de juſteſſe à la comparaiſon, qu'ils font ſans ceſſe des plus anciennes & des plus ſaintes pratiques de l'Egliſe avec les rêveries & les imaginations des Rabins. Au reſte cette maniére de parler en elle-même n'eſt d'aucune importance; mais l'abus, que les Reformateurs en veulent faire, eſt intolerable.

Je dis donc, que la Doctrine de la Synagogue étoit fondée ſur la Tradition, comme celle de l'Egliſe. Il eſt tres facile d'en convaincre les Proteſtans, s'ils ſont

DE L'EGLISE. Chap. XV.
attention sur les preuves, que nous allons apporter.

1. Tout ce que Moïse a écrit dans la Genese, touchant le commencement du monde, & tout ce qui s'étoit passé depuis Adam jusqu'à lui, c'est-à-dire, pendant plus de 2400 ans, n'avoit été connu jusqu'alors, que par Tradition. Et quoique Dieu lui ait donné une nouvelle connoissance, de ces choses par lui-même, je ne doute point qu'avant cette revelation particuliére, il n'en eût une tres-grande & tres-certaine par la voie commune, qui étoit la seule Tradition, à laquelle il renvoïoit même les Israëlites de son tems. *Consultez*, leur dit-il, *les siécles les plus reculez; considerez ce qui s'est passé, dans la suite de tous les âges; interrogez vôtre pere & il vous dira; interrogez vos ayeux & ils vous instruiront. Quand le Tres-haut a fait la division des Peuples; quand il a separé les enfans d'Adam, il a marqué les limites de chaque Peuple, aïant dés-lors en vuë les enfans d'Israël.* Ce qui marque quelque ancienne prophetie, que Dieu devoit se choisir un jour un peuple; ou quelqu'autre chose semblable, parce que les Septantes ont traduit κατὰ ἀριθμὸν ἀγγέλων θεοῦ. *juxtà numerum Angelorum Dei*, selon le nombre

Avant Moïse, on ne sçavoit rien que par Tradition.

Deuter. 22. v. 7.

des Anges de Dieu ; au lieu qu'il y a dans la Vulgate, *juxta numerum filiorum Israël*.

Toute cette Histoire, qu'il nous a laissé par écrit, n'étoit pas moins la parole de Dieu, lors qu'Abraham l'enseignoit à Isaac & Isaac à Jacob & à Esaü, Jacob à ses douze enfans, ainsi des autres, que lorsqu'elle a été couchée par écrit ; car ce n'a été ni l'ancre ni le papier, qui lui ont donné l'autorité, qu'elle a euë dans la suite. Et ces Saints Patriarches étoient vraiment inspirez par l'Esprit de Dieu, lorsqu'ils en ont parlé, comme ce saint Legislateur, lorsqu'il a mis ces choses par écrit.

Cette Tradition s'étoit conservée non seulement dans la famille de Jacob, où Moyse l'a puisée; mais encore dans celle d'Esaü ; & Baldad l'un des amis de Job fait voir, que c'étoit l'unique moïen dont on se servoit, pour prouver tout ce qui regardoit les devoirs de la Religion. Car présuposant, que Job avoit commis quelque crime énorme, qui avoit atiré sur lui la colere de Dieu, il l'assûre, que s'il veut se convertir & lui demander misericorde, il l'exaucera & le délivrera de tous les maux qu'il souffroit ; & pour l'en convaincre il l'exhorte à

rapeller

rapeller en sa mémoire tout ce qui est arrivé dans les siécles passez. *Interrogez, lui dit-il, les Races passées, consultez avec soin le souvenir de vos Peres, car pour nous nous ne sommes que d'hier au monde, & nous ignorons, que nos jours passent sur la terre, comme une ombre; mais nos ancêtres vous enseigneront, ce que je vous dis, ils vous parleront & vous feront connoître les sentimens, qu'ils avoient sur cela.* C'étoit donc là la regle qu'il devoit suivre pour se convaincre d'une verité, dont il n'avoit jamais douté un seul moment. Quelques-uns croïent que Job est celui, qui est compté au nombre des descendans d'Esaü, sous le nom de Jobab. D'autres croïent avec les Hebreux, que Job étoit sorti de Hus fils aîné de Nachor frere d'Abraham. Mais quoiqu'il en soit; il paroît, que c'étoit la coûtume alors de consulter la Tradition & qu'il étoit en cela du même sentiment, que celui qui lui donnoit ce conseil.

Job 8. v. 8.

Gen. 36. v. 33.

Gen. 22. v. 21.

Il y a bien apparence, que c'étoit par cette voïe, qu'il avoit appris tout ce qu'il dit d'une maniére si claire & si certaine de la Resurrection des Morts, du Jugement & du Messie; & que cette Tradition venoit d'Enoc, qui avoit prophetisé touchant le Jugement dernier, com-

Epist. Jude v. 14.

me dit saint Jude, & dont la Prophetie s'est conservée jusqu'au tems des Apôtres, sans qu'on sache qu'elle ait jamais été couchée par écrit. Car le Livre, qu'on attribuë à ce saint Patriarche, est suposé, & n'a jamais été reçû dans l'Eglise pour un Livre saint.

La connoissance de la venuë du Messie étoit absolument nécessaire à salut ; puisque sans la Foi en JESUS-CHRIST, personne n'a jamais pû être sauvé. Il faloit donc, qu'on l'eust par Tradition avant Moïse, puisqu'il n'y avoit aucune Ecriture.

Il faut dire la même chose du remede contre le peché originel dans la Loi de Nature & même dans celle de Moïse. Il y en avoit un tres-assûrement ; car il n'y a aucune raison de dire, que tous les Enfans des Fidelles, qui sont morts avant l'usage de raison, aïent peri. Quand on suposeroit, que la Circoncision auroit été instituée pour cela, ce qui ne paroît aucunement veritable, que seroient devenus tous ceux, qui sont morts avant que Dieu l'ait ordonnée, & depuis ce tems-là generalement toutes les Filles, & tous les Garçons même, qui mouroient avant l'âge de huit jours ? Il faut nécessairement convenir, qu'il y avoit un remede commun aux deux Sexes, lequel n'a jamais été connu, que par la Tradition, puisque Moïse même n'en parle en aucun endroit.

Outre cela Dieu avoit ordonné, qu'on l'honorât par des Sacrifices dés le commencement du monde. Il avoit marqué de quelle maniére cela se devoit faire; les especes d'animaux, qu'il vouloit, qu'on lui offrît & ceux qui devoient être rejettez, ce qui faisoit la distinction des animaux mondes & immondes &c. Nous voïons, que Noé a observé ces choses. Nous devons juger ainsi de ceux, qui sont venus aprés lui, comme Abraham, Isaac, Jacob, &c. Il faut encore joindre à cela la défense de manger du sang & des viandes étouffées. Où cela étoit-il écrit avant Moïse?

Les Peres de l'Eglise disent, que la Prophetie de Baalam se conserva par une Tradition constante dans tout l'Orient. L'étoile qui devoit sortir de Jacob, suivant cette Prophetie, marquoit la naissance du Messie. Ainsi lorsque les Mages virent paroître en leur Païs une Etoile si extraordinaire, comme étoit celle qui leur apparut, ils ne douterent point, que cette Prophetie ne fût accomplie, & c'est ce qui les engagea à venir à Jerusalem,

Orig. hom. 13. & 5. in numer. Euseb. l. 9. demonst. Evang. c. 1. S. Basil. hom. de nat. Chr. S. Ambr. l. 2. in Luc. &c.

pour l'adorer. Ils sçavoient donc par Tradition, selon le sentiment de ces Peres, que le Messie devoit naître, qu'il seroit Juif, qu'il seroit Dieu & homme tout ensemble, & que sa naissance leur seroit annoncée par une étoile.

Mais combien y avoit-il de choses dans la Religion des Juifs, qu'il étoit impossible de sçavoir sinon par Tradition ?

Choses qu'on ne pouvoit sçavoir chez les Juifs que par Tradition.

1. Comment auroient-ils pû sçavoir, que les Livres qu'ils avoient, étoient la parole de Dieu ? Est-ce parce que cela est souvent repeté dans ces Ecritures ? mais si c'étoit des imposteurs, qui les eussent composées, ne pouvoient-ils pas, & ne devoient-ils pas même l'y mettre, pour mieux couvrir leurs tromperies ? Combien de choses paroissent singuliéres & extraordinaires dans ces Livres, aussi-bien que dans les Prophanes ? Qui pouvoit obliger les Juifs à les croire, sinon la certitude de la Tradition ? Leurs Peres avoient été témoins de tant de prodiges & de merveilles, que Dieu avoit operées en faveur de leur Nation, & qu'il avoit fait écrire dans ces Livres ; ils en avoient instruit leurs enfans de generation en generation, afin qu'ils regardassent tout ce qui y étoit contenu, comme des veritez émanées de Dieu. C'est

pourquoi on trouve dans l'Ecriture une infinité de commandemens, que Dieu fait au Peuple, de consulter ceux, qui les avoient precedez ; & aux Peres d'instruire leurs Enfans, de ce qu'ils avoient apris de leurs Ancêtres. Le Prophete Roi raporte toutes les raisons, pour lesquelles Dieu avoit établi la ceremonie de la Pâque, puis il ajoûte, que *le Seigneur a fait une ordonnance dans Jacob & établi une Loi dans Israël, qu'il a commandé à nos Peres de faire connoître à leurs Enfans, afin que les autres Races en ayent aussi la connoissance. Les Enfans qui naîtront & qui s'éleveront après eux le raconteront aussi à leurs Enfans, afin qu'ils mettent en Dieu leur esperance, qu'ils n'oublient jamais les œuvres de Dieu, & qu'ils recherchent de plus en plus ses Commandemens, &c.* Il ne renvoïe point à l'Ecriture, mais à la Tradition, & il dit avoir apris lui-même, toutes ces choses par cette voie. Il en raporte un grand nombre en divers lieux, qui n'avoient point été écrites avant lui. Ce qui nous fait voir, que toute la Religion des Juifs aussi-bien que celle des Chrêtiens, étoit fondée sur la Tradition, sans laquelle l'Ecriture-Sainte ne seroit pas même recevable.

Pf. 77.
v. 6. &
sq.

Pf. 48.
v. 1.

S. Epiph.
her. 75.
n. 8.

C'est ce que saint Epiphane prouve contre Aërius, qui rejettoit la Tradition, comme font aujourd'hui nos Reformateurs, par ce passage des Proverbes: *Ecoutez, mon fils, les instructions de vôtre Pere & n'abandonnez point la Loi de vôtre mere.* Il dit que nôtre Pere, dont parle le Sage en cet endroit, & dans un autre, où il repete la même chose, est Dieu, qui nous a instruits en partie par écrit, & en partie sans Ecriture ; & que nôtre Mere est l'Eglise, dont les loix nous doivent être toûjours inviolables.

Prov. 1.
v. 8. c. 6
v. 20.

2. Il est certain, qu'on prioit Dieu pour les Morts avant les Machabées. Judas Machabée ne parle pas de cette coutume, comme d'une pratique nouvelle, ou qu'il eût lui-même établie ; mais comme d'un devoir de Religion, qui supose nécessairement un article de Foi ; sçavoir que les ames souffrent aprés la mort pour l'expiation de leurs pechez & peuvent être soûlagées par les Priéres & les Sacrifices des vivans. Or cela n'étoit point dans l'Ecriture-Sainte avant lui, c'étoit donc un Dogme, qu'on tenoit par Tradition.

2. Mach.
cap. 12.
v. 43.

Priére pour les Morts chez les Juifs par Tradition.

3. Tout le monde sçait, que les deux Livres des Paralipomenes contiennent une infinité de choses, qui avoient été

omises dans l'Histoire des Rois & dans les Livres précedens, dont ces Livres ne sont qu'un suplément, comme le nom qu'on leur a donné le marque. Ces Histoires qu'on avoit oubliées, n'étoient ni moins veritables, ni moins saintes avant qu'Esdras les eût recueillies, qu'elles le sont à present. Si l'on fait attention sur une infinité de choses, qui sont raportées dans ces Livres, & dont il n'étoit parlé en aucun endroit auparavant, on conviendra qu'il n'étoit pas possible, qu'elles fussent ignorées dans une Nation, que l'esperance du Messie rendoit attentive aux moindres évenemens, qui lui arrivoient, bons ou mauvais.

4. Saint Paul dit, dans l'Epître aux Hebreux, qu'il y avoit dans l'Arche d'Aliance une Urne d'or pleine de Manne, la Verge d'Aaron, qui fleurit dans le Desert en témoignage de sa vocation au souverain Pontificat, & les Tables de la Loi. Cependant nous voïons dans le troisiéme Livre des Rois & dans le second des Paralipomenes, qu'il n'y avoit autre chose dans l'Arche, sinon les Tables de la Loi. L'Apôtre parle du tems où le Tabernacle subsistoit encore, c'està-dire, avant la fondation du Temple. Il falloit donc, qu'en ce tems-là, ces trois

Epistol. Hebr. cap. 9. v. 4.

L. 3. Reg. cap. 8. v. 9. L. 2. Paralip. cap. 5. v. 10.

choses fussent véritablement dans l'Arche, & qu'en mettant l'Arche dans le Temple, ou en quelqu'autre ocasion que nous ne sçavons pas, on en eût ôté l'Urne & la Verge d'Aaron. Cela ne se trouve en aucun endroit de l'Ecriture. Cependant saint Paul supose comme une verité connuë de tout le monde, que ces trois choses étoient dans l'Arche. L'Ecriture ne dit encore en aucun endroit, que cette Urne fût d'or ; cela étoit donc encore connu seulement par la Tradition.

Ibid.   Le même Apôtre dit encore, qu'il y avoit dans le Saint des Saints un Encensoir d'or, dont il n'est parlé en aucun lieu de l'Ecriture. Quelques-uns disent, que saint Paul entend par cet Encensoir l'Autel des parfums ; mais quel raport d'un Autel à un Encensoir ? Cet Autel n'a jamais été apelé ainsi. C'étoit donc encore une chose connuë par la Tradition, qu'il y avoit un Encensoir d'or dans le Sanctuaire, dont le grand Prêtre se servoit, pour offrir de l'Encens devant l'Arche, lorsqu'il y entroit.

5. C'étoit encore par la Tradition, qu'on sçavoit les noms des deux Magiciens de Pharaon, que saint Paul apelle

2. Tim. c. 3. v. 8.   Jannes & Membres ; car ils ne sont nommez en aucun endroit de l'Ecriture de l'Ancien Testament.

6. C'étoit encore par Tradition, qu'on sçavoit, que l'Archange saint Michel avoit eu contestation avec le Demon, pour le corps de Moïse. Il falloit, que cette Histoire fût connuë de tout le monde ; puisque saint Jude s'en sert pour faire voir, combien ceux-là sont coupables, qui maudissent les puissances & qui méprisent ceux, qui sont élevez au dessus d'eux en gloire & en dignité.

7. Il y a une infinité de cérémonies dans le Levitique, qu'il auroit été impossible d'observer, comme il faut, si l'on n'avoit eu d'autres lumiéres, que celles qu'on peut tirer de l'Ecriture-Sainte. Qui sçait, par exemple, si c'étoit dans les maisons particuliéres, qu'il falloit immoler l'Agneau Pascal, où dans le Temple ? Si les Prêtres ou le Pere de Famille faisoient ce Sacrifice ; qui étoit le Ministre de la Circoncision ; ce qu'on faisoit, pour effacer le peché Originel, lorsque les enfans étoient nez; car, comme nous avons déja remarqué, c'étoit une chose, qu'on ne sçavoit que par Tradition, quoique tres-essentielle ; l'ordre qu'on gardoit dans differens Sacrifices, comme d'immoler la Victime,

K v

avant que de l'offrir, ou de l'offrir, avant que de l'immoler; ainsi d'une infinité d'autres choses, qu'on ne pouvoit sçavoir, que par usage & par la pratique commune & ordinaire.

8. Le Calendrier des Juifs est plein de Fêtes & de Jeûnes, pour divers sujets, qui faisoient connoître les Epoques & les circonstances de mille grands évenemens, qui ne se trouvoient en aucun endroit de l'Ecriture; comme le Jeûne pour la mort des Enfans d'Aaron, le premier jour du premier mois de l'année Sainte apelé *Nisan*; le Jeûne pour la mort du grand Prêtre Heli & pour la prise de l'Arche le dixiéme du second mois; le Jeûne pour la mort de Samuel le vingt-neuf du même mois; le Jeûne pour le Schisme des dix Tribus, le vingt-trois du troisiéme mois. Ainsi de plusieurs autres, & de plusieurs Fêtes & cérémonies instituées pour divers sujets, les unes par le Sanedrin, les autres par David, Salomon, Mardochée, Esdras, les Machabées, qui faisoient ressouvenir le peuple, non seulement de la chose, mais encore du tems, des circonstances & de la maniére, dont elle étoit arivée, par les diverses coûtumes & constitutions, qui regardoient la solennité de ces Fêtes,

dans lesquelles les Pères & les Meres étoient obligez d'expliquer tout cela à leurs Enfans. Car nous devons juger de toutes les Fêtes, comme de celle de Pâque, puisque c'étoit la même raison. Or il y avoit un commandement exprés, pour cela dans l'Exode. *Vous direz en ce jour-là à vôtre fils, ceci nous represente la grace, que le Seigneur nous a fait, quand nous sommes sortis de l'Egypte.*

Obligation des Peres & Meres d'instruire leurs enfans de tout ce qui se pratiquoit dãs la Religion des Juifs. Exod. 13. v. 8. Origen. hom. 5. in Num. cap. 5.

Enfin, Origene remarque une chose importante sur cette matiére. Il dit, que les Juifs spirituels sçavoient, que la Loi n'étoit qu'une ombre & une figure, & que Dieu ne leur en donnoit la vraïe intelligence, que par le moïen de la Tradition. Il n'y a rien de si veritable. C'est pourquoi Dieu condamnoit souvent leurs Sacrifices, parce qu'ils n'étoient point faits selon l'esprit de la Loi, mais seulement selon la lettre. Il disoit, qu'il *vouloit la justice & la misericorde plutôt que des Sacrifices faits de cette maniére.* De-là naissoient tous ces reproches, que les Prophetes leur faisoient, comme d'honorer Dieu des lévres, de chercher leur volonté dans leurs jeûnes &c. ce qui supose qu'ils devoient être instruits de l'inutilité de ces figures & remplis de l'esprit de la Loi, qui étoit la Foi. C'étoit par la Tra-

Os. 6. v. 6. Math. 11. v. 7.

dition, comme remarque Origene, qu'ils connoiſſoient toutes ces choſes, dont les Juifs charnels étoient ignorans, puiſqu'elles ne ſont point expliquées dans l'Ecriture.

Il eſt donc tres-certain par tout ce que nous venons de dire, que la Doctrine de la Synagogue étoit fondée ſur l'Ecriture & ſur la Tradition, comme celle de l'Egliſe Catholique. C'eſt ainſi qu'il faut les comparer & non pas en ce qui regarde les minuties, auſquelles les Phariſiens s'arétoient & s'atachoient ſuperſtitieuſement par hypocriſie, & à qui ils donnoient le nom de Traditions, pour leur donner plus d'autorité ; ce qu'ils n'auroient pas fait ſi ce nom de Tradition n'avoit été venerable parmi les Juifs.

Chapitre XVI.

Que le soin qu'on a toûjours pris de distinguer la veritable & la fausse Tradition, fait voir, combien est injuste la comparaison, qu'on tire des Traditions Pharisiennes, & en même tems, combien ces prétendus changemens sont impossibles.

SI la Doctrine de l'Eglise avoit pû souffrir quelque alteration par de fausses Traditions, il y a trois choses, qui l'auroient infailliblement toute changée, sçavoit l'autorité apparente, l'erreur & l'artifice. Les exemples des fausses Traditions, qu'on a voulu inttoduire par ces trois principes, & les moïens, dont on s'est servi pour les rejetter, convaincront tout homme raisonnable de cette verité, & feront voir en même tems, que tout changement de Doctrine est absolument impossible dans l'Eglise. *Principes d'erreurs.*

La premiere sorte de Traditions fausses, qui devoient naturellement être reçûës dans l'Eglise, si cette Colonne de verité avoit pû être ébranlée, étoit de celles, qui paroissoient fondées sur l'autorité de l'Ecriture. Il est certain, que *Fausses Traditions fondées en apparence sur la sainte Ecriture.*

l'Eglise s'est toûjours conduite par autorité, & rien n'est plus naturel à l'homme, que de suivre cette voïe, même dans les connoissances naturelles; car peu de gens se trouvent capables, ou se veulent donner la peine d'examiner les fondemens des opinions qu'ils tiennent. Il est bien plus facile de s'en raporter au jugement de ceux, qui ont quelque approbation. Il est vrai que la prévention a souvent beaucoup de part dans les jugemens, qu'on porte des choses naturelles, lorsqu'on agît de cette maniére; & il est tres-facile de se tromper. Mais en matere de Religion c'est tout le contraire; car comme il n'y a point d'autre raison de la plus grande partie de ce que nous sommes obligez de faire, sinon parce que Dieu l'a voulu & ordonné ainsi, & de tout ce que nous devons croire, sinon parce que Dieu l'a revelé, l'unique voïe, que nous avons, pour le sçavoir est de consulter les saintes Ecritures & d'obéïr à l'Eglise, qui nous l'enseigne. Car elle est seule la dépositaire du sens de ces mêmes Ecritures, & de la parole de Dieu, qui n'y est pas comprise, mais qu'elle a reçûe des Apôtres par Tradition. C'est pour cela, que JESUS-CHRIST nous y renvoïe & nous dit, que celui qui ne l'é-

DE L'EGLISE. Ch. XVI.

coutera pas, doit être regardé, comme un Payen & un Publicain.

Ainsi tous les raisonnemens, que font les Heretiques, pour renverser nôtre Foi ; toutes ces prétenduës contradictions, que leur raison découvre dans les mysteres qu'ils combatent, ne prouvent autre chose, sinon que l'esprit de l'homme est tres-foible, pour pouvoir y comprendre la moindre chose; & si nous pouvions comprendre ces celestes veritez, nôtre foi ne seroit plus Foi, & ces mysteres ne seroient plus mysteres. *Quand Dieu parle, il faut donc*, comme dit saint Jean Chrysostome, *que nôtre raison se taise. Personne ne doit être assez temeraire, que de se servir de raisonnement. Il n'est point question de tirer des consequences, ni d'alleguer des necessitez ; toutes les objections, qu'on peut faire, sont inutiles ; la puissance de la sagesse divine est au dessus de tout ce qu'on peut dire.*

S. Ioann. Chrysost. hom. 2. de incomp. Dei nat.

C'est donc la seule autorité, qui doit nous conduire. Mais cette autorité doit être constante. On peut s'y tromper, quand on suit ses propres lumiéres, ou celles de quelques particuliers ; mais on ne le peut jamais, lorsqu'on suit celles de l'Eglise. Papias avoit été disciple de saint Jean, non de saint Jean l'Apôtre, qu'il

Euseb. li. 3. Hist. Eccl. c. 33.

n'avoit jamais vû, non plus que les autres Apôtres, comme il le déclare dans un Livre qu'il avoit fait, mais d'un autre saint Jean, qui avoit été Disciple de l'Apôtre, lequel avoit aussi été inhumé à Ephese, comme dit Eusebe. Or entre les Traditions non écrites, qu'il dit avoir aprises de ce Disciple, étoit celle du regne de mille ans après la Resurrection generale. Cette autorité jointe à un passage mal entendu de l'Apocalypse a trompé plusieurs grands hommes, comme remarque Eusebe, & l'autorité de ceux, qu'il avoit trompez en a encore atiré plusieurs autres dans l'erreur, & y auroit sans doute atiré toute l'Eglise, si elle avoit été capable d'être seduite. Saint Irenée, saint Justin, Nepos Evêque d'Arsinoïte en Egypte, ont été trompez par l'autorité de Papias. Tertulien, Lactance, Victorin Evêque de Poitiers, ou selon quelques-uns de Petau en Affrique, & quelques autres encore les ont suivis & forment une espece de Tradition assez aparente, pour en tromper un nombre infini d'autres, si on n'y avoit pourvû.

Mais l'Eglise étoit en possession d'une Tradition contraire, qui étoit la veritable. C'étoit celle-là qu'il falloit consul-

Fausse Tradition du regne de mille ans.

Apoc. c. 20.

ter & non pas le raport d'un seul homme, comme Papias, qui pouvoit bien tromper les autres, & se tromper lui-même. Et c'est cette Tradition, qu'on oposa à cette erreur dés le moment, qu'on la vit s'établir. On la combatit par l'autorité des Disciples même des Apôtres, comme de saint Ignace, de saint Polycarpe, des Eglises de Lyon & de Vienne dans la Lettre, qu'ils écrivirent aux Eglises d'Asie & de Phrygie, vers l'an 177. raportée par Eusebe : par celle d'Origene, de Pamphile martyr, de saint Denys d'Alexandrie, qui l'a condamna solennellement vers le milieu du troisiéme siecle ; d'Eusebe de Cesarée, qui dit que Papias étoit un esprit foible, & qui avoit mal compris ce qu'il avoit entendu dire à saint Jean, de saint Athanase, de saint Hilaire, de saint Cyrille de Jerusalem, de saint Ephrem, de saint Basile, de saint Gregoire de Nysse, de saint Jean Chrysostome, de saint Epiphane & d'une infinité d'autres, & même des plus grandes Eglises, comme celle de Rome, d'Alexandrie, d'Antioche, de Constantinople, dont les sentimens nous sont pleinement connus par les témoignages de ceux qui les ont gouvernées, que nous venons de citer ; car c'est

S. Ignat. epist. ad Rom.
S. Polyc. ad Philip.
Euseb. l. 5. Hist. Eccl. c. 1.
Origen. in pref. l. de princip.
Pamph. mart. in Apol. pro Orig.
Euseb. l. 3. Hist. cap. 33.
S. Athan. in vita S. Anton.
S. Hilar. in Psal. 120.
S. Cyr. Hier. Catech. 15.
S. Ephr. l. de mansion.
S. Basil. hom. in 40. mart.
S. Greg. Nyss. in Pulcher.

à ces grandes Eglises, qu'on doit particulierement avoir recours, lorsqu'il s'agît de juger du fondement d'une Tradition, comme remarque Tertulien.

S. Chryſ. hom. 4 in Epiſt. ad Philip.
S. Epiph. hom. 78.
Tert. l. de præſ. c. 16;

Cette erreur eſt excuſable dans ces grands Hommes, qui ne l'ont embraſſée, que parce qu'ils étoient perſuadez sur le raport de Papias, que c'étoit la Doctrine des Apôtres, qu'ils avoient reçûë par Tradition ; & s'ils avoient conſulté les grandes Egliſes, qui étoient les dépoſitaires de la veritable Tradition, au lieu d'écouter le raport d'un ſeul homme, qui s'étoit trompé lui-même, ils auroient ſuivi le torrent, qui entraînoit tous les Fidelles dans le ſentiment opoſé.

Pourquoi ces Peres ont donné dans l'erreur du regne de mille ans ?

Mais pour arêter le cours de cette opinion, Dieu a non ſeulement voulu, qu'elle fût condamnée & rejettée dans la ſuite par l'Egliſe, lorſque les choſes ſe ſont éclarcies ; mais encore qu'elle ſe détruiſît elle-même, en ſe partageant & en ſe diviſant, comme ont coûtume de faire toutes les autres erreurs. De ſorte qu'il eſt preſque impoſſible de trouver un ſentiment fixe entre ceux, qui l'ont ſoûtenuë, ſoit par erreur, ſoit par malice.

S. Iren. l. 5. in fin.

Car l'opinion de ſaint Irenée paroît aſſez differente de celle de Papias, lorſqu'on

DE L'EGLISE. Ch. XVI. 235

comparé ce que dit ce Pere, avec ce que Papias raportoit selon Eusebe. Le premier dit, que les Justes ne verront Dieu qu'aprés la Resurrection, & le second veut qu'ils regnent mille ans sur la terre avec Jesus-Christ, avant que de monter au Ciel avec lui. Saint Justin suit Papias ; mais il dit que beaucoup de personnes de son tems, dont les sentimens étoient tres-purs & tres-religieux, étoient d'un sentiment contraire. Ce qui marque que celui qu'il suivoit étoit particulier. L'opinion des Cerinthiens étoit horrible & impie. Tertulien a varié. Il dit dans le Livre de l'Ame, qu'il n'y a que les Saints Martyrs, qui verront Dieu avant le Jugement à cause de la ressemblance de leur mort avec celle de Jesus-Christ. Il dit la même chose en quelques autres endroits. Cependant il prouve dans le Livre contre les Gnostiques, que tous les Chrétiens, qui auront mené une vie sainte, auront cet avantage. Lactance a fait sur cela mille chimeres en suivant l'autorité de la Sybille Erythrée, qu'il a regardée comme l'interprete du songe de Papias. Nous avons un Commentaire sur l'Apocalypse dans la Bibliotéque des Peres, qui porte le nom de Victorin, où l'on trouve le con-

S. Iustin. dial. cns. Triph.

L. de Animâ c. 55.
L. de Resurrect. carn. cap. 35.
L. 3. cont. Marc. c. 24.

L. contr. Serpiac. cap. 0.

traire de ce que saint Jerôme lui impute; ainsi ou il a été corrigé, ou il n'est pas de ce Pere, ou bien S. Jerôme s'est trompé.

Le sort de cette prétendue Tradition fait donc voir, qu'elle étoit fausse, & en même tems quel auroit été celui de toutes les Traditions, que nous suivons, si elles avoient été semblables, comme les Heretiques le prétendent.

Loi des viandes étouffées. Nous pouvons joindre à ceci l'obligation, qui fut imposée aux Gentils de s'abstenir de manger du sang & des viandes étouffées. C'est une Loi, qui sembloit être inviolable chez les Chrêtiens, comme elle l'avoit été chez les Juifs. La fornication ne peut jamais être permise, & jamais on ne doit manger des viandes immolées aux Idoles, lorsque cela peut causer du scandale. Or le même Canon, qui deffend ces choses, deffend aussi de manger du sang & des viandes étouffées. D'où vient donc, que la transgression de cette Loi n'est plus un peché, particulierement chez les Reformateurs, qui font profession de suivre si exactement l'Ecriture en toutes choses ?

Pourquoi cette Loi n'oblige plus ? Pour nous il nous est facile de répondre à cette question. La Tradition de l'Eglise nous a fait connoître la grande difference, qui se trouve entre ces trois choses,

& nous a apris, que la deffense de manger du sang & des viandes étouffées, n'étoit que pour un tems, sçavoir autant que cela seroit un obstacle à la conversion des Juifs. Il n'en est pas ainsi de la Loi, qui deffend la fornication, laquelle est mauvaise par elle-même, & contraire à la Loi naturelle & positive. On doit dire la même chose des viandes immolées aux Idoles, dont il n'est jamais permis de manger lorsque cela peut faire du scandale. Mais quand il n'y a plus eu d'Israëlites charnels dans l'Eglise, comme dit saint Augustin, la Loi qui deffendoit de manger du sang & des viandes étouffées a tombé d'elle-même, *parce que l'esprit de tout le monde étoit rempli de cette sentence de verité: ce n'est point ce qui entre dans la bouche, qui peut nous souiller, mais ce qui en sort.*

S. Aug. l. 32. c. 13. Contr. Faust. Manich. Math. 15. v. 11.

Cette distinction, que nous mettons entre ces trois choses, en ce qui regarde leur deffense, ne se trouve en aucun endroit de l'Ecriture, & si les Protestans osent la faire comme nous, ce ne peut être qu'en vertu de ce grand privilege, qu'ils se sont acordez gratuitement à eux-mêmes, de donner à l'Ecriture Sainte tel sens, qu'il leur plaît, & d'y trouver tout ce qui les acommode. Mais l'Eglise tient une autre conduite ; car elle a reçû non seulement la Lettre, mais encore l'esprit de l'Ecriture & elle en conserve le sens, comme un dépôt sacré, qu'elle a reçû par Tradition. Cette Loi étoit observée par les premiers Chrêtiens avec beaucoup d'exactitude non seulement pour ne pas scandaliser les Juifs, mais encore, pour confondre les Payens, qui les accusoient d'immoler des enfans dans leurs assemblées, d'en boire le sang & de les mettre dans de la pâte, pour les dévorer. C'étoit le myftere de la sainte Eucharistie, que les Infidelles ne pouvoient comprendre, qui donnoit lieu à cette calomnie. Mais la Loi des Apôtres touchant la manducation du sang, & des viandes étoufées la détruisoit visiblement. Ils s'en servoient donc pour cet effet, comme il paroît dans le Dialogue de Minutius Felix; dans la Lettre des Eglises de Lyon & de Vienne, que raporte Eusebe, dans l'Apologetique de Tertulien &c. Mais toutes ces raisons aïant cessé, on a aussi cessé de l'observer.

Pourquoi les premiers Chrêtiens observoient si exactement cette Loi.

Euseb. l. 5. Hist. Eccl. c. 1. Tert. apolog. c. 9.

Nous pouvons encore raporter ici une troisiéme Tradition à peu prés de cette nature, qui n'a jamais été reçuë dans l'Eglise, quoiqu'elle paroisse avoir quelque fondement dans l'Ecriture, & qu'elle

Traditiō apparente du Baptême donné au nom de Jesus-Christ.

DE L'EGLISE. Ch. XVI. 239
semble autorisée par quelques passages des Peres mal entendus. C'est le Baptême donné simplement au Nom de JESUS-CHRIST, sans prononcer la forme ordinaire. Nous n'avons rien dans l'Ecriture, qui nous fasse voir, qu'il soit nécessaire de prononcer aucunes paroles en baptisant. Il semble, qu'il sufit, prenant l'Ecriture à la lettre, & sans avoir égard à la Tradition, d'avoir intention lorsqu'on baptise, de le faire au Nom de la tres-sainte Trinité, c'est-à-dire, du Pere, du Fils, du Saint-Esprit; car quand JESUS-CHRIST a dit, par exemple, dans l'Institution de l'Eucharistie, *Faites ceci en memoire de moi*, il n'a pas voulu dire, que ce fût une chose nécessaire pour la validité du Sacrement, de dire en consacrant, *Je fais ceci en memoire de* JESUS-CHRIST. Quand les Apôtres & les Disciples faisoient des miracles, il n'étoit pas nécessaire qu'ils dissent, *Je fais cela au nom de* JESUS-CHRIST, parce qu'il leur avoit dit, que ceux qui croïoient chasseroient les Demons & feroient beaucoup de prodiges en son Nom. Il sufisoit qu'ils eussent l'intention de le faire au Nom & par la puissance de JESUS-CHRIST, qui étoit en eux. Comment les Protestans

Luc. 11. v. 19.

Marc. 16. v. 17.

pouront-ils donc soûtenir, qu'il est absolument nécessaire de prononcer ces paroles, *Je te baptise, au Nom du Pere, &c.* s'ils n'ont recours à la Tradition?

Mais suposé, qu'on soit obligé de prononcer des paroles en baptisant, pourquoi ne poura-t-on pas se servir de cette forme, *Je baptise au Nom de* JESUS-CHRIST? L'Ecriture ne semble-t-elle pas dire en propres termes, que les Apôtres ont baptizé ainsi? *Faites penitence,* dit S. Pierre, *& que chacun de vous soit baptisé au Nom de* JESUS-CHRIST, *pour obtenir la remission de vos pechez.* Il est dit, que ceux de Samarie, *aïant crû ce que Philippe leur annonçoit du Roïaume de Dieu, étoient baptizez, hommes & femmes, au Nom de* JESUS CHRIST: saint Pierre fit baptiser la maison de Corneille *au nom du Seigneur* JESUS-CHRIST, saint Paul fît la même chose à Ephese, où il trouva quelques Disciples, qui avoient reçû le Baptême de saint Jean, *il les instruisit & ils furent baptisez au Nom du Seigneur* JESUS.

Voilà quatre passages, qui paroissent formels & si les Reformateurs en avoient seulement un semblable, pour soûtenir tout ce qu'ils avancent, ils le feroient sonner bien haut. Ils baptisent cependant

comme

Act. 2. *v.* 38.

Act. 8. *v.* 12.

Act. 10. *v.* 48.

Act. 19. *v.* 5.

comme nous, & conviennent qu'un Baptême, qui seroit donné seulement au Nom de JESUS-CHRIST, sans prononcer le Nom des trois personnes de la tres-sainte Trinité, seroit invalide; comment peuvent-ils le prouver sans la Tradition ? Il eût été facile à l'Eglise même de tomber dans cette erreur, si l'esprit qui la conduit, ne lui avoit pas fourni les lumiéres nécessaires, pour distinguer le vrai d'avec le faux ; non seulement à cause de l'Ecriture, qui paroît si formelle, mais encore à cause d'une espece de Tradition aparente, fondée sur quelques passages des Peres mal entendus.

Saint Cyprien dit quelque chose, qui semble favoriser ce Baptême & présuposer, que saint Etienne le recevoit : mais il n'en parle qu'en passant ; car ce n'étoit pas la question qui étoit entr'eux. On voit quelque chose de semblable dans saint Hilaire, saint Basile, dans un Ouvrage tres-ancien touchant la tres-sainte Trinité, qui se trouve parmi les Oeuvres de saint Athanase, dans le Venerable Bede, qui se sert des paroles de saint Ambroise; le Concile de Frejus, Nicolas I. dans sa réponse à la Consultation des Bulgares, dont Gratian a fait un

Epist. 73 ad Iub. & Epist. 74 ad Pomp. S. Hilar. l. de Synodis in fine. S. Basil l. de Spiritu S. C. 12. S. Ambr. l. de Spiritu S. C. 3. Conc. Forojul. in præf. an. 791. Nicolaus I.

Tome I. L

de Conf. dist. 4. Can. à quodam Judæo.

Canon &c. Je sçai bien ce qu'on a coûtume de répondre à tout cela. Mais quelque distinction, qu'on puisse faire pour expliquer le sentiment de ces Peres, si elle n'est apuïée sur une Tradition constante & certaine, contraire à celle qu'on allegue, & en même tems fondée sur la pratique generale de toute l'Eglise, elle ne peut être recevable, que comme un tour d'esprit, ou une subtilité de l'Ecole.

Ce que les Peres ont entendu par le Baptême au Nom de Jesus-Christ.

Or nous sçavons par une Tradition constante & indubitable, qu'on n'a jamais reconnu dans l'Eglise aucun Baptême valable, sinon celui, qui est administré au Nom du Pere, du Fils & du Saint-Esprit; & jamais on n'a imputé d'autres sentimens à ces mêmes Peres, lesquels rendent eux-mêmes témoignage à la verité dans d'autres endroits de leurs Ecrits. On a donc raison de dire, qu'ils ont seulement voulu tirer avantage de cette maniére de parler des Apôtres, pour prouver, que le Pere, le Fils & le Saint-Esprit n'ont qu'une seule essence; & que par ce Baptême donné au Nom de JESUS-CHRIST, ils n'ont entendu autre chose que celui, qui a été institué par JESUS-CHRIST, & qui a toûjours été administré au Nom du Pere, du Fils & du Saint-Esprit.

Mais quoiqu'il en soit, ceci nous fait voir, combien il est impossible, que l'Eglise reçoive aucunes fausses Traditions, pour aparentes qu'elles puissent être. Ce n'est point un ruisseau, mais un torrent de verité, qui l'entraîne, & ce torrent est sorti de la bouche des Apôtres, selon qu'il avoit été prophetisé, comme saint Jean lui-même le marque & l'explique. *Ioan 7. v. 38. & 39.* Ainsi, quand il se trouveroit quelques personnes, qui pour s'être arêtez à la lettre de l'Ecriture, se seroient elles-mêmes trompées, pour n'avoir pas consulté sur cela le sentiment general de l'Eglise, ni examiné les choses avec autant d'exactitude, qu'il étoit nécessaire, ce seroit l'erreur de quelques particuliers; mais de telles opinions ne pourront jamais faire aucun préjudice à la Foi. *Car nous devons considerer atentivement,* dit Vincent de Lerins, *que les Martyrs n'ont pas entrepris dans les premiers tems de deffendre les sentimens de quelque parti; mais celui de l'Eglise Universelle. Aussi n'étoit-il pas raisonnable, qu'un grand nombre de grands Hommes s'atachassent à soûtenir avec tant de force les sentimens changeants & incertains d'une ou de deux personnes, qui souvent même se contredisent, ou qu'ils combatissent pour une temeraire conspira-* *Vinc. Ler. comm. 1. cap. 8.*

L ij

tion de quelque Province. Mais faisant gloire de suivre les décisions de tous les Prêtres de la sainte Eglise, qui tiennent la verité Apostolique par heritage, ils ont mieux aimé se livrer eux-mêmes aux suplices, que d'abandonner la Foi de l'Antiquité universelle. L'Eglise regarde donc deux choses dans une Tradition, lesquelles sont absolument necessaires, afin qu'elle soit legitime & recevable, sçavoir l'Antiquité & l'Universalité. Celle qui a toûjours été suivie & dans toute l'Eglise est tres-certaine; & celle, qui est contraire, est necessairement fausse.

L'antiquité & l'Universalité requises à une veritable Tradition.

La seconde espece de Traditions, qui auroient pû s'introduire dans l'Eglise, si sa doctrine avoit été sujette au changement, est de celles, que l'erreur pouvoit faire autoriser. La dispute de saint Etienne Pape contre quelques Eglises d'Asie & d'Afrique, touchant le Baptême des Heretiques, nous en fournit un grand exemple. Le Pape Etienne se fondoit sur une Tradition constante, que l'Eglise de Rome avoit inviolablement conservée: les Evêques d'Afrique & d'Asie soûtenoient que cette Tradition étoit fausse; ils l'appelloient *une mauvaise coutume & une ancienne erreur*, & prétendoient avoir une Tradition contraire. Ils ne man-

Exemple des Traditions qui se pouroient établir par l'erreur.

In Epist. S. Cypr. 74.

Differen t de S. Cyprien & des Orientaux, avec le Pape Etienne.

quoient point de passages de l'Ecriture, pour apuïer leur sentiment. C'est pourquoi saint Cyprien ne peut souffrir le mot d'*innover*, dont le Pape Etienne s'étoit servi. Il regardoit cette manière de parler comme une injure. *Il deffend, dit-il, de rien innover & ordonne de suivre ce qu'on a reçû par la Tradition, comme si l'on pouvoit dire qu'une personne, qui étant atachée à l'unité soûtient, qu'il n'y a qu'un Baptême apartenant à l'Eglise seule, innovoit quelque chose.* Epist. 74 ad Pomp.

Les Evêques d'Asie disoient la même chose, comme il paroît par la grande Lettre de Firmilien de Cappadoce, qui nous est demeurée parmi celles de saint Cyprien. *Au reste, dit-il, nous joignons aussi l'usage à la verité, & nous oposons à la coutume des Romains une autre coutume, mais de verité, nous étant toûjours exactement atachez depuis le commencement à suivre ce que* JESUS-CHRIST *& les Apôtres nous ont laissé par* TRADITION; *& nous n'avons aucune chose qui nous puisse faire connoître, que cela ait commencé chez nous depuis ce tems-là; parce qu'on a toûjours crû, que, comme on ne pouvoit reconnoître, qu'une seule Eglise, aussi ne pouvoit-on juger, que le Baptême pût apartenir à d'autre qu'à cette sainte Eglise.* Inter. ejus pr. epist. 74.

L iij

Si jamais fausse Tradition eût pû être reçûë dans l'Eglise, c'étoit certainement celle-là, qui paroissoit si bien fondée sur l'Ecriture & qui étoit soûtenuë par des Evêques d'une pieté si éminente, d'une si grande érudition & qui gouvernoient les plus grandes Eglises. Mais la fausseté de cette prétenduë Tradition s'est reconnuë. La source de cette erreur s'est découverte. On a vû, qu'elle venoit de ce qu'on confondoit deux sortes d'Heretiques ; les uns, qui baptisoient avec la forme, dont l'Eglise se sert, & qui est essentielle au Baptême ; & les autres, qui la corrompoient. Le nombre de ceux-ci avoit été jusqu'alors beaucoup plus grand, que celui des autres ; c'est pourquoi on rebaptisoit presque tous ceux qui se convertissoient. C'étoit une Tradition certaine ; mais qui ne regardoit, que ceux, qui avoient été baptisez avec une forme corrompuë, & ces Evêques l'étendoient à toutes sortes d'Heretiques. Le Concile d'Arles dissipa ces nuages en distinguant ces deux sortes d'Heretiques. Le Concile de Nicée ratifia cette décision, ordonnant qu'on rebaptiseroit les Paulianistes & non pas les Novatiens, lorsque les uns & les autres voudroient rentrer dans l'Eglise ; parce que les pre-

Principe de l'erreur de saint Cyprian.

miers corrompoient la forme & non pas les seconds. Ainsi la question, qui étoit alors entre l'Eglise & les Donatistes, fut décidée & la veritable Tradition justifiée. Aprés cet exemple peut-on nous dire qu'on a pû introduire de fausses Traditions dans l'Eglise pour aparentes, qu'elles puissent être?

La troisiéme espece de Traditions, que l'Eglise a rejettées comme fausses, sont celles, que les Heretiques ont voulu faire autoriser par artifice dés les premiers tems sous le nom des Apôtres. Nous pouvons en raporter divers exemples & cela ne sera pas inutile. *Exemple des Traditions, qui auroient pû s'établir par l'artifice des Heretiques.*

Les Galates & plusieurs personnes parmi les Corinthiens, furent seduits par de faux Docteurs, qui leur persuaderent que la doctrine de saint Pierre, de saint Jacques & des autres Apôtres, qui avoient conversé avec JESUS-CHRIST & qu'ils apeloient pour cela les Colonnes de l'Eglise, étoit differente de celle de saint Paul, qui les avoit convertis à la Foi; & que ces grands Apôtres vouloient, que les Gentils observassent les cérémonies de la Loi, aussi-bien que les maximes de l'Evangile. Saint Paul confondit ces faux Ouvriers par les Lettres qu'il écrivit aux Fidelles de Galatie & de Corinthe. *Faux Ouvriers du tems des Apôtres.*

Les Disciples de Simon le Magicien, les Ebionites, les Cerinthiens & generalement tous les Heretiques des premiers tems publioient par tout, que leur doctrine étoit celle de JESUS-CHRIST toute pure, comme font tous les Heretiques d'aujourd'hui. Saint Jean, qui vivoit encore, écrivit son Evangile, pour ruiner cette préstenduë Tradition, comme le remarque saint Irenée, qui l'avoit apris de saint Polycarpe Disciple & successeur de ce saint Apôtre. Saint Jerôme marque la même chose dans son Catalogue des Ecrivains Ecclesiastiques au Chapitre où il parle de saint Jean.

Tous les Apôtres & tous les Disciples de JESUS-CHRIST étant morts, on vit paroître de toutes parts des Evangiles, des Actes, des Epîtres, & une infinité d'Ecrits pleins d'erreurs sous leurs noms, que les Juifs & les Heretiques fabriquoient, afin de confondre la verité avec le mensonge, & donner cours par cet artifice à leurs Heresies. En voici un grand nombre qu'Eusebe & saint Jerôme raportent ; sçavoir les Evangiles de saint Pierre, de saint Mathias, de saint Thomas, de saint Barthelemy, des douze Apôtres, selon les Egyptiens. Les Actes de saint Paul, de saint Pierre, de

[marginalia:]
Les premiers Heretiques prétendoient que leur doctrine étoit celle des Apôtres.
S. Iren. l. 3. c. 11.

Fausses Ecritures sous le nom des Apôtres.

Eusebe l. 3. Hist. Eccl. c. 19.
S. Hier. in Cat.

DE L'EGLISE. Ch. XVI. 249
saint André, de saint Jean & des autres
Apôtres, une Lettre de saint Barnabé,
qui portoit pour titre, *La Doctrine des
Apôtres* ; l'Apocalypse de saint Pierre,
le Livre du Pasteur, que nous avons encore, qu'on croit être de Hermas frere
du Pape Pie I. la Lettre aux Fidelles de
Laodicée, celle de JESUS-CHRIST à
Abgare Roi d'Edesse, qu'Eusebe & aprés
lui saint Ephrem raportent comme veritable ; les Constitutions Apostoliques,
les Canons des Apôtres, les voïages de
saint Paul & de Thecle ; cette Fable,
comme l'apelle saint Jerôme, fut composée selon Tertulien par un Prêtre d'A-
sie, lequel fut déposé pour ce sujet ; le
Livre de la Prédication de saint Pierre,
qui étoit aparemment celui, qu'on apelloit son Evangile ; le Livre du Jugement.
Saint Jerôme dit, que toutes ces fausses
Ecritures faisoient un grand nombre
d'Heresies dans l'Eglise.

Outre cela les Hebreux ou Nazaréens
corrompirent dés le commencement l'E-
vangile de saint Mathieu, comme remarque saint Jerôme. Ces Nazaréens étoient
des demi Juifs & demi Chrétiens, qui
vouloient qu'on observât la Loi de Moïse, avec celle de JESUS-CHRIST.
Basilide & Apelle substituerent de faux

*Euseb. l.
1. hist.
Eccl. c. 62.*

*Tert. l. de
Bapt. c.
17.*

L v

Evangiles tous entiers à la place des veritables. Les Ebionites & les Encratites en avoient aussi de particuliers. Marcion en mit aussi un au jour d'une nouvelle fabrique, sans nom d'Auteur. Ce fut celui de saint Luc, qu'il acommoda à sa maniére, retranchant tout ce qui ne lui plaisoit pas & y ajoûtant & changeant tout ce qu'il voulut. Saint Irenée dit, qu'il en ôta tout ce qui regardoit la naissance de JESUS-CHRIST & beaucoup d'endroits, où il apelle Dieu son pere. Saint Epiphane fait un mémoire fort ample de toutes les corruptions, qu'il avoit faites dans les Livres du Nouveau Testament. Il rejettoit quatre Epîtres de saint Paul, sçavoir les deux à Timothée, celles à Tite & aux Hebreux. Il changeoit le titre de celle, qui est aux Ephesiens & l'apelloit l'Epître aux Laodiciens. Cerdon rejettoit quelques parties de l'Evangile de S. Luc, & les trois autres tous entiers. Enfin il n'y a rien au monde, que le demon n'ait mis en usage, pour confondre les Saintes Ecritures avec mille écrits prophanes & impies, afin que la verité se trouvât ensevelie, & oprimée dans une telle confusion.

C'est pour cela, qu'on étoit tres-circonspect, lorsqu'il s'agissoit de rece-

Tert. l. 4. cont. Marc. cap. 1.
S. Iren. l. 1. cap. 29.

S. Epiph. haeres. 42.

voir, ou d'aprouver quelque Ouvrage, qui portoit le nom des Apôtres. Les Eglises, qui ne l'avoient pas encore vû, suspendoient leur jugement, jusqu'à ce qu'elles fussent bien informées de la Tradition des Eglises Apostoliques, comme étoient Rome, Antioche, Alexandrie, Jerusalem &c. Et pour peu qu'on y trouvât d'expressions semblables à celles des Heretiques, on refusoit de le lire. C'est ce qui fit dire à quelques-uns, que l'Apocalypse étoit l'Ouvrage de Cerinthe, à cause de diverses aparitions d'Anges, qui s'y trouvent & d'un passage, qui semble favoriser le regne de mille ans, comme le marque Denys d'Alexandrie. Losqu'une grande Eglise ne reconnoissoit point un Ouvrage, cela sufisoit pour le faire rejetter des autres. C'est ce qui fit revoquer en doute l'Epître aux Hebreux en quelques lieux ; parce qu'il se repandit un bruit en Orient, que l'Eglise de Rome ne la recevoit point, & il paroît, que le fondement de ce faux bruit fut la Conference de Gaïus Prêtre de Rome, avec Proclus Cataphryge ; dans laquelle Gaïus ne compta que 13. Epîtres de saint Paul & ne parla point de celle aux Hebreux. Car les Actes de cette Conference se repandirent en Orient, comme

Pourquoi quelques-uns rejettoient l'Apocalypse & l'Epître aux Hebreux. Apud Eusebium l. 7. Hist. Eccl. cap. 10. Euseb. l. 3. Hist. Eccl. cap.

Eusebe le marque. C'étoit un foible préjugé; car elle étoit reconnuë dans la plus grande partie des Eglises, comme un Ouvrage Apostolique & même comme étant de saint Paul. Mais on ne pouvoit être assez sur ses gardes dans ces premiers tems, où les Heretiques tendoient tant de piéges à la Foi des Fidelles. On pouvoit se passer pour un tems de ces Ouvrages suspects, sans s'exposer à tomber dans de grandes erreurs, dont il n'étoit pas facile de revenir, comme il arrivoit à ceux qui recevoient indiscretement tout ce qui portoit le nom des Apôtres, sans être pleinement informez de la verité.

Euseb. l. 6. Hist. cap. 14.

Il falloit alors se servir de la régle de saint Augustin pour juger de l'autorité de ces Ecritures & preferer celles, qui étoient reçûës generalement de toutes les Eglises à celles, qui ne l'étoient que d'un certain nombre, & plus ces Eglises étoient considerables ou pour le nombre, ou pour leur dignité, aussi l'autorité de ces saintes Ecritures étoit-elle plus grande. Mais depuis qu'on s'est apliqué à démêler les vraies d'avec les fausses Ecritures, & à examiner la Tradition, que les Heretiques & les imposteurs alleguoient, pour soûtenir tant de faux Ouvrages, qui portoient le nom des Apôtres, cette regle est

S. Aug. l. 1. de Doctr. Christ. cap. 8.

devenuë inutile & toutes celles, que l'Eglise reçoit & approuve ont à present une égale autorité.

Il paroît clairement par ces exemples & par plusieurs autres semblables, qu'on pouroit encore raporter, que l'Eglise a pris un tres-grand soin d'éviter les deux extremitez, dans lesquelles sont tombez d'un côté les Saducéens, en rejettant toute sorte de Tradition, comme font les Protestans; & de l'autre les Pharisiens, en recevant tout ce qui en avoit la moindre apparence, & qu'elle a gardé un juste milieu en s'attachant à tout ce qui porte les caracteres essentiels d'une Tradition veritable, qui sont la perpetuité & l'universalité, & rejettant tout ce qui lui est contraire. Il est impossible de se tromper en suivant cette voïe, & comme elle ne s'en est jamais détournée un seul moment, toute l'Histoire Ecclesiastique étant pleine de faits, qui le font manifestement connoître, il faut conclure, qu'il est impossible, qu'elle soit tombée dans l'erreur & qu'elle ait corompu aucun article de sa Foi par de fausses Traditions.

CHAPITRE XVII.

Que ces prétendus changemens n'ont pû ariver comme ceux, qui sont arrivez dans quelques points de Discipline.

Monsieur Masius pouvoit encore se servir de cette comparaison, aussi-bien que de celle des Traditions Pharisiennes, pour prouver au moins la possibilité des changemens, qu'il nous impute. Mais ces sortes de preuves sont beaucoup meilleures, pour en imposer, que pour démontrer. Pour peu qu'il y ait de raport dans les choses, il frape bien plus vivement l'esprit, que la difference réelle, qui s'y trouve. Il ne faut ordinairement qu'une foible atention, pour apercevoir l'un, & il faut presque toûjours de solides reflexions, pour découvrir l'autre. Aussi M. Claude homme tres-habile ne négligea pas une si belle matiére de Sophismes dans la celebre dispute, qu'il eut avec M. Arnaud sur le mystere de l'Eucharistie.

Il ne s'agissoit entr'eux que de la presence réelle. Le Ministre prétendoit, que cette Doctrine étoit nouvelle & incon-

Effet des argumens à pari.

nuë dans les premiers tems; que l'Eglise avoit changé en cela comme en plusieurs autres choses, & ces choses sont divers points de Discipline, qu'il raportoit pour faire voir par ces changemens, que celui, dont il s'agissoit, n'étoit pas impossible, comme M. Arnaud le prétendoit. Pour tirer cette consequence, il falloit nécessairement établir ce principe. *On peut dire avec autant de raison, que l'Eglise a changé dans sa Doctrine, que dans sa Discipline.* Voici l'aplication qu'on en pouvoit faire. *Or c'est une chose certaine & indubitable, que l'Eglise a changé dans un grand nombre de points de Discipline: Donc &c.* Ce raisonnement, dont M. Claude se servoit pour prouver le changement touchant la presence réelle, est également contraire aux Lutheriens & aux Catholiques, qui conviennent sur cet article. Ils sont donc obligez aussibien que nous de nier la majeure de ce raisonnement, quand ils ont à faire aux Calvinistes; comment pourroient-ils s'en servir contre nous?

Les Lutheriens sont obligez de nier le principe des Calvinistes sur cette matiere.

Mais si l'Eglise n'a pas changé, dirat-on peut-être, en ce qui regarde la presence réelle, au moins le pouvoit-elle aussibien que dans sa Discipline, & en cela les Lutheriens & les Calvinistes s'ac-

Les Lutheriens forcez de recourir à la Tradition.

pour les points fondamentaux.

corderont facilement contre nous. Il est vrai, mais il faudra, qu'ils conviennent aussi en même tems avec les Sociniens, qu'elle aura pû changer les articles les plus fondamentaux, comme celui de la Divinité du Verbe, de l'Incarnation, de la Trinité des personnes, du peché Originel, de la necessité de la grace &c. Et comment prouveront-ils, que cela n'est pas arrivé, s'ils n'ont recours à la Tradition ? C'est ce qu'ils sont obligez de faire & en cela ils se condamnent eux-mêmes.

Difference entre le Dogme & la Discipline en ce qui regarde le changement.

Nous raisonnons donc d'une autre manière. Il est vrai, que l'Eglise peut changer & a changé effectivement plusieurs fois dans sa Discipline ; mais il ne suit nullement qu'elle ait changé ou qu'elle puisse changer dans sa Doctrine ; & pour voir la difference, il faut remarquer premièrement, que tout le monde est prevenu de cette pensée, sçavoir que la Discipline peut changer & même qu'elle le doit selon le tems & les lieux. Car c'est une police exterieure établie par des Canons, qui se font dans les Conciles ; selon la necessité. Or le changement des tems & des circonstances fait tres-souvent, que des loix, qui étoient tres-necessaires, deviennent inutiles & quelques fois même mauvaises. Exemple, on a besoin de Prêtres & d'Evêques, pour gouverner l'Eglise. Il étoit difficile dans les commencemens de trouver des Celibataires, qu'on pût élever à ce ministere; parce que tout le monde se marioit, & ceux qui n'étoient pas mariez, étoient trop jeunes, pour pouvoir être capables de ce Ministere. On étoit donc obligé de choisir les plus saints & les plus habiles, mariez ou non, pour les revêtir de la dignité de Ministres; mais preferans toûjours les Celibataires aux autres; & lorsqu'il s'en est trouvé suffisamment de ceux-ci, on a laissé les autres; parce que l'état de la continence est plus parfait & plus dégagé des embarras du monde, que celui du Mariage. C'est ainsi que le Celibat des Ecclesiastiques s'est établi & que la Discipline a changé sur cet article, & elle changeroit encore, si on se trouvoit dans la même necessité.

Les Protestans conviennent eux-mêmes de cette verité & ils le marquent expressément dans l'Article 7. de la Confession d'Ausbourg, & la Discipline est si differente chez eux, non-seulement selon les tems, mais encore selon les lieux, que si on compare ce qui se fait dans les Prêches d'Alsace, avec ce qui s'observe dans ceux

Difference de Discipline chez les Lutheriens.

de Saxe, il n'y a personne, qui puisse juger, que ce soit une même Religion.

Tout le monde sçait donc & voit la nécessité où l'on se trouve de changer de Discipline selon l'ocurrence des tems. Mais il n'en est pas de même de la Doctrine; il n'y a rien qui puisse la faire changer. Toutes les veritez de la Foi sont indépendantes des tems, des lieux, des personnes & de toutes les circonstances des choses. Ce que Dieu a revelé ne peut jamais être faux; tout le monde en est convaincu. C'est pour cela, qu'on s'opose avec tant de zéle aux changemens de Doctrine, que les Heretiques veulent faire dans l'Eglise, au lieu que les changemens de Discipline ne font pas le moindre bruit.

La Discipline peut être differente sans être contraire.

2. Que l'établissement d'une nouvelle Discipline n'est pas une condamnation de l'ancienne. Deux points de Discipline, quoique contraires, peuvent être également bons & nécessaires dans des tems & des occasions differentes. Il n'en est pas ainsi de la Doctrine. Un article ne peut être veritable, que le contraire ne soit absolument faux & si le premier est un article de Foi, le second sera nécessairement une heresie.

3. Que les changemens de Discipline

DE L'EGLISE. Ch. XVII. 259
ne font point infenfibles, & s'il s'en trouve quelques-uns, qui foient arrivez infenfiblement, ce qui eft tres-rare, on fçait au moins tres-certainement, qu'ils fe font faits, quoiqu'on ne fache pas affez précisément le tems, ni les circonftances. On fçait par exemple, que la coutume de Communier fous une feule efpece s'eft établie, quoiqu'on ne fache pas en quel tems, ou en quel lieu on a commencé à s'abftenir de Communier fous les deux.

On connoît les changemens de Difcipline qui font arrivez.

Il n'en eft pas ainfi de ces prétendus changemens de Doctrine, qu'on nous impute. Non feulement les Heretiques ne peuvent marquer le tems ni le lieu, où ils ont dû commencer, mais ils font encore dans l'impoffibilité de prouver, qu'ils foient jamais arrivez, & s'ils le pouvoient faire, il nous importeroit peu de fçavoir le quand & le comment. Il y a donc une grande difference entre les changemens de Difcipline, qu'on fçait tres-certainement être arrivez & ceux de dogme, dont on n'a jamais eu la moindre connoiffance & dont on ne voit pas le moindre veftige.

4. Que les changemens de Difcipline, qui font arrivez ne fe font jamais faits par toute l'Eglife. La coutume de

Les changemens de Difcipline ne fe font

pas généralement par tout.

Communier sous les deux especes subsiste encore chez les Maronites, qui sont de la Communion Latine, chez les Grecs, les Syriens, les Moscovites, les Georgiens, les Nestoriens, les Jacobites, les Armeniens, les Coptes, les Abyssins, &c. On communie encore les petits enfans dans la plus grande partie de ces Eglises. Il y a eu quelques cérémonies particuliéres à quelques Eglises, qui s'étant abolies ne subsistent plus nulle part, comme de donner du lait & du miel à goûter aux nouveaux Baptisez en Afrique; de laver les pieds en baptisant à Milan; de jeûner le Samedi à Rome, &c. Ce n'est pas de ces sortes de Disciplines particuliéres, dont il s'agit ici, mais de celles, qui se sont observées dans toute l'Eglise ou dans la plus grande partie, & c'est de celles-là dont nous disons que le changement n'a jamais été general.

Mais il n'en est pas ainsi de ces changemens de Doctrine, qu'on nous impute. Il faut nécessairement, qu'ils soient arrivez par tout le monde & même dans les societez, qui étoient separées de l'Eglise dés les premiers tems, dont la Doctrine est conforme à la nôtre dans tous les points, que Luther s'est avisé de combatre : car les Lutheriens & avant eux les

Huſſites n'ont jamais pû en découvrir une ſeule dans le monde, petite ou grande, avec laquelle ils puſſent convenir & s'unir, comme nous l'avons déja remarqué. Il y a donc une grande différence entre ces changemens de Diſcipline, qui ſont arivez en quelques endroits & ceux de Dogmes, qui ne peuvent être arivez, s'il ne ſont arivez par tout le monde, & c'eſt raiſonner pitoïablement, que de dire, les uns ſont arivez, donc les autres ſont poſſibles.

5. Qu'il n'eſt pas néceſſaire d'envoïer des Prédicateurs par tout le monde, pour faire changer la Diſcipline. Les Ordonnances d'un Evêque ſufiſent pour la changer dans tout un Diocéze. Un ſeul Concile la peut faire changer dans toute une Province & même dans tout le monde, s'il eſt general.

La Diſcipline change par les Canons.

Mais il faudroit bien d'autres machines, pour établir un Dogme faux & pour en faire un article de Foi. Il faut écrire, il faut prêcher, il faut le ſoûtenir contre tous ceux qui l'ataquent; il faut faire des Aſſemblées, des Conciles, des intrigues, pour gagner les Magiſtrats, les Princes, & les Souverains; afin d'établir par la force ce qu'on ne peut perſuader par la raiſon. Que de dificultez à reſoudre?

que d'obstacles à surmonter ? La Doctrine de JESUS-CHRIST n'étoit en aucune maniére contraire à celle de la Synagogue ; c'étoit la réalité dont l'autre étoit la figure. Tout ce que JESUS-CHRIST devoit faire, pour l'établir, avoit été prophetisé & l'accomplissement de ces Propheties les rendoit elles-mêmes manifestes. La parole de JESUS-CHRIST, & des Apôtres étoit accompagnée d'une infinité de miracles & de prodiges. Cependant combien peu de Juifs l'ont-ils embrassée ? la plûpart même des plus éclairez aimoient mieux dire, que tous ces miracles étoient des prestiges, que de se rendre à la verité ; & l'on viendra nous dire, qu'il est possible de faire changer toute la face de la terre en prêchant une fausse Doctrine, sans faire aucuns miracles & même sans aucune violence, de telle maniére, qu'il ne reste ni traces ni vestiges de l'ancienne Doctrine des Apôtres. Il faudroit donc suposer, pour cela, que les Chrêtiens, qui auroient changé si facilement, c'est-à-dire tous, puisque le changement a dû être general, auroient été moins assûrez de la Divinité de leur Religion & y auroient été infiniment moins atachez, que les Juifs n'étoient à la leur ; que l'erreur seroit beaucoup plus capable de faire impression sur l'esprit de tout le monde, que la verité même; que le monde peut se trouver quelquefois tout perverti sans s'en être aperçû ; que la Colonne de verité, c'est-à-dire l'Eglise, peut être facilement renversée ; que la maison du Seigneur peut être sapée par le fondement, & que les portes de l'Enfer peuvent prévaloir contre la sainte Cité.

6. Qu'il n'est pas nécessaire de changer tous les Livres de la Liturgie, lorsqu'on change quelque point de Discipline; mais qu'il n'en est pas ainsi lorsqu'on change quelque article du Dogme. Qu'on ordonne, par exemple, pour quelque raison particuliére, qu'on baptisera dans la suite par immersion, qu'on communiera sous les deux especes, qu'on donnera l'Eucharistie aux enfans &c. quel changement ces pratiques aporteront-elles à la Liturgie ? Il ne faudra rien ôter ou diminuer aux Missels, Graduels, Rituels, Breviaires, Catechismes & autres Livres semblables, dont on a coutume de se servir dans l'Eglise. Mais qu'on rejette un seul article de Foi, par exemple, l'invocation des Saints; comme il se trouve par tout, & dans tous les Livres, il ne faudra pas seulement les changer, mais

Les changemens de Discipline ne font aucun changement dans la Liturgie,

les aneantir tout à fait. Ces sortes de changemens ne peuvent pas être insensibles, au lieu que les premiers se peuvent faire sans aucun bruit, parce qu'ils ne trouvent aucun obstacle. Il y a donc une grande difference entre les uns & les autres.

Le changement de Discipline ne fait aucun changement dans le culte.

7. Enfin que le changement de Discipline ne fait rien à tout ce qui s'apelle le fond du culte & qu'il regarde seulement quelques circonstances, quelques cérémonies, ou quelques institutions, pour soûtenir la pieté des peuples, pour conduire les Ministres à la perfection, qu'ils doivent avoir, ou pour établir la décence de l'Office Divin. Le Celibat des Prêtres, par exemple, n'a rien changé dans la célébration des Mysteres. On consacrera toûjours sous les deux especes, quoique les Laïques n'en reçoivent qu'une, ainsi du reste.

Mais il n'en est pas ainsi des changemens, qui se feroient dans le Dogme, de quelque maniére qu'ils puissent se faire, soit en augmentant, ou en diminuant les articles de Foi, ils renversent entierement le culte. Suposons, par exemple, qu'on ait crû autrefois, que c'étoit une idolatrie d'adorer Jesus-Christ dans l'Eucharistie, comme les Protestans le veule veulent, personne n'auroit osé pour lors fléchir le genoüil en presence de ce Sacrement, sans se rendre digne d'être chassé de la compagnie des Fidelles, comme s'étant rendu coupable d'un des plus grands crimes, qui se puisse commettre. Lors donc qu'on a dû changer de croïance, il a fallu changer aussi de pratique en même tems, & regarder au contraire, comme impie tout homme, qui auroit refusé d'adorer JESUS-CHRIST dans cet Auguste Mystére. Il faut dire la même chose de l'Invocation des Saints; de la veneration, qu'on porte à leurs Reliques, à leurs Images & à tout ce qui les peut rapeler en nôtre mémoire. Or de tels changemens peuvent-ils être insensibles, & demeurer inconnus à tous les siécles? Il n'y a personne assez stupide, pour pouvoir se l'imaginer, lorsqu'il fera ces reflexions.

Il faut donc convenir, qu'il y a une difference infinie entre ces deux choses, sçavoir entre la Discipline & le Dogme; que l'une peut changer & qu'il est même souvent nécessaire, & que l'autre ne le peut jamais. Ainsi c'est un raisonnement pitoïable de dire, la Discipline est sujette au changement, le Dogme doit donc y être sujet aussi. Et quand cela seroit, pouroit-on en conclure, comme on veut faire, que cela seroit veritablement arrivé?

Nul point fondamental suivant ces raisonnemens.

Mais de raisonner ainsi en matiére de Religion, c'est se précipiter dans l'abîme des abîmes, qui est le Socinianisme, & reduire tous les Articles de nôtre Foi à de purs problêmes. Car il n'y en a pas un seul dont on ne puisse faire ce même raisonnement en particulier, qu'on fait de tous en general, en disant, Chaque point de Discipline peut changer selon les tems & les lieux; donc chaque article de Foi le peut aussi. Ainsi les points fondamentaux n'auront plus aucun fondement; la maison du Seigneur, qui est l'Eglise, ne se trouvera fondée elle-même que sur le sable, & tout ce que l'Ecriture nous marque de son infaillibilité, ne sera plus qu'une vaine illusion.

Conduite bizarre de la Reforme.

Ce n'est pas là l'idée, qu'on a parmi le peuple, de l'Eglise & de sa Doctrine; les Protestans le sçavent bien eux-mêmes, & la conduite bizarre, qu'ils ont tenuë dans leur Reforme, en est une preuve évidente. Ils se servirent du prétexte de Reforme, pour ataquer la Foi. Ce fut le moïen, qu'ils trouverent, d'en imposer aux simples; mais ils virent bien, qu'il n'étoit pas facile de leur faire changer de

DE L'EGLISE. Ch. XVII. 267
langage & de coutumes. C'est pourquoi on retint le nom de Messe dans la Confession d'Ausbourg, & on conserva la plus grande partie des Cérémonies & particulierement celles, qui frapoient plus vivement les yeux de tout le monde; mais on rejetta tout ce qu'il y avoit d'essentiel & qui regardoit le Dogme. Le Peuple étoit accoûtumé à apeller l'Eucharistie, le saint Sacrement de l'Autel, ce qui fait voir, qu'on croïoit que la célebration de ce Mystere étoit un veritable Sacrifice, l'Autel & le Sacrifice aïant un raport mutuel & une connexion nécessaire, de sorte que l'idée de l'un renferme toûjours l'idée de l'autre. On n'a pas osé changer ce langage; c'étoit tout risquer, que d'oser l'entreprendre si tôt. On l'a souffert parmi le Peuple; on s'en est même servi dans les Livres, qu'on mettoit entre les mains de tout le monde; & malgré tout cela on n'a pas laissé, que de dire & de soûtenir, que la célebration de l'Eucharistie n'étoit pas un Sacrifice, ce qui fait une contradiction certaine, mais que le Peuple ne peut pas facilement déveloper.

On étoit encore accoûtumé à définir l'Eucharistie dans les Catechismes, un Sacrement, qui contient réellement & sub-

Tromperie des Reformateurs.

M ij

stantiellement le Corps & le Sang de Jesus-Christ *sous les espèces du pain & du vin.* Cette maniére de parler fait entendre naturellement à tout le monde, qu'il ne reste dans ce mystere, que les simples aparences du pain & du vin. On n'a pas osé changer ce langage, où tout le monde étoit accoûtumé, parce qu'il étoit à craindre, que de tels changemens ne découvrissent la tromperie des Reformateurs, qui publioient par tout, qu'ils n'en vouloient qu'à certains abus, qui s'étoient glissez insensiblement dans l'Eglise. On a suprimé le mot d'Especes dans la Confession d'Ausbourg, qui est en Latin, & on s'est contenté de dire, que le Corps & le Sang de Jesus-Christ sont dans l'Eucharistie; *In cœnâ Domini docent* (Lutherani) *quod Corpus & Sanguis Christi verè adsint.* Dans l'article I. touchant les abus, où l'on parle de la Communion sous les deux especes, on s'est encore servi de la maniére de parler ordinaire, *Laïcis datur utraque species,* on donne les deux especes aux Laïques. Dans la Confession d'Ausbourg traduite en langue vulgaire, comme M. Masius l'a mise dans son Livre, on dit non seulement dans l'Article X. *que le*

Marginalia:
Ils retiennent le langage & changent les choses.
Confess. August. art. 10.

DE L'EGLISE. Ch. XVII. 269
vrai Corps & le vrai Sang de JESUS-
CHRIST, sont veritablement presens dans
l'Eucharistie, comme dans le Latin, mais
encore qu'il y est *sous les especes du pain
& du vin*. On dit la même chose dans les
Catechismes qui sont en langue vulgaire
& qui se trouvent entre les mains de tout
le monde, & ce langage ordinaire marque la Transubstantiation : mais dans les
Livres des sçavans, qui sont en Latin,
on rejette cette maniére de parler & on
dit, que le Corps de JESUS-CHRIST
dans l'Eucharistie est sous, dans ou avec
le pain & le vin. *In sub aut cum pane &
vino*, ou quelqu'autre chose semblable,
qui signifie toûjours la Consubstantiation.

<small>Catech. de Strasbourg Allemād & Francois.</small>

<small>Apolog. Confess. Aug. art. 4. Concord. pag. 157. Catech. Min. Conc. pag. 380. Cat. major Concord. pag. 554. Epitom. Concord. pag. 599. Solid. rep̃et. Concᵉ. pag. 718.</small>

On a retenu les noms de *Confession*, de
Penitence, d'*Absolution*, de *Contrition* ;
mais la chose n'existe plus, qu'en idée,
ou en figure. On a détruit la Confession
en disant, qu'il n'étoit pas nécessaire de
confesser tous ses pechez. On n'en Confesse aucun en particulier en Alsace, mais
on se déclare coupable de tous ceux, qui
se peuvent commettre dans le monde,
par des signes seulement qu'on fait devant le Ministre, lequel déclare, que
tous ces pechez sont remis par la Foi, &
cette déclaration s'apelle Absolution.

M iij

Les troubles & les remords de conscience s'apellent Contrition & par ce moïen les plus scelerats sont plus contrits, que les plus gens de bien, perce qu'ils ont plus de remords & de troubles de conscience. L'effort qu'on fait pour se mettre dans l'esprit, que tous ces pechez sont remis par la Foi, quant à la peine & quant à la coulpe, s'apelle Penitence.

C'est ainsi qu'on a retenu les noms, autant qu'il a été possible, en changeant les choses ; afin de faire croire au Peuple qu'on ne changeoit rien dans la Foi. Si on n'avoit ataqué que des abus, on n'auroit pas eu besoin de ces artifices. Les Reformateurs auroient toûjours crû les mêmes choses, & auroient toûjours parlé de la même maniére. Le langage de l'Eglise est fixe parmi le Peuple, comme parmi les Sçavants ; parce que la Foi des uns est la même, que celle des autres ; & comme cette Foi est fondée sur la parole de Dieu écrite & non écrite, quand le Ciel & la Terre seroient entierement changez, elle ne changera jamais. *Le Ciel & la Terre passeront*, dit JESUS-CHRIST; *mais mes paroles ne passeront jamais*. Ainsi quand la Discipline auroit changé mille fois, il ne suit en aucune maniére, que la Doctrine de l'Eglise ait pû changer,

Math. 24. v. 35.

Mais je dis bien davantage, sçavoir que les changemens de Discipline les plus considerables, qui sont arrivez ou qui peuvent arriver, sont des preuves solides de l'immutabilité de la Doctrine de l'Eglise, & c'est ce que je vais prouver dans le Chapitre suivant.

Chapitre XVIII.

Que les plus considerables changemens de la Discipline de l'Eglise, sont une preuve de l'immutabilité de sa Doctrine.

IL y a des points de Discipline, qui n'ont jamais changé, & qui ne changeront jamais, comme le mélange du Calice, la Benediction du pain avant que de consacrer, la coutume de faire le signe de la Croix dans toutes les Benedictions, la prohibition du Jeûne aux jours de Dimanche, & plusieurs autres semblables, parce qu'il ne se peut trouver aucune raison de les changer, & qu'il y en a de tres-fortes pour ne le pas faire. Mais le nombre de ces points de Discipline, qui sont fixes & invariables, est petit en comparaison des autres; & ceux-ci par leurs changemens, ne manquent presque jamais de faire voir, que la Doctrine de l'Eglise est immuable ; parce que c'est cette immutabilité, qui en est ordinairement la cause, comme nous allons voir par divers exemples.

<small>Le lavement des pieds aboli dans le Baptême, pour marquer en quoi consiste l'essence de ce mystere.
S. Ambr. l. 3. de Sacram. cap. 1.
Ioan. 13. v. 14.</small>

Premier exemple. On avoit autrefois coutume dans quelques Eglises de laver les pieds à ceux qu'on batisoit. Cela se pratiquoit à Milan, comme le marque saint Ambroise, lequel aprouve fort cette cérémonie. Cela se pratiquoit encore en Espagne, comme il paroît par un Canon du Concile d'Elvire. Le Prêtre faisoit voir par cette cérémonie, que le nouveau baptisé étoit du nombre de ceux à qui JESUS-CHRIST avoit dit, *Vous devez vous laver les pieds les uns aux autres*; & si JESUS-CHRIST l'a fait lui-même, c'étoit pour nous aprendre quelle devoit être nôtre humilité, & nous marquer au même tems, que le Demon nous aïant suplantez & corrompu toutes nos voïes par le soufle de son haleine, il étoit venu lui-même, pour nous relever & pour purifier toutes choses. Cette cérémonie étoit sainte ; mais quelques-uns commencerent à douter, si elle n'é-

<small>S. Aug. epist. n. E. 55. al. 119. c. 18.</small>

toit point essentielle au Sacrement ; d'autres voulurent l'assurer. C'est pourquoi plusieurs Eglises, dit saint Augustin, ne voulurent point la mettre en usage, de peur que cette pratique ne devînt un jour une occasion d'Heresie. D'autres voïant effectivement, que cette erreur commençoit, furent obligées d'y renoncer, pour ce même sujet. D'autres la separerent du Baptême, & la differerent jusqu'au troisiéme jour & même jusqu'au huitiéme. Ce fut pour ce sujet, que l'Eglise de Rome ne voulut jamais la pratiquer ni l'autoriser, & qu'elle fut enfin abolie en Espagne par le Concile d'Elvire. Ce changement de Discipline ne se fît donc dans ces Eglises, que pour y conserver la Foi du Baptême & pour faire connoître à tout le monde, en quoi consistoit précisément l'essence & l'integrité de ce mystere.

2. Exemple. On donnoit autrefois l'Eucharistie aux Enfans. Ces Enfans n'aïant aucun usage de raison ne pouvoient pas faire des actes de Foi, & cette pratique nous fait voir, qu'on croïoit, que ce Sacrement operoit en eux & les rendoit participans de la grace, qui est atachée au Corps & au Sang de Jesus-Christ. On croïoit donc alors, que ce Sacrement a son effet par lui-même, (*ex opere operato,*) aussi-bien que le Baptême. Ce qui fait voir l'impieté de

S. Cypr. lib. de Lapsis.

L'Eucharistie' donnée aux Enfans marque que ce Sacrement donne la grace ex opere operato.

l'Article XIII. de la Confession d'Ausbourg dans lequel *on condamne ceux qui disent, que les Sacremens ont leur effet par eux-mêmes* (ex opere operato,) *sans la Foi, par laquelle on croit, que nos pechez nous sont remis.* Les Protestans ne reçoivent, que deux Sacremens, sçavoir l'Euchrristie & le Baptême, & la coutume de les administrer l'un & l'autre aux Enfans, qui ne peuvent faire aucun acte de Foi, est une condamnation visible du sentiment de ces Reformateurs.

On a cessé de donner ce Sacrement aux Enfans, dont ils n'ont pas besoin pour conserver la vie spirituelle, qu'ils ont acquise étant incorporez à JESUS-CHRIST par le saint Baptême, parce qu'on ne pouvoit leur administrer sans se mettre dans un extrême danger de le prophaner. Car lorsque les Enfans étoient fort petits, ils ne le pouvoient recevoir que sous l'espece du vin, qu'il étoit tres-facile de répandre & impossible de ramasser. On a toûjours regardé ces accidens comme un tres-grand mal, comme il paroît par la maniere, dont en parlent Tertulien, Origene, saint Cyrile de Jerusalem & saint Jean Chrysostome ; & comme ils étoient frequens & inevitables, malgré toutes les précautions qu'on

Tert. d. de Coron. cap. 3. Origen. hom. 13. in cap. 25. Exod. S. Cyril. Hier. Catech. myst.

DE L'EGLISE. Ch. XVIII. 275
pouvoit prendre, on a mieux aimé abolir cette coutume, qui n'étoit point nécessaire, que de s'y exposer davantage.

Cette pratique fait voir, qu'on ne croïoit pas, comme font les Protestans, que les deux especes fussent inseparables & essentielles au Sacrement; & le motif qu'on a eu d'abolir cette coutume, prouve évidemment, qu'on croïoit encore moins, que ce Sacrement ne consiste que dans l'usage. Les Lutheriens, qui sont dans cette erreur, n'aprehendent point de laisser tomber le Corps de Jesus-Christ ou de repandre son Sang par terre; parce que, selon leur sentiment, ils ne se trouvent dans le pain & dans le vin, que lorsqu'on les mange & qu'on les boit. Ce changement de Discipline condamne encore l'Heresie des Calvinistes, des Zuingliens, des Carlostadiens & de tous les autres, qui nient la presence réelle. Car si ce n'étoit que du pain, cette crainte de répandre le Sang de Jesus-Christ, en le donnant aux Enfans auroit été bien vaine & bien inutile; ainsi cette coutume dureroit encore, & les Peres de l'Eglise n'auroient point fait de crime à personne, pour avoir laissé tomber quelque peu de pain ou de vin à terre.

S. circa finem. S. Joan. Chr. epist. ad Innoc. 1. S. Pont.

On a cessé de donner l'Eucharistie aux Enfans à cause des prophanations, ce qui fait voir que ce Sacremēt ne cōsiste pas dans le seul usage.

M vj

276 L'INFAILLIBILITÉ

3. Exemple. Il se tire du changement, qui est arivé dans la Communion sous une seule ou sous les deux espèces. On communioit ordinairement sous les deux espèces dans les premiers tems, excepté dans les Communions domestiques, dans celles des malades, celles des Enfans, des Prisonniers, de ceux qui ne peuvent boire de vin, dans les Messes des présantifiez, dans lesquelles on ne consacre point. Comme il n'étoit pas nécessaire de communier sous les deux espèces, & que la prophanation étoit à craindre, plusieurs s'en abstenoient, de sorte qu'au tems de saint Leon, c'est-à-dire vers l'an 443. il y en avoit peu, qui reçussent l'espece du vin. Les Manichéens, qui croïoient que le vin venoit du mauvais principe, ne la recevoient jamais. Saint Leon rétablit la Communion sous les deux espèces, pour les éloigner de ce mystère, & pour les distinguer des vrais Fidelles. Ces changemens de coutume & de Discipline prouvent donc la Doctrine de l'Eglise contre les Heretiques du tems passé, aussi bien que contre ceux d'aprésent & font voir, qu'elle est immuable.

L'usage des deux espèces condamne les Manichéens d'une seule, les Lutheriens, Calvinistes &c.

4. Exemple. Il se tire de la coutume qu'on avoit autrefois de donner l'Eucharistie aux Fidelles, afin de l'emporter

La coutume d'éporter l'Eucha-

chez eux & la recevoir, quand ils se trouveroient en avoir besoin, comme dans les maladies, la persecution, le danger de se voir arêtez prisoniers pour la Foi. Tertulien, S. Cyprien & S. Basile nous marquent cette coutume, laquelle prouve évidemment. 1. Que le Corps & le Sang de Jesus Christ sont réellement & substantiellement dans l'Eucharistie. Car si on avoit crû, que ce n'eût été que du pain, on ne se seroit pas donné la peine de l'emporter chez soi; chacun en avoit en sa maison. 2. Que ce Sacrement ne consiste pas simplement dans l'usage, comme les Lutheriens le prétendent ; car ce n'est pas la manducation, qui fait la présence du Corps & du Sang de Jesus-Christ, mais les paroles prononcées par le Prêtre. Ils y étoient donc lorsqu'on emportoit les espèces & on ne les emportoit, que parce qu'elles les contenoient. 3. Qu'on étoit persuadé, que ce Sacrement est tres-nécessaire particulierement à la mort, & qu'il donne une grande force, pour en soûtenir les fraïeurs ; qu'il embrasoit le courage des Fidelles dans la persecution & les soûtenoit dans le martyre. 4. Qu'on communioit dans ces premiers tems sous une seule espèce, car toutes ces communions domestiques, qui se

ristie chez soi prouve la presence réelle, la permanence, l'usage d'une seule espèce, l'effet de ce Sacrement. Tert. l. 2. ad Vxor. cap. 5. S. Cyp. serm. de Lapsis. S. Basil. epist. 289. ad Cæsar. Patritiam.

faisoient tous les jours, ou tout au moins très-souvent, se faisoient sous la seule espece du pain ; l'on ne voit en aucun endroit qu'on ait distribué celle du vin.

Le tems des persecutions aïant cessé, cette coutume s'est insensiblement abolie. Le 1. Concile de Tolede l'abolit dans toute l'Espagne l'an 400. à cause des prophanations, qui aparemment avoient été faites de ce sacré Mystere; car on ordonna, que si quelqu'un aïant reçû la sainte Hostie de la main d'un Prêtre, ne la consumoit pas aussitôt, il seroit traité comme un sacrilege. On continua cependant de la donner dans la main ; mais comme on pouvoit encore tromper la vûë du Prêtre, un Concile de Roüen, dont Burchard raporte le Decret, ordonna qu'on la mettroit dans la bouche de ceux qui voudroient la recevoir, ce qui fut aprouvé & établi dans toute l'Eglise.

Tol. Conc. 11 Can. 14.

Ces changemens de Discipline & toutes ces précautions démontrent donc encore, quelle a toûjours été la foi de l'Eglise touchant le mystere de l'Eucharistie, & convainquent les Calvinistes, les Zuingliens, les Carlostadiens, les Lutheriens & les autres Heretiques de nouveauté, & par consequent d'Heresie.

5. Exemple. Il se tire de la Discipline,

DE L'EGLISE. Ch. XVIII. 279
qu'on observoit dans l'administration du Baptême. On faisoit autrefois trois immersions pour marquer les trois personnes de la tres-sainte Trinité, au nom desquelles on baptise. On se servoit de cette coutume, pour combatre l'Heresie des Sabelliens, qui nioient la Trinité des personnes ; & lorsque les Anoméens & les Aëtiens, qui nioient la Divinité du Fils & du Saint-Esprit se mirent à baptiser en faisant une seule immersion, l'Eglise condamna cette nouvelle pratique & ordonna, comme nous voïons par le quarante-neuviéme Canon des Apôtres, que tout Prêtre ou tout Evêque, qui oseroit baptiser par une seule immersion, seroit déposé.

Les trois immersions du Baptême condamnent les Sabelliés, les Anoméens & les Ariens.

Mais lorsque les Ariens d'Espagne s'aviserent de dire, que ces trois immersions marquoient trois natures réellement distinguées en Dieu, Leandre Evêque de Seville crut qu'il étoit à propos de changer ce point de Discipline & de baptiser par une seule immersion, pour faire voir, que les trois n'étoient point nécessaires, & qu'elles n'avoient jamais marqué trois natures, mais seulement trois personnes en Dieu. Saint Gregoire aprouva son dessein & suivant la réponse de ce saint Pape il fut ordonné dans le IV. Concile de

S. Greg. l. 1. epist. 41. ad Leandr. Hispal. Conc. Tol. IV. Can. 5. an. 633.

Tolede, qu'on ne baptiseroit plus en Espagne, que par une seule immersion, pour marquer l'unité de nature, les paroles marquant sufisamment la Trinité & la distinction des personnes. Ce sont donc les Heresies, qui sont ordinairement cause, que l'Eglise change de Discipline : & elle le fait pour caracteriser la verité de sa Doctrine & de peur que les Heretiques ne puissent se servir des mêmes loix, qu'elle établit & qu'elle observe religieusement, pour autoriser le mensonge, comme saint Gregoire le remarque dans sa réponse à Leandre.

6. Exemple. Pendant que l'Idolatrie regnoit dans le monde l'usage des Images étoit moins commun ; parce qu'elles auroient pû être un sujet de scandale aux Proselytes. Les Juifs & les Gentils n'auroient pas manqué de dire, que les Chrétiens ne faisoient que changer de Divinitez, & qu'ils substituoient de nouvelles Idoles à la place des anciennes. C'eust été même un sujet de persecution : car on n'auroit pas manqué de publier, qu'ils rejettoient les Dieux reçûs & aprouvez par le Senat de Rome, & qu'ils s'en faisoient, qui étoient inconnus à tout le monde, ce qui n'étoit pas permis par les loix de la Republique.

L'usage des Images rare dans les premiers tems de l'Eglise à cause de l'Idolatrie.

Mais à mesure, que le Paganisme s'est dissipé & que ce sujet de scandale s'est éloigné, on a fait moins de scrupule d'avoir des Images, premierement dans les maisons particulières & ensuite dans les Eglises. Ce changement nous fait donc voir, que l'usage des Images n'est pas absolument necessaire; mais qu'il est saint, puisqu'il s'est établi dans toute l'Eglise peu à peu, à mesure que le Paganisme a tombé & c'est ce qu'on a toûjours soûtenu contre les Iconoclastes du VIII. & du XVI. siécle.

7. Exemple. Il se tire des changemens, qui sont arivez dans la Discipline de la Penitence. L'Eglise usoit d'une tresgrande severité dans les commencemens, pour imprimer de l'horreur à ses enfans de certains crimes, qui étoient tres-communs parmi les Païens, comme l'homicide, l'idolatrie & la fornication. On imposoit de terribles peines aux Chrétiens, qui étoient assez malheureux, que d'y tomber. Il falloit passer par divers dégrez de mortification, pour se purifier & pour pouvoir en obtenir l'absolution, & il y avoit même plusieurs crimes, de qui on ne l'a donnoit jamais en certains lieux, pas même à la mort. Cette rigueur étoit tres-salutaire à tout le

Les changemens de Discipline sur la Penitence prouvent le pouvoir de l'Eglise contre les Montanistes, les Novatiens &c.

monde, parce que chacun se tenoit sur ses gardes de peur de tomber dans le malheur de ceux, qu'on voïoit pendant plusieurs années à la porte des Eglises, couverts de cilices, prosternez la face contre terre & la baignant de leurs larmes, pour obtenir seulement la permission d'entrer dans la cariére de la Penitence.

Mais lorsque Montanus vint à se servir de ces exemples, pour persuader à ceux de sa Secte, que l'Eglise n'avoit pas le pouvoir de remettre toutes sortes de pechez, parce qu'il y avoit plusieurs Eglises, où l'on ne l'acordoit jamais pour certains crimes, ou parce qu'ils étoient trop énormes ou qu'ils devenoient trop communs, on se relâcha de cette grande severité en quelque chose, & ce fut ce relâchement, qui fit prendre la resolution à Tertulien de se separer de l'Eglise, pour suivre le parti des Montanistes, comme étant le plus severe, ne pouvant souffrir qu'on se départît jamais de cette extrême rigueur, que la necessité avoit introduite & ne comprenant pas de quelle importance il étoit d'user de quelque temperamment, pour confondre la superbe des Montanistes & assûrer la Foi des Fidelles, contre cette

Tert. l de Pudic. c. 1.

fausse aparence de sainteté.

Dans le tems de la persecution de Dece on fut obligé d'imposer des peines tres-rigoureuses à ceux qui tomboient dans l'idaoltrie; afin de donner aux Fidelles une juste horreur de ce crime & les retenir dans leur devoir par la crainte de ces peines. On fit des loix tres-sevéres, pour obliger les Lapses à entrer au plutôt dans la cariére de la Pénitence; comme de ne l'acorder jamais à ceux qui ne la demandoient que quand ils tomboient malades. Cela prouve qu'on croïoit alors, comme on croit aujourd'hui, que la Satisfaction est une partie de la Pénitence, qu'elle est nécessaire pour obtenir la remission de ses pechez, & que les Reformateurs, qui le nient, sont d'un sentiment contraire à toute l'ancienne Eglise & par consequent Heretiques.

Mais les Novatiens s'étant separez & s'étant avisez de soûtenir, que l'idolatrie étoit un crime irremissible; pour paroître plus saints que les autres, qu'ils disoient être soüillez par la société de ceux, qui étoient rentrez dans l'Eglise, quoiqu'ils eussent expié ce crime par les plus grandes rigueurs de la pénitence, on se relâcha en quelque maniére de cette sévérité Canonique en acordant plus facilement des indulgences à ceux, qui étoient tombez, lorsqu'on le jugeoit à propos ; pour faire voir quel étoit le pouvoir de l'Eglise dans l'administration du Sacrement de Pénitence, que ces Heretiques bornoient selon leur caprice, & que les Lutheriens contredisent entierement aujourd'hui, en niant le pouvoir qu'elle a d'acorder des indulgences.

Ces changemens sont donc des marques & des preuves de l'immutabilité de la Foi, par laquelle nous croïons la nécessité de la Satisfaction & en même tems, que l'Eglise a le pouvoir de la rendre plus ou moins rigoureuse, selon la nécessité des tems, l'énormité, le nombre ou la legereté des crimes, la force ou la foiblesse des coupables, le plus ou le moins de douleur de leurs pechez.

<small>Le Mariage des Prêtres condamnoit les Encratikites, les Manichéens, les Aëtiens &c.</small>

8. Exemple. Il se tire du Celibat des Ecclesiastiques. L'Eglise recevoit au commencement des Ministres & des Prêtres mariez, pourvû qu'ils ne l'eussent été qu'une fois ; parce que le second mariage est une marque d'incontinence & n'est pas une si parfaite representation de l'union de JESUS-CHRIST avec l'Eglise que le premier, JESUS-CHRIST n'aïant eu & ne devant jamais avoir qu'une seule épouse. Cette conduite condam-

DE L'EGLISE. Ch. XVIII. 285
noit l'erreur des Encratites, des Aëriens, des Manichéens, des Priscillianistes, des Apostoliques & d'autres semblables Heretiques, qui rejetoient de leurs Assemblées tous ceux, qui ne gardoient pas la continence.

On a préferé dans la suite pour le Ministere ceux qui vivoient dans la continence, à ceux qui étoient engagez dans le Mariage, parce qu'il s'en trouvoit sufisemment, qui vouloient vivre dans le Celibat. Ce changement de Discipline nous fait voir, que l'Eglise a toûjours crû, que la virginité & la continence étoient preferables à l'état du Mariage, ce qui faisoit la condamnation de Jovinian, qui disoit, que le Mariage étoit d'un aussi grand mérite que la continence, & de Luther qui disoit que le Mariage étoit de Précepte & que la Virginité & la Continence étoient absolument impossibles à garder.

Le Celibat des Prêtres condamne Jovinian.

9. Exemple. Les Priscillianistes étoient de veritables Manichéens. Ils rejettoient l'usage des viandes & ne pouvoient soufrir, non seulement qu'on en mangeât, mais encore de ce qui avoit été cuit ou mêlé avec elles. On ordonna dans le Concile de Bragues I. qu'on obligetoit, sur peine de déposition, les Ecclesiastiques à manger au moins des herbes qui auroient

On ordonne l'usage des viandes contre les Priscillianistes. Conc. Bracar. Can. 14. an. 563.

été cuites avec de la viande s'ils vouloient s'abstenir de la viande par mortification, afin d'éloigner d'eux le soupçon de cette Heresie. L'Eglise, qui ordonne l'abstinence des viandes en certains tems & en certains jours, la deffendoit alors, pour distinguer les veritables Fidelles de ceux, qui étoient plongez dans les abominables erreurs des Priscillianistes, qui croïoient que les viandes venoient du mauvais principe, & qu'elles souilloient l'ame. Cela est si veritable que le même Concile aprouve l'abstinence des viandes, lorsqu'on la garde par penitence ou par mortification, pourvû que cela se fasse sans aucun scandale. Ce qui fait voir la mauvaise foi des Ministres, qui osent nous imputer cette Heresie, & qui se servent des passages de l'Ecriture, dont les Peres se servoient contre ces Heretiques, pour nous prouver, qu'on ne doit observer ni Carême ni abstinence.

Can. 14.

Confess. August. art. V. de abusib.

On peut raporter un grand nombre de semblables exemples, mais ceux-là ne sont que trop sufisans, pour faire voir, que les changemens de Discipline les plus considerables n'ont été faits, que pour confirmer la Doctrine de l'Eglise & distinguer les veritables Fidelles des Heretiques cachez ou déclarez. Car dés le moment, que les Heretiques viennent à publier quelque nouvelle opinion, l'Eglise s'y opose non-seulement par des paroles ; mais encore par un changement de Discipline, s'il est possible ou nécessaire ; afin de faire voir par une pratique continuelle, qu'elle a en horreur une telle Doctrine. C'étoit donc inutilement, que les Calvinistes de France demandoient, pour se réünir à l'Eglise, qu'on leur acordât la Communion sous les deux especes. C'étoit l'unique moïen, qu'ils trouvoient, de pouvoir demeurer dans l'Eglise & d'y communier avec les Catholiques sans croire ni la présence réelle, ni la Transubstantiation, ni la verité du Sacrifice, & en demeurant toûjours à la simple figure. Mais l'Eglise ne peut souffrir dans son sein un tel mêlange, & bien loin qu'elle fût portée à rétablir l'usage de la coupe, un soupçon aussi-bien fondé que celui-là, seroit capable de l'engager à le deffendre, s'il étoit en usage ; afin d'obliger ceux, qui croiroient les deux especes essentielles & nécessaires au Sacrement, à changer de sentiment. L'exemple qu'ils alleguoient du Concile de Bâle, qui voulut bien laisser la liberté aux Bohêmes de communier sous les deux especes, faisoit entierement contre

Pourquoi l'on ne pouvoit accorder la coupe aux Protestans qui demandoient à se réünir à cette condition.

Æneas Sylv. Hist. Bohem. cap. 52. In resp. 3 Ambass. Imper. in append. Conc. Basil.

eux, parce que les Bohêmes croïoient la présence réelle, la Transubstantiation & la verité du Sacrifice; ainsi il n'y avoit rien à craindre étant veritablement Catholiques en toutes choses, & reconnoissant & promettant d'enseigner au Peuple, que les deux especes n'étoient aucunement nécessaires & de ne forcer personne à les recevoir. Ainsi le Concile ne fit aucune dificulté de se relâcher sur un point de Discipline, qui pouvoit servir à ramener un grand nombre de personnes au sein de l'Eglise. Mais cela ne fut pas exécuté, les Chefs du Schisme aïant violé toutes les promesses, qu'ils avoient faites au Concile & recomimencé à faire de nouveaux desordres. Si ces Schismatiques avoient soûtenu comme font les Calvinistes & les Lutheriens, que les deux especes sont essentielles ou nécessaires au Sacrement, on ne leur auroit jamais acordé l'entrée de l'Eglise à cette condition. Car quoique la Discipline soit en sa disposition, elle ne la change jamais, pour favoriser l'erreur & l'Hérésie; mais au contraire elle la change tout autant de fois, qu'il est nécessaire, pour éclarcir le Dogme & pour assûrer la Foi de ses Enfans & écarter les Heretiques, qui tâchent en se cachant sous

des

Naucle-
rus pars.
p. Gen.
81.

DE L'ÉGLISE. Ch. XVIII. 289
des peaux de brebis de ravager la bergerie de JESUS-CHRIST. C'est ce que nous nous étions proposés de montrer dans ce Chapitre.

CHAPITRE XIX.

Dans quel sujet repose l'esprit d'infaillibilité, qu'on attribuë à l'Eglise.

C'Est ce que nous demande le Ministre Jurieu, ce fameux Prophete de nos jours, dans les refléxions, qu'il a faites sur les Conciles, & qu'il a mises à la tête de son abregé de l'Histoire du Concile de Trente composée par Frà Polo & il pretend que l'Eglise ne le peut trouver. Tout ce que nous avons dit jusqu'à present, n'est que trop suffisant, pour lui enseigner ce qu'il demande. Cependant il est à propos de le contenter plus amplement & de luy faire voir la fausseté des raisonnemens, qu'il met en usage pour détruire cet esprit d'infaillibilité, qui l'embarasse de quelque côté qu'il se tourne, soit du côté de Calvin ou de Socin.

Nous avons demontré en plusieurs manieres que l'Eglise est infaillible, on est

Tom. I. pag. 15. & les suiv.

Tome I.   N

même obligé de le reconnoître dans l'article VII. de la Confession d'Ausbourg; & il faut renoncer manifestement à l'autorité de toutes les saintes Ecritures anciennes & nouvelles, pour oser dire, comme ont fait les Calvinistes de France, dans leur confession de foi, *que l'état de l'Eglise au tems de Calvin & de Luther étoit interrompu & qu'il a fallu, que Dieu suscitât des gens d'une façon extraordinaire pour dresser l'Eglise de nouveau, qui étoit en ruine & desolation.* Combien de Propheties nous marquent expressément ou figurativement cette importante verité? Le Prophete Roy nous la represente comme une ville, que le Seigneur a fondée pour toûjours. Il l'apelle une montagne sainte, pour en marquer la stabilité, & ce nom lui est souvent donné dans l'Ecriture. C'est ainsi que saint Augustin explique ce Pseaume, qui est tres-intelligible de lui-même. Isaïe marque, que Dieu devoit faire un jour une aliance éternelle avec nous. Jesus-Christ s'appliqua les premieres paroles de ce Chapitre prêchant dans la Synagogue de Nazaret, ce qui fait voir, que ce passage s'entend manifestement de l'aliance, qu'il devoit faire avec l'Eglise. Le Prophete Daniel parle d'un Royau-

Confession de France art. 33. L'Eglise est infaillible selon l'Ecriture sainte.

Psal. 47.

S. Aug. in Psal. 47.

Isaï. 61. v. 8.

Luc 4. v. 18.

me, que le Dieu du Ciel devoit établir, pour toûjours, qui ne pourroit jamais être détruit ni tomber entre les mains d'une autre nation, qui verroit finir tous les Royaumes, dont il a parlé auparavant, & qui subsisteroit éternellemét; ce qui ne peut convenir qu'au Royaume de Jesus-Christ qui est l'Eglise, que l'Ange, qui anonça sa venuë à la sainte Vierge, déclara ne devoir jamais finir. *Daniel. 2. v. 44.* *Luc. 1.* *Math. 7. v. 24.*

C'est pour cela, qu'il est apelé un homme sage, qui a placé les fondemens de sa maison sur la pierre, afin qu'elle ne puisse être ébranlée ni par la pluie qui tombe, ni par les fleuves qui se débordent, ni par les vents qui souflent, & qui viennent fondre contre elle. C'est lui-même, qui est cette pierre, quoy-qu'il soit encore l'Architecte ; & cette pierre donna son nom au premier des Apôtres, qui la representoit, lorsqu'il lui dit, *tu es Pierre & sur cette pierre je bâtirai mon Eglise, & les portes de l'enfer ne prevaudront point contre elle*, ce qui prouve encore manifestement l'infaillibilité de l'Eglise. Et c'est pour cela que saint Paul l'apelle *l'apui & la colonne de verité* ; & non pas seulement, comme dit Jurieu, *parce qu'elle est obligée de deffendre la verité*, comme si elle étoit *Math. 16. v. 18.* *1. Timot. 3. v. 15.* *Iur. hist. du Conc. de Trente p. 2. 6.*

N ij

seule, qui y fût obligée.

Tous ces passages & une infinité d'autres, qu'on pourroit encore aporter, prouvent évidemment l'infaillibilité de l'Eglise. Or si elle ne doit jamais manquer, il faut necessairement qu'elle ait un tribunal infaillible, où qu'il puisse être; & par consequent que Jesus-Christ preside à ses jugemens & que ce soit l'Esprit de Dieu même, qui y decide par la bouche des Juges. C'est pour cela que Jesus-Christ a promis, qu'il seroit avec elle jusqu'à la fin des siecles, & que les Apôtres se sont servis dans leur decision de cette formule; Il a semblé bon au Saint-Esprit & à nous de &c. *Visum est Spiritui Sancto & nobis &c.*

Act. 15. v. 48.

Il n'y a donc rien si certain, que l'Eglise est infaillible, puisque toute l'Ecriture semble conspirer à nous en convaincre; car toute l'Ecriture tend à établir parmi nous ce Royaume de Jesus-Christ & à nous faire connoître, quel il doit être. Ainsi il ne s'agit plus que de trouver le sujet, où repose cet esprit d'infaillibilité, pour contenter pleinement Monsieur Jurieu. Or je dis qu'il repose sur toute l'Eglise répanduë par toute la terre, parce qu'il est impossible selon toutes ces promesses, qu'elle puisse

L'Eglise Catholique est

perir toute entiere, & par conséquent qu'elle puisse embrasser aucune erreur, puisqu'elle cesseroit d'être l'Eglise de JESUS-CHRIST, si elle cessoit de tenir sa doctrine dans le moindre petit article. Il est vrai qu'il s'en détache de tems en tems quelques petites parties, parce que le Royaume de Dieu doit être enlevé à ceux, qui ne le font pas profiter, & cela arive souvent à des nations entieres. C'est une punition la plus terrible, que Dieu puisse exercer contre un misérable peuple; mais jamais une telle apostasie ne se trouvera dans toute l'Eglise, ni même dans la plus grande partie. Le titre de Catholique, que les Apôtres lui ont donné, en est une démonstration certaine: car c'est en vertu de ce privilege, qu'elle sera toûjours la plus grande, la plus nombreuse & la plus étenduë de toutes les sociétés chrêtiennes, ce qu'elle cesseroit d'être si la plus grande partie venoit à perir. *Le sujet où repose l'esprit d'infaillibilité. Mat. XI. v. 43.*

Si l'Eglise ainsi répanduë par toute la terre est infaillible, elle ne l'est pas moins, lorsqu'elle est assemblée. C'est ce qui se fait dans les Conciles generaux. Châque Evêque représente son Eglise, comme en étant le chef & le dépositaire de la Foy, qu'elle a reçûë par Tradition. *De quelle maniere les Conciles generaux sont infaillibles.*

Si tous les Evêques du monde étoient donc assemblez, pour examiner un point de doctrine, on ne peut douter, que ce Concile ne fût infaillible; puisque ce seroit toute l'Eglise assemblée, & que si ce Concile tomboit dans l'erreur, toute l'Eglise cesseroit d'être l'Eglise. Mais si nous supposons que la plus grande partie seulement des Evêques soient assemblez, il est encore tres-certain, qu'un tel Concile seroit infaillible, parce que si ce Concile tomboit dans l'erreur, l'autre partie étant la plus petite, ne pourroit être l'Eglise Catholique; ce ne seroit donc plus celle que Jesus-Christ a fondée, puisque celle qu'il a fondée, doit être Catholique; c'est à dire la plus grande, & la plus étenduë de toutes les societés, qui puissent jamais être. Enfin si nous supposons qu'une partie des Evêques, mais qui ne soit pas la plus grande, soit assemblée, plus ce Concile sera nombreux plus aussi sa décision sera certaine & aprochera de l'infaillibilité; parce qu'il est plus difficile, qu'un grand nombre d'Eglises soient dans l'erreur, qu'un petit nombre; mais si la décision est approuvée & reçûë par toute l'Eglise, elle doit être regardée comme la doctrine de toute l'Eglise, & par

conſequent comme celle de JESUS-
CHRIST.

Le Proteſtant, dit Monſieur Jurieu, eſt fort éloigné de ces penſées. Il prétend qu'il eſt en droit de revoir le procés. Mais où a-t-il pris ce droit le Proteſtant? qui l'a établi juge ſur l'Egliſe, pour revoir ſes jugemens? Ce Proteſtant n'eſt qu'un particulier, ou tout au plus un petit nombre de gens revoltés contre l'Egliſe, dont on examine les ſentimens dans ces ſaintes aſſemblées, pour voir s'ils ſont conformes à ceux qu'on tient, & qu'on a toûjours tenus dans toute l'Egliſe; Quel droit peut donc avoir une poignée de novateurs de revoir un procés, qui eſt jugé dans toutes les formes & dont le jugement eſt aprouvé dans toute l'Egliſe. *Pag. 3.*

Nul n'a droit de revoir les jugemens de l'Egliſe.

La doctrine en queſtion eſt conforme à celle, qu'on a toûjours tenuë, ou non. Si elle eſt conforme, elle eſt Catholique, & s'il reſte quelque difficulté, ce ne peut être que dans les expreſſions, qu'il faut corriger pour parler le langage de l'Egliſe. Si elle n'y eſt pas conforme, elle eſt tres-aſſurément condamnable.

Mais ce Proteſtant dit, qu'il a été jugé ſur des pieces, contre la fauſſeté deſquelles il s'eſt toûjours recrié, dit encore Monſieur Jurieu. Ce Proteſtant n'a été jugé

Les pieces ſur leſquelles on juge les Heretiques ſont

l'Ecriture sainte & la Tradition.

comme tous les autres heretiques, que sur l'Ecriture sainte & sur la Tradition. On ne peut pas dire, que l'Ecriture sainte soit une piece fausse. La Tradition n'est autre chose que la doctrine constante receuë & aprouvée par toute l'Eglise dans tous les siecles, & qui est venuë par une succession continuelle jusqu'à nous. Cette piece peut-elle être fausse ? Les Peres les Conciles, & tous ceux qui ont écrit des matieres de la Religion en chaque siecle sont les témoins de cette Tradition. Il ne faut qu'ouvrir leurs Livres, pour voir ce qu'on croyoit dans l'Eglise de leur temps touchant chaque point de côtroverse. Ce sont des faits dont il est facile de s'informer. Le moyen, que nous proposons pour cela, est infaillible, & tous les Ministres peuvêt s'en servir comme nous; quel droit & quelle raison ont-ils de le rejetter ? Peut-on dire, que tant de saints Pasteurs, dont la memoire est en benediction dans tout le monde, qui ont versé leur sang pour la doctrine, qu'ils enseignoient, ou qui sont morts en odeur de sainteté, ont été des heretiques, des idolâtres, des profanateurs des plus saints mysteres, de faux interpretes de l'Ecriture, ou qu'ils ont tous conspiré, non seulement avec ceux qui les ont precedez, mais encore avec ceux, qui étoient de leur temps dans les Provinces les plus éloigneés de celles où ils vivoient, & avec ceux mêmes qui devoient les suivre, pour nous en imposer & pour nous faire croire, qu'on croyoit dans l'Eglise de leur tems, ce qu'on n'y croyoit pas, & qu'on y pratiquoit ce qu'on n'y pratiquoit pas? C'est un fait de sçavoir ce qu'on croyoit, ce qu'on prêchoit, ce qu'on enseignoit dans les cathechismes soit en public, soit en particulier dans chaque siecle, touchant chaque mystere : à qui doit-on s'en raporter sinon à ceux qui ont enseigné, catechizé, prêché, défendu, soûtenu, jusqu'à l'effusion de leur propre sang, tous les articles de la doctrine de JESUS-CHRIST dans tous les tems, dont nous avons les Sermons, les Homelies, les Interpretations sur les saintes Ecritures, les catechismes, les conferences, qu'ils ont faites contre les heretiques, les décisions dans les Conciles, où ils ont assisté, & generalement tout ce qu'ils ont fait, dit & écrit en faveur des dogmes, que *le Protestant* nous contredit aujourd'huy, sans autre raison, sinon que cette doctrine ne s'accommode pas avec son genie, ni avec la corruption de son cœur. Car voicy comme on raisonne chez Monsieur Jurieu pour détruire ce que toute l'antiquité a toûjours crû depuis les Apôtres.

Pag. 17.
Le bon sens & la raison veulent qu'on croye ce que Dieu a revelé.

Si nous consultons les lumieres du bon sens & de la raison, dit-il, *quelqu'un pourra-t-il souffrir, qu'on atache l'infaillibilité à ces assemblées, qu'on apelle Conciles generaux, ou qui n'ont jamais été dans le monde, ou qui ne s'y sont vûës que fort tard & purement par accident.* Et moy je dis, que si on consulte les lumieres du bon sens & de la raison, on croira tout ce qui est dans l'Ecriture & ce qu'on a toûjours crû dans toute l'Eglise ; car le bon sens & la raison veulent, qu'on croye ce que Dieu a revelé sans raisonner ; or il a revelé, que l'Eglise, qu'il a établie, ne tombera jamais dans aucune erreur, en disant, que les portes de l'Enfer ne prevaudront jamais contre elle ; qu'elle est la colomne & l'apui de toute verité &c. & on l'a toûjours crû ainsi dans tous les temps : Le bon sens & la raison veulent donc qu'on le croye encore aujourd'huy ; & tous les sophismes que Monsieur Jurieu & sa Synagogue peuvent faire pour

Confess. de France art. 32. Avertissement touchant le Catechisme.

montrer, que *l'état de cette Eglise a été interrompu & qu'elle est tombée en ruine & desolation,* ne sont autre chose, sinon des demonstrations certaines & évidentes de leur mauvais sens & de leur raison corrompuë & dépravée.

Comme la doctrine de l'Eglise ne peut jamais être changée ni alterée, toute celle qui s'y trouve contraire doit être necessairement regardée comme fausse & heretique. Toutefois & quantes donc qu'il arrive, qu'une opinion nouvelle s'établit parmi les Catholiques, on convoque des Conciles pour examiner, si elle est conforme à celle, que toute l'Eglise tient & a toûjours tenuë. Si elle se trouve contraire, on la déclare avec justice fausse & heretique. Et comme il pourroit arriver, qu'une Province entiere se trouveroit infectée d'une heresie, quoyque cette décision soit d'un grand poids, lors particulierement que cette Province n'a pas donné lieu de soupçon contre sa doctrine, elle n'est pas cependant regardée comme absolument infaillible. Mais lorsque les Evêques d'un grand nombre de Provinces sont assemblez & que les choses se sont passées pacifiquement & sans violence, on ne peut douter qu'une telle décision ne soit juste, & si elle est aprouvée de toute l'Eglise, qu'elle ne soit incontestable; ce qui se doit dire à plus forte raison d'un Concile general, qui represente toute l'Eglise.

Pourquoy donc ne peut-on souffrir, le

Pourquoi les Conciles generaux ne peuvent être infaillibles selon Monsieur Jurieu.

lon Monsieur Jurieu, *que suivant les lumieres de la raison & du bon sens on atache l'infaillibilité à des assemblées, qu'on apelle Conciles generaux? C'est* 1°. *ou qu'elles n'ont jamais été dans le monde;* 2°. *ou qu'elles ne s'y sont vûës que fort tard,* 3°. *& purement par accident.* Il est bon d'examiner si ces trois raisons sont de quelque poids selon les lumieres de la raison & du bon sens. Mais avant que d'entrer plus avant, je dis, qu'il est contre toute sorte de raison de se servir de principes tirez de la raison, pour détruire des veritez de Foi contenuës clairement dans l'Ecriture sainte & apuyées sur toute la Tradition ; & que tous ces sortes de raisonnemens ne servent qu'à faire voir, quelle est la foiblesse de nôtre esprit, qui s'arrête à contredire tout ce qu'il ne comprend pas, comme si Dieu étoit obligé de lui faire comprendre tous les mysteres, qu'il nous a revelez, ou qu'il a établis. Si Dieu a donc voulu rendre son Eglise infaillible, comme il nous déclare par l'Ecriture sainte qu'il l'a fait, que deviennent les raisonnemens de Monsieur Jurieu ? Mais voyons si ces raisonnemens sont supportables.

Pag. 23. *& seq.*

1°. Monsieur Jurieu pretend que c'est abuser des termes que d'apeller œcume-

niques ou universels des Conciles composez de deux ou trois cens Evêques, qui
sont venus de cinq ou six nations; Il dit *Premiere*
que quand les Empereurs Romains se fi- *raison de*
rent Chrétiens la plus considerable partie *Jurieu,*
du Christianisme étoit renfermée sous
leur Empire; mais que cette partie considerable n'étoit pas tout; & qu'ainsi les
Conciles qu'ils convoquoient, quoiqu'ils
s'appelassent generaux, ou œcumeniques,
ne l'étoient pas; que ce nom de Concile
universel n'est venu que d'une maniere
de parler de l'Eglise dans le stile même
des Apôtres, qui apeloient l'Empire
Romain la terre universelle : Que s'il y
avoit quelque Concile, qu'on pût apeler
general, il faudroit qu'il fût composé
tout au moins des conducteurs de l'Eglise, de tous les savans & de tous ceux,
qui ont medité les mysteres de la Religion; qu'il n'y a point de lieu au monde qui pût tenir une telle assemblée, &
qu'il seroit même impossible d'y delibe-
rer. D'où il suit, qu'il n'y a jamais eu
& qu'il ne peut jamais y avoir de Conciles generaux; c'est la conclusion de
M. Jurieu.

Je conviens qu'il n'y a jamais eu de
Conciles, où tous les Evêques du monde ni même tous ceux de l'Empire Ro-

Pag. 22. main ayent assisté. Monsieur Jurieu pretend, que ce fut l'envie, qui prit à Constantin de voir tous les Evêques de sa domination, qui l'obligea de les assembler en un Concile ; mais si cela est, il s'en falut beaucoup, qu'il n'eût cette satisfaction toute entiere. Trois cens dixhuit Evêques, qui se trouverent à ce Concile n'en faisoient qu'une tres-petite partie, à peine s'y en trouva-t-il quelques-uns de tout l'Occident & de tout le Midy. Le second Concile general n'étoit composé que de cent cinquante Evêques ; celuy d'Ephese de deux cents ; celuy de Calcedoine est un des plus nombreux & en contenoit jusqu'à six cens, lesquels étoient presque tous d'Orient ; ainsi des autres. Il est donc certain, qu'il ne peut y avoir de Conciles generaux en ce sens-là.

Contradiction de Monsieur Jurieu. Mais Monsieur Jurieu, qui avoit dit dans la page 22. que ces Conciles n'étoient apelés generaux, que parce qu'ils étoient convoquez dans l'Empire, qui selon le stile des Apôtres s'apeloit la terre universelle, ne fait point de difficulté de dire dans la page 24. que ces Conciles ont été apelez generaux parce que dans la suite toute l'Eglise universelle les a reçûs ; il doit donc au moins convenir,

DE L'EGLISE. Ch. XIX. 305
qu'il peut y avoir & qu'il y a eu dans l'Eglise des Conciles generaux au moins d'acceptation, & cela sufit, pour nous obliger à regarder les decisions de ces Conciles, comme des regles certaines & infaillibles de nôtre Foy, & ces Assemblées, comme *des sujets où repose cet esprit d'infaillibilité.*

Il suffiroit même, que la partie la plus considerable du Christianisme, qui étoit sous la domination des Empereurs Chrétiens, eût reçû & approuvé ces Conciles, pour dire que leur doctrine est celle de toute l'Eglise, quand on suposeroit qu'ils seroient inconnus à plusieurs autres provinces catholiques : car il est impossible, comme nous l'avons déja remarqué, que la plus grande & la plus considerable partie de l'Eglise aprouve & reçoive une heresie, parce qu'elle periroit & l'autre cesseroit d'être l'Eglise Catholique, c'est à dire celle que Jesus-Christ a établie pour être la plus grande de toutes les societés.

La plus grande partie des Evêques sufit pour un Concile general & infaillible.

Ce n'est donc pas à proprement parler le grand nombre d'Evêques, qui assistent à un Concile, qui le rend general, comme Monsieur Jurieu se l'imagine. Le Concile des Donatistes à Bagaï étoit de trois-cens-dix Evêques; il n'en étoit pas meilleur pour cela. Le faux Concile de Constantin Copronyme, qui condamna l'usage & le culte des images, étoit de trois cens huit Evêques de Cour. Ces assemblées impies n'étoient gueres moins nombreuses que le Concile de Nicée & beaucoup plus que ceux de Constantinople & d'Ephese. Cependant les decisions des premiers ont toûjours été en horreur à toute l'Eglise, autant que celles des seconds ont été & seront toûjours en veneration.

Ce n'est pas non plus la convocation seule; car il arrive quelque fois qu'elle n'a pas son effet, & qu'il se trouve des obstacles, qui empêchent les Evêques de s'assembler. Le Concile de Sardique fut convoqué de toutes les parties du monde, comme dit Sulpice Severe; mais la separation des Orientaux empêcha qu'il ne fût general dans son issuë. Il peut encore arriver, qu'un Concile general assemblé cesse de l'être ou soit regardé comme ne l'étant pas, par les artifices & les violences, qu'on peut y exercer, pour ôter la liberté des suffrages, comme il arriva au Concile d'Arimini & au faux Concile d'Ephese par la tyrannie de Dioscore d'Alexandrie.

Sulp. Severe l. 2. Hist. Eccl.

Ce qu'il faut pour

Il faut donc au moins l'une de ces trois

choses pour rendre un Concile Ecumenique. <small>faire un Concile general.</small>

1. La presence de tous les Evêques du monde assemblez. Un tel Concile representeroit parfaitement bien toute l'Eglise, étant composé de tous les premiers Pasteurs de la Chrêtienté, lesquels se trouvant conformes dans leur croyance marqueroient tres-certainement la Foy, que toute l'Eglise a reçûë des Apôtres par une Tradition constante & non interrompuë; ce Concile seroit donc tres-infaillible : mais il n'en faut point attendre de cette maniére, une telle assamblée est moralement impossible. On souhaiteroit cependant qu'elle se pût faire lorsqu'on convoque des Conciles generaux, puisqu'on y apelle tous les Evêques en general & chacun en particulier; mais mille raisons & mille difficultés insurmontables empechênt, que beaucoup ne puissent s'y trouver.

2. Le concours de la plus grande & plus considerable partie des Evêques du monde; suposé qu'il y eut une convocation generale, comme à Nicée, cela sufit pour faire un Concile general & infaillible; car il est impossible, qu'une telle partie de l'Eglise soit dans l'erreur; & si cela étoit ce ne seroit plus l'Eglise

de Jesus-Christ qui doit être sans ride & sans tache dans la Foy ; & l'autre étant la plus petite ne seroit plus l'Eglise Catholique, c'est à dire celle, que Jesus-Christ a voulu être répanduë par tout le monde & la plus grande de toutes les societés, comme nous avons déja dit plusieurs fois. Un tel Concile seroit donc Ecumenique & infaillible dans ses decisions.

3. L'acceptation solennelle & positive de toute l'Eglise ; car la Foy des Evêques assemblez est déclarée par cette acceptation, celle de toutes les Eglises du monde. Ce Concile devient donc un Concile Ecumenique & ses decisions une regle infaillible ; puisqu'elles sont conformes à la Foy de toute l'Eglise. Comme il est impossible d'assembler tous les Evêques du monde & tres-difficile d'en assembler la plus grande & la plus considerable partie, c'est par cette acceptation positive & solennelle, qui se fait des decisions de ceux qu'on assemble, qu'on connoît, qu'ils sont generaux. Cela leve toute difficulté & coupe le fil à toutes ces supercheries des heretiques. Car la doctrine, qui est reçûë & aprouvée par toute l'Eglise, est tres-certainement la veritable Foy & celle, qui y

est contraire, est fausse & heretique.

Comme il sufit à un Concile pour être Ecumenique, qu'il soit aprouvé de cette maniere par la plus grande & la plus considerable partie de l'Eglise, pour les raisons, que nous avons aportées, les heretiques n'ont pas droit de dire, Ce Concile n'est pas general, parce que nous, qui faisons une partie de l'Eglise, nous ne l'avons ni reçû ni aprouvé. Car cela fait voir, que leur doctrine ne se trouve pas conforme à celle de la plus grande & la plus considerable partie de l'Eglise, & qu'ainsi elle est heretique & condamnable.

Les heretiques n'ont pas droit de dire qu'un Concile n'est pas general parce qu'ils ne l'ont pas aprouvé.

Et de-là il suit encore, qu'il n'y a rien de plus faux, qu'il soit necessaire, que non seulement *les conducteurs des Eglises, qui sont les Evêques*, mais encore tous les sçavans & tous ceux, qui ont medité les mysteres, y soient apelez comme Juges; parce que n'étant pas Evêques, mais de simples particuliers, ils ne sont pas les depositaires de la Foy d'aucune Eglise, ni par consequent juges de celle des autres. Car un Evêque represente son Eglise, rend témoignage de sa Foy au Concile, & a droit de juger de celle des autres, & de dire anathême à ceux, qui soutiendroient une doctrine contraire;

Pourquoi il n'est pas necessaire que tous les savans assistent aux Conciles.

ce qu'un particulier, qui ne peut répondre que de sa propre foy, ne peut faire, pour sçavant qu'il puisse être. Les sçavans sont cependant tres-utiles & tres-necessaires aux Conciles ; parce qu'on ne juge pas seulement la doctrine qu'on y examine suivant le sentiment general de toute l'Eglise pour le tems present, mais encore pour le tems passé, depuis JESUS-CHRIST & les Apôtres. Ainsi il est necessaire d'examiner la Tradition sur chaque article en question. C'est ce que font les docteurs dans ces saintes assemblées, mais leur jugement n'est qu'un jugement doctrinal & non pas un jugement canonique.

Seconde raison de Monsieur Jurieu.

2°. Mais ces assemblées, qu'on apelle Conciles *ne se sont vuës que fort tard dans l'Eglise*, dit M. Jurieu, *& Constantin est le premier des Empereurs Chrétiens, sous lesquels elles se sont tenuës. Le Concile de Nicée tenu l'an 325. est le premier de ces Conciles universels. C'est à dire que durant trois cens ans l'Eglise n'a pas eu de juge infaillible des controverses.* Pitoyable raisonnement ! l'Eglise répanduë par toute la terre n'est-elle pas un Juge infaillible des controverses aussi-bien que lorsqu'elle est assemblée ? Les Conciles ne sont infaillibles, que parce qu'ils la represen-

DE L'EGLISE. Ch. XIX. 309
tent & qu'ils jugent en son nom. C'est
pourquoi leurs decisions seroient nulles,
si elles n'étoient pas reçûës & aprouvées.
Combien y a-t-il d'heresies, qui n'ont jamais été condamnées dans aucun Concile, qui ne laissent pas cependant d'être
regardées par toute l'Eglise comme vraiment condamnées, & tiennent leurs pla-
ces dans les catalogues, qu'on a faits
de ces sortes d'opinions, qu'elle a en horreur? Il n'est pas toûjours à propos, ou
necessaire, ni même possible d'assembler
des Conciles generaux. Il sufit qu'une
opinion soit condamnée par la plus grande partie de l'Eglise, pour devoir être
regardée comme une heresie par tout
le monde.

Mais lorsque les rebelles ne veulent *Pourquoi on convoque les Conciles generaux, puisque plusieurs particuliers sont sufisans.*
pas se rendre à ces jugemens particuliers,
qui étant pris tous ensemble font un jugement general & decisif, pour lors on
est obligé d'assembler les Evêques, afin
de faire un jugement plus solennel &
plus autentique & pour arrêter par ce
moyen leur temerité. Mais lorsque l'E-
glise ne peut pas faire ces grandes assemblées, ce qui peut arriver pour plusieurs raisons, (Monsieur Jurieu marque quelques-unes des principales) on
se contente de ces jugemens particuliers,

lesquels, comme nous avons déja dit, étant pris tous ensemble equivalent à un jugement general & definitif. Paul de Samosate ne fut pas moins bien condamné & deposé de son siege dans le Concile d'Antioche sous l'Empire d'Aurelian, qui étoit payen, que Nestorius dans celuy d'Ephese convoqué de toutes les parties du monde par Theodose le jeune, qui étoit Chrétien; & la condamnation & la deposition de l'un ne fut pas moins aprouvée, que celle de l'autre. Les Novatiens, qui furent condamnés en Afrique, en Italie, en Orient & generalement par tout le monde sans Concile general, dans le tems de la plus cruelle persecution, ne furent pas moins bien anathematisez, que les Ariens, pendant la plus grande paix de l'Eglise, dans le Concile de Nicée.

Suposons donc tant qu'on voudra, que l'Eglise fût toûjours demeurée sous la domination des Empereurs payens, & que ces Empereurs ne luy eussent jamais donné la permission de faire des Conciles generaux, elle n'auroit pas moins été infaillible, que dans les trois premiers siecles, où elle a condamné un tres-grand nombre d'heresies, sans que les auteurs de ces opinions ayent jamais pû se relever de ces condamnations. Elle se sert des moyens, que Dieu luy donne, pour conserver la pureté de sa foy; & l'Esprit, qui l'anime, ne manque jamais de les conduire à leur fin.

La condamnation d'une heresie dans un Concile general est plus solennelle, plus touchante & plus capable de faire rentrer les Novateurs en eux-mêmes, & de donner plus d'horreur d'une telle doctrine aux Fidelles; elle accable davantage les ennemis de l'Eglise par les anathêmes, que tant d'Evêques apelez & assemblez de toutes parts, portent d'une commune voix contre eux, que celle qui se fait dans des Synodes & des Conciles particuliers; mais le jugement n'est pas moins infaillible, lors qu'il est aprouvé de toute l'Eglise dispersée, que lorsqu'il est fait par l'Eglise assemblée dans un Concile general.

3°. Enfin *on ne peut pas souffrir*, dit Monsieur Jurieu, *suivant les lumieres du bon sens & de la raison, qu'on atache l'infaillibilité à des assemblées, qui ne se sont vûës dans l'Eglise que par accident. Les choses, qui sont de l'ordre de Dieu*, dit-il, *pour la conservation de la verité, ne se rencontrent pas ainsi par accident..... Car je voudrois bien qu'il me fût permis*, conti-

Troisiéme raison de Monsieur Jurieu.

nue-t-il, de demander, si selon l'ordre de la providence de Dieu dans la conduite de son Eglise, ces Conciles étoient destinez à juger les controverses d'une maniere infaillible, pourquoi Dieu n'a pas levé les obstacles, qui empêchoient, que ces assemblées ne se pussent former sous les Empereurs payens, &c. Monsieur Jurieu supose, que ces assemblées sont l'effet d'un pur hazard. Le Concile des Apôtres étoit donc aussi l'effet de ce même hazard, & le Saint-Esprit, qui y presidoit, étoit soumis au hazard. Belle Theologie ! si les Apôtres ont fait ce Concile, ce n'étoit pas qu'ils en eussent besoin étant remplis de l'Esprit de Dieu; mais c'étoit pour nous aprendre par leur exemple, de quelle maniere on devoit gouverner l'Eglise.

S'il n'y a pas eu de Conciles generaux dans les trois premiers siecles, c'est qu'il n'en étoit pas besoin.

S'il avoit été besoin de Conciles generaux dans les trois premiers siecles, pour condamner un grand nombre d'heresies, qui avoient paru avant celle d'Arius, que saint Augustin compte la quarante-huitiéme, qui doute que Dieu n'en eût donné les moyens ? L'Empereur Aurelian, qui fit executer la decision du Concile d'Antioche contre Paul de Samosate, auroit bien pû permettre au Pape Denys, qui gouvernoit alors toute l'Eglise, de convoquer un Concile general.

Monsieur

DE L'EGLISE. Ch. XIX. 313

Monsieur Jurieu convient luy-même, *pag. 101* qu'on *a vû surmonter de plus grandes difficultés, que celles-là; que les tems n'étoient pas également malheureux pour les Chrétiens; qu'il y a eu des Empereurs payens, qui leur ont été tres-favorables; que s'ils n'eussent pû convoquer des Conciles generaux dans un tems, ils auroient pû le faire dans un autre.* Tout cela peut être veritable & prouve visiblement, que si ce dessein n'est jamais monté à la tête de personne, avant Constantin, comme dit *pag. 113* encore Monsieur Jurieu; que si durant trois-cens ans on n'a pas vû les Evêques former le dessein de s'assembler de toutes les parties du monde; que si on ne lit en aucune part, qu'ils se soient plaints des difficultés qui les pouvoient empêcher de s'assembler en Concile general; c'est qu'on n'en a eu aucun besoin pendant tout ce temslà, pour terminer tant de differens qui déchiroient dés lors les entrailles de l'Eglise. Car on ne fait ces sortes d'assemblées, que dans des necessités extrêmes. Il faut surmonter des difficultés infinies, non seulement du côté des Souverains, mais encore du côté des Evêques mêmes, dont les uns n'ont pas assez de santé ou de bien pour entreprendre de longs voïages; les autres étant acablez de vieillesse; quel-

Tome I. O

ques-uns ne pouvant absolument quitter leurs Eglises, ou à cause des guerres, ou à cause des heresies, ou pour mille autres raisons semblables.

Outre cela il arrive tres-peu, que les heretiques, qui sont assez impies, pour mépriser les jugemens de l'Eglise dispersée, s'y soumettent lorsqu'elle est assemblée. Souvent cela ne sert qu'à augmenter leur fureur, & à les porter à de plus excessives violences. On sçait ce que firent les Ariens aprés le Concile de Nicée, les Eutychiens aprés celui de Calcedoine, & sans remonter plus haut, les Reformateurs aprés celui de Trente, qu'ils avoient demandé avec tant d'empressement.

Pourquoi on ne fait pas des Conciles generaux plus souvent.

Il y a donc trois raisons, qui peuvent empêcher, qu'on ne fasse des Conciles generaux plus souvent. La premiere est qu'il se trouve peu d'occasions, où cela soit necessaire. La seconde parce que c'est une chose tres-difficile & souvent même impossible. La troisiéme parce qu'il arive quelques fois que le mal, que souffriroit l'Eglise à cause de l'éloignement, & de l'absence de ses Pasteurs de leur troupeau, seroit plus grand, que le bien, qui pourroit en revenir.

1. Il faut convenir que cela n'a pas

toûjours été facile. Tous ces cruels Empereurs, qui persecutoient l'Eglise, étoient bien éloignez de lui accorder le pouvoir de s'assembler. Pouvoit-on, par exemple, s'assembler pour condamner l'heresie des Montanistes & des Novatiens, pendant que l'Empereur Dece persecutoit l'Eglise avec tant de fureur? Tout ce qu'on pouvoit donc faire alors, étoit de condamner ces impietés dans chaque Eglise, & de donner avis aux autres par des lettres circulaires de leur condamnation, afin qu'on la confirmât & qu'on empêchât, que l'erreur ne se repandît.

2. Mais suposons, qu'on l'ait pu faire de fois à autres, je dis qu'il est difficile de trouver des ocasions, où il ait été necessaire de le faire avant le Concile de Nicée. En voicy des raisons plausibles, ce me semble. On peut reduire toutes les Sectes à deux classes ; la premiere est de ceux, qui renoncent ouvertement à l'Eglise & à sa doctrine ; & la seconde est de ceux, qui renoncent à la doctrine, mais non pas à l'Eglise. Les premiers ne reconnoissent point l'Eglise pour une societé divinement établie, soit qu'ils y ayent été unis auparavant ou non. Tels étoient les payens, les Juifs, les Nazaréens ou demi Juifs, qui rejettoient la

Deux sortes de Sectes dans les premiers siecles.

La premiere sorte de Secte, qu'on ne condamne point dâs les Conciles, sont les infidelles.

O ij

prédication des Apôtres, quoi qu'ils reconnussent JESUS-CHRIST. Tels étoient encore les disciples de Simon le magicien, les Menandriens, les Cerinthiens, les Saturniens, les Basilidiens, les Gnostiques, les Ebionites, les Valentiniens, les Apellistes, les Matcites, les Marcionites, les Manichéens, ainsi de plusieurs autres, qui n'étoient que des Payens masquez, ou qui faisoient un monstrueux mélange du Paganisme, du Judaïsme & du Christianisme ; & qui renonçoient ouvertement à l'Eglise, & la condamnoient sans déguisement. La plus grande partie même de ces sortes de Sectes avoit été combatuë & condamnée par les Apôtres mêmes de leur vivant.

Qu'étoit-il donc necessaire d'assembler des Conciles generaux, pour condamner de nouveau toutes ces impietés, qui étoient en horreur à tout le monde ? En a-t-on jamais assemblé, pour condamner les Juifs, les Turcs, les Payens ? *Pourquoi entreprendroit-on de juger ceux, qui sont hors de l'Eglise ?* comme dit saint Paul. *Quiconque est en cet état est perverti, & peche étant condamné par son propre jugement*, dit le même Apôtre. En cela seul qu'ils condamnoient l'Eglise, ils se condamnoient eux-mêmes. Falloit-il as-

I. Cor. ch.
5. v. 12.
Tit. 3. v.
11.

sembler des Conciles, pour fraper d'anathême une doctrine, qui faisoit horreur, pleine d'abominations, d'idolatrie, de magie, de superstitions manifestement contraires aux premiers principes du Christianisme, & pour separer de l'Eglise des gens, qui s'en étoient separez eux mêmes, ou qui n'y avoient jamais été unis?

Les seconds sont ceux, qui tiennent des dogmes contraires à la Foi de l'Eglise, mais qui ne pretendent pas pour cela s'en separer, ny devoir en être retranchez. Au contraire ils soutiennent, que ces sortes d'opinions, qu'ils ont forgées, sont la plus saine & la plus pure doctrine de l'Eglise ; que les articles contraires sont des erreurs & des abus, qui se sont glissez dans sa doctrine ou dans sa discipline. C'est dans les Conciles, qu'on fait cet examen, qu'on pése leurs raisons, & qu'on en juge selon l'Ecriture & la Tradition, & c'est pour cela, qu'on les assemble.

La seconde Secte qu'on condamne dans les Conciles sont les heretiques.

Il s'est trouvé tres-peu de Sectes de ce genre dans les trois premiers siecles ; & celles, qui s'y sont trouvées, ont été étoufées facilement, sans qu'il fût besoin de Conciles generaux pour cela. Celle d'Arius fut la premiere, qui fit beaucoup d'éclat. Cet impie fut soutenu dés le commencement par plusieurs Evêques d'une grande autorité, qui entrainoient avec eux beaucoup de personnes. Deux Conciles particuliers de l'Eglise d'Alexandrie n'ayant pû éteindre cet embrasement, il falut necessairement en venir à un general. Dieu leva tous les obstacles, qui pouvoient l'empêcher; il abatit la puissance de Licinius par la victoire, que Constantin remporta sur lui; & toutes les forces du Paganisme, qui étoient ramassées dans cet Empereur, étant tombées il inspira à Constantin, qui étoit Chrêtien, d'apeler tous les Evêques de l'Empire, non pour les faire passer en revûë, comme dit M. Jurieu, mais pour mettre la paix dans l'Eglise par une decision solennelle & autentique de la question, qui étoit agitée, & de leur fournir toutes les commodités necessaires, pour le voyage; & il conduisit ce grand dessein à une bonne & sainte fin.

Pourquoi les Peres des trois premiers siecles ne se sót point plaints de ce qu'ils

Mais si les Peres des trois premiers siecles, dit encore M. Jurieu, *ont vû, qu'il y avoit une impossibilité absoluë à convoquer ces assemblées, c'est une insensibilité inimaginable de ne s'en estre pas plaints. Si ces assemblées n'étoient pas necessaires,* pourquoi se seroient-ils plaints de cette impossibilité ? & à qui s'en seroient-ils pû plaindre ? Aux Empereurs, qui persecutoient les Chrêtiens ? Ces plaintes auroient-elles été capables de les toucher plûtôt que tant d'Apologies, qu'on a faites pour justifier les Chrêtiens des crimes, qu'on leur imposoit, & pour obtenir la paix de l'Eglise & le libre exercice de la Religion Chrêtienne ? La liberté d'assembler des Conciles n'est-elle pas renfermée dans celle d'exercer cette Religion, qui ne se gouverne que par ces saintes assemblées ? Mais quand elle n'y seroit pas renfermée, on peut dire, qu'il n'étoit guere à propos de se plaindre de ce qu'on n'avoit pas la liberté de convoquer des Conciles dans un tems, où il n'étoit pas même permis de s'assembler pour prier Dieu ; c'est de quoi il falloit premierement se plaindre.

ne pouvoient faire des Conciles, pag. 210.

Mais *Tertulien*, dit-il encore, *indique dans son Livre des Prescriptions, tous les moyens, qu'il avoit conçus de convaincre les heretiques. Il est étonnant qu'il n'ait pas dit un seul mot de cette voye des Conciles generaux, si sûre, si courte, & si infaillible.* Mais les Conciles generaux ou particuliers ne sont pas assemblez, pour convaincre les heretiques, ni pour dis-

ibid.

puter contre eux; mais pour les condamner, & Tertulien ne parle que de ces moyens & des regles, qu'on doit observer, lorsqu'on a à disputer contre eux.

L. de Jejuniis cap. 13. Il dit ailleurs, qu'on en faisoit en divers lieux de son temps; il ne les a donc pas ignorées.

pag 15. Il n'y a point de nouvelles revelations dans les Conciles, & il n'est point besoin de Prophetes.

Il est impossible, dit encore ce Ministre, que nous puissions nous persuader, qu'un Concile, c'est à dire une assemblée, dans laquelle il n'y a aucun Prophete, ni aucun homme inspiré du Saint-Esprit, soit incapable de faillir, & je ne sçai pas s'il y a personne au monde, qui puisse dire de bonne foi, qu'il est dans ce sentiment. Si on avoit besoin de nouvelles revelations dans les Conciles, il faudroit que les Evêques, ou au moins quelques-uns d'entre eux fussent Prophetes & inspirés d'une maniere extraordinaire, pour pouvoir juger infailliblement : mais comme il ne s'agit uniquement que de sçavoir, quelle est la Foi de l'Eglise dans le siecle present & dans les siecles passés, il n'est besoin que du témoignage des Evêques, qui vivent & de ceux qui ont vêcu, pour cela. Car c'est sur ces témoignages qu'on examine, si la doctrine proposée par les Novateurs est conforme à celle de l'Eglise ou non, afin de l'aprouver ou la condamner. Est-

DE L'EGLISE. Ch. XIX. 321
il donc neceſſaire d'être Prophete, pour
lire les écrits des Peres, pour déclarer ſa
croïance & celle de ſon Egliſe ſur les articles conteſtez dans un Concile, & pour
condamner celle, qui y eſt contraire.

M. Jurieu ne peut comprendre, pour- *pag. 251*
quoi l'Egliſe Gallicane ne ſçauroit eſtre in-
faillible ; quand elle compoſeroit ſes aſſem-
blées de mille Theologiens, & comment elle
le devient, quand elle ſe joint aux Alle-
mans, aux Italiens, aux Eſpagnols &
aux autres nations. S'il ne peut comprendre une choſe ſi facile ; il doit s'en prendre à la foibleſſe de ſon eſprit, ou à la
malice de ſon cœur, qui l'a jetté dans
cet aveuglement, & non pas à la choſe
même. C'eſt un pitoyable raiſonnement, M. Jurieu
que de dire, je ne puis comprendre telle ne reçoit
& telle choſe : donc cela n'eſt pas. Si ce- dans la
la n'eſt pas ſuportable en matiere de phi- Religion
loſophie, il l'eſt encore bien moins en que ce
matiere de Religion, où tout eſt myſtere, qu'il peut
& où il n'y a preſque rien, qui ne ſoit compren-
incomprehenſible. Cette maniere de rai- dre.
ſonner ne peut donc venir que de la bou-
tique de Socin.

Mais voyons ſi c'eſt une choſe ſi in- L'infail-
comprehenſible, que celle qu'il ne peut libilité
comprendre. Il ne faut pour cela que fai- n'eſt ata-
re quelque legere atention ſur les princi- ché qu'à
l'Egliſe
univerſel-
le.

O y

pes, que nous avons établis. Chaque Eglise en particulier n'est pas infaillible, mais toute l'Eglise universelle. Une Province, un Royaume, une Nation, qui s'en separent, n'empêchent pas, que le reste ne soit la plus grande, la plus étenduë societé du monde; ainsi l'Eglise demeure toûjours catholique & par consequent celle, à qui JESUS CHRIST a ataché le privilege d'infaillibilité. Le Concile, qui la represente, est aussi infaillible; mais non pas celui qui n'en represente qu'une petite partie, comme celui d'une Province, d'une Nation, d'un Royaume.

Les simples Theologiens ne peuvent faire un jugement canonique.

Nous avons déja remarqué, que les simples Theologiens ne peuvent rendre compte que de leur foi, & non pas de celle d'aucune Eglise, lorsqu'ils n'en ont aucune à gouverner. Ce n'est pas en qualité de Theologiens, que les Evêques jugent & decident dans les Conciles, mais en qualité de Pasteurs, qui sont les dépositaires de la foi de leurs Eglises. On consulte les Theologiens, & leurs réponses sont un jugement doctrinal, mais non pas un jugement canonique, comme nous avons déja dit. C'est pourquoi on n'apelle pas les assemblées d'une Faculté de Theologie, Synodes ou Conciles; & les onclusions qu'on y fait n'ont pas le titre de Canons. Mille Theologiens peuvent être mille Ariens, mille Nestoriens, mille Eutychiens, mille Lutheriens, enfin mille Heretiques. Mais chaque Evêque representant toute son Eglise répond de la foi d'un million de Catholiques, qui parlent par sa bouche, & s'il parle autrement qu'eux, il est desavoüé, condamné & déposé. C'est pourquoi Eusebe de Césarée fut obligé d'envoyer sa Confession de foi à son Eglise, à cause de la repugnance qu'il avoit fait paroître dans le Concile de Nicée, à admettre le terme de Consubstantiel; & s'il ne l'avoit pas voulu recevoir absolument, son Eglise l'auroit regardé comme un perfide & un faux Pasteur.

Socr. l. 12 Hist. cap. 51

M. Jurieu convient, *que les titres d'établissement de cette infaillibilité se doivent tirer de l'Ecriture sainte.* Nous les en tirons en effet, & nous en avons produit au moins une partie au commencement de ce Chapitre. *Mais il ne veut pas,* dit-il, *ni examiner ni contester ces titres, parce que cela l'engageroit dans des disputes de Theologie, au lieu qu'il n'a dessein que de faire des reflexions historiques.* C'est à dire, que l'Ecriture sainte en dise ce qu'elle voudra, M. Jurieu n'en suivra

O vj

que *sa raison & son bon sens.* Mais il me semble, qu'il auroit fallu mettre toutes ces reflexions à part & en venir aux titres fundamentaux, qui se tirent de l'Ecriture sainte. Car si l'infaillibilité de l'Eglise est bien fondée sur l'Ecriture sainte ; que deviennent ces reflexions historiques ? & que peuvent-elles être autre chose sinon des sophismes ridicules & des raisons impertinentes ? Si JESUS-CHRIST a voulu fonder sa maison sur la pierre & la rendre inébranlable contre les portes de l'enfer, les raisons alambiquées de M. Jurieu & de son Patriarche Socin l'ébranleront-elles ?

Reflexions de M. Jurieu inutiles.

Nous avons déja vû une grande partie de ces *reflexions historiques,* qu'on pretend être sufisantes pour détruire l'infaillibilité de l'Eglise, *sans examiner ni contester ses titres* ; en voicy encore une à peu prés de la même force. *Ces Messieurs,* dit-il, *nous feroient un grand plaisir de nous faire voir, par l'histoire, l'infaillibilité de ces assemblées, qu'il leur plait d'apeler des Conciles generaux. Ils nous produiront peut-être cinq ou six Conciles, dont les decisions sont respectées de tout le monde Chrétien. Mais que diront-ils, si on leur en produisoit deux fois autant, dont les decisions sont rejettées par la plus grande partie des*

pag. 25.

Chrétiens ? Si par le nom de Chrêtien on entend les Catholiques, ces Messieurs diront, que les Conciles, dont les decisions ne sont point solennellement aprouvées dans toute l'Eglise, ne sont point des Conciles generaux. Que tous ceux, dont les decisions sont contraires à la foi de l'Eglise, sont des conventicules où l'esprit de tenebres a presidé, & où la verité n'a trouvé aucun accés. M. Jurieu perd donc son tems, lorsqu'il s'arrête à faire l'enumeration des Conciles, que les Ariens ont tenus dans le quatriéme siecle, pour nous prouver, que les Conciles generaux ne sont point infaillibles.

Mais ces Conciles, dit il, ont été convoquez de toutes les parties du monde. Quoi qu'il en soit, ils n'ont jamais été reçûs ni aprouvés dans l'Eglise. Tous les Evêques du monde, ni la plus grande & la plus considerable partie ne se sont jamais assemblez dans le plus grand & le plus nombreux. C'étoit des Ariens, qui les composoient, ou qui faisoient le plus grand nombre. Leurs artifices, leurs violences, leurs fourberies, leurs calomnies, dont ils furent convaincus au Concile de Tyr, qu'ils recommencerent au Concile d'Antioche ; leur Schisme au Concile de Sardique ; la lettre infame &

pleine de mensonge, qu'ils écrivirẽt dans le Concile de Philippopolis; la persecutiõ, qu'ils exciterent à celui de Rimini & en plusieurs autres, ont été en horreur à toute la terre, aussi bien que leurs confessions de foi équivoques & captieuses, & la foi du saint Concile de Nicée a toûjours triomphé de leur perfidie.

M. Jurieu pouvoit mettre au nombre de ces beaux Conciles non seulement celui de Dioscore, comme il a fait, mais encore ceux des Donatistes, qui se sont montez jusqu'à trois-cens-dix Evêques, comme saint Augustin le remarque; celuy de Constantin Copronyme, celui de Photius & autres semblables. Car tous ces Conciles sont aussi generaux les uns que les autres. C'est se rendre ridicule à plaisir, que d'aporter pour exemple de tels Conciles, dont les Evêques étoient, pour la plus part, notoirement heretiques, ou vendus à l'iniquité; qui n'étoient qu'une poignée de gens en comparaison de tant de veritables & saints Evêques; & en faire des Conciles Ecumeniques, afin de pouvoir dire, qu'il n'y a point de Conciles, qui ne puissent errer dans la Foi, ce n'est pas sçavoir ce que c'est qu'un Concile Ecumenique. Peut-on apeler un Concile Ecumenique celui, dont les dé-

Des Conciles Ariés ne peuvent être generaux, parce qu'ils sont condamnez de toute l'Eglise.

cisions sont condamnées par toute la terre? *Les Ariens*, dit saint Athanase, *ont fait un grand nombre de Conciles, qui ont été tous vains & inutiles & se sont passez, comme des farces de theatre, qui font un grand embaras & qui n'aboutissent à rien.* Voila justement ce que c'étoit que tous ces beaux Conciles Ecumeniques, qu'on nous cite.

<small>In epist. ad Afric.</small>

Qu'on vienne aprés cela nous demander, quelle difference il y avoit entre le Concile I. de Nicée & celui de Tyr, comme fait M. Jurieu. Il devroit bien plûtôt nous demander quel raport il peut y avoir entre ces deux Conciles, dont le premier condamna l'Arianisme & l'autre l'établit ; dont le premier fut reçû avec une approbation generale dans toute l'Eglise, & l'autre fut en execration à tous ceux, qui en entendirent seulement parler.

Ce fut, dit M. Jurieu, *le saint Empereur Constantin, qui assembla ce second aussi bien que le premier* ; mais ce fut le demon qui gouverna le second & le Saint-Esprit qui conduisit le premier, & l'issuë de l'un & de l'autre fut bien differente. Arius fut anathematisé, & chassé de l'Eglise dans le premier & il fut reçû dans le second. L'histoire de ce beau Concile

<small>Excés du Concile de Tyr.</small>

general est la chose du monde la plus affreuse & la plus abominable. Les faux témoins même, Arsêne & Ischyras, dont les Ariens se servoient contre saint Athanase, en eurent horreur, & déclarerent, qu'ils avoient été corompus, le premier par Eusebe de Nicomedie, & le second par les Meletiens. Il ne faut que lire la grande & belle lettre du Concile d'Alexandrie, qui fut tenu trois ou quatre ans après, pour bien juger de la qualité de ce Concile. On dit que c'étoit le Comte Denis qui y presidoit. On y voit une naïve peinture des violences, qu'on y exerça. Les Diacres, qui servoient aux Evêques dans cette belle assemblée, étoient des Huissiers & des Geoliers. Ce Comte faisoit toutes les decisions & les Evêques ne disoient rien. La fureur des Ariens fut si grande & si excessive, qu'ils voulurent mettre Arsêne en pieces, parce qu'ils furent confondus en le voyant paroître, après avoir accusé saint Athanase de l'avoir tué & de lui avoir coupé une main, qu'ils montroient. On traîna Macarius prêtre d'Alexandrie, qui y faisoit des protestations pour saint Athanase, en prison lié comme un scelerat, & on l'accusoit lui-même d'avoir brisé le Calice du faux prêtre Ischyras. Eusebe

Apud s. Ath apol. 2. contra Arian.

de Nicomedie auteur de cette belle tragedie y fut convaincu d'avoir suborné Arsêne, par Arsêne même, & accusé par le saint Evêque Potamon d'avoir sacrifié aux idoles pendant la persecution. Eusebe de Cesarée s'atira de violens soupçons d'être tombé dans le même crime & étoit regardé comme un Arien dans le cœur. Ceux qui paroissoient avec éclat sur ce theatre d'iniquité, étoient un Georges, qui avoit été dégradé du Sacerdoce par Alexandre d'Alexandrie; un Ursace, un Valens, un Theognis & plusieurs autres semblables Ariens connus par leur impieté & ennemis déclarez de toute verité, qui avoient conjuré tous ensemble la perte de saint Athanase. Voila quel fut ce beau Concile general, qu'on compare à celui de Nicée, un conventicule d'heretiques & de scelerats, qui n'avoient rien de remarquable, que leurs crimes, dont ils furent convaincus dans leur assemblée même; où cependant l'on ne définit rien, où l'on n'observa aucune regle, & où l'on exerça les plus horribles violences contre tout ce qu'il y avoit de saints Prêtres & de saints Evêques.

Mais ce Concile general, qu'Eusebe dit avoir été convoqué de toute l'Afrique, de l'Asie, de l'Egypte & de l'Europe, ne

Euseb. l. 4. de vita Constant. cap. 41.

Socrat. l.
1. histor.
Eccl. cap.
20.

fut composé, selon Socrate, que de soi-xante Evêques. Il y en avoit quarante-sept Catholiques, que saint Athanase a-voit menez avec lui, comme il paroît par la requête, qu'ils presenterent au Conci-le, où ils sont tous nômez. Saint Athanase

S. Ath.
apol. 2.

en nomme treize qui étoient les chefs de l'Arianisme, ce qui fait en tout soixante. Voila où peut aller la grandeur de cette assemblée. Les Meletiens étoient de l'E-gypte, Ursace & Valens étoient de la Pannonie, qui est en Europe, les autres étoient de l'Asie; peut-être s'y trouva-t-il encore quelque Evêque apostat de la province d'Afrique, comme Julien se trouva au Conciliabule de Jean d'Antio-che à Ephese; & c'est ainsi qu'on peut justifier Eusebe qui y faisoit luy-même un mauvais personnage. Si l'on conside-re le nombre des Evêques, ce Concile est-il comparable à celui de Nicée, qui étoit composé de trois-cens-dix-huit?

Excés du faux Concile d'Antio-che.
S. Ath. l. de Synod.

Le Concile d'Antioche est encore de la même fabrique. Il y avoit quatre-vingt-dix Evêques, qui avoient l'Empe-reur Constance à leur tête. On y confir-ma tout ce qui s'étoit fait dans celui de Tyr. C'étoit les mêmes Evêques, qui s'é-toient trouvez à celui de Tyr, & qui a-voient apelé à leur secours plusieurs au-

DE L'EGLISE. Ch. XIX.
tres semblables architectes d'iniquité.
Ainsi l'on n'avoit garde de faire autrement. On fit plus dans celui-ci ; car on établit Gregoire de Capadoce à la place de saint Athanase, & non pas Georges, comme dit M. Jurieu, qui n'y fut mis que treize ou quatorze ans après. Syrianus se mit à la tête de cinq mille soldats, pour l'introniser par l'ordre de l'Empereur. Le peuple s'irrita de telle maniere, qu'il aima mieux brûler l'Eglise, qui avoit été autrefois bâtie par Denys d'Alexandrie & qui portoit son nom, que de la voir profaner par l'entrée de ce loup & servir à des assemblées d'heretiques & d'apostats. Et ce même peuple enfin ne pouvant plus suporter ses crimes & sa tyrannie le mit en pieces au bout de six ans. Voila le fruit, que produisit ce fameux Concile, que les nouveaux Ariens comparent aujourd'hui à celui de Nicée.

Mais si c'étoit un si méchant Concile auroit-on mis ses Canons dans le Code de l'Eglise & les auroit-on reçûs & aprouvez, comme on a fait? C'est ce que nous dit M. Jurieu. Les propheties de Balaam & de Caïphe étoient de veritables propheties. Elles sont raportées dans l'Ecriture comme des oracles. Peut-on en infe-

Canons du Concile d'Antioche.

rer, que ces deux Prophetes ayent été sans passion & sans impieté, lorsqu'ils les ont prononcées, & que Caïphe a eu raison de condamner Jesus-Christ, & de poursuivre sa mort auprés de Pilate, parce qu'il falloit qu'il mourut pour sauver tout le peuple. L'Eglise a regardé & reveré ces propheties, comme la parole de Dieu prononcée par des bouches impies, & a detesté la conduite de ceux, dont Dieu s'est servi, pour la manifester aux hommes. Il faut dire la même chose des Canons de ce malheureux Concile. Le douziéme Canon, qui est un des plus raisonnables, paroît n'avoir été fait, que pour autoriser la persecution, que les heretiques faisoient à saint Athanase, & lui donner une couleur, & une aparence de justice. Il s'étoit échapé de leurs mains au Concile de Tyr, & il étoit allé se plaindre à Constantin des violences & des vexations, qu'on lui faisoit à lui & à tous ceux, qui n'étoient pas du parti de ces impies. L'Empereur connoissoit parfaitement son innocence par les informations, qu'il avoit fait faire à Alexandrie par Dalmatius Censeur. Et comme ils avoient eu honte de voir leurs artifices & leur impieté découverte, ils s'aviserent d'un autre moyen pour perdre

DE L'EGLISE. Chap. XIX. 353
saint Athanase & pour se disculper tout ensemble. Ils déclarerent qu'un *Diacre*, *un Prêtre*, *ou un Evêque*, *qui auroit été condamné dans un Concile*, *quoiqu'il eût été se pourvoir devant l'Empereur*, *ne pouvoit être rétabli*, *que par un Concile plus grand & plus nombreux*, *où sa cause seroit discutée de nouveau*; *& que s'il ne vouloit pas prendre cette voye & retournoit encore importuner l'Empereur*, *il devoit être traitté sans misericorde & ne devoit plus esperer d'être rétabli*. Ce Canon a une grande aparence de justice; mais si l'on considere les tems, les circonstances, & la qualité du Concile, où saint Athanase avoit été condamné; la fausseté notoire des accusations, qu'on avoit formées contre lui; les formes, qu'on avoit gardés dans ce jugement & mille autres choses semblables, c'est l'injustice même. Ce Canon peut donc être tres-bon & tres-équitable en toute autre occasion, qu'en celle-là, ou en quelque autre pareille.

Can. 14.
Conc.
Antih.

C'est la réponse, que fit saint Jean Chrysostome à Leonce & à ceux de sa faction, que l'Imperatrice Eudoxia avoit apeléz, pour le déposer une seconde fois en vertu de ce même Canon. Il déclara, qu'il avoit été retabli par cinquante Evêques, qui communiquoient avec

Socr. l. 6.
hist. Eccl.
cap. 16.
Sozom. l.
8. cap. 19.

lui ; que c'étoit en vertu de cette communion, qu'il étoit remonté sur son siege, dont on l'avoit fait descendre injustement, & par la violence ; que ce Canon, qu'on aleguoit contre lui, étoit plein d'artifice & n'avoit été fait par les Ariens, que pour servir de pretexte à la persecution, qu'ils faisoient alors à saint Athanase. Quand il seroit donc certain que ces Canons auroient été faits dans ce miserable Concile, ce ne pouroit être qu'une preuve de l'hypocrisie de ceux, qui le composoient. Mais en voici encore une démonstration évidente, & sans replique.

Saint Chrysost. répond à ce douziéme Canô, dont on se servoit contre lui.

L'onziéme Canon défend sur peine de dégradation à tout Prêtre & à tout Evêque d'aller à la Cour de l'Empéreur, pour quelque affaire que ce puisse être, sans avoir une permission des Evêques de la Province, ou tout au moins du Metropolitain par écrit, qui ne lui sera acordée, que lorsqu'on jugera être necessaire, qu'il y aille pour le bien de son Eglise. Cependant Eusebe de Nicomedie, Ursace, Valens & tous les autres Evêques Ariens ne residoient presque jamais dans leurs Dioceses & ne partoient point de la Cour de l'Empereur. Ce Canon est admirable ; s'ils l'ont donc fait ce n'a été que pour

Artifice des Ariés dans l'onziéme Canon.

DE L'EGLISE. Ch. XIX. 335

empêcher, que ceux qu'ils vouloient oprimer n'allassent se plaindre à l'Empereur, comme avoit fait saint Athanase.

Le dixneuviéme porte *qu'aucun Evêque ne sera ordonné, sinon par son Metropolitain dans le Concile de sa Province & par le consentement de tous les Evêques, ou tout au moins en cas de different, de la plus grande partie.* Et dans ce même Concile ils ordonnerent eux-mêmes Gregoire de Capadoce, contre le sentiment & malgré l'oposition de tous les Evêques d'Egypte & le firent introniser par des soldats les armes à la main, au milieu du sang & du carnage, comme nous avons déja remarqué.

Les Ariens violét le dixneuviéme dans le Concile même.

Le vingt-uniéme déffend à tout Evêque de passer d'un Evêché à un autre, soit de sa propre volonté, soit qu'il y soit apelé par le peuple, soit même, que les Evêques de la province l'y veüillent obliger. Et Eusebe de Nicomedie, auteur de cette tragedie, avoit passé par adresse de l'Evêché de Berith à celui de Nicomedie, qui étoit alors le siege de l'Empereur; & passa par violence de Nicomedie à l'Evêché de Constantinople, lorsque Constantin commença à y sejourner plus ordinairement.

Eusebe de Nicomedie passe d'Evêché en Evêché contre le vingt-uniéme Canon.

Si ces Heretiques ont donc fait ces regles ce n'a été, que pour les autres & non pas pour eux ; car ils n'en ont gardé aucune. Ils les ont foulées aux pieds dans le même temps qu'elles ont été faites ; & comme des prevarications si énormes ne s'acordent guere avec les aparences de vertu, que ces hypocrites vouloient toûjours sauver, ce n'est pas sans beaucoup de raison, que plusieurs savans disent, que ces Canons n'ont jamais été faits dans ce méchant & detestable Concile, au moins pour la plus grande partie ; mais dans quelque autre, qui avoit été tenu du tems d'Eustathe. Outre ce que nous venons de dire il y a encore de fortes raisons, qui semblent nous en convaincre. Car le treiziéme & le vingt-deuxiéme ordonnent la même chose, sçavoir qu'un Evêque ne peut & ne doit faire aucunes fonctions dans le Diocese d'un autre, sans son consentement. Il n'y a aucune aparence, que ces deux Canons ayent été faits dans un seul & même Concile. Outre cela Theodore de Laodicée & Anatolius d'Emese sont marquez entre ceux, qui y ont assisté, lesquels étoient morts l'an trois-cens-quarante, qu'il fut tenu. Le premier étoit mort dés l'an trois-cens-trente-cinq. Il y a bien aparence,

qu'ils

qu'ils étoient au Concile où ces Canons furent faits, & que par consequent ce n'étoit pas celui dont nous parlons. Ainsi la preuve que M. Jurieu prétend tirer de la reception de ces Canons, pour montrer que c'étoit un Concile general, tombe par terre, & se trouve fondée sur rien.

Venons au Concile de Milan, que M. Jurieu nous cite encore pour un exemple de ces Conciles generaux, qui ont tombé dans l'erreur. Il fut convoqué de toutes les parties du monde l'an 355. Constance enflé d'une victoire, qu'il avoit remportée sur Magnentius fit un Edit à la sollicitation de Valens, par lequel il exiloit tous ceux qui ne voudroient pas souscrire à la condamnation de saint Athanase. Il convoqua ensuite ce Concile. La lettre qu'il écrivit aux Evêques lorsqu'ils furent assemblez, étoit pleine de blasphêmes. La simple lecture qu'on en fit, pensa faire soûlever tout le monde. Les Ariens se retirerent dans le Palais, pour leur sûreté, & Constance voïant, que tout le monde étoit contre eux, vint à leur secours lui-même. Libere Pape y avoit envoïé, pour ses Legats, Lucifer de Cagliari, Pancrace Prêtre & Hilaire Diacre. Hilaire fut foüetté publique-

Le faux Concile de Milan tenu par Constance. S. Hilar. l. ad Constant. S. Athan. epist. ad Solitar. Sulp. Sever. l. 2. Hist.

Tome I.   P

ment par les ordres de ce Tyran. Eusebe de Verceil, Lucifer de Cagliari, Paulin de Tréves, saint Hilaire de Poitiers, le Pape Libere lui-même, que Constance y fit venir, & plusieurs autres furent exilez en divers lieux. On déposa Denys de Milan & on mît Auxence Arien à sa place. On introniza Felix Diacre sur le Siége de Rome à la place de Libere, & la persecution recommença & fut plus grande, qu'elle eût jamais été. M. Jurieu compare encore ce Concile à celui de Nicée. Il voudroit bien, que ce saint Concile fût de cette trempe, ou tout au moins faire croire qu'il n'est pas d'une plus grande autorité, afin de faire passer la Divinité du Verbe pour un problême.

Persecution dans le Concile de Rimini.

Suivons M. Jurieu & parlons encore du Concile de Rimini; c'est un de ceux où les décisions ne se sont faites qu'à coups de hallebarde, & où l'autorité d'un Tyran étoit la regle de la Foi. Il s'y trouva quatre cens Evêques d'Occident, qui y furent traitez comme les Evêques Catholiques l'avoient été dans les Conciles précedens. Ursace & Valens y proposerent une confession de Foi, dans laquelle on suprimoit seulement le mot de *consubstantiel*, substituant en sa place celui de *semblable*. Cependant on disoit, que le Verbe est Dieu & engendré de Dieu ; ce qui sembloit relever la signification du mot de *semblable* & l'égaler à celui de *consubstantiel*. Les Anathematismes, qui furent prononcez par Claude Evêque de Picene & aprouvez de tout le monde ; la déclaration, que Valens fit, qu'il avoit en horreur les blasphêmes des Ariens, lui qui avoit composé cette Confession en presence de Taurus Intendant de Justice pour la Province ; toutes ces choses & plusieurs autres semblables étoient bien capables d'engager tous les Evêques à souscrire paisiblement cette Confession de Foi, qui ne péchoit, qu'en ce que le mot de *consubstantiel* n'y étoit pas expressément ; il falut cependant en venir aux dernières extrémitez, & mettre toutes sortes de violences & d'artifices en usage, pour la faire souscrite. Constance avoit promis à Taurus de le faire Consul, s'il pouvoit en venir à bout. Que ne fera pas un homme si superbe & si bien soûtenu, pour un morceau si délicat ? Aussi fit-il assommer à coups de pierres & de bâton par ses Soldats Gaudence Evêque de cette Ville. Les autres épouventez par un tel exemple & par les menaces d'un si cruel persécuteur & fatiguez d'un si long sejour,

(car ils furent arétez sept mois entiers à Rimini, étant dans une tres-grande necessité de toutes choses) & considerans, que la Consubstantialité du Verbe étoit en assurance, & qu'il ne s'agissoit que du mot, comme dit saint Jerôme, *Non erat curæ Episcopis de vocabulo; cùm sensus esset in tuto*, souscrivirent enfin, pour se délivrer d'une telle misere, & il n'y en eut que dix-huit, qu'on ne pût jamais obliger ni par priéres ni par menaces à consentir à une telle perfidie. Les Ariens, qui étoient au nombre de quatrevingts, comme il parut par la separation, qui se fit d'abord, se mirent à triompher, disant faussement, qu'il n'y avoit plus de consubstantialité ni en Orient ni en Occident. Les foibles se trouverent scandalisez d'une telle surprise; les coupables detesterent & condamnerent eux-mêmes leur lâcheté, par des écrits publics ; par des Lettres, qu'ils écrivirent à ceux, qui étoient exilez pour la deffense de saint Athanase; enfin dans des Conciles & des Synodes, qui furent assemblez pour cela, & il s'entrouva trespeu, qui cherchassent à s'excuser.

Dial. ad vers. Lucif. cap. 7.

Voila quel fut le Concile general, qu'on compare à celui de Nicée. Celui-ci étoit assemblé de toutes les parties du monde; celui de Rimini n'avoit été assemblé que de l'Occident. Les Evêques d'Orient étoient alors assemblez à Seleucie au nombre de cent soixante. Tout se passa paisiblement & tranquilement dans celui de Nicée. Tous les Evêques reçûrent d'un commun consentement la Consubstantialité du Verbe, quant au terme & quant à la chose, excepté deux; & dans celui de Rimini on suprima au moins ce terme, sous un vain prétexte de rétablir la paix dans l'Eglise; encore falut-il faire mille violences, pour faire souscrire une telle Confession de Foi, & que quelques-uns y soufrissent le martyre pour épouventer les autres. Enfin celui de Nicée a été reçû, aprouvé & autorisé par toute l'Eglise & le sera toûjours, & celui de Rimini ne fut pas plutôt fini, qu'il fut en execration & condamné par toute la terre dans divers autres Conciles, & publiquement detesté par ceux-mêmes, qui s'étoient laissé tromper. Quelle convenance donc se trouve-t-il entre ces deux assemblées, pour les comparer?

Je ne m'arêterai point ici à examiner & à discuter tous les faux & ridicules raisonnemens, que fait M. Jurieu, pour dégrader le Concile de Trente comme il fait celui de Nicée. Mon dessein n'est pas d'entrer dans ce détail, mais on en peut aisément juger par ce que nous venons de voir. Lorsque le cœur est corompu, tout ce qui favorise nôtre passion, passe à nos yeux pour démonstration. Il n'y a rien de si impie & de si absurde, qu'on ne soûtienne & dont on ne rende quelque sorte de raison. Il ne faut donc pas s'étonner, si M. Jurieu, qui a tant d'esprit & si peu de conscience, trouve des raisons où il n'y en a point, & des démonstrations où il n'y a pas même de probabilité. Je suis persuadé, qu'il connoît assez lui-même la foiblesse des Sophismes, qu'il a tant de peine à forger, & qu'il n'a besoin que de droiture de cœur, pour detester l'horrible crime, dont il est coupable, de retenir, comme il fait, la verité dans l'injustice.

Pour M. Masius s'il péche par prévention ou par ignorance, comme il paroît, son crime étant plus pardonnable, la grace de Dieu est beaucoup moins éloignée de lui. Et j'espere que faisant atention à toutes ces veritez salutaires, que nous avons si solidement établies, selon les principes de la veritable foi, Dieu lui ouvrira les yeux, & que de Ministre d'iniquité, qu'il est aujourd'hi, il deviendra un jour Ministre de la justice, & dira de tout son cœur en detestant ses erreurs & ses aveugles égaremens, comme fit saint Paul autrefois. *Je rends graces à nôtre Seigneur* JESUS-CHRIST, *qui m'a fortifié, de ce qu'il m'a jugé fidelle en m'établissant dans son Ministere, moi qui étois auparavant un blasphemateur, un persecuteur, & un outrageux ennemi de son Eglise; mais j'ai trouvé misericorde, parce que j'ai fait tous ces maux dans l'ignorance, n'aiant point la foi. Je prie nôtre Seigneur* JESUS-CHRIST *que cela soit ainsi.*

<small>1. ad Timoth. cap. 1. v. 12</small>

Fin de la premiére Partie.

L'INFAILLIBILITÉ
DE
L'EGLISE
DANS TOUS LES ARTICLES
DE
SA DOCTRINE,
TOUCHANT LA FOI ET LES MOEURS.

SECONDE PARTIE.

Tome I.

PREFACE.

Les Reformateurs ne sont pas moins embarassez, lorsqu'il s'agit de nous marquer ce qui donne lieu à tant de changemens, qu'ils imputent à l'Eglise Catholique, que lorsqu'ils veulent nous expliquer, de quelle maniére ils doivent être arivez ; & cela seul sufiroit, pour les convaincre de la fausseté de ces prétenduës revolutions ; car si c'étoit quelque chose de réel & de veritable, rien ne devroit être plus connu & plus certain, que les principes & les causes de tant d'éfets si considerables, où tant d'Etats, pour ne pas dire toute la terre, se trouvoient interessez, & si ces causes avoient dû demeurer cachées, ce n'eût pas été aux ennemis de l'Eglise, qui cherchent tous les prétextes imaginables de la décrier.

Il est vrai, qu'il y a beaucoup d'éfets tres-sensibles, dont les causes nous sont entierement inconnuës. Cela est tres-commun dans les matiéres de physique, beaucoup plus rare dans celles de morale, mais lorsqu'il s'agit de simples faits historiques, qui doivent être arivez en certains tems, non dans un coin du monde, non dans une ville, ou dans quelque

Q ij

Province, mais par toute la terre, & qui n'ont pû se passer sans d'étranges bouleversemens, non seulement en matiére de Religion, mais encore en matiére de politique, je soûtiens, que c'est le comble de l'extravagance d'oser dire, que la cause en peut être cachée & inconnuë. Car qui pouroit avoir empêché tant d'écrivains de tout genre, de tout tems & de tout païs, qui depuis JESUS-CHRIST nous ont instruits de tout ce qui s'est passé de plus considerable dans le monde, de nous aprendre des choses si importantes & si communes ?

Messieurs les Protestans n'ont rien négligé, pour pouvoir découvrir la cause de ces prétendus changemens, & s'il y en avoit eu, ils l'auroient assûrementt rouvée: mais dans toutes leurs recherches ils n'ont trouvé autre chose, sinon que leur cause tomboit en ruine par cet endroit. C'est pourquoi ils n'en parlent, que quand ils s'y trouvent forcez, & pour lors ils se contentent de dire d'un ton décisif, comme fait M. Masius, *que ceux, qui ont la moindre connoissance de l'histoire, sçavent,* *que toutes ces choses se sont glissées par succession de tems dans l'Eglise Romaine.*

Lorsqu'un ignorant vient à lire une chose de cette nature avancée avec tant

M. Masius dans sa Préface.

PRÉFACE.

de confiance, il se persuade, qu'il n'y a rien au monde de plus clair dans toutes les Histoires sacrées & prophanes, que le recit de ces prétendus changemens; qu'il ne faut qu'ouvrir les Livres, pour en voir la vérité & pour en connoître parfaitement le tems, les raisons, les causes & toutes les circonstances dans le dernier détail. On aime mieux s'en raporter à un Ministre, que d'aller voir; parce que l'un est beaucoup plus facile, que l'autre. Mais comme il y a beaucoup de gens, qui ne sont pas si faciles à contenter, il faut avoir recours à quelqu'autre artifice, pour leur persuader, que cela est ainsi. On cherche pour cela quelques points d'histoires, qui aïent une espece de raport veritable, ou aparent à ce qu'on se met en tête de prouver & on les accommode à ses conjectures. Et comme chacun suit en cela son humeur & sa fantaisie, il ne faut pas s'étonner, s'il se trouve tant de contradictions dans tout ce que disent les Ministres sur ce sujet, & s'ils s'acordent si peu, non-seulement les uns avec les autres, mais encore avec eux-mêmes.

Toutes les causes de ces revolutions, qu'on prétend être arivées dans la Doctrine de l'Eglise, se reduisent à neuf principales, autant que je l'ai pû voir en lisant les Ouvrages des Reformateurs, & les Livres symboliques de la Reforme.

La premiere consiste dans les maniéres figurées de parler, dont les Peres ont dû se servir en expliquant l'Ecriture Sainte, ou en parlant des saints Mysteres.

La seconde se trouve dans les fausses interprétations, que ces mêmes Peres ont dû donner à la parole de Dieu, ou par humeur, ou par passion, ou par tel autre motif, qu'il plaît aux nouveaux illuminez de leur imputer.

La troisiéme est l'ignorance des Fidelles, qui ont été assez simples, pour prendre dans un sens naturel, ce que les Peres n'avançoient & ne disoient, que dans un sens figuré ; c'est-à-dire des metaphores, des hyperboles, des allegories & autres semblables figures, dont les Orateurs & les Predicateurs ont coutume de se servir, au lieu d'expressions communes & ordinaires.

La quatriéme est la négligence des Pasteurs ; qui n'ont pas instruit le peuple de ces choses & qui n'ont pas reprimé les abus, qui se sont glissez insensiblement dans l'Eglise de tems en tems ; mais qui les ont d'abord tolerez, qui les ont ensuite autorisez, & qui en ont fait enfin des articles de Foi.

La cinquiéme est l'interêt, qui a engagé les Ecclesiastiques à aprouver & entretenir le peuple dans ces sortes d'abus.

La sixiéme est la violence, qu'on a faite à tout le monde, pour faire observer les loix, qu'on a publiées pour ce sujet.

La septiéme est l'ambition des Papes & des Evêques, qui leur a fait inventer & emploïer toutes sortes de moïens, pour relever leur dignité, & pour acroître leur domination sur les Ecclesiastiques & sur le peuple.

La huitiéme est la politique dont le Pape s'est servi, pour augmenter le nombre de ses sujets, afin d'agrandir, & de soûtenir son empire.

La neuviéme enfin est la corruption des mœurs, qui porte naturellement les hommes à acoinmoder la Religion à leurs sens au lieu de s'atacher uniquement à suivre l'Ecriture-Sainte.

Toutes ces causes ne sont pas d'une égale fecondité. Il y en a, à qui les Reformateurs n'atribuent aucuns effets particuliers, comme l'ignorance des Fidelles, la négligence des Pasteurs

& la corruption des mœurs. On doit donc les regarder dans le Systême de la Reforme, comme des causes generales.

Les autres au contraire sont déterminées à certains changemens, qu'on leur attribuë. La Rhetorique des Peres, par exemple, a produit, à ce qu'on prétend, l'invocation des Saints, le culte des Reliques & des Images, par des apostrophes ? la Transubstantiation, qui a été suivie de la substraction de la coupe, par des hyperboles ; enfin le Sacrifice de la Messe, par des metaphores.

Les fausses interprétations de l'Ecriture-Sainte, & l'ambition des Papes ont particulierement fait naître la primauté.

L'interêt a établi le Purgatoire, la Messe privée, & la Priére pour les Morts.

La violence a autorisé les loix, qui défendent le Calice aux Laïques & a servi à la politique, pour établir celles qui ordonnent le Celibat aux Ecclesiastiques.

C'est ainsi que les Reformateurs tâchent d'acommoder les choses. Mais comme ils ne peuvent s'acorder ensemble sur des faits, qui devroient être connus à tout le monde, on a droit de juger sans pénétrer plus avant, comme nous avons déja remarqué, que tout cela n'a aucun fondement & que toutes ces

PREFACE. 353

causes & leurs prétendus effets sont également chimeriques. Et ce qui ne confirme pas peu cette opinion, c'est que parmi un si prodigieux nombre de changemens, si grands & si extraordinaires, il s'en trouve à peine huit ou neuf, dont on ait pû marquer une cause fixe & déterminée. Et même l'ignorance du peuple, la négligence des Pasteurs & la corruption des mœurs, à qui on n'atribuë aucun effet particulier, ne doivent pas être regardées, comme des causes; mais comme certaines dispositions favorables à ces changemens. Si les Protestans n'en peuvent marquer d'avantage, c'est qu'ils n'ont pû rien s'imaginer sur cela qui eût la moindre aparence de raison. Qu'on fasse donc venir tous les autres changemens, qui sont en tres-grand nombre, comme il paroît par le memoire, que nous en avons donné dans la premiere Partie, d'où l'on voudra & comme on voudra. C'est ce que les Reformateurs abandonnent à la recherche de ceux, qui voudront s'apliquer à de si belles découvertes.

Mais laissons à part ce qu'ils n'ont pû trouver, & jettons les yeux sur ces prétenduës causes de changement, qu'ils ont imaginées, & nous verrons facilement & sans beaucoup d'aplication, combien leur découverte est miserable; car qui pourra croire, qu'une apostrophe, une hyperbole, ou une metaphore aïent été capables de renverser toute la Religion & de changer toute la face de l'Eglise contre l'intention même de ceux qui les faisoient? C'est cependant ce qui doit être arivé, comme le prétendent les Reformateurs, & c'est ce que nous allons examiner dans cette seconde Partie.

Mais parce que les Lutheriens se sont avisez de dire, que l'Eglise est veritablement infaillible, & que malgré tous les changemens de sa doctrine, elle n'a pas laissé de subsister, ce qui est une contradiction manifeste; mais qu'elle est seulement devenuë invisible: j'ai crû que j'étois obligé de ruiner ce paradoxe, & de faire voir, qu'elle ne peut jamais cesser d'être visible sans cesser d'être l'Eglise.

Voilà le dessein de cette seconde Partie, laquelle contient onze Chapitres. Je prie le Seigneur, de donner tout le poids & toute la force possible à mes raisonnemens, & l'onction de sa divine charité à mes paroles. La premiere est nécessaire, pour convaincre ceux qui sont rebelles à la verité; & la seconde, pour les convertir, & c'est l'unique but, que je me suis proposé dans cet Ouvrage.

L'INFAILLIBILITE' DE L'EGLISE DANS TOUS LES ARTICLES DE SA DOCTRINE, TOUCHANT LA FOI ET LES MOEURS.

SECONDE PARTIE,

Dans laquelle on examine les causes, que les Heretiques aleguent des changemens, qu'ils imputent à l'Eglise.

CHAPITRE PREMIER.

Que les maniéres figurées de parler, dont les Peres se sont servis, ne peuvent produire aucun changement dans la Doctrine de l'Eglise.

ENTRE toutes les figures de Rhetorique, dont les Peres se sont servis, il y en a trois particulierement, qui ont été cause de plusieurs changemens dans l'E-

glise, si l'on en croit les Protestans ; savoir l'Apostrophe, l'Hyperbole, & la
Metaphore. La premiere a dû produire
l'invocation des Saints & le culte des
Images. La seconde a donné lieu à la
Transubstantiation ; & la Metaphore a
établi le Sacrifice. Voilà de grands effets pour de si foibles causes ; car que toute la face de l'Eglise se trouve changée
plusieurs fois par des apostrophes, des
hyperboles & des metaphores, c'est ce
qu'on ne peut facilement comprendre,
voïons si cela même est possible.

5. Figu-
res de
Rhetori-
que cau-
ses de di-
vers chan-
gemens.

Voici de quelle maniére l'Apostrophe
a produit l'invocation des Saints, selon
M. Masius. *L'Invocation des Saints*, dit-
il, *est venuë de ce que les Anciens dans*
leurs Panegyriques, dans leurs Oraisons,
ont d'abord fait mention des Saints & les
ont apostrophez, comme s'ils leur eussent
parlé par une figure de Rhetorique, &
ceux qui les ont suivis ont converti cette
coûtume en invocation.

M. Mas.
part. 2.
chap 2.
pag. 55.

L'Apo-
strophe a
produit
l'Invoca-
tion des
Saints &
le culte
des Ima-
ges.

Voici comme cette même figure a produit le culte des Images. *L'erreur ne s'est*
point arêtée-là, dit-il encore, *mais on en*
est venu jusqu'à faire des Images des Saints,
qu'on a ensuite érigées à un culte public.
Il cite l'article 21. de la Confession
d'Ausbourg, où Melancton dit la même
chose.

Avant que de chercher la cause de quelque chose, il faut que l'effet soit constant; car il n'y a rien de plus ridicule que de chercher la raison d'une chose, qui n'a jamais été, ou tout au moins dont on n'a aucune certitude. Il faudroit donc que M. Masius, Melancton & tous les autres Ministres eussent bien prouvé, que ces changemens, qu'ils nous imputent, sont arivez effectivement, avant que de s'ocuper a en chercher la cause. S'ils avoient prouvé ces faits en question, nous les dispenserions facilement du reste. Cela sufiroit, pour nous convaincre, & tout le reste seroit compté pour rien.

On cherche sans raison la cause d'ũ effet qui n'est pas constant.

Lorsqu'un Orateur quitte dans son discours l'auditeur, à qui il parle, pour parler à une personne presente, ou absente, ou même à quelque chose animée ou inanimée, comme si c'étoit à une personne, cela s'apelle dans l'école des Orateurs une Apostrophe ; or pour voir si cette figure auroit pû convaincre toute la terre, qu'on peut invoquer les Saints, & que c'est un acte de piété & de religion, suposons que nous sommes dans l'état & la disposition où étoient ces prétendus Catholiques Lutheriens avant que ces apostrophes les eussent engagez à le faire, c'est-à-dire, que nous regardions

Ce que c'est que l'Apostrophe.

cette pratique comme une vraïe idolatrie, toutes les apostrophes imaginables seroient-elles capables de nous faire changer de sentiment ? & quand tous les Prédicateurs du monde ne feroient autre chose, que d'apostropher les Saints, pourions-nous conclure autre chose, sinon qu'on peut les apostropher ? On apostrophe mille choses qu'on personifie, comme la Patrie, une Ville, une Solitude, les cendres d'un mort, des sepulchres, des animaux, des statuës, des autels & generalement toutes choses, qui de tous les hommes sera assez stupide & assez insensé, pour prendre ces apostrophes pour des Invocations, & pour en conclure, qu'on peut invoquer toutes ces choses ? Il n'y a rien de plus commun aux Orateurs, que d'apostropher le Ciel, le Soleil, la Lune, les Etoiles, est-il à craindre, qu'ils ne nous persuadent, que nous pouvons les invoquer, qu'ils les invoquent eux-mêmes, & qu'ils les adorent, si l'invocation est une idolatrie, comme le prétendent les Protestans ?

Mais il n'y a rien de si aisé, que de voir si ces maniéres de parler des Peres sont de veritables invocations, ou de simples Apostrophes, ces deux choses sont faciles à distinguer. Si ce sont des apostrophes, il n'est pas possible de se persuader, que tout le monde eût pû les prendre pour des invocations ; & si ce sont des invocations, M. Masius se trompe grossierement de les prendre pour des apostrophes.

Je commencerai, dit Origene, où l'Auteur de la lamentation qui se trouve parmi ses ouvrages & qui est tres-ancienne, par me prosterner les genoux en terre, & prier tous les Saints de me secourir, n'osant m'adresser immediatement à Dieu à cause de l'énormité de mes peche. O Saints de Dieu! je vous prie les larmes aux yeux, & en pleurant amerement de vous prosterner vous-même devant Dieu, afin d'obtenir sa misericorde, pour un miserable, comme je suis. *Incipiam me genibus prosternere & deprecari universos Sanctos, ut mihi non audenti petere Deum propter nimietatem peccati, succurrant. O sancti Dei vos lacrymis & fletu pleno dolore deprecor, ut procidatis misericordiis ejus pro me misero.* C'est ainsi, qu'il parle dés le commencement & voici ce qu'il dit encore vers la fin : Malheur à moi, pere Abraham, priez pour moi, de peur que je ne m'éloigne du lieu où vous êtes, où je souhaite aller avec empressement, mais dont je ne suis pas digne, à cause de la grandeur de

Origene invoque les SS.

mes pechez. *Hei mei, pater Abraham, deprecare pro me, ne de finibus tuis alienes, quos valdè cupivi, nec condignè quidem propter ingens peccatum meum.* Que M. Masius prenne peine de consulter sa Rhetorique, pour voir si ce sont là ce qu'on apelle des apostrophes.

Le même Pere nous marque dans son exhortation aux Martyrs, que M. Vestenius a fait imprimer en Grec, que la coûtume de l'Lglise de son tems étoit d'invoquer les Saints; parce qu'on étoit persuadé, que comme dans l'ancienne Loi les Prêtres pouvoient procurer en quelque maniére la remission des pechez par le sang des Boucs & des Taureaux, de même à present les ames de ceux, qui ont été mis à mort pour la confession de JESUS-CHRIST, nous font voir, que ce n'est pas sans sujet, qu'elles environnent l'Autel, qui est dans le Ciel, en ce qu'elles obtiennent la remission des pechez à ceux qui les en prient. *Sic animæ securi percussorum propter testimonium Jesu, non frustrâ cælesti altari assidentes administrant rogantibus remissionem peccatorum.* Il n'y a rien qui sente moins l'apostrophe que ce discours.

L'invocatió des Saints é—

M. Daillé Ministre de Charenton, qui a tant écrit sur toutes sortes de matiéres de

DE L'EGLISE. Ch. I. 361

Controverses, se trouve forcé dans le Livre qu'il a fait touchant le culte des Latins, de nous abandonner le quatriéme Siécle & de dire, ne pouvant répondre à une infinité de témoignages évidens, dont il se trouve acablé, que saint Basile, saint Ambroise, saint Augustin & generalement tous les Peres de ce beau siécle, ont établi, par le moïen de l'invocation des Saints, une idolatrie toute nouvelle & le regne de l'Antechrist. Mais qui poura se persuader, que tant de grands hommes si saints, si sçavants, si pleins de zele, si apliquez à combatre les moindres erreurs soient tombez eux-mêmes dans l'idolatrie & aïent travaillé à établir le roïaume de l'Antechrist. Il valoit bien mieux chercher dans tout ce qu'ils ont dit de l'invocation des Saints, des apostrophes, comme a fait M. Masius, que d'avancer une impertinence si grossiere & si ridicule.

Idolatrie établie dans le 4. siécle, de l'aveu de M. Daillé.

Mais M. Masius lui-même ne laisse pas de se trouver obligé, malgré ses apostrophes, de nous abandonner encore le troisiéme Siécle & de dire, que l'erreur est parvenüe au suprême dégré dans le troisiéme Siécle, où l'on commença de canoniser les Saints dans les formes, qui se pratiquent encore, & que l'on peut justement

M. Mas. part. 1. chap. 2. pag. 55.

L'invocation des Saints établie dans le 3. siécle.

Tome I. R

comparer à l'Apotheofe des Heros, qui fe pratiquoit parmi les Païens. Nous voila remontez bienhaut. Une erreur fi répanduë & parvenuë au degré fuprême dés le troifiéme fiécle a bien l'air, ce me femble, d'un Dogme de Foi, & cela feul eft une forte prefcription contre les Prophetes nouveaux, qui s'avifent de combattre cette Doctrine dans le feiziéme fans aucune autorité.

de l'aveu de M. Mafius.

L'Apotheofe des Heros, qui fe pratiquoit parmi les Païens, peut encore fervir à confondre ces inventeurs de fables. Car Eufebe de Cefarée fait voir par ces exemples, que c'eft un fentiment naturel aux hommes, que les grands perfonnages, qui font morts pour leur patrie, ne l'oublient jamais, & qu'ils en prennent foin même aprés leur mort; & que c'eft ce qui portoit les Païens à faire des Heros, c'eft-à-dire, des demi-dieux de leurs ames, croïant qu'elles pouvoient les préferver, ou les délivrer de beaucoup de maux. *C'eft pour cela*, dit-il, *que nous honorons tous ceux, qui ont vécu d'une maniére excellente aprés leur mort. C'eft ce que nous faifons chaque jour, nous qui combatons pour la veritable pieté. Nous reverons ces amis de Dieu, nous allons à leurs tombeaux, nous leur faifons des prieres*

Eufeb. Cefar. l. 13. prep. Evang. c. 7.

Les grâds hommes n'oublient jamais leur patrie, même aprés la mort c'eft ce que les Païens ont crû.

comme à des hommes Saints, nous faisons profession de les regarder comme des Protecteurs, qui ne nous sont pas d'un petit secours auprès de Dieu par leur intercession. Nous avons encore trouvé ceci dans Platon, & nous le raportons, pour faire voir qu'il étoit rempli de la philosophie des Hebreux, & qu'il a écrit des choses tres-conformes à ce que nous enseignons. Ce témoignage détruit entierement l'idée chimerique des apostrophes, & fait voir, que le sentiment de nos Reformateurs est un monstre, étant contraire aux premieres impressions de la nature, que les Païens même ont ressenties, & que leurs philosophes ont aprouvées; & s'ils ont poussé les choses à l'excez, c'est qu'ils n'avoient pas la loi de Dieu, pour les retenir dans de justes bornes.

On voit par ce beau passage d'Eusebe l'honneur qu'on rendoit aux Saints; le respect qu'on avoit pour leur memoire; la veneration qu'on portoit à leurs Reliques; les Pelerinages, qu'on faisoit à leurs tombeaux; les vœux & les prieres, qu'on leur adressoit; la confiance, qu'on mettoit en leurs intercessions, & ce qu'on esperoit de leur protection. Si tout cela est une idolatrie, comme les Reformateurs le prétendent; il faut nécessai-

R ij

rement convenir, que non seulement toute l'Eglise a été idolatre, mais encore que cette idolatrie a toûjours été regardée comme un article de Foi.

Ce n'a pas été seulement dans des actions particuliéres & peu celebres, qu'on a fait ces prétenduës apostrophes, que nous apelons l'invocation des Saints, mais dans des Conciles generaux, sans qu'on y ait jamais trouvé à redire. Voici comme saint Cyrille d'Alexandrie parla au Concile d'Ephese dans un discours, qu'il fit le jour de saint Jean l'Evangeliste. *Expliquez-moi*, dit-il, *vous-même ce grand mystere*, (de l'unité de personne dans les deux natures de JESUS-CHRIST, dont il s'agissoit alors) *ô saint Evangeliste ; parlez apresent, ô bienheureux Jean, vous qui avez été apellé le fils du Tonnerre, qui avez fait trembler tout l'Univers par le grand & admirable son de vôtre voix. Vous dont les paroles sont immortelles, & à qui l'oubli & le tems sont obligez de ceder. Toute cette grande assemblée de Pasteurs vient à vous pour cela. Otez-nous vous-même cette pierre, comme Jacob fit autrefois aux Pasteurs ; ouvrez-nous ce puits de vie ; faites que nous puissions puiser dans ces fontaines du salut; ou plutôt mettez au milieu de nous cette*

S. Cyrille d'Alexandrie invoque S. Jean l'Evangeliste. In Conc. Eph. part. 3. n. XI.

DE L'EGLISE. Ch. I. 365

source, qui est en vous. Ecoutons donc ce qu'il nous dit. Au commencement étoit le Verbe, &c.

Dans le Concile general IV. de Calcedoine, *les Reverendissimes Evêques & les Ecclesiastiques de Constantinople crierent, la verité est telle, tout tant que nous sommes, nous disons la même chose. Nous souhaitons à Flavien une memoire éternelle; à cet homme vraïement orthodoxe, une memoire éternelle. Voilà d'un côté quelle a été la vengeance, qu'on a exercée contre lui & de l'autre voila la verité, qu'il a soûtenuë. Flavien vit aprés sa mort. Que ce saint Martyr prie pour nous. C'est lui-même, c'est Flavien, cet homme vraiment orthodoxe, qui nous a exposé la Foi aprés sa mort. Nous souhaitons une longue vie à l'Empereur, Flavien est encore ici juge avec nous.* Ceci nous marque trois choses, 1. Qu'on croïoit dans ce Concile, que les Saints nous aident par leurs intercessions aprés la mort ; c'est en ce sens, qu'on dit, que saint Flavien, qui avoit été tué dans le faux Concile d'Ephese, pour la deffense de la Foi contre les Eutychiens, l'avoit exposée aprés sa mort, & qu'il jugeoit encore avec les Peres de ce saint Concile. 2. Qu'on peut invoquer les Saints, puisqu'on invoque saint Flavien

Conc. Calced. 2. tub trà medium. On invoque le S. Martyr Flavien au Concile de Calcedoine.

R iij

en difant, *que ce Martyr prie pour nous.*
3. Qu'on les peut canoniser puisqu'on le canonise, & qu'on le met au nombre, & au rang des saints Martyrs. Toutes ces choses ne sont que des idolatries, si l'on en croit les apôtres du seiziéme Siécle, & ces manieres de parler ne sont que des apostrophes selon M. Masius.

<small>On canonise & on invoque saint Protere.</small>

Les Evêques de l'Europe, qui avoient assisté à ce saint Concile, écrivirent une Lettre à l'Empereur Leon, qui est raportée dans la III. Partie, dans laquelle ils disent. *Nous plaçons le tres-saint Protere dans le rang & dans le chœur des saints*

<small>Evagr. l. 2. hist. c. 8.</small>

Martyrs, & nous demandons par ses intercessions, que Dieu nous fasse misericorde, & nous soit propice. Saint Protere fut élû Evêque d'Alexandrie par les Catholiques à la place du perfide Dioscore, qui fut condamné & déposé au Concile de Calcedoine, & il fut cruellement massacré par les Eutychiens dans le Baptistaire même, pour mettre à sa place Timothée heretique de leur faction. On le canonise & on l'invoque dans cette Lettre. Les Lutheriens ne peuvent pas dire, que ces saints Conciles aïent été des assemblées d'idolatres, puisqu'ils les reçoivent comme nous.

On peut encore ajoûter le Concile

VII. general, où l'on dit, qu'il *faut faire toutes choses avec crainte & demander pour cela les intercessions de la tres-pure mere de Dieu, des Saints Anges, & de tous les Saints.* Je laisse à part un grand nombre de Conciles particuliers, Nationnaux ou Provinciaux, dans lesquels on invoque & on ordonne d'invoquer les Saints ; de chanter pour cela des Litanies certains jours, comme le jour de saint Marc, & aux Rogations; & de faire des Stations dans les lieux où reposent leurs saintes Reliques, ou dans les Eglises, qui sont dédiés à Dieu sous leur nom, pour obtenir le secours de leurs intercessions. Enfin il n'y a rien de mieux établi dans tous les siécles, que le culte & l'invocation des Saints & rien de plus mal imaginé, que ces prétenduës apostrophes, qui doivent en être la cause.

<small>Conc. VII. act. 6. in fine. Invocation des Saints au septiéme Concile general.</small>

Il est vrai que la veneration, qu'on a pour les Saints, nous porte naturellement à respecter leurs Images. C'est encore un sentiment, qui nous vient de la nature même. Car lorsque nous aimons une chose, nous aimons aussi à voir tout ce qui peut la rapeler en nôtre mémoire; & en respectant l'Image de ceux, que nous aimons, ce n'est pas, à proprement parler, l'image qui est l'objet de nos res-

<small>Le culte des Images fondé sur les sentimés de la nature.</small>

pects, mais la chose, qu'elle nous represente; & lorsque nous déshonorons l'I-
mage, ce n'est pas aussi l'Image, qui soufre ce déshonneur, parce qu'elle est insensible & incapable de soufrir; mais
c'est la personne, qu'elle nous represente.

Il est inutile de distinguer, comme
font les Reformateurs entre le culte politique & le culte religieux, pour éluder
une verité si certaine & si incontestable.
Car c'est le seul motif de ce culte, qui
donne lieu à cette distinction. Si c'est un
motif de politique, qui nous porte à honorer une personne & à respecter son image, comme celui qui nous porte à honorer un grand Roi & ses statuës, un Prince, un Magistrat, un General d'armée,
un Concitoïen, ce culte est politique. Si
c'est un motif de religion comme celui
qui nous porte à honorer un Saint, parce qu'il nous a donné de grands exemples de pieté; un Martyr, parce qu'il a
signé nôtre Foi de son propre sang; un
Apôtre, parce qu'il nous a anoncé l'E-
vangile, ainsi du reste, ce culte est religieux. Il n'est donc pas necessaire d'avoir
recours aux apostrophes, pour rendre
raison du culte des Images; la Foi nous
enseigne, qu'on doit les honorer; la na-

ture même nous l'inspire & la raison nous le démontre.

La seconde figure de Rhetorique, qui a dû faire quelque changement dans l'Eglise est l'hyperbole, & le changement qu'elle a dû produire, est un des plus extraordinaires, qu'on puisse s'imaginer; c'est le dogme de la Transubstantiation. Il faloit sans doute pour cela, non une hyperbole simple, mais une des plus dures & des plus extraordinaires, qui fût jamais, & qui surpassât même par sa singularité toutes celles que les Orateurs apellent des catachreses. Car l'hyperbole est une exageration des choses, pour en donner une grande idée, & pour donner plus de force & d'énergie à un discours ; mais si le pain & le vin restent dans l'Eucharistie après la consecration, quelle expression, pour hyperbolique qu'elle puisse être, seroit capable de nous persuader, qu'il n'y a plus que des aparences, & que la substance est changée au Corps & au Sang de JESUS-CHRIST ?

L'hyperbole a dû produire le dogme de la Transubstantiation.

Il est bon de raporter ici quelques-unes de ces expressions, afin que chacun puisse voir si elles sont hyperboliques.

Nous recevons, dit saint Justin, *ce pain (de l'Eucharistie) non comme un pain commun, & ce breuvage non comme*

S. Just. Apol. 2.

celui dont nous uſons ordinairement ; mais JESUS-CHRIST nôtre Sauveur s'étant Incarné, & aiant pris une chair & du ſang comme le nôtre, ſelon la parole de Dieu, pour operer nôtre ſalut ; pour cette même raiſon on nous enſeigne, que cette nourriture, qui ſe change en nôtre ſang & en nôtre chair, pour nous ſoûtenir, eſt la Chair & le Sang de ce même JESUS incarné, lorſqu'on a fait ſur elle les actions de graces contenuës dans les paroles, qu'il nous a laiſſées, & dont nous nous ſervons dans nos prières. ὐ γὰρ ὡς κοινὸν ἄϱτον ἐδὲ κοινὸν πόμα ταῦτα λαμβάνομεν, ἀλλ' ὅν τρόπον διὰ λόγε θεῦ σαρκοποιηθεὶς Ἰησοῦς Χρισὸς ὁ σωτὴρ ἡμῶν, καὶ σάρκα καὶ αἷμα ὑπὲρ σωτηρίας ἡμῶν ἔχει, ἔτως καὶ τὴν δι' εὐχῆς λόγε τῦ παρ' αὐτῦ εὐχαρισηθεῖσαν τροφὴν, ἐξ ἧς αἷμα, καὶ σάρκες κατὰ μεταβολὴν τρέφονται ἡμῶν, ἐκείνε τῦ σαρκοποιηθέντος Ἰησῦ, καὶ σάρκα καὶ αἷμα ἐδιδάχθημεν εἶναι.

Il paroît par le témoignage de ce Pere, qui vivoit vers le milieu du ſecond ſiécle, qu'on ne recevoit pas l'Euchariſtie, comme un pain commun, mais comme le Corps & le Sang de JESUS-CHRIST, & pour faire voir de quelle manière ce Corps & ce Sang ſont dans ce myſtere, il compare le changement,

Expreſſion de S. Juſtin touchant la Tranſubſtantiation.

qui se fait par la force des paroles, de ce pain & de ce vin au Corps & au Sang de JESUS-CHRIST, à celui, qui se fait de ce même pain & de ce même vin, en nôtre chair & en nôtre sang par la chaleur naturelle : or il est certain, que le changement, qui se fait du pain & du vin en nôtre chair & en nôtre sang est substantiel ; il faut donc dire la même chose de celui, qui se fait dans la sainte Eucharistie. Peut-on trouver dans cette maniére de parler quelque hyperbole ?

Ce mystere ne paroissoit que trop incroïable, pour se servir de telles exagerations & d'expressions hyperboliques, quand il s'agissoit d'en parler; mais particulierement à des Payens, comme saint Justin faisoit dans cette Apologie. Car il ne la composa que pour rendre compte à l'Empereur & au Senat de la Foi des Chrêtiens, qu'on acusoit de commettre mille crimes énormes dans leurs assemblées, & particulierement de sacrifier un enfant à JESUS-CHRIST, de manger sa chair & de boire son sang, comme il le marque lui-même dans son Dialogue contre Tryphon, & presque tous ceux qui ont écrit des Apologies pour les Chrêtiens ? Etoit-il à propos de se ser-

Dialogo cum Tryph. Athenag. Minut. Felix Tert. apol. c. 1.

vir, d'hyperboles dans une telle rencontre ? Il est même assez étonnant, qu'il en ait parlé d'une manière si claire, puisqu'on ne vouloit pas l'expliquer aux Cathecumenes, & il paroît bien, qu'il n'en parloit de cette manière, que parce qu'il y étoit forcé pour justifier les Chrétiens d'un tel crime, l'Eucharistie aïant donné ocasion à cette accusation.

S. Irenée l. 4. c. 34 Expressions de saint Irenée.

"Saint Irenée dit, que le pain sur lequel on a rendu graces, est le Corps de JESUS-CHRIST & que le Calice sur lequel on a fait la même chose est son sang, & il prouve par là, que JESUS-CHRIST est le fils du Créateur, c'est à dire son Verbe, qui fait produire du fruit aux arbres &c. *Quomodò constabit eis (hæreticis) eum panem, in quo gratiæ actæ sunt, corpus esse Domini sui, & Calicem sanguinis ejus &c.* Voici ce me semble le raisonnement de ce Pere: Vous convenez que le Créateur est l'auteur des changemens, qui se font dans la nature, pour la production des fruits de la terre; et ces changemens ne sont pas plus considerables, que celui qui se fait dans la sainte Eucharistie, que vous êtes obligez d'atribuer à JESUS-CHRIST: il faut donc convenir, que vous n'avez aucune raison de dire, que lui, qui opere

DE L'EGLISE. Ch. I. 375
l'un, n'a pas le pouvoir d'operer l'autre
& qu'il n'est pas le Créateur.

Il confirme ceci peu de lignes aprés
d'une maniére excellente, en disant, que
comme le pain, qui vient de la terre (par
un changement de substance) *n'est plus du
pain commun, parce que l'Eucharistie est
composée de deux choses, l'une terrestre &
l'autre celeste : ainsi nos corps, qui la reçoivent, cessent d'être sujets à une corruption sans retour, & reçoivent le gage de
l'esperance, que nous avons de ressusciter un
jour.* Est-ce une hyperbole de dire, que
ce pain, que la terre a produit, cesse d'ê-
tre du pain commun, comme il étoit auparavant ; *jam non communis panis est* ?
ou cela veut-il dire, que c'est du pain,
dans, sous, ou avec lequel est le Corps de
JESUS-CHRIST ? Il n'y a aucune a-
parence, puisqu'il déclare auparavant,
que c'est le Corps de JESUS-CHRIST nôtre Seigneur.

Mais on ne manque pas de nous dire, que selon saint Irenée, il y a deux choses qui font ce mystere, l'une terrestre & l'autre celeste. *Eucharistia ex duabus rebus constans, terrenâ & cœlesti.* Oüi sans doute, il faut deux choses, pour faire ce Sacrement, l'une sensible & l'autre insensible, sçavoir les aparences du pain & le

Deux choses composent l'Eucharistie, l'une terrestre & l'autre celeste, sçavoir les accidens

du pain & du vin & le Corps & le sang de J.C.

M Masius part. 2. p. 97.

Corps de JESUS-CHRIST. On peut dire même, que cette chose terrestre est le pain qui se change au Corps de JESUS-CHRIST. L'abus que les Reformateurs font de ce passage, pour prouver la consubstantiation, est autant manifeste, que la fausseté d'un autre, que M. Masius a forgé, & qu'il cite sous le nom de saint Augustin, pour le même sujet, sans marquer où il l'a pris.

Tert. l. 4. cont. Marc. cap. 4.

Expression de Tertulien.

Tertulien dit, que JESUS-CHRIST prit du pain, & que l'aïant distribué à ses Disciples, il en fit son Corps, en disant, *Ceci est mon Corps.* ACCEPTUM *panem & distributum discipulis, Corpus suum illum effecit; Hoc est Corpus meum, dicendo.* Comment peut-on dire, que JESUS-CHRIST fit son Corps de ce pain, s'il ne fit que mettre son Corps dans ce pain ? Seroit-ce ici une des hyperboles de M. Masius ? une hyperbole est une expression, qui donne de la force & de l'énergie au discours, mais qui ne change jamais le sens d'une proposition, comme il ariveroit ici, si l'expression de Tertulien étoit hyperbolique. D'ailleurs Tertulien ne veut prouver autre chose en cet endroit, sinon que JESUS-CHRIST avoit un veritable corps, contre Marcion, qui le nioit. Il n'étoit point

DE L'EGLISE. Ch. I.

neceſſaire de faire des hyperboles pour cela, c'étoit aſſez de dire, que ſon corps eſt *dedans*, *ſous*, *ou avec* le pain de l'Euchariſtie ſans marquer la Tranſubſtantiation, comme il a fait en diſant, que JESUS-CHRIST *aïant pris du pain & l'aïant diſtribué à ſes Diſciples, en fit ſon Corps*; car cela ne pouvoit ſervir qu'à rendre le myſtere plus incroïable; s'il a donc parlé de cette maniére, c'eſt qu'il ne croïoit pas, qu'on pût expliquer les paroles de JESUS-CHRIST autrement, & que la Tranſubſtantiation étoit un article de Foi dans l'Egliſe.

Qui de tous les hommes porte plus juſtement le titre de Prêtre du Dieu ſouverain, dit ſaint Cyprien, que nôtre Seigneur JESUS-CHRIST? lequel a offert un Sacrifice à Dieu ſon Pere & un ſacrifice ſemblable à celui, que Melchiſedech avoit offert autrefois, c'eſt-à-dire, du pain & du vin, ſçavoir ſon Corps & ſon Sang. *Obtulit hoc idem, quod Melchiſedech obtulerat, id eſt panem & vinum, ſuum ſcilicet Corpus & Sanguinem.* Comment le pain & le vin, peuvent-ils être le Corps & le Sang de JESUS-CHRIST, s'ils ne le deviennent par la Tranſubſtantiation? Tous les Peres, qui parlent de ce myſtere, parlent de la mê-

S. Cypr. epiſt. 63. ad Cæcilium. Expreſſion de S. Cyprien.

me maniere, & pas un seul n'a crû, que la proposition de nôtre Seigneur, *Ceci est mon Corps*, pût signifier la même chose, que celles-ci, *sous ceci est mon Corps* ou *avec ceci est mon Corps*, ou *dans ceci est mon Corps*. Il n'y a que la logique de Vittemberg, qui soit capable d'admettre de telles équipolences.

S. Cyril. Hierosol. Cathec. 4. myst.

Expressions positives des Peres, touchant la Transubstantiation.

On nous demandera peut-être des expressions tirées des Peres, qui marquent positivement ce changement de substance, & en propres termes. Il est aisé d'en produire un grand nombre, tant des Peres Grecs que des Latins. Je me contenterai d'en raporter ici quelques-unes, pour n'être pas ennuïeux.

JESUS-CHRIST *affirmant lui-même*, dit saint Cyrille de Jerusalem, *& disant lorsqu'il parle du pain, qu'il consacra*, Ceci est mon Corps, *qui oseroit en douter? & lorsqu'il confirme encore la même chose, en disant*, Ceci est mon Sang, *qui pourroit, dis-je, encore le revoquer en doute? & qui seroit assez temeraire, pour oser dire, que ce n'est pas son Sang? Il changea autrefois l'eau en vin à Cana de Galilée, il ne falut pour lui que vouloir, afin que cela fût aussi-tôt fait, & il ne meritera pas, que nous croïons, qu'il change le vin en son Sang* (καὶ ἐκ ἀξιόπιϛος ἐϛιν οἴνον με-

DE L'EGLISE. Ch. I. 377

μεταβαλών εἰς αἷμα.) Car ſi étant invité à des Nôces charnelles il a fait ce prodige, pourquoi ne confeſſerons-nous pas à plus forte raiſon, qu'il a donné ſon Corps & ſon Sang aux enfans de l'Epoux ? Ainſi recevons le Corps & le Sang de JESUS-CHRIST avec une pleine certitude, puiſque l'un nous eſt donné ſous l'eſpece du pain, & l'autre ſous l'eſpece du vin, ἐν τύπῳ γὰρ τοῦ ἄρτου δίδοταί σοι τὸ σῶμα, καὶ ἐν τύπῳ οἴνου δίδοταί σοι τὸ αἷμα. On n'a jamais crû que ce fût une hyperbole de dire, que l'eau fut changée en vin aux Nôces de Cana : or nous devons croire, qu'il ſe fait un changement ſemblable dans l'Euchariſtie, ſelon ſaint Cyrille μεταβαλών ; ce n'eſt donc pas une hyperbole d'en parler de la même maniére, & en mêmes termes.

Il eſt certain, que le mot de type, dont ſaint Cyrille ſe ſert en cet endroit, ne ſignifie autre choſe que les eſpeces ou aparences du pain & du vin; car il ne peut reſter autre choſe, puiſqu'il ſe fait un changement ſubſtantiel du pain & du vin, comme il le dit auparavant. Mais outre cela il ajoûte bien-tôt aprés, *que nous ne devons pas nous arêter à ce qui paroît au dehors être du pain & du vin ; parce que ce n'eſt autre choſe, que le Corps & le Sang*

Expreſſions de S. Cyrille de Jeruſalem.

de Jesus-Christ, comme il l'a dit lui-même. Et quoique les sens nous donnent d'autres impressions, la Foi doit nous affermir dans la verité. Que nous ne devons point en juger par le goût, mais que nous devons tenir pour une chose tres-constante, & sans aucun doute, puisque c'est la Foi qui nous enseigne, que c'est le veritable Corps & le veritable Sang de Jesus-Christ, qui nous sont donnez dans ce mystere μὴ ἀπὸ τῆς γεύσεως κρίνης τὸ πρᾶγμα, ἀλλὰ ἀπὸ τῆς πίσεως πληροφορῦ ἀνενδοιάσως σώματος, καὶ αἵματος Χρίςυ καταξιωθείς.

Il dit la même chose & d'une maniére même encore plus forte dans la Catechese suivante. Est-ce qu'on nous ordonne, dit-il, de juger de ce mystere avec le palais de nôtre corps, (en disant, goûtez & voïez combien le Seigneur est doux?) non certainement, mais bien par une foi ferme & éloignée de tout doute. On commande donc à ceux, qui s'en aprochent, de goûter, non du pain, mais le Corps & le Sang de Jesus-Christ, qui sont sous les especes de l'un & de l'autre, γευόμενος γὰρ ἐκ ἄρτε, καὶ οἴνε κελευόνται γεύσασθαι, ἀλλὰ ἀντιτύπε σώματος, καὶ αἵματος τῶ Χρίςε. Il dit encore qu'il faut bien prendre garde d'en laisser tomber la moindre parcelle à terre, & que si par

DE L'EGLISE. Ch. I. 379

malheur cela arivoit, il faudroit regarder cet accident avec plus de douleur, que le mal qui nous ariveroit en perdant un de nos membres ; ce que les Lutheriens ne peuvent acorder avec la Consubstantiation.

Saint Cyrille explique dans cette Catechese, les paroles de la Liturgie de saint Jacques, dont on se servoit à Jerusalem, dans laquelle le Prêtre prie Dieu d'envoïer son saint Esprit, pour sanctifier le pain & le Calice, & *faire que l'un soit le Corps & l'autre le Sang de* JESUS-CHRIST: ἵνα ἁγιάση καὶ ποιήσῃ τὸν μὲν ἄρτον τοῦτον σῶμα ἅγιον τοῦ Χριστοῦ σου, καὶ τὸ ποτήριον τοῦτο αἷμα τίμιον τοῦ Χριστοῦ σου. Ce qui marque un changement substantiel, comme il le dit lui-même expressément, en expliquant ces mêmes paroles: *Tout ce que le Saint-Esprit touche, dit-il, est sanctifié & changé,* πάντως γὰρ ὧν ἐὰν ἐφάψηται τὸ ἅγιον πνεῦμα, τοῦτο ἡγίασαι καὶ μεταβέβληται. Et les termes de Type & d'Antype, qui se trouvent dans quelques-unes de ces Liturgies anciennes, ne signifient autre chose, comme il paroît par l'explication, que nous en donne ce Pere, sinon les especes ou les aparences du pain & du vin, qui restent aprés le changement, qui s'y exprime par le

Expressions des Liturgies Grecques, expliquées par S. Cyrille de Jerusalem.

terme de μεταβάλλειν. Et cela est si formel, & si manifeste, que Philippe Melancton, qui se sert de ces Liturgies, pour prouver la presence réelle, n'a pû s'empêcher de dire, que *le Prêtre prie, que le Corps de* JESUS-CHRIST *devienne present sur l'Autel par le changement du pain*, (UT *mutato pane ipsum Corpus Christi fiat*,) & il aprouve ce que dit un Auteur, qu'il ne nomme point, sçavoir : *que le pain n'est pas seulement une figure, mais qu'il est veritablement changé en la chair de* JESUS-CHRIST: *Diserte, inquit, panem non tantùm figuram esse, sed vere in carnem mutari.* Melancton prouve donc lui-même la Transubstantiation, par les paroles de ces anciennes Liturgies, & cela se trouve dans son Apologie pour la Confession d'Ausbourg, qui est aprouvée & reçûë de tout le parti, & mise au nombre des Livres Symboliques ; ces expressions ne sont donc pas des hyperboles.

Saint Ambroise explique la Transubstantiation si clairement dans son Instruction aux nouveaux Baptisez, qu'il ne laisse aucun passage aux hyperboles de M. Masius. Vous me direz peut-être, je vois
" autre chose, comment pouvez-vous me
" dire, que c'est le Corps de JESUS CHRIST,

Apolog. art. 4. concord. p. 157. Melancton prouve la Transubstantiation par les anciennes Liturgies voulant prouver la realité.

Expressions de S. Ambroise. l. de init. c. 9.

que je reçoi ? C'est ce qui nous reste encore à vous prouver. De combien d'admirables exemples pouvons-nous nous servir, pour cela ? Prouvons donc que ce n'est plus ce que la nature a produit, mais ce que la Benediction a consacré, & que la force de la Benediction est plus grande, que celle de la nature ; parce que la nature est changée par la Benediction. *Probo eum non hoc esse quod natura formavit, sed quod Benedictio consecravit, majoremque vim esse Benedictionis, quàm naturæ, quia Benedictione natura ipsa mutatur.*

Ces admirables exemples, qu'il raporte ensuite, pour faire entendre ce changement, sont la Verge de Moïse, qui fut changée en Serpent, & qui revint à sa premiere nature, ce qui fait deux changemens substantiels ; le changement des eaux de l'Egypte en sang & de sang en eau. Il aporte plusieurs autres changemens pour exemples, qui ne se font pas dans la nature, mais seulement dans ses proprietez, comme la separation des eaux du Jourdain ; celles qui sortirent de la pierre dans le Desert ; celles qui furent adoucies par le bois, que Moïse y trempa ; le fer que le Prophete Elisée fit nager sur l'eau. Nous voïons donc, dit-il,

» encore aprés, par ces exemples, que la
» force de la grace est plus grande que cel-
» le de la nature, *advertimus igitur majo-*
» *ris esse virtutis gratiam, quam naturam.*
» Et cependant nous ne parlons encore,
» que de la grace, qui étoit atachée à ces be-
» nedictions prophetiques. S'il est donc ve-
» ritable, qu'une benediction humaine a
» eu tant de force, que de changer la na-
» ture, que devons-nous dire de cette con-
» secration divine, où les paroles mêmes
» du Seigneur nôtre Sauveur operent ? Car
» le Sacrement que vous recevez se fait par
» les paroles de JESUS-CHRIST.
Quid si tantum valuit humana benedictio, ut naturam converteret, quid dicimus de ipsâ consecratione divinâ, ubi verba ipsa Domini Salvatoris operantur? Nam Sacramentum istud, quod accipis, Christi sermone conficitur. Il n'est pas necessaire de raporter encore ici ce qu'il dit dans le quatriéme Livre des Sacremens sur le même sujet, où il parle d'une maniére si claire & si positive, qu'il est impossible d'y trouver la moindre ombre de ces hyperboles chimeriques. Car les comparaisons, dont il se sert dans le lieu, que nous avons cité, éclarcissent la chose de telle maniére, qu'on ne peut rien y ajoûter,

l. 4. de Sacr. c. 4.

Voici comme raisonne saint Gregoire de Nysse sur ce même sujet. C'est le propre de l'homme de vivre de pain & de vin. Ces alimens deviennent sa chair & son sang ; ainsi son Corps n'est autre chose, que du pain & du vin changez. Il en est de même de celui de JESUS-CHRIST comme de celui de tous les autres hommes. Mais comme il est élevé à une dignité divine, par l'union qu'il a avec le Verbe, qui est Dieu, *J'ai sujet de croire*, dit-il, *que le pain, qui est sanctifié par la parole du Verbe, est changé au Corps du Verbe*. καλῶς ὖν καὶ νῦν τὸν τῷ λόγῳ τῇ θεῷ ἁγιαζόμενον ἄρτον εἰς σῶμα τῇ τῇ λόγῃ μεταποιεῖσθαι πιστεύομαι. Toute la difference, qui se trouve, selon ce Pere, entre ce changement, & celui qui se fait de ce même pain & de ce même vin au Corps & au Sang de JESUS-CHRIST dans l'ordre de la grace, pour faire ce mystere, ne consiste qu'en ce que celui-ci s'opere d'une maniere toute divine, & convenable à l'état de ce corps, qui est lui-même changé & devenu tout Divin, par la puissance du Verbe, qui y habite; au lieu que l'autre n'est produit, que par les forces de la nature. *Car ce pain*, dit-il, *qui avoit été changé au Corps de JESUS-CHRIST avant qu'il fût glorifié, a été*

Expression de S. Gregoire, Nyss. Or. Catec. seu magnâ. c. 37.

élevé à un état tout divin, & il se fait la même chose aujourd'hui, excepté, dit-il après, que ce changement se fait tout d'un coup par la force de la parole, & non point par la digestion, & cela nous est exprimé par ces paroles, Ceci est mon Corps &c. ὐ διὰ βρώσεως καὶ πόσεως προϊὼν εἰς τὸ σῶμα τῶ λόγω μεταποιέμενος, καθὼς ἔιρηται ὑπὸ τῶ λόγω, ὅτι τῶτό ἐστι τὸ σῶμά με. Et comme s'il n'avoit pas encore assez fortement exprimé sa pensée, & la Foi de l'Eglise par ces paroles, il finit en disant, que le Verbe n'opere ce prodige, qu'afin de mêler sa chair & son sang avec le nôtre, *la nature des choses qui paroissent étant transelementée par la force de la benediction*, μεταςοιχειῶσας τῶν φαινομένων τὴν φύσιν.

Expressions de S. Gaudence.

Saint Gaudence Evêque de Brece, qui vivoit sur la fin du quatriéme siécle, se sert de deux comparaisons, pour expliquer ce mystere aux nouveaux Baptisez, qui nous font voir clairement ce qu'on en croïoit & ce qu'on en devoit croire de son tems. La premiere se tire du changement, qui se fait de la substance de la terre en celle du grain, dont on fait le pain ; & la seconde du changement, qui se fit de l'eau en vin aux Nôces de Cana. » Le Créateur & le maître de la nature de

toutes

DE L'EGLISE. Ch. I. 385

toutes choses, dit-il, qui produit du pain de la terre, fait de ce même pain son propre Corps, parce qu'il le peut & qu'il l'a promis. Et lui-même, qui a changé l'eau en vin, fait aussi de ce même vin son propre Sang. *Ipse igitur naturarum Creator & Dominus, qui producit de terrâ panem & de pane rursùs (quia potest & promisit) efficit proprium corpus ; & qui de aquâ vinum fecit, & de vino sanguinem suum.*

Ne croïez pas, dit-il encore, qu'il y ait rien de terrestre dans cette chose, qui est devenuë celeste par l'operation de celui-là-même, qui s'est changé en elle, & qui en a fait son Corps & son Sang. *Ne terrenum putes quod cæleste effectum est per eum, qui transit in illud & fecit illud suum Corpus & Sanguinem.* Si ce sont là des hyperboles, que M. Masius nous aprenne donc ce qu'on doit apeller un langage simple. Mais est-ce dans des Catechismes & devant des enfans, & des Neophytes, à qui parloient saint Cyrille de Jerusalem, saint Gregoire de Nysse & saint Gaudence, pour les instruire de ce Mystere, & des autres choses, dont il n'étoit pas permis de parler devant les Catecumenes, comme le marque le même S. Gaudence, qu'on se sert d'hy-

Tome I. S

perboles, & même si artificieuses, que les plus éclairez puissent y être trompez ?

Expressions de S. Jean Chrysostome. Serm. 38. de pœnit.

Saint Jean Chrysostome fait bien voir, qu'il ne reconnoissoit dans l'Eucharistie aucune autre substance que celle du Corps & du Sang de JESUS-CHRIST, en parlant de cette maniere ; *N'y voïez-vous pas du pain ? ne diriez-vous pas, que c'est du vin ? Est-ce que ce manger & ce boire descendent en bas, comme celui, que nous prenons ordinairement ? A Dieu ne plaise, que cela soit ainsi ; n'aïez pas une telle pensée. Non non, il n'en va pas de même ; mais comme la cire, que vous jettez au feu, devient comme le feu, de sorte qu'il ne reste rien de sa substance ; songez que ce mystere est consumé de la même maniere par la substance de vôtre corps.* Μὴ ὅτι ἄρτος ἐστὶν ἴδῃς ; μηδὲ ὅτι οἶνος ἐστὶ νομίσῃς ; οὐ γὰρ ὡς αἱ λοιπαὶ βρώσεις εἰς ἀφεδρῶνα χωρεῖ ; ἄπαγε, μὴ τοῦτο νόει, ἀλλ' ὥσπερ κηρὸς πυρὶ προσομιλήσας οὐδὲν ἀπουσιάζει, οὐδὲν περισσεύει, οὕτω καὶ ὧδε νόμιζε συναναλίσκεσθαι τὰ μυστήρια τῇ τοῦ σώματος οὐσίᾳ.

Hom. 83. in cap. 26. Math.

Nous agissons, dit-il dans un autre endroit, *en qualité de Ministres ; mais c'est JESUS-CHRIST lui-même qui sanctifie, & qui change ces choses*, c'est-à-dire le pain & le vin, οὐδὲ ἁγιάζων αὐτὰ καὶ μετασκευάζων αὐτός.

Voilà quelques-unes des expressions des premiers Peres. Cela sufit, pour faire voir, qu'ils n'ont jamais pensé à faire des hyperboles, quand ils ont parlé du mystere de l'Eucharistie. Ce seroit une chose bien étonnante de voir, qu'une hyperbole eût été capable de renverser la Foi, le sens & la raison qui concouroient ensemble selon les Reformateurs, avant l'usage de cette énergique hyperbole, pour persuader à tout le monde, que ce qu'on voïoit, ce qu'on goûtoit, ce qu'on touchoit, étoit veritablement du pain & du vin. Mais encore se seroit-il trouvé quelques personnes charitables, pour ne pas dire un tres-grand nombre, qui auroient entrepris de détromper les autres, & qui auroient au moins averti le monde de se prendre garde de ces fatales hyperboles. Car peut-on s'imaginer, que tous les Evêques, tous les Ecclesiastiques, tous les Sçavans aïent été les dupes d'une telle figure, & que personne ne se soit aperçû, qu'on changeoit la Foi par un tel langage ? qu'on n'ait fait aucune resistance, qu'on n'ait jamais écrit ni prêché, pour deffendre la Doctrine ancienne ; qu'on n'ait fait aucuns

S ij

Conciles, ni aucuns Canons, pour s'opofer au progrez de la nouvelle. Car nous ne voïons rien de tout cela. Cependant les hommes ne font pas fi indifferens fur tout en ce qui regarde les matieres de Religion, que de foufrir de tels changemens, & s'y foumettre paifiblement. *Le peuple*, dit M. Mafius, *acommode facilement la Religion à fes fens*: mais ici c'eft tout le contraire, il a falu que le peuple ait acomodé fes fens à la Religion, fans raifon & fans autorité; mais feulement à caufe de ces prétenduës hyperboles.

2. Part. pag. 56.

La troifiéme figure de Rhetorique, qui a dû produire des changemens dans la doctrine de l'Eglife, eft la fimple metaphore, qui confifte à atacher une idéa à un terme, qui ne lui convient point ordinairement, mais qui a quelque raport à celle qui lui eft naturellement atachée. Cette figure a produit le dogme du Sacrifice, felon M. Mafius. *On abufa*, dit-il, *du titre fplendide de Sacrifice, que les Peres à la verité avoient mis en ufage, mais dans un autre fens, entendant un facrifice de loüanges* &c. Se fervir d'un terme dans un autre fens que celui qu'on a coutume de lui donner, eft ce qu'on apelle une metaphore, & c'eft cette maniére de parler;

Changement produit par la metaphore.

Part. 2. chap. 6. p. 112.

qu'on croïoit être simple & naturelle, qui a dû tromper tout le monde, & faire voir au plus habiles Orateurs, qui se connoissent le mieux en figures de Rhetorique, & aux plus sçavans Theologiens, qui réduisent tout à la verité toute simple & toute nuë, aussi bien qu'au simple peuple, que la celebration de l'Eucharistie étoit un véritable sacrifice. Il seroit inutile de demander à M. Masius, sur quel fondement il établit ce point historique; car s'il en avoit eu quelqu'un, il n'auroit pas manqué de nous le dire, sans atendre qu'on le demandât.

Qu'on examine donc, de quelle maniere les Peres parlent de la celebration de l'Eucharistie, pour voir s'il est véritable, qu'ils ne lui donnent, que le titre de Sacrifice métaphorique, & pour cela il faut remarquer, *Regles pour juger du sentiment des Peres par leurs expressions, touchant le Sacrifice.*

1°. Que lorsqu'ils parlent du Sacerdoce de JESUS-CHRIST, selon l'ordre de Melchisedech, ils disent tous, que le Sacrifice, qu'il a offert en cette qualité, est celui qu'il offrît au dernier souper, en instituant la sainte Eucharistie. On peut voir sur cela saint Clement d'Alexandrie, saint Cyprien, Eusebe de Césarée, saint Ambroise, saint Epiphane, saint Jerôme en divers en- *S. Clem Alex. l. 4 strom. S Cypr. Ep. 63, Euseb Cæsar. l. 5. dem Ev. l c. 3. S. Ambr. l. 5. de Sacram.*

droits, & particulierement dans l'Epître à Evagrius, où il parle selon le sentiment des anciens Peres. Saint Jean Chrysostome, saint Augustin en une infinité de lieux ; Theodoret, saint Leon & un grand nombre d'autres, lesquels tous d'une commune voix, explicans l'Analogie, qui se trouve entre le Sacrifice de Melchisedech & celui de Jesus-Christ, donnent à celui-ci le titre d'un véritable Sacrifice, dont l'autre n'étoit qu'une figure & une répréfentation, quoiqu'il fût auffi un véritable sacrifice.

2°. Que les Peres en parlant de cet adorable Sacrifice, se servent par tout des termes de victime & d'Hostie, (car c'est ainsi qu'ils apellent Jesus-Christ dans l'Eucharistie) d'oblation, d'immolation, d'Autel, de Prêtre & autres semblables, qui ne peuvent convenir au Sacrifice de loüanges, ou métaphorique.

3°. Qu'ils apellent J. C. après l'Apôtre S. Paul, l'Agneau Paschal ; & ce qu'ils ont dit sur ce sujet, en le comparant à l'Agneau, que les Juifs immoloient pendant la Pâque, à qui il a succedé comme la réalité à la figure, ne peut encore s'acorder en aucune maniere avec le Sacrifice de loüanges.

4°. L'explication, qu'ils ont donnée au passage Prophetique du premier Chapitre de Malachie, disant & prouvant, qu'il doit s'entendre du Sacrifice de nos Autels, comme il est tres-visible, ne peut encore s'entendre d'un sacrifice de loüanges.

5°. Qu'ils ont tous parlé de ce Sacrifice conformément à toutes les Liturgies; car c'est dans les Liturgies, que la Foi de l'Eglise est exprimée simplement, sans hyperbole & sans metaphore. Or il est certain qu'il est impossible de pouvoir apliquer au sacrifice de loüanges tout ce qui est dit du Sacrifice dans ces Liturgies, il faut donc l'entendre d'un veritable Sacrifice.

6°. Que les Peres ont reconnu & dit en divers lieux, qu'il ne peut y avoir de Religion sans Sacrifice; car le premier acte de la Religion, est celui par lequel nous reconnoissons la souveraine puissance de Dieu sur nous & sur toutes choses & nôtre dépendance infinie. C'est un sentiment naturel, qui s'est trouvé dans le cœur des Païens, & les Nations les plus barbares en ont été pénétrées. Or le sacrifice de loüanges n'étant pas un sacrifice, si nous voulons parler proprement, mais un sacrifice metaphorique selon le

Athenagor. leg. pro Christi initio. S. August. l. 19. contra Faust. c. 11. & l. 20. c. 21. l. contra adv. leg. & Proph. cap. 18. l. 10. de Civit. Dei c. 4. Euseb. Cæsar. l. 1. dem. Evang. cap. 10.

<small>Autor. L. de Cæna Domini inter oper. S. Cypr. Point de Religion sans Sacrifice.</small>

sentiment de tout le monde, & selon l'idée que tous les hommes ont du veritable Sacrifice, il suit necessairement, que la Religion Chrétienne & l'Eglise Catholique n'auroient aucun Sacrifice; ainsi ce ne seroit pas une Religion, mais une simple Secte. C'est pourquoi saint Paul se sert du changement de Sacerdoce, qui s'est fait en JESUS-CHRIST, <small>Hebr. 7. v. 12.</small> lequel a été Prêtre selon l'ordre de Melchisedech, pour prouver qu'il y avoit un changement de Loi; *le Sacerdoce étant changé, il faut necessairement que la Loi soit aussi changée.* Or le Sacerdoce, selon lequel on offre des loüanges en sacrifice, n'a jamais été changé; il y a donc dans la Loi nouvelle, aussi-bien que dans l'ancienne un veritable Sacerdoce outre le Sacerdoce metaphorique, & impropre, qui est commun à tous les fidelles, & par consequent, il y a un veritable sa- <small>Hebr. 13. v. 10.</small> crifice & un veritable Autel, *dont ceux, qui rendent encore un culte au Tabernacle Judaïque, n'ont pas le pouvoir de manger,* comme dit le même Apôtre.

<small>Regle pour juger du sentiment des Peres sur chaque point de Controverse.</small> Je serois infini si j'entreprenois de faire ici des collections sur cette matiere; les Dissertateurs & les Controversistes en sont pleins dans les endroits où ils en traitent; chacun peut au moins voir ces

ruisseaux, si on ne veut pas retourner à la source; & pour juger sainement du sentiment des Peres sur toutes ces choses, il ne faut que leur apliquer le sens des Reformateurs, & l'on verra s'il peut s'acorder avec leurs paroles, & leurs expressions; & si l'on peut trouver des apostrophes dans les endroits où ils parlent de l'invocation des Saints; des hyperboles, où ils parlent de la Transubstantiation, & des metaphores, où ils parlent du Sacrifice. Voila ce me semble une regle infaillible, pour découvrir quelle a été leur pensée; car si elle est la même, que celle des Protestans, les paroles par lesquelles nous la pouvons seulement connoître, pouront encore servir aux Protestans pour s'expliquer. Ils pouront donc parler le langage des Peres, & se servir de leur autorité, pour soûtenir leurs sentimens; c'est cependant ce qu'ils n'ont osé faire jusqu'apresent. D'où il est aisé de conclure, que ces prétenduës figures de Rhetorique sont des causes purement imaginaires, & qui n'ont jamais fait de changement, que dans la tête de ceux qui les ont forgées.

CHAPITRE II.

Que les fausses interprétations de l'Ecriture ne peuvent faire aucun changement dans la Doctrine de l'Eglise.

ON ne peut douter, que l'Ecriture mal entenduë ne soit capable de produire beaucoup d'heresies, mais encore bien moins, que les Heresies ne fassent trouver bien de mauvais sens dans l'Ecriture. Car il y a de deux sortes d'Heresies; si nous les considerons par rapott à leur principe.

Deux sortes d'heresies.

Les premieres viennent d'une ignorance superbe, comme celle d'Audius, qui n'entendant pas ces paroles de l'Ecriture, *Faisons l'homme à nôtre image & ressemblance*, s'imagina, que comme l'homme avoit l'image & la ressemblance de Dieu, Dieu aussi avoit l'image & la ressemblance de l'homme; que le raport étoit reciproque, & qu'il avoit un corps comme le nôtre. Il avoit cent passages dans l'Ecriture favorables à son opinion, en prenant tous les endroits, où l'on attribuë des bras, des mains, des pieds & autres semblables parties à Dieu, dans un sens simple. Il faut convenir, que Lu-

S. Epiph. hær. 70.

ther est tombé dans une infinité d'erreurs par cette voie, cela paroît visiblement dans ses écrits, & il avouë luimême, que lorsqu'il commença à traiter des Indulgences, il n'entendoit point cette matiére.

Les secondes viennent de la corruption du cœur, soit par la superbe, soit par l'interêt, soit par l'impudicité, ou par quelqu'autre passion semblable, qui fait trouver dans l'Ecriture tout ce qu'on veut, parce qu'on ne la lit qu'au travers des nuages, dont ces malheureuses passions obscurcissent toutes les lumiéres les plus vives, & les plus brillantes de nôtre esprit. Il n'y a point de sens si ridicules, & si impertinens, qu'on ne trouve admirables, lorsqu'ils nous flatent par cet endroit. C'est ainsi que Luther, dont le cœur étoit un abîme de coruption, trouvoit dans ce passage. *Je ne suis pas venu pour apeler les justes, mais les pécheurs*, que la meilleure disposition qu'on peut avoir, pour s'aprocher dignement de l'Eucharistie, est d'être plongé dans les crimes les plus énormes, qu'on peut commettre.

Comme la science sans la charité n'est propre qu'à nous rendre plus superbes, comme dit saint Paul, les plus sçavans,

Les passions font trouver tout ce qu'on veut dans l'Ecriture.

Luth serm 4. de dig. præp. cordis ad recip. Euch. coroll. 1. Tom. 1. Edit. Virtemberg. fol. verso 640.

S vj

s'ils ne sont en même tems les plus humbles, sont les plus exposez à cette tentation. Origéne, dit Vincent de Lerins, aprés avoir fait son éloge, qui étoit un si grand homme, & d'une prodigieuse érudition, abusa des graces, que Dieu lui avoit faites. Il se laissa emporter à son genie, & s'en faisant trop à croire, commença à faire peu de compte de la simplicité de la Religion Chrétienne; & se croïant plus sage, que tous les autres, & méprisant la Tradition, & ce que les Anciens avoient enseigné, il se mit à expliquer quelques endroits de l'Ecriture d'une maniére nouvelle, & merita par là qu'on dît de lui à l'Eglise de Dieu, s'il se trouve même un Prophete au milieu de vous, &c. vous ne l'écouterez pas ? Il parle dans le Chapitre suivant de Tertulien, qui a été un prodige de science & de zele tout ensemble, qui s'aveugla d'une maniére si surprenante en suivant son propre sens, qu'il tomba dans les erreurs d'une des plus extravagantes Sectes, qui fut jamais dans l'Eglise. Ainsi il n'est que trop veritable, que l'Ecriture-Sainte jette quelquefois les hommes superbes dans l'erreur; mais il est encore beaucoup plus certain, que l'erreur met presque toûjours les hommes hors d'état de pouvoir

Comm. 1. cap. 23.

DE L'EGLISE. Ch. II. 397
bien entendre l'Ecriture-Sainte.

Mais la question dont il s'agit entre nous, consiste à sçavoir, s'il se peut faire, qu'un homme s'étant avisé d'expliquer l'Ecriture-Sainte d'une maniere extraordinaire, soit par ignorance, ou par passion, toute l'Eglise ait donné dans son sens, & ait renoncé au veritable qu'elle tenoit auparavant, changeant de foi & de pratique en même tems & même de discipline, s'il a été necessaire. Je ne doute point, que tout homme de bon sens ne voie le ridicule, & l'impossibilité de cette imagination sur la simple exposition, que j'en viens de faire.

C'est une maxime constante & fondamentale dans l'Eglise, que les Apôtres nous ont enseignée, & dont nous ne nous départirons jamais, *que l'Ecriture ne s'explique point par une interpretation particuliere*; mais suivant la Doctrine & le sentiment que l'Eglise a reçû des Apôtres & des hommes Apostoliques par Tradition. Il a toûjours été deffendu d'interpréter l'Ecriture autrement, comme il paroît par divers Conciles, l'on a toûjours condamné les interpretations des Heretiques, parce qu'elles n'étoient pas selon cette regle.

Le vrai sens de l'Ecriture se connoît par la Tradition. 2. Petr. c. 1. v. 20. Conc. Tr. Sess. 4. Conc. Milevit. II. cont. Pel. c. 2. Conc. in Trull. Can. 19. Mildenf. Can. 34.

Luther a foulé aux pieds cette maxime, mais il ne l'a pas ignorée. *Comme j'aportois*, dit-il en parlant de la Conference, *qu'il avoit euë avec le Cardinal Cajetan, des passages de l'Ecriture, pour soûtenir mon sentiment, cet homme contrefaisant les Peres, se mit à forger des Gloses à plaisir*, & lui qui avoit si bien observé, que l'extravagante *Unigenitus*, de Clement VI. étoit contre moi, faisoit semblant de ne pas sçavoir le Canon, par lequel l'Eglise défend, à qui que ce soit, d'interpreter l'Ecriture sainte selon son genie. Luther sçavoit donc bien lui-même ce Canon, & plût à Dieu, qu'il l'eût observé, & qu'il ne se fût pas donné la liberté *de forger des Gloses à plaisir*, comme il a fait, pour détruire le veritable sens de l'Ecriture.

Cela étant ainsi, comment peut-on s'imaginer, qu'on ait pû changer toute la Doctrine de l'Eglise par de fausses interpretations, puisqu'on n'en reçoit jamais aucune, qui ne soit conforme à la Tradition, & qu'on condamne generalement toutes celles qui y sont contraires? Il faudroit donc suposer, pour donner quelque couleur à cette imagination, qu'il étoit permis à chacun d'expliquer l'Ecriture à sa fantaisie, & à tout le monde de suivre ces sortes d'explications, &

Luth. T. 1 oper. fol. 212. Vitemb. an. 1582. apud Zuchar. Lehman.

S'il avoit été permis à chacun d'expliquer la sainte Ecriture à sa fantaisie, on n'auroit jamais condamné d'heresies.

si cela étoit ainsi, pourquoi auroit-on condamné tant d'Heretiques dans les premiers & derniers siécles ; comme les Ariens, les Macedoniens, les Nestoriens, les Eutichiens, ainsi des autres ? est-ce qu'ils manquoient de passages de l'Ecriture, pour soûtenir leurs sentimens ? Il ne faut que voir ceux qu'ils citoient, qui ont été raportez dans les Actes des Conciles, où ils ont été condamnez ; & on conviendra, qu'ils en avoient plus, & d'une plus grande aparence, que les Reformateurs n'en alleguent, pour soûtenir leurs opinions. C'a donc été leurs fausses interpretations, qui ont été condamnées, comme contraires aux sens veritables de ces mêmes passages, que l'Eglise avoit reçûs des Apôtres par Tradition.

Mais quand on suposeroit, qu'il auroit été permis à chacun d'interpréter l'Ecriture à sa fantaisie, ou de suivre entre les Interpretations, qu'on pouvoit lui donner, celle qu'on vouloit, comme font les Reformateurs, sans qu'on pût être obligé par les Conciles Generaux ou particuliers de l'entendre d'une autre maniére; comment seroit-il arivé qu'un particulier aïant donné à quelque passage un sens contraire à celui que tenoit toute l'E-

Il n'est pas possible que tout le monde s'atache à suivre l'interpretation d'un seul homme s'il est permis à chacun d'en faire à sa mode.

glise, tout le monde l'eût suivi ? un particulier peut-il ainsi atirer tout le monde dans son sentiment ? il n'y a personne, qui ne regardât comme un fou, un Philosophe, qui prétendroit atirer tous les Savans dans son parti, & les engager à suivre ses sentimens, pour former la plus grande de toutes les Sectes ; si cela est impossible dans des opinions, qui sont indifferentes, & qu'on embrasse, ou qu'on quite comme on veut, sans qu'on en puisse rien craindre ou esperer pour son salut, combien l'est-il davantage en matiere de Religion, ou de tels changemens méritent l'enfer ? Il faut voir de quelle maniére les interpretations de Luther, de Zuingle, de Moncer, de Carlostade ont été suivies, & combien il s'en trouve peu parmi les Protestans qui peuvent convenir du sens de quelque passage.

Fausses interpretations de Simon le Magicien condamnées par les Apôtres. S. Aug. l. de fide & operibus. cap. 14.

Les Sectateurs de Simon le Magicien & les Nicolaïtes soûtenant, comme font les Protestans aujourd'hui, qu'on pouvoit se sauver par la seule foi sans les bonnes œuvres, abusoient, comme dit saint Augustin, de quelques passages des Epîtres de saint Paul. Mais saint Pierre, saint Jean, saint Jacques & saint Jude, qui virent naître cette détestable licence, que les heretiques se donnent d'interpreter l'Ecriture selon leur fantasie, écrivirent pour la condamner, & pour arêter le cours de cette heresie, que les Reformateurs ont fait revivre dans le siécle passé. *Il y a quelques endroits*, dit saint Pierre (dans les Épîtres de Paul nôtre tres-cher frere) *difficiles à entendre, que des hommes ignorans & legers détournent en de mauvais sens, & dont ils abusent, aussi bien, que des autres Ecritures, à leur propre ruine. Vous donc, mes freres, qui connoissez toutes ces choses, prenez garde à vous, de peur que vous laissant emporter aux égaremens de ces hommes sans loi, & sans conscience vous ne tombiez de l'état ferme, & solide ou vous êtes établis, &c.* En faloit-il davantage, pour metre toute l'Eglise en garde contre cet artifice, & quel progrez ces sortes d'interpretations ont-elles fait dans le monde. Il faut juger la même chose de celles, dont parle Monsieur Masius.

2. S. Pier cap. 3. v. 16.

Simon le Magicien avoit apris de son maître le démon à corompre ainsi la parolle de Dieu par de fausses interpretations, & c'a été par ce moien que le démon a lui-même perdu tout le monde. Dieu avoit dit à Adam & à Eve, que s'ils

Le démon auteur de cette licence d'expliquer l'Ecriture comme on veut.

mangeoient du fruit, qu'il leur avoit deffendu, ils mouroient, & le démon expliqua cette parole, comme si elle n'avoit pas dû se prendre à la lettre, mais dans un autre sens, que Dieu n'avoit pas voulu leur faire entendre, comme remarque saint Augustin. *Non non, leur dit-il, vous ne mourrez pas*, &c. Il voulut faire la même chose à Jesus-Chrît, lorsqu'il lui voulut persuader de se precipiter du haut du temple. Cette impieté, & ce sacrilege ne peut donc être imputé, qu'aux heretiques, qui sont ses Disciples, comme a été Luther, selon son propre aveu, & non pas aux Peres de l'Eglise, qui ont combatu pour la verité, & dont la plus grande partie a versé son sang, & donné sa vie pour la foi.

S. Aug. l. 11. de Gen. ad litt. c. 30.

Aussi ces fausses interpretations de l'Ecriture ont elles été toûjours une marque d'heresie. C'étoit par là que les Ariens éprouvoient ceux qu'ils avoient pour suspects, comme il paroît par ce qui ariva à saint Melece d'Antioche, qui aiant été apelé pour gouverner cette Eglise par les Ariens même, aussi bien que par les Catholiques, & étant devenu suspect à ces heretiques, fut obligé par Constance de monter en Chaire pour ex-

Theodor. l. 2. c. 31. Sozom. l. 4. c. 27.

pliquer ce passage des Proverbes, *Dominus condidit me in initio viarum suarum*, afin qu'on pût connoître ce qu'il croioit du Verbe, & l'aïant expliqué, malgré les violences de l'Archiadre, qui étoit auprés de lui, selon le sens de l'Eglise, il fut au même tems envoié en exil. Arius avoit été fait interprete de l'Ecriture par saint Alexandre à Alexandrie, & ce fut par de telles interpretations, qu'il perdit la foi, & corompit celle de tant d'autres, qui le suivirent, ce qui fit une si grande plaie à l'Eglise.

Nous avons remarqué dans la premiere Partie, que le langage de l'Eglise est tellement fixé & arêté, qu'il n'est pas même permis de se servir de termes differents de ceux, qui sont en usage. Il sufit pour condamner une expression, qu'elle soit ambigüe, ou qu'elle puisse être prise en mauvais sens ; comment donc soufriroit-on, qu'on corompît le sens des Saintes-Ecritures par de fausses interpretations, & qu'on les expliquât d'une maniere contraire à celle, dont l'Eglise étoit en possession depuis les Apôtres : Tout sens, qui n'est point aprouvé par l'Eglise, n'est d'aucune autorité, & celui qui est contraire à celui qu'elle

Prov. 8 *v.* 22.

Termes ambigus rejetez du langage de l'Eglise.

L'INFAILLIBILITÉ a toûjours tenu comme l'aïant reçû des Apôtres par une Tradition constante, est necessairement faux & heretique.

Pourquoi l'autorité de l'Eglise doit toûjours être unie à celle de l'Ecriture. Common. c. 2.

On nous demandera peut-être, dit Vincent de Lerins, qui mourut vers le milieu du cinquiéme siécle, *quelle raison on a d'unir l'autorité de l'Eglise à l'Ecriture, pour en avoir la veritable intelligence, puisque le Canon, que nous en avons est complet & semble être sufisant? c'est parce que tout le monde ne donne pas le même sens à l'Ecriture à cause de sa profondeur; mais les uns l'interprêtent d'une maniere, & les autres d'une autre; de sorte, qu'il semble, qu'on peut y trouver autant de sens differens, qu'il y a de personnes, qui l'expliquent. Car Novatien l'expliquoit d'une autre maniere que Sabellius, & Sabellius d'une autre maniere, que Donat. Celui-ci encore autrement qu'Arius, Eunomius, Macedonius; & ceux-ci que Photin, Apollinaire, Priscillien; & Jovinien, Pelage, Celestius lui donnoient un autre sens, que tous ceux-là. Enfin Nestorius y trouvoit encore un sens particulier. Il est donc absolument necessaire de suivre l'interpretation, que les Prophetes & les Apôtres y ont donnée selon la regle, que suit l'Eglise, pour connoître le sens Catholique, &*

& pour éviter la confusion & le desordre où tombent tant de Sectes differentes.

Qu'on lise tous les Conciles, generaux ou particuliers, toutes les conferences qu'on a faites avec les heretiques, tous les ouvrages polemiques des Peres, & l'on vera, qu'ils se sont tous atachez à cette regle, dont parle Vincent de Lerins. C'est pourquoi on y trouve si souvent cette parole du Sage repetée, *Ne passez point les bornes anciennes, que vos Peres ont mises.* Ces bornes sont celles, que les Apôtres ont placées eux-mêmes, dans lesquelles nos Peres se sont tenus, & dans lesquelles nous devons nous renfermer nous-mêmes, pour marcher droit & sans peril de nôtre salut. *Car il n'y a rien de plus dangereux aux fidelles*, comme dit Jean de Raguse répondant à Jean de Rogkisana, dans le Concile de Bâle, *que de souffrir, & de recevoir de nouvelles explications, & de nouvelles interpretations de l'Ecriture-Sainte inconnuës à toute l'Antiquité, & n'aiant aucun fondement dans la Tradition.* Cela étoit visible dans la matiere, dont il s'agissoit alors ; car les Hussites, pour soûtenir la necessité de communier sous les deux especes, se fon-

L'Eglise n'a jamais reçu d'interpretation particuliere des Saintes-Ecritures qui ne fût suivant la Tradition. *Prov.* 22. v. 28.

In oratia per 8 dies habita inter frag. Conc. Basil. ann. 1443.

doient, comme les Protestans font encore aujourd'hui, sur ce passage de l'Ecriture, *bûvez-en tous*. Ils l'expliquoient à leur mode, & abandonnoient le sens, que les Peres lui ont donné, comme l'aiant reçû des Apôtres par Tradition; ainsi il les rapelle à cette regle, dont ils s'écartoient, pour les faire revenir de leur erreur.

Jean de Polemar Archidiacre de Barcelone fit la même chose dans sa réponse à Pierre Ratne Anglois sur le quatrième article des Bohemiens touchant le domaine civil des Ecclesiastiques. *Tous les Heretiques*, dit-il, *& le diable même citent pour eux l'Ecriture; mais il faut consulter nos ancêtres, & voir quel a été le sentiment des Peres, qui étoient remplis du saint Esprit, & ne pas s'apuier sur sa propre prudence contre le conseil de Salomon. Saint Jerôme expliquant ces paroles, dit que celui, qui prefere son sentiment dans les choses, qu'il se met en tête de faire ou de dire, au jugement de ses Peres, est un homme, qui s'apuie sur sa propre prudence.*

Ibid.

Proposition de Luther impudente.

Combien l'Eglise est elle donc éloignée de soufrir & de recevoir ces fausses interpretations, lors particulierement qu'elles portent préjudice à sa foi, ou qu'elles sont contraires à la sainteté de ses mœurs ? c'est pourquoi cette proposition de Luther, sçavoir, *qu'il faut plûtôt croire un simple Païsan, qui cite l'Ecriture, que le Pape, ou un Concile, qui ne la cite point*, parut impudente à l'Assemblée de Ratisbone l'an 1524, & obligea cette Assemblée, où présidoit le Cardinal Campege à défendre cette licence effrénée, que ces Heretiques se donnoient d'expliquer toutes les Ecritures chacun selon son genie & son caprice, & à ordonner qu'on suivroit les interprétations des anciens Peres, dont la vie a été éminente en sainteté, & qui ont signé leur Doctrine dans le Martyre avec leur propre sang. Ce fut les Cordeliers de Jucterbox, qui defererent cette proposition à l'Evêque de Brandebourg, pour la faire condamner, & ils remarquoient, que cette proposition supose deux choses, qui sont toutes deux évidemment fausses ; la premiere qu'un païsan, qui cite l'Ecriture ne manque jamais de la prendre dans son veritable sens ; la seconde, que le Pape & les Conciles ne peuvent rien décider de raisonnable, que ce qui se trouve dans l'Ecriture, comme si la Tradition devoit être comptée pour rien. Or qui s'imaginera, qu'un Païsan

Tom. 1. oper. Luth. fol. 138. verso Vittemb. apud Zach. Lehman.

Sleid. l. 4. fol. 58, &.

est capable d'entendre toute l'Ecriture, & que, lorsqu'il la cite, on doit être certain, qu'il lui donne le sens même, que le saint Esprit y a ataché, quoique ce sens fût contraire à celui, que toute l'Eglise a toûjours tenu & aprouvé?

Catech. maj. 4 parte de capi. Concord. pag. 144.

Mais cette extravagance du Prophéte de Vittemberg n'est rien en comparaison de celle qu'il a couchée par écrit dans son grand Catechisme sur le même sujet. Il veut prouver en cet endroit, que les enfans sont capables de recevoir le Batême, ce qui est entierement contraire à ses principes; & pour faire voir combien c'est une chose agréable à Jesus-Christ que de les batiser, *nous en avons, dit-il, aujourd'hui un nombre, qui n'est pas peu considerable, dans lesquels nous connoissons par des marques tres-certaines, que le saint Esprit habite, soit qu'on considere leur vie, soit qu'on fasse attention à leur Doctrine; car ils ont reçû de Dieu, comme nous, par une grace particuliere le don d'interpreter les Saintes-Ecritures, & de connoître Jesus-Christ; ce qui ne se peut faire sans qu'ils aient le saint Esprit, comme personne n'en peut douter.*

Les enfans sont interpre-

On ne se seroit jamais imaginé, que des enfans qui viennent de naître pussent devenir

DE L'EGLISE. Ch. II. 409
devenir capables par le Batême d'inter- *tes de*
preter toutes les Saintes-Ecritures avant *l'Ecriture*
l'usage de raison, & qu'il s'en trouvât *dés qu'ils*
mêmes un nombre assez considerable *tisez, se-*
parmi les Lutheriens de cette capacité. *lon Lu-*
Si ce n'est pas là le comble de la folie, *ther.*
je ne sçai ce qui mérite ce nom. Ces enfans sont de veritables interprétes de
l'Ecriture, & les Peres de l'Eglise n'y
ont rien entendu, pour Sçavants, &
pour Saints qu'ils aïent été, selon le systême de la réforme, & ç'a été leurs fausses interprétations, qui ont plongé tout
le monde dans l'erreur, la superstition,
l'idolatrie, & qui ont introduit la Doctrine de l'Antechrist dans l'Eglise.
Tel est l'aveuglement des Reformateurs.

Il est vrai, qu'on peut donner à un *Un mê-*
même passage de l'Ecriture divers sens, *me pas-*
qui peuvent tous être tres-veritables, & *sage peut*
tres-édifians. Car l'on peut dire, que *vers sens*
le Saint-Esprit, qui en est l'auteur a eu *tous ve-*
en vûë tout ce qui pouvoit être utile à *ritables.*
édifier l'Eglise. Ainsi tout sens qui tend
a établir la charité, qui est la fin que
Dieu s'est proposée en nous donnant
sa parole par écrit, peut être tres-veritable, quoiqu'il paroisse quelque fois
éloigné. C'est la maxime de saint Au-

Tom. I. T

gustin. On peut donc expliquer l'Ecriture diversement en suivant cette regle. Mais tout sens, qui ne peut s'acorder avec la foi de l'Eglise en matiere de Dogme, ni avec la charité en matiere de Morale, est necessairement faux & condamnable. C'est pourquoi il a toûjours été défendu de suivre son propre genie dans ces interprétations, comme nous l'avons prouvé; & toutes celles qui se sont trouvées contraires à la Tradition de l'Eglise, que les Peres nous ont laissée dans leurs Ouvrages, & que les Conciles ont suivie, ont toûjours été condamnées comme impies, & heretiques. D'où il suit, qu'il est impossible, qu'il soit jamais arivé le moindre changement dans la Doctrine de l'Eglise par cette voie non plus que par aucune autre, comme nous allons voir dans la suite.

CHAPITRE III.

Que l'ignorance des Pasteurs ou des peuples a pû être cause de ces prétendus changemens.

CEtte ignorance prétenduë est une des machines, que les Calvinistes ont inventées, pour donner quelque couleur au changement, qu'ils disent être arrivé dans l'Eglise au neuviéme siécle touchant la presence réelle de Jesus-Christ dans la sainte Eucharistie. Les Lutheriens sont obligez de leur répondre aussi bien que nous. La cause nous est commune, puisqu'ils reconnoissent la presence réelle. Je doute qu'ils s'accommodent d'une telle chimere, & qu'ils ne disent, comme nous faisons, que la cause & l'époque sont de l'invention du Ministre Aubertin. Ils n'ont donc qu'à les combatre, & les mêmes armes, dont ils se serviront, pourront aussi nous servir pour les combatre eux-mêmes.

Les Lutheriens sont obligez de répondre aux Calvinistes touchant la présence réelle qu'ils prétendent avoir été introduite par l'ignorance.

C'est un artifice ordinaire aux Heretiques de traiter d'ignorans tous ceux, qui ne donnent point tête baissée dans

T ij

leurs visions. Tous ceux qui dans les siécles passez, comme dans le present, n'ont point été de leur sentiment, étoient tous ignorans, & parce que toute l'Eglise y étoit contraire, il faut aussi que toute l'Eglise ait été plongée dans une horrible ignorance.

Les Ariens se mirent sur ce pied là dés le commencement, comme saint Alexandre Evêque d'Alexandrie, qui vit naître dans le sein de son Eglise cette malheureuse secte, le marque dans la grande lettre, qu'il écrivit sur ce sujet à Alexandre de Constantinople. *Ils avoient un si grand mépris*, dit-il, *non seulement pour tous ceux qui disputoient contre eux, mais encore pour tout ce qu'on leur objectoit, qu'ils ne daignoient pas y répondre eux-mêmes, mais ils y faisoient répondre des femmes, qu'ils avoient infatuées de leurs ereurs.* C'est la conduite, que les Lutheriens, & les Calvinistes ont toûjours tenuë, comme tout le monde sçait.

Les Heretiques, qui troubloient l'Eglise du tems de Vincent de Lerinx, c'est-à-dire les Nestoriens & les Eutichiens faisoient la même chose. *Vous en entendez*, dit ce Pere, *quelques-uns d'entre eux tenir ce langage. Venez à*

L'ordinaire des Heretiques est de traiter les Catholiques d'ignorans.

Apud Theodor. l. 1. hist. Eccl. c. 3. Les Ariens faisoient disputer des hommes pour défendre leur heresie comme font les Protestans.

Vinc. Lyrinx comm. 1. cap. 26.

vous, insensez & misérables que vous êtes, qui vous apelez Catholiques : venez aprendre de nous ce que vous devez croire ; car il n'y a que nous, qui le sachions, il y a long-tems, qu'on n'y connoît plus rien chez vous. Pour nous nous le savons par une nouvelle revelation, cela nous a été enseigné de nouveau. Venez donc l'aprendre secretement & sans le dire à personne. Vous serez bien-aises de le savoir, &c.

C'est le langage de tous les Reformateurs, mais Luther a poussé cette insolence au-delà de toutes les bornes imaginables. Voici comme il parle dans le Livre, qu'il fit contre les justes plaintes du Prince Georges de Saxe, qui l'acusoit d'avoir voulu faire soulever la Ville de Lipsie contre lui &, d'avoir troublé ses Etats par diverses séditions. *Depuis le tems des Apôtres*, dit il, *il n'y a eu ni Docteur, ni Ecrivain, ni Theologien, ni Jurisconsulte, qui ait assuré, éclairé, & consolé les consciences des seculiers d'une maniere si admirable & si évidente, que moi par la grace singuliere, que j'ai reçûë de Dieu. C'est une chose dont je suis tres-certain, puisque ni Augustin, ni Ambroise, qui cependant ont excellé en cela, ne doivent point être mis en paralelle avec moi.*

In Confut. sibi imputatæ sedit.
Superbe excessive de Luth.

Voilà une superbe, bien extravagante, mais je ne sçai si elle est plus digne d'étonnement, que la stupidité de tous ses Sectateurs, qui ne laissent pas de le regarder comme un grand Prophéte, quoiqu'il fasse paroître tant d'orgueil, tant d'aveuglement, & tant d'impieté. *Jusqu'à present*, dit-il encore dans un Livre, qu'il fit après la diete d'Ausbourg, pour empêcher les Allemans d'obéïr à l'Empereur, & de prendre les Armes contre le Turc, *personne n'a sçû ce que c'étoit que le Batême, la Confession, les Sacremens. … En un mot nous ne sçavions rien de tout ce qu'un Chrétien doit sçavoir. Tout a été enseveli dans les tenebres, tout a été abatu par des ânes de Papes, car ce sont des ânes, & de grands ânes, des ânes de bas, des ânes ignorans dans les affaires du Christianisme. J'ay été autrefois de ce nombre, & je sçai que je dis la verité, &c.* Qu'il eût été & qu'il fût encore lui même *un grand âne, un âne de bat, un âne ignorant dans les affaires du Christianisme*, personne n'en peut douter; il dit vrai quand l'avoüe ainsi: il ne faut que lire tant de miserables Ecrits, qu'il a faits sur diverses matieres de Theologie, pour voir quelle étoit son ignorance. Il avoit beaucoup plus d'éprit, que de doctrine, mais un esprit faux, & un cœur tres-corompu. C'est pourquoi il avoit l'art de tirer telle consequence, qu'il vouloit de toutes sortes de principes. Il en imposoit par l'éfronterie & le ton de voix, avec lequel il assûroit les choses, qu'il sçavoit le moins. Il acabloit ceux qui le contredisoient par des injures atroces & inouïes. *Ces ânes, dont il étoit du nombre autrefois*, étoient les Docteurs de toutes les Universitez, qui avoient condamné sa Doctrine, & il disoit effrontément par tout, que les enfans de sa secte âgez de 15. ou 18. ans les surpassoient infiniment en sçience, parce qu'on n'aprenoit rien dans les Monasteres, sinon à devenir âne, buche, & tronc. Il n'y avoit que dans sa secte où l'on pouvoit devenir sçavant en peu de tems, & même la sçience y étoit donnée par infusion, puisque les enfans, qui n'étoient encore qu'à la mamelle étoient interpretes de l'Ecriture, & plus sçavans Theologiens, que tous les Docteurs les plus fameux dans toutes les Universitez où l'on condamnoit ses impietez.

Ces excez prouvoient évidemment, qu'il ne faut point chercher de raison dans tout ce que les Reformateurs avangent, pour soûtenir leurs monstrueuses opinions; mais sur tout dans ce qu'ils alleguent de cette ignorance imaginaire, qui a dû produire tant de changemens dans la Doctrine de l'Eglise. Et pour le faire voir par des raisons tirées de la chose même, je me suis proposé de montrer dans ce Chapitre trois choses.

1. Qu'une telle ignorance ne s'est jamais trouvée dans l'Eglise.

2. Qu'il ne faudroit pas seulement ce qu'on apelle simplement ignorance, pour donner lieu à de tels changemens, mais un entiere oubli de toute la Religion Chrêtienne.

3. Que quand on suposeroit une telle ignorance, la seule nouveauté auroit été capable d'empêcher de tels changemens, chacun étant convaincu qu'en matiere de Religion tout Dogme, qui est nouveau, est necessairement faux, & heretique, s'il est contraire à la foi.

Il n'y a jamais eu de tems où il n'y ait eu quantité de tres-grands hommes dans l'Eglise.

I. Quoiqu'il se soit trouvé des tems de tenebres par raport à certains siecles, qu'on peut apeller des tems de lumiere, comme étoient le troisiéme, le quatriéme, & le cinquiéme, il est cependant certain qu'il n'y a jamais eu aucun tems, dans lequel il ne se soit trouvé de tres-grands Hommes & tres-illustres par leur vertu, leur zelé, leur science & pleins d'amour pour la verité. Cela paroît par le nombre prodigieux d'ouvrages, que nous avons encore, ou dont nous avons la connoissance. Il n'y a aucun siécle, qui n'en ait produit un tres-grand nombre ; mais particulierement dans les tems, où il s'est trouvé des heresies, & des sectes pernicieuses, qu'il a falu combatre, comme nous l'avons remarqué dans la premiere Partie ; car c'est dans ces ocasions, que le zele des gens de bien s'enflâme, & que chacun travaille avec ardeur à combatre pour la deffense de la foi. Dieu, qui est l'auteur de cette sainte ardeur, n'a jamais manqué de susciter des deffenseurs à son Eglise, quand il a été necessaire.

1. Partie ch. 11.

Pour en être convaincu, on n'a qu'à lire l'Histoire Ecclesiastique des trois premiers Siécles composée par le sçavant Eusebe de Cesarée, dans laquelle il fait des extraits d'un tres-grand nombre d'excellens ouvrages, qui ont été composez pour la deffense de la foi, dont la plus grande partie a péri par le malheur des tems, & dont plusieurs sont venus heureusement jusqu'à nous. On peut lire encore les Catalogues des Ecrivains sacrez de saint Jerôme à la fin du quatriéme siécle ; de saint Ildefonse Evêque de Tolede dans le cinquiéme, qu'il apelle le Catalogue des Hommes illustres. De Gennadius sur la fin du même siécle, du Pape Gelaze qui étant à la tête de 70 Evêques dans un Concile, où il présidoit l'an 494. fît une revûë de tous les Livres sacrez, & Ecclesiastiques, qui pouvoient être utiles, ou dangereux ; heretiques ou suspects, pour condamner les uns & aprouver les autres ; de saint Isidore de Seville au commencement du 7e. siécle ; la Biblioteque de Photius vers le milieu du 9. siécle. Ce Livre contient des Extraits d'un grand nombre de Livres de toutes sortes de matieres, entre lesquels la plus grande partie est de Livres Ecclesiastiques. Enfin on peut lire les Bibliotequés des Peres, dans lesquelles on a ramassé une infinité de petits Ouvrages de divers tems & de divers Auteurs. Tous ces ouvrages, que nous avons où dont la connoissance est venuë jusqu'à nous par ces memoires, ces Catalogues & ces Biblioteques nous font facilement voir, combien cette prétenduë ignorance, qui a dû être la source de tant de changements, est imaginaire.

Qu'on prenne encore la peine de rapeller en sa memoire toutes les précautions, qu'on a prises dans tous les tems, pour éloigner l'ignorance de l'Eglise, & pour faire ensorte, que les Evêques, les Prêtres & generalement tous les Ecclesiastiques fussent instruits dans tout ce qui regarde leur ministere, afin d'en instruire les autres. Qu'on considere ce nombre infini de Conciles, qu'on a tenus dans tout le monde, pour condamner les heresies à mesure qu'elles naissoient, & pour rétablir la Discipline, lorsqu'on se relâchoit. Qu'on lise les suffrages des Evêques, qui assistoient à ces Conciles, où ils expliquent souvent tous en termes differens la foi de l'Eglise, qu'ils soûtiennent; les Ecrits qui se trouvent dans les Actes qu'on a faits contre les novateurs; les conferences, les collections, les Epîtres Dogmatiques, & genaralement tout ce qui regarde la condamnation, & la refutation de chaque heresie, pour voir si l'on poura trouver dans tous ces monumens cette prétenduë ignorance, qui doit avoir donné lieu à tant de révolutions dans l'Eglise. Chaque Evêque étoit obligé de parler, & d'exposer la foi de son

T vj

Eglise dans ces saintes Assemblées, & souvent même de conferer avec les heretiques, lorsqu'ils s'y trouvoient ; de disputer, de prêcher, d'écrire contre eux. Cela se pouvoit il faire sans beaucoup d'érudition ?

Il ne faut qu'une tres-legere attention sur tout ceci, & sur mille autres raisons, qui se font sentir naturellement à ceux qui auront lû les réflexions, que nous avons faites dans la premiere Partie, pour être convaincu, qu'il est impossible, que l'ignorance se soit jamais trouvée dans l'Eglise jusqu'à un tel degré, qu'il ait été facile de pervertir, & d'anéantir ainsi toute la Doctrine Apostolique, & substituer en sa place des heresies, des Idolatries, de faux Sacremens, & des articles de foi inconnus aux premiers Chrêtiens.

II. Il ne faudroit pas seulement une simple ignorance pour cela, mais une stupidité des plus extraordinaires, qu'on puisse s'imaginer, & un entier oubli de sa Religion. Car quand tout le monde auroit été dépourvû de Pasteurs sçavans & de Theologiens habiles, ce qui ne peut tomber dans l'esprit de qui que ce soit, & ce qui ne peut jamais être, ne suffiroit-il

Il n'y a point d'ignorance capable de produire de tels chāgemens dans l'Eglise.

pas de sçavoir son Catechisme, pour voir si ce qu'un Novateur avance, est conforme a ce qu'on a apris ? Quand le Prêtre Anastase, que Nestorius avoit amené d'Antioche, s'avisa de prêcher à Constantinople, que la sainte Vierge n'étoit pas la Mere de Dieu, tout le monde ne se souleva-t-il pas sans s'arêter à ses faux raisonnemens, à ses Sophismes, & à toutes ces subtilitez qui éblouïssoient même les plus habiles, *ce fut un scandale general parmi les Laïques comme parmi les Ecclesiastiques, parce que chacun avoit apris*, dit Socrates, *que* JESUS-CHRIST *est Dieu, & qu'on ne devoit pas séparer la divinité de son humanité aprés son Incarnation.* Ou chacun l'avoit-il apris, sinon dans son Catechisme ?

Socr. l. 7. Hist. Eccl. cap. 32.

Lorsque Paul d'Emese, envoïé par Jean d'Antioche & par les autres Evêques d'Orient, qui avoient eux-mêmes été trompez par les artifices de Nestorius, expliqua leur foi publiquement à Alexandrie, en interpretant ce passage d'Isaïe *une Vierge concevra dans son sein & enfantera un Fils, qui sera apellé Emanuël*, tout le peuple aplaudit à cette explication orthodoxe, & l'interompit plusieurs fois, pour marquer sa joïe, parce qu'il n'y avoit personne, qui ne fçût au moins le Symbole de Apôtres, où il est dit, que JESUS-CHRIST est le Fils unique de Dieu, né de la Vierge Marie, & par consequent qu'elle étoit vraiment la Mere de Dieu. Cela étoit aussi dans leur Catechisme : c'étoit la foi qu'ils avoient reçûë de leurs Peres. En faloit-il sçavoir davantage, pour engager même les plus ignorans à se soulever contre Nestorius, & à lui resister même en face malgré toute sa Philosophie & tous ses discours entortillez ?

Il faut dire la même chose de tous les articles qu'on prétend avoir été changez, dans la Doctrine de l'Eglise, & même à plus forte raison, puisque la foi de la plus grande partie de tous ces articles est soûtenuë, non seulement par les instructions familieres, mais encore par une pratique generale & commune, comme le culte des Images, l'invocation des Saints, la Cofession, les œuvres de satisfaction, l'usage des sept Sacremens, la Communion sous une seule espece, &c.

Il faudroit donc une ignorance bien extraordinaire, pour donner une si facile entrée à des changemens de cette nature ; car il faudroit avoir oublié non

DE L'EGLISE. Ch. III.

seulement jusques aux premiers élemens de la Doctrine Chrétienne, mais il faudroit encore s'être crevé les yeux, pour ne pas voir ce qui se pratiquoit auparavant, & pour ne pas s'opofer à une Doctrine, & à des coûtumes si nouvelles.

III. La seule nouveauté sufit, pour porter tout le monde à s'opofer à de tels changemens. Car il n'y a perfonne, qui ne foit perfuadé, que la Doctrine, qu'il tient de ses Peres par une Tradition continuelle, & sans interruption, est celle de JESUS-CHRIST; & par consequent, que toute Doctrine nouvelle ne pouvant venir de JESUS-CHRIST, est necessairement fausse & heretique. Il n'est pas necessaire d'être sçavant pour raisonner ainsi, & pour s'opofer à toutes ces nouveautez, ou tout au moins pour faire beaucoup de bruit, & empêcher que ces changemens ne soient insensibles.

La nouveauté dans une Doctrine de foi, est une preuve de fausseté.

Il est vrai, que les Novateurs donnent le titre d'Apostolique à leur Doctrine, pour nouvelle qu'elle puisse être. C'est par ce moïen, qu'ils trompent beaucoup de monde; mais il n'est pas possible, que cette tromperie soit generale, & que toute la terre soit la dupe d'un particulier, qui publie insolemment, comme faisoit Luther, qu'une Doctrine, qu'il vient de forger lui-même, est aussi ancienne que l'Eglise. Et c'est pourtant ce qui doit être arivé, puisque toute l'Eglise ne parloit qu'un même langage, & n'avoit qu'un même sentiment avant Luther.

Il n'est que trop veritable, qu'il se trouve toûjours des ignorans, qui se laissent prendre à ces sortes de pieges, ou des gens corompus, qui ne pouvant suporter le joug de JESUS-CHRIST, embrassent le parti, qui leur paroît être le plus favorable à leurs passions ; car sans cela il n'y auroit jamais d'heresie ; mais cette ignorance & cette coruption ne peuvent jamais être generales, comme elles devroient avoir été, pour causer de tels changemens, c'est ce que je m'étois proposé de montrer dans ce Chapitre.

CHAPITRE IV.

Que la negligence des Pasteurs ne peut jamais être cause de tels changemens.

JE sçai bien qu'il y a toûjours eû dans l'Eglise des Pasteurs negligens, comme il y en a toûjours eû des ignorans. L'Evêque de Sardes, qui vivoit au commencement de l'Eglise étoit de ce mauvais caractere, comme il paroît par l'avertissement, qu'on lui donne dans l'Apocalypse. Mais je soûtiens, 1. Que l'Eglise est disposée & gouvernée de telle maniere, qu'il n'y a point de negligence telle qu'on la puisse suposer dans les Pasteurs, qui soit capable d'y produire de tels changemens. 2. Que cette negligence generale, telle qu'on est obligé de la suposer, ne se trouve dans aucun siécle, & est purement imaginaire. *Apoc. 3. v. 7.*

1. L'Ecriture dit, que l'Eglise est terrible, parce qu'elle est disposée, & ordonnée, comme une puissante Armée, *terribilis ut castrorum acies ordinata*. Il n'y a rien de si juste, que cette compa- *Cantic. Canticor. 6. v. 3.*

raison. Une Armée a son General, qui veille sur tout le Corps, & qui donne les ordres necessaires, selon les tems & les lieux. Il a sous lui des Lieutenans Generaux, qui les font executer à ceux, à qui ils commandent, ainsi des autres Officiers. Tous ceux qui sont en charge veillent sans cesse, & sont attentifs à l'ordre & à son execution. Chacun est dans son devoir ; car il n'y a personne, qui ne soit exposé aux yeux d'un grand nombre d'Officiers, & plus l'Ennemi est proche, plus aussi se tient-on sur ses gardes, & prend-on de précautions, pour n'être pas surpris.

Comparaison de l'Eglise Militante avec une Armée.

Voilà justement la peinture & l'Image de l'Eglise Militante. C'est un Camp, c'est une Armée, nous en sommes les Soldats ; nous sommes enrôlez dans cette Milice par le Batême ; nous sommes fortifiez dans l'exercice de cette Guerre par la Confirmation ; le Corps de JESUS-CHRIST, qu'on nous donne dans la sainte Eucharistie, est nôtre pain de munition ; la Penitence est le remede salutaire, qu'on aplique à nos blessûres ; l'Extrême-Onction, qui est une partie, & comme un suplément de la Penitence, nous rétablit dans une santé parfaite, & dissipe les langueurs,

DE L'ÉGLISE. Ch. IV. 427
que le peché laisse en nous ; l'Ordre est la cérémonie, par laquelle on établit des Officiers Generaux, ou subalternes ; le Mariage fournît des Sujets, pour entretenir cette Milice jusqu'à la fin des Siécles, parce que l'Eglise doit toûjours subsister. Tel est l'état de l'Eglise Militante.

Voici les Armes, dont nous devons nous servir dans cette Armée selon saint Paul. *Revêtez-vous*, nous dit-il, *de toutes les Armes de Dieu, pour pouvoir vous deffendre des embûches, & des artifices du Diable ; car nous avons à combattre, non contre des hommes de chair & de sang, mais contre les Principautez, contre les Puissances, contre les Princes du monde, c'est-à-dire de ce siécle tenebreux, contre les esprits de malice répandus dans l'air. C'est pourquoi prenez toutes ces Armes de Dieu, pour pouvoir résister au jour mauvais, & demeurer fermes, n'ayant rien omis pour vous bien deffendre. Soïez-donc fermes. Que la verité soit vôtre cuirasse ; que vos pieds aient une chaussure spirituelle, pour être toûjours préparez à anoncer l'Evangile de paix. Servez-vous sur tout du bouclier de la foi, pour pouvoir repousser, & éteindre tous les traits enflâmez du malin esprit. Prenez en-*

Armes des Chrétiens. Eph. 6. v. 11.

core le casque, qui est l'esperance du salut, & l'épée spirituelle, qui est la parole de de Dieu. Ce sont là les Armes, avec lesquelles nous devons combatre contre le démon, *qui est comme un Lyon rugissant*, dit saint Pierre, *qui tourne sans cesse autour de nous, pour nous dévorer*. Mais il faut être necessairement dans ce Camp, pour pouvoir le vaincre, car tous ceux, qui en sortent par le Schisme, ou qui en sont séparez par le glaive de l'excommunication, tombent infailliblement en sa puissance.

On garde le même ordre dans cette Milice spirituelle, que dans celle des Souverains. Il y a un Chef, qui veille sur tout le Corps, qui donne des ordres differens, selon les divers besoins, qui se rencontrent. C'est le Souverain Pontife, qui represente ici-bas le Chef invisible, qui est Jesus-Christ. Les Conciles sont comme le Conseil de Guerre, qu'il doit consulter, pour ne rien faire temerairement dans les choses de grande importance, & pour agir toûjours avec prudence. Il doit encore agir de concert, autant qu'il est possible, avec les Puissances, & les engager par de saints conseils, & de charitables avertissemens à se servir du pouvoir, & de l'autorité, que Dieu leur a donnée, pour proteger les Evêques, les Prêtres & tous les Ecclesiastiques dans l'exercice de leur ministere, afin qu'ils n'y soient pas troublez par les Heretiques; pour procurer des Conciles, quand il est necessaire, & pour en faire observer les Décisions. C'est pour cela que le Pape est si en horreur aux Heretiques. Ce n'est ni aux Soldats, ni aux Officiers, que l'Ennemi se prend du méchant succez de ses entreprises, mais au General. Ils seroient au comble de leurs vœux, s'ils pouvoient le détruire, & comme c'est une chose impossible, ils s'éforçent au moins de le déchirer par mille calomnies, afin de diminuer le respect, qu'on doit avoir pour lui, & en même tems le poids de son autorité.

Pourquoi les Heretiques ataquent principalement le Pape.

Les Patriarches sont sous le Pape, & ont inspection sur plusieurs Provinces, & plusieurs Métropolitains sont soûmis à leur Jurisdiction. Ceux ci ont inspection sur les Diocezes de leurs Provinces; & les Evêques sur un grand nombre de Curez, & les Curez sur les autres Ministres & sur tous ceux, qui sont de leurs Paroisses.

Voilà l'ordre de cette Armée spirituelle & si terrible au démon. Cet ordre a toûjours été le même, & jamais il n'a été interrompu depuis le commencement. C'est une subordination, qu'on ne peut rompre sans tomber dans le Schisme & sans sortir des limites de ce Camp, au-delà desquelles il n'y a point de salut.

Voïons donc à present si l'on peut suposer une negligence telle, que les Reformateurs la dépeignent, & qu'il seroit necessaire, pour causer tant de ravages dans la Doctrine de l'Eglise. D'abord il faut suposer que ces changemens prétendus ont commencé en quelque lieu, où la Doctrine nouvelle se seroit glissée insensiblement, car il est impossible que ces changemens se soient faits par tout le monde dans un même tems. C'a donc été dans une Ville, ou un Vilage, dans une Paroisse, dans un Evêché. C'a été un particulier, qui a semé le premier cette yvroïe de vive voix ou par écrit. Quelques-uns s'étant atachez à cette Doctrine, se sont aussi détachez de celle de Jesus-Christ, qu'on leur avoit enseignée, & qu'ils avoient suivie jusqu'alors, & ont formé un parti contraire à l'Eglise; car c'est ainsi que les Sectes se forment.

Suposons encore, que le Curé de cette Paroisse ait été dans cette negligence létargique, que les Reformateurs imputent à tous les Pasteurs de l'Eglise, pour faire passage à tant de changemens imaginaires. Je veux même qu'il ait été infecté de ces prétenduës ereurs dés le commencement, & qu'il ait tâché de les répandre par ceux, qui étoient sous sa conduite. Est-ce qu'il ne se sera pas trouvé un seul homme, Prêtre ou Laïque dans sa Paroisse, qui lui ait résisté ? chacun aura-t-il brûlé son Catechisme, ses Livres de prieres, & tous les autres qu'il avoit, dans lesquels la foi de l'Eglise lui étoit expliquée, & où il l'avoit aprise, pour embrasser une Doctrine nouvelle, & qui lui étoit inconnuë auparavant, aussi bien qu'à ses Peres, sans aucun bruit, & sans aucune résistance ? Est-il possible de faire changer le peuple de coûtume, de culte, & de croïance, sans que cela puisse être sensible ?

Raisons d'impossibilité en sup- t la affreuse negligence dans les Pasteurs.

Mais si c'est un autre, que le Pasteur, qui s'ocupe à répandre de telles ereurs, la chose paroîtra encore bien plus impossible; car le peuple l'écoutera encore bien moins. Il aura beau se cacher, comme font tous les Heretiques au commencement, son parti ne poura se grossir, qu'il ne soit bien-tôt découvert. Si le

Pasteur est negligent, le peuple ne le sera pas. Car il est impossible de s'imaginer, que toute une Paroisse puisse entierement se pervertir & changer ses plus anciennes coûtumes, sans que cela fasse beaucoup d'éclat, & ne cause de grands troubles. Voilà le premier degré d'impossibilité d'un changement insensible, dans la plus grande negligence des Pasteurs.

Mais suposons encore, que toute cette Paroisse se pervertisse tout d'un coup; les Paroisses voisines donneront-elles facilement dans de telles visions? les Curez des environs seront-ils aussi saisis de la même létargie, que le premier, & pouront-ils s'en taire? si c'est une Ville, ne s'y trouvera-t-il aucun Ecclesiastique, qui entreprenne la deffense de l'Eglise, & qui soûtienne la foi de ses Peres? s'acoutumera-t-on facilement à un langage nouveau? condamnera-t-on tout d'un coup les Catechismes, les Livres de prieres, les Rituels, les Missels? corigera-t-on la Liturgie sans qu'on y pense & sans qu'on s'en aperçoive? Il n'y a personne, qui puisse juger, que cela soit possible, quand on suposeroit la plus grande de toutes les negligences dans les Pasteurs.

Enfin

Enfin tous les Curez, les Prêtres, & les autres Ecclesiastiques du Dioceze, & l'Evêque même demeureront-ils stupides, & insensibles comme des roches dans de telles occasions ? & quand on suposeroit, qu'ils auroient tous perdu la crainte de Dieu, qu'ils n'auroient tous aucun zele pour la verité, ni aucune foi, combien de motifs purement humains devroient les engager à s'oposer à une telle entreprise ? leur honneur, leur réputation, leur interêt, la crainte d'être déposez pour une telle négligence, l'aprehension de se voir oprimez par une Secte naissante, les instances des gens de bien, le desir de maintenir leur autorité : Tous ces motifs & plusieurs autres semblables devroient au moins leur faire ouvrir les yeux & dissiper cette prétenduë létargie, si les motifs de pieté & de Religion ne le faisoient pas.

Mais enfin le Métropolitain, le Patriarche, le Pape ne sçauront-ils rien de ces changemens, ou fermeront-ils les yeux à de tels desordres ? ne tiendra-t-on ni Assemblées, ni Synodes, ni Conciles pour les arêter ? tout le monde deviendra-t-il heretique, idolâtre, apostat sans y penser ? que de degrez d'im-

Tome I.   V

possibilité dans un sistême si chimerique ! Il faut pourtant que cela soit arivé, s'il est veritable, comme les Reformateurs le prétendent, qu'il se soit fait de tels changemens dans l'Eglise par la negligence des Pasteurs, qui ne s'y sont pas oposez. Mais voïons s'il y a eû quelque ombre d'une telle négligence dans l'Eglise, ou quelque chose qui ait pû donner fondement à une telle imagination.

Qu'il n'y a jamais eu une telle négligence dans l'Eglise.

2. Nous pouvons juger de ce qui auroit dû ariver dans de telles occasions par ce qui est arivé dans une infinité de semblables, qui se sont trouvées dans tous les Siécles, en une infinité de lieux. Combien d'heretiques ont paru dans les premiers tems, & de combien d'artifices ne se sont-ils point avisez, pour cacher & pour déguiser leurs erreurs, afin de pouvoir les répandre insensiblement sous une vaine aparence d'une Doctrine Orthodoxe : cependant peut-on dire, qu'il ait rien échapé à la vigilance des Pasteurs de ce qui étoit necessaire pour les arêter & pour les terrasser ?

Comment on découvrit & condamna l'heresie.

L'on n'y avoit point d'homme au monde plus capable de faire passer une fausse Doctrine dans l'Eglise, que Paul de Samosate, si cela avoit été possible. C'étoit un Evêque d'un grand siege, homme d'autorité & de credit. Il ne publia pas son erreur à haute voix, ni par des écrits publics. Son faste & son ambition firent d'abord soupçonner sa foi. On s'aperçut ensuite, qu'il changeoit quelque chose, & cela fit juger, qu'il n'étoit pas Orthodoxe. Saint Denis d'Alexandrie en fut informé, & il en écrivit à l'Eglise d'Antioche, pour avertir les Prêtres, & les Ministres de se prendre garde des pieges, qu'on pouroit tendre à leur foi. Firmilien Evêque de Cesarée en Capadoce s'y transporta lui-même, & lui parla en presence de plusieurs Evêques, qu'il avoit amenez avec lui ; le convainquit d'erreur & lui fit promettre de renoncer à son sentiment, qui étoit abominable. Il n'en fit rien, ou s'il le fit, il retomba, & dés le moment qu'on s'en aperçut, on assembla un Concile dans son Eglise même, par lequel il fut déposé, & chassé de son Siege.

Paul de Samosate.

Epist. Synodica Conc. Antioch. apud Euseb. L. 7. Hist. Eccl. cap. 24.

Cette conduite de Denis d'Alexandrie, de Firmilien, des Evêques voisins & du Clergé d'Antioche fait voir, quelle étoit la vigilance des Pasteurs dans les premiers tems. On peut joindre un grand nombre de faits à celui-ci pour

Vigilance des Pasteurs du troisiéme siécle.

V ij

prouver la chose plus amplement, comme la dispute de Denis d'Axandrie contre les Disciples de Nepos touchant le regne de mille ans ; la condamnation de l'heresie de Sabellius par le même Denis d'Alexandrie, celle des Novatiens à Rome, en Afrique, en Asie ; la resistance de saint Etienne Pape contre l'erreur des Rebaptisans ; une infinité de Conciles tenus de toutes parts pour l'extirpation de toutes ces erreurs & de plusieurs autres, qui s'élevoient de tems en tems dans l'Eglise. Toutes ces choses, & mille autres semblables, dont nous avons d'amples monumens dans les Histoires, & dans les Ecrits des Peres, nous font voir, qu'elle étoit la vigilance des Pasteurs dans ces premiers tems, & combien cette negligence, dont on nous parle, y étoit inconnuë.

L'Affaire des Donatistes, qui commença presque aussi-tôt que le quatriéme siécle, celle des Ariens, des Macedoniens, des Apollinaristes, des Eunomiens, & de plusieurs autres Sectes, qui troublerent tout ce siécle d'une maniére surprenante, nous font voir, quel fut le zele, la charité, & la science d'un nombre infini de grands Hommes, qui combatoient sans cesse pour la défense

Euseb. l. 7. Hist. Eccl. c. 10.

Vigilance des Pasteurs du quatriéme siécle.

de la foi, contre ces horribles Sectes, dont les uns étoient chassez de leurs Sièges, les autres dépoüillez de leurs biens, la plus grande partie exilez dans les païs les plus éloignez & les plus barbares, plusieurs tuez & martyrisez. Où étoit donc alors cette negligence, & cette letargique lâcheté, qui a dû causer tant de changemens dans la Doctrine de l'Eglise?

Les Manichéens commencerent vers la fin du troisiéme siécle. Ce fut Manés ou Manicheus qui établit cette détestable Secte sur le même fondement, que Marcion avoit placé pour établir la sienne, sçavoir sur la distinction de deux principes, dont l'un étoit bon & l'autre mauvais. Ces Heretiques se donnerent bien de garde de se séparer de l'Eglise, comme ont fait ceux du siécle passé. Ils s'assembloient publiquement, ils communioient avec les Catholiques. Ils faisoient même profession d'une vie fort austere; car ils ne bûvoient point de vin, ils ne mangeoient jamais de viande, ils faisoient profession de renoncer au mariage, ou tout au moins au desir d'avoir des enfans; ils gardoient une fort grande retraitte, ils jeûnoient souvent *, & même les jours de Dimanche. Ils

Le Secret de l'heresie des Manicheens toûjours découvert prenve autentique de la vigilance des Pasteurs.

avoient entre-eux des assemblées secrettes, peu de gens cependant étoient invitez à leurs mysteres. Il n'y avoit que ceux, qu'ils apeloient *Elûs*, & on n'instruisoit les autres, qu'ils apeloient *Auditeurs*, de cette Doctrine abominable, dont ils faisoient profession, qu'avec des précautions extrêmes. Saint Augustin fut neuf années entieres de cette horrible Secte, sans jamais en avoir pû penetrer le secret. Il n'y voïoit rien que de divin, & il en étoit charmé de plus en plus. Il s'y faisoit même des miracles, qui étoient sans doute des illusions du démon. Cette Secte n'a pas été une des moins répandues dans le monde & a duré longtems : elle étoit tres florissante sur la fin du neuviéme siécle, & au commencement du dixiéme. Les Albigeois, qui firent un grand bruit en France au treiziéme siécle, en étoient un rejeton. Le Sçavant & illustre Prélat Monsieur de Meaux a fait un abregé de l'Histoire de cette heresie, dans l'onziéme Livre de ses Variations. On y peut voir tous les artifices, dont ces Heretiques se servoient pour répandre leurs erreurs par tout le monde & le soin, qu'ils prenoient de se cacher.

C'est ici comme la pierre de touche

S. Aug.
l. 4. Con
fess. c. 1.

par laquelle on peut connoître, s'il est vrai, que les Pasteurs de l'Eglise se soient trouvez quelques fois dans un si prodigieux engourdissement, qu'on voudroit nous le faire croire, pendant que les impies travailloient à pervertir la foi de tout le monde par des Seducteurs qu'ils envoïoient de toutes parts pour étendre leur Secte. Il ne faut que voir ce qu'on a fait en Orient, à Carthage & dans toute l'Afrique, à Rome, en France en Allemagne & dans tous les lieux où cette heresie avoit pris racine pour la découvrir, la combatre, la condamner, l'extirper.

Archelaüs Evêque de Casche en Mesopotamie ataqua Manes, disputa contre lui, & publia la conference, qu'il avoit eûë avec cet Heresiarque dans son Dioceze, où il étoit venu se cacher, pour éviter le suplice, que le Roi de Perse vouloit lui faire soufrir, se prenant à lui de la mort de son Fils. Cet écrit fut comme le signal, qu'il donna à tous les Pasteurs, afin qu'ils prinssent garde, qu'une telle peste ne se glissât dans leurs Eglises. Elle fut découverte dans tous les lieux, où elle s'établit. Ses Dogmes furent foudroïez par mille écrits & mille anathêmes, malgré l'a-

S. Hieronym. in Cathal. Socrat. l. 1. Hist. c. 17.

dresse que ses Partisans emploioient, pour se déguiser & pour se cacher.

S. Aug. haeresi. 46.

S. Augustin nous marque, de quelle moniére elle fut découverte à Carthage, & comme une jeune fille, qui n'avoit pas encore douze ans, & une femme nommée Eusebia déclarerent le secret de tant d'abominables mysteres. Il faut voir par tous les Ecrits, qu'il a composés contre cette heresie, si les Pasteurs de son tems étoient dans cette affreuse negligence, dont les Protestans se sont avisez de les acuser dans ces derniers tems.

S. Leo s. pont. Ser. 4. in quadrag.

Saint Leon trouva le moïen de la découvrir à Rome l'an 433. Il avertit les fidelles, que les Manichéens ne pouvant se résoudre à recevoir l'espece du vin, il étoit necessaire, que chacun la reçût avec celle du pain, afin de se distinguer de ces impies, ou du moins pour les éloigner de cet Auguste Mystere. Gelase voïant que cela ne s'observoit pas exactement de son tems en fit un decret pour la même raison.

Apud Grat. 3. part. dist. 2. cap. comperimus.

Cette Secte trouva des Partisans en France, mais on n'eut pas moins de vigilance, pour la poursuivre, qu'à Rome. Elle s'établit en Espagne, mais elle y fut bien-tôt découverte. Monsieur de

DE L'EGLISE. Ch. IV. 441
Meaux raconte comment elle s'établit à Orleans & comment elle y fut découverte bien-tôt après. Deux Chanoines, aïant été convaincus d'être de ce parti, furent condamnez selon les Canons pour l'heresie & selon les loix Romaines pour les crimes, dont-ils s'étoient rendus coupables dans ce parti, sous prétexte de Religion.

Les Priscillianistes ajoûterent encore aux erreurs des Manichéens les impietez & les rêveries des Gnostiques ; & pour se cacher plus éficacement, ils mirent au nombre de leurs maximes, qu'il étoit permis de jurer le faux & de se parjurer mille fois plûtôt, que de réveler le secret de leur Secte. *Jura, perjura, secretum prodere noli.* Mais, malgré toutes ces précautions, ce secret fut connu presqu'aussi-tôt, qu'il fut mis en pratique. Il fut expliqué publié & condamné au Concile de Sarragoce l'an 380. ou 81. sous le Pape Damase, & ensuite au Concile de Bordeaux, où ils oserent comparoître l'an 385. Mais cette Secte ne fut pas éteinte pour cela, elle subsistoit encore trente ans après. S. Augustin entreprit de la combatre à la sollicitation de Paul Orose. Saint Leon fit tout ce qu'il pût pour la déraciner

Le secret des Priscillianistes découvert par la vigilance des Pasteurs. Aug. l. de Hæres. cap. 70. Sulpic. Sever. l. 2. Hist. in fine.

V v

en Espagne, & malgré tous ces efforts elle y étoit encore fort en vogue au sixiéme siécle, où elle fut condamnée dans tous les articles de sa Doctrine au Concile de Bragues ; & comme ceux de ce parti disoient, qu'ils ne s'abstenoient de manger de la viande, & de boire du vin, que par mortification, ce qu'on ne pouvoit condamner, on ordonna, qu'on en feroit une épreuve au moins dans ceux, qui étoient du Clergé, & qu'on obligeroit les Ecclesiastiques, qui observeroient une telle abstinence, à manger au moins des herbes qui auroient été cuites avec la viande, pour ôter le soupçon qu'on pouroit avoir contre-eux, & que ceux qui le réfuseroient passeroient pour convaincus de cette impieté, & seroient dégradez & excommuniez. Tout cela fait voir quelle étoit alors la vigilance, & l'exactitude des Pasteurs.

Conc. Bracc. I. an. 563.

Ibid. can. 32.

Qu'on vienne donc nous dire, qu'il s'est trouvé des tems & des siécles tous entiers & même plusieurs de suites, selon l'hypothese des Reformateurs, dans lesquels les Pasteurs étoient tellement endormis, que pas un seul ne s'apercevoit, qu'on changeoit de Foi & de Religion ; qu'on établissoit insensiblement des coûtumes contraires à celles, qu'on suivoit auparavant, comme d'adorer JESUS-CHRIST dans l'Euchariſtie, d'invoquer les Saints, de les honorer de reverer leurs Reliques & leurs Images, de confeſſer tous ſes pechez, de faire des œuvres ſatisfactoires, de donner & de recevoir cinq Sacremens, qu'on ne connoiſſoit point juſqu'alors, de prier pour les morts, &c. Ce qu'on apelle des idolâtries, des ſuperſtitions, des Sacrileges, des impietez en un mot la Doctrine de l'Antechrît ; qu'il faloit que Dieu ſuſcitât un Prophéte comme Luther, pour avertir l'Egliſe au ſeiziéme ſiécle, que tout étoit changé, & que ces changemens ont commencé dés le troiſiéme, pendant que tant de Paſteurs & de ſaints Docteurs étoient occupez à déraciner mille veritables erreurs, & à foüiller dans les tenebres infernales du Manicheiſme, du Priſcillianiſme, des Apoſtoliques, dont parle ſaint Bernard, des Albigeois, qui étoient de ſon tems, & d'une infinité d'autres hereſies, dont on a connu juſqu'aux moindres particularitez, comme il paroît par les Catalogues que nous en avons, & qu'on a toûjours ataquées, combatuës, & condamnées.

S. Bern. Serm 65, & 66.

CHAPITRE V.

Que l'interêt n'a pû produire aucun changement dans la Doctrine de l'Eglise.

M. Maſ. part. 2. ch. 3. p. 25.

LEs Reformateurs se tuent de dire, que ç'a été l'interêt, qui a produit le Dogme du Purgatoire. Monsieur Masius se contente de dire, qu'au moins il l'a fait confirmer, & eriger en article de foi au Concile de Florence : *car le Clergé, dit-il, trouvant, que ce Dogme étoit d'un bon raport, & tres-bien inventé, pour acroître les biens de l'Eglise, entreprit de le deffendre, & de combatre pour le soutenir comme pour les Autels, jusqu'à ce qu'il fût reçû comme un article de foi publiquement dans le Concile de Florence il y a deux cents ans, ce qui a été confirmé depuis dans le Concile de Trente.*

Origine du Purgatoire selon M. Masius.

Mais quand ce Dogme a-t-il été inventé, puisqu'il n'a été que confirmé & passé en article de foi au Concile de Florence ? Monsieur Masius nous répondra au même lieu ; *que quelques Païens, entre-autres Platon & ses Sectateurs*, ont *imaginé une certaine demeure, pour un tems, où les ames separées étoient retenuës. Ainsi les Philosophes,* dit-il, *ont été les precurseurs, ou avant-coureurs du feu du Purgatoire. Il est probable,* dit-il encore, *qu'une semblable erreur s'étoit glissée dans le Judaïsme avant la venuë de* JESUS-CHRIST, *car devant cette venuë le Judaïsme avoit commencé d'être infecté de diverses opinions erronées, comme de celles des Saducéens & autres.* Ainsi l'origine du Purgatoire se tire de bien loin. Il ne disconvient pas dans la suite, qu'on n'ait toûjours crû & tenu ce Dogme dans l'Eglise ; *Car Origéne entre les autres Peres,* dit-il, *s'étant fort adonné à la Philosophie de Platon, établit une purgation, ou bien un Purgatoire des ames. Tertulien ne s'éloigna pas de cette erreur ; mais l'autorité de l'un & de l'autre n'est pas de grande importance, puisqu'on sçait qu'Origéne avoit été dans des erreurs si grandes, & si grossieres, qu'il fut condamné par des Conciles entiers, & Tertulien étoit déja Montaniste ; lorsqu'il enseignoit cette belle Doctrine.*

Ne diroit-on pas à entendre ainsi parler Monsieur Masius, que ces deux Peres auroient été condamnez pour avoir tenu le Dogme du Purgatoire, & pour avoir crû qu'on pouvoit, & qu'on devoit offrir le sacrifice pour les morts; que cet article où ce point de Doctrine n'étoit qu'une opinion particuliere de quelques heretiques, comme étoient les Origenistes, & les Montanistes? Cependant ces Peres parlent du Purgatoire & de la priere pour les morts, comme d'une Doctrine & d'une pratique aprouvée, reçûë, & observé dans toute l'Eglise, & jamais on ne leur a imputé cela à erreur. Saint Methodius Evêque de Tyr, qui vivoit au troisiéme siécle, saint Epiphane, saint Jerôme, Theophile d'Alexandrie, saint Augustin, qui vivoient au quatre & cinquiéme siécle, ont fait le dénombrement des erreurs d'Origene, & ne se sont point avisez de lui faire une heresie d'un tel sentiment. Nous en avons un grand traité dans le cinquiéme Concile, où elles ont été condamnées. Cet écrit fut fait sur les memoires de quelques Ecclesiastiques, & de quelques Religieux, qui n'oublierent rien de ce qui pouvoit rendre ce Pere odieux & condamnable. Mennas, qui l'avoit reçû de l'Empereur Justinien, le produisit au Concile, mais on ne trouve point parmi ces erreurs ce qu'il a dit

On n'a jamais condamné Origene, ni Tertulien pour avoir tenu le Purgatoire, & pour avoir dit, qu'on devoit prier pour les morts.

du Purgatoire. Personne n'a fait un crime à Tertulien d'avoir crû, qu'on devoit prier pour les morts & d'avoir dit, qu'on le faisoit de son tems. C'est donc un raisonnement ridicule de dire, que le sentiment d'un Pere, qui n'a jamais été condamné, doit être rejetté, parce que ce Pere a erré en quelques autres points de Doctrine.

Ce n'est pas ici le lieu où je me suis proposé d'examiner l'époque, qu'on donne à ce prétendu changement : je dirai seulement en passant, que de telles erreurs, qui sont si anciennes & si generalement répanduës dans toute l'Eglise, ausquelles on ne s'est jamais opposé, qu'on n'a jamais condamnées, qui ont toûjours été suivies, & dans la speculation & dans la pratique, ont tout l'air & tous les caracteres d'une Doctrine Apostolique, & generalement tout ce qui est necessaire, pour être des articles de foi. Mais pour faire voir combien la cause de ce prétendu changement est imaginaire, il ne faut que rapoter ici les divers sentimens des premiers Ministres sur ce sujet en commençant par Luther.

Luther prétend que c'est la Messe, qui a enfanté le Dogme du Purgatoire. *Cette queuë de dragon*, dit-il ( ) *j'entends*

448 L'INFAILLIBILITÉ

Art. Smalc. 2. de Missa concord. p. 307.
Sentiment de Luther touchant l'origine du Dogme du Purgatoire.

la Messe) a enfanté un grand nombre de differentes abominations, & d'idolatries : premierement le Purgatoire ; car des Messes, qu'on disoit pour les deffunts, des vigiles, des services, qu'on faisoit le septiéme jour, le trentiéme, tous les ans, enfin pendant l'octave, & le jour des morts, on a passé par tous ces bains, & par tout ce qui pouvoit y avoir quelque raport, pour aller ainsi par differentes imaginations se precipiter dans le Purgatoire, & l'on en est venu à ne dire presque plus que des Messes pour les deffunts, quoique JESUS-CHRIST n'ait établi le Sacrement de l'Eucharistie, que pour les vivans. Voila le sentiment de ce Prophéte. Il s'accorde peu avec celui de Monsieur Masius, qui fait venir le Purgatoire de la Philosophie de Platon. Il étoit donc selon lui, long-tems avant la Messe, & Luther dit que c'est la Messe qui l'a enfanté.

In admonit. ad Ecclesiasticos Augustæ in dietâ imp. congregatos an. 1530.
Autre opinion

Luther dit dans un autre lieu, que l'opinion du merite des œuvres satisfactoires a produit le Sacrifice, le Purgatoire, les vigiles, les Confreries, les pelerinages, les indulgences, les jeûnes, le culte des Saints, des Reliques, les aparitions des esprits & toute la procession de la brigue infernale. Cela est encore bien

DE L'ÉGLISE. Ch. V. 449
éloigné du sentiment de Monsieur Masius. Il a voulu sans doute coriger l'opinion de son Patriarche; car on ne peut
pas dire qu'il l'ait ignorée. Il faudroit
qu'il n'eût jamais lû les articles de Sma-
cadle; il faut donc qu'elle lui ait parû insoutenable.

En effet comment peut-on s'imaginer
qu'on ait prié pour les morts, qu'on ait
dit des Messes, des Vigiles, des Tren-
tains, des Anniversaires pour le repos des
ames des deffunts avant que de croire,
qu'il y a un Purgatoire, où elles souffrent
& qu'elles peuvent être soulagées par
les prieres des fideles ? Cependant selon
Luther on a commencé par prier pour
les morts, dire des Messes & faire des
services pour eux, puis on s'est avisé de
dire, qu'il falloit qu'il y eût un Purgatoire, où les ames souffrent aprés
qu'elles sont séparées de leurs corps ;
fut-il rien de plus ridicule & de plus
oposé au sens commun ?

Sleidan a trouvé, qu'il étoit plus
à propos de dire que ç'a été le Purgatoire qui a produit la Messe & qui l'a
mise en vogue. Mais il ne s'accorde
point encore avec Monsieur Masius ;
car il ne dit pas comme lui, que ç'a été
la Philosophie de Platon, qui a donné

*de Lu-
ther tou-
chant l'o-
rigine du
Purgatoi-
re.*

*Opinion
de Slei-
dan tou-
chant l'o-
rigine du
Purgatoi-
re.
Livre 9.
de l'état
de la Re-
lig. & de
la Repu*

lien au Dogme du Purgatoire, ni que cette opinion ait été chez les Juifs avant la venuë de Jesus-Christ, mais que ç'a été l'opinion, qu'on a eû, que les esprits revenoient importuner leurs parens & amis pour les obliger à les secourir, & que le secours qu'ils demandoient, étoit de faire quelque pelerinage qu'ils avoient voüé, ou de leur faire dire à prix d'argent certain nombre de Messes. *Cela* dit-il, *a persuadé qu'il y avoit un Purgatoire & donné credit aux Messes.*

Mais il retombe dans la même absurdité que Luther; car comment s'est-on imaginé, qu'il y avoit des esprits, qui revenoient demander des pelerinages, des Messes, & des prieres pour leur soulagement, si on ne croïoit point, qu'il y eût un Purgatoire, & un lieu où les ames sont tourmentées après la mort, & qu'on pouvoit les soulager par des Sacrifices & des prieres ? l'on ne peut donc pas dire avec quelqu'aparence de raison, que ces Histoires aient donné lieu de croire le Purgatoire, mais au contraire, que le sentiment, qu'on avoit du Purgatoire, a fait inventer ces sortes d'histoires & les a fait croire dans le monde,

DE L'EGLISE. Ch. V. 451

Nous avons déja remarqué ailleurs, que David Blondel Ministre de Charenton, & d'un des plus sçavans qui aient parû dans la Secte de Calvin, s'est apliqué à chercher l'origine du Purgatoire, & a composé un assez gros ouvrage sur cette matiere. Il prétend, que ce Dogme a pris naissance dans les vers des Sibiles au second siécle. Ce qui fait voir, que toutes les imaginations de Luther, de Sleidan, & de Monsieur Masius ne lui sont jamais venuës dans l'esprit, & qu'il n'en a trouvé aucun fondement dans l'Histoire Ecclesiastique, qu'il avoit tant foüillée & examinée. Mais ce qui est remarquable touchant son opinion ; c'est que les Sibiles ne parlent en aucun endroit de la priere pour les morts, ni du Purgatoire. Il en convient lui-même, & il ne cite aucuns vers, où il en soit fait mention. Mais il prétend, que ce Dogme s'est tiré par induction de quatre Dogmes, qui se trouvent établis dans les Livres des Sibiles. Le premier est, que tous les hommes depuis Adam, doivent descendre en enfer aprés la mort, & y rester jusqu'à la resurrection generale. Le second que tous les hommes, sans exception, passeront par le dernier embrasement de l'univers, où les bons se-

Opinion de David Blondel touchant le Purgatoire, & le Livre des Sibilles.

l. 2. c. 9. 10. 11. & 12.

ront purifiez, comme l'or dans la fournaise. Le troisiéme que les Saints aprés la resurrection seront conduits au Paradis Terrestre, dont nous avons perdu la possession par la chûte d'Adam. Le quatriéme que Jerusalem sera rebâtie & comblée de gloire, que le Fils de Dieu descendra du Ciel & y établira un regne de mille ans dans toutes sortes de délices, & dans une abondance de biens temporels. C'est-à-dire, que ces Livres des Sibiles, qu'il attribuë à Hermas, qui selon Tertulien étoit frere du Pape Pie I. au milieu du second siécle, & qui est l'auteur du Livre du Pasteur, contiennent l'opinion des Millenaires. Mais ce qui est difficile, c'est de faire voir comment on a pû en conclure, que les morts souffrent en attendant la resurection, & comment ils peuvent être soulagez par les prieres des fideles, dans les inquiétudes où leurs ames se trouvent en attendant leur délivrance; dans les combats, qu'ils ont à soutenir contre les démons, qui les ataquent, dit-il, fort souvent, & dans l'effroiable crainte du jugement de Dieu, qu'ils atendent dans ces affreuses prisons.

Cette opinion n'a pas plus de vrai-

Tert. tarm. 3 adversus Marc.

Li. 2. des Sib. c. 33.

semblance, que les autres, & l'Auteur l'a crû lui-même si insoutenable, qu'il s'est trouvé réduit dans la suite à ramasser tout ce que les autres avoient inventé pour lui donner quelque couleur. Mais bien loin, que toutes ces conjectures & ces differentes opinions, qu'il tâche de concilier, donnent quelque probabilité à son sentiment, aucontraire, elles le font paroître encore plus ridicule, & il en ruine lui-même dans la seconde Partie, en six ou sept lignes, le fondement, qu'il avoit pris tant de peine d'établir dans la premiere. Et pour le faire voir, il faut remarquer, qu'il convient & même qu'il prouve,

Fausseté du sentiment de Blondel

L. 2. ch. 28.

I. Qu'on trouve dans les Livres des Sibiles un grand nombre de réveries semblables à celles des Millenaires, qui n'ont eu aucune suite, & qui n'ont porté aucun préjudice à la verité. Il en raporte plusieurs dans un Chapitre, qu'il a fait exprés; mais il prétend qu'il n'en est pas ainsi de plusieurs autres, & il aporte pour exemple ce fameux Acrostiche, qui se trouve dans le huitiéme Livre des Sibiles, dont les Lettres initiales sont celles de ces cinq mots Grecs Ἰησοῦς Χριςὸς Θεοῦ ὑιὸς σωτὴρ qui signifient JESUS

David Blondel détruit lui-même son opinion.

L. 2. ch. 8.

CHRIST Fils de Dieu Sauveur, dont les premieres lettres forment cet autre mot grec ἰχθύς, qui signifie poisson ; ce qui a donné lieu, dit-il, à quelques Peres d'apeler JESUS-CHRIST *nôtre poisson*, les Chrétiens après leur batême, *de petits poissons*, & les Fonts Baptismaux, *la piscine* : comme si les paroles de JESUS-CHRIST à saint Pierre & à saint André, *Suivez-moi & je vous ferai pêcheurs d'hommes*, & plusieurs autres choses semblables n'avoient pas été capables de donner cette pensée aux Peres, quand ils n'auroient jamais vû cette Acrostiche, qui n'est fondée elle-même que sur cette parole.

II. Que l'erreur même des Millenaires établie dans les Livres des Sibiles a été combatue dés le commencement du troisième siécle. Cela renverse tout l'édifice, qu'il a pris tant de peine d'établir ; car est-il possible de s'imaginer, qu'on ait tiré par induction le Purgatoire d'un Dogme, qu'on a combatu presqu'aussi-tôt, qu'il a fait quelque bruit dans l'Eglise ? c'est pourquoi il tâche d'aporter quelque temperament au desordre, que cette remarque tres-veritable aporte à son système. Et pour cela il dit, que ces premiers Peres, qui se sont oposez avec tant de chaleur à l'ereur des Millenaires dés le commencement du troisiéme siécle, jusqu'à douter si l'Apocalypse n'étoit pas l'ouvrage de Cerinthe, à cause d'un passage, qui semble favoriser cette opinion, n'ont cependant fait paroître aucune aversion contre les impostures de la prétenduë Sibile. Mais il n'a pas pris garde qu'Origéne, qui a tenu le Purgatoire, a regardé l'opinion de ceux, qui croïoient qu'il y avoit eu des Sibiles ou des Prophetesses Païennes, comme une erreur insoutenable, & qu'il dit à Celse, qui apelloit les Chrêtiens Sibilistes, que c'étoit un nom, qu'on avoit donné, à quelques-uns, qui croïoient à la Sibile, pour les corriger de l'erreur, où ils étoient, croïant que la Sibile avoit été une Prophetesse. Il y avoit donc des Chrêtiens du tems d'Origéne, & il étoit lui-même du nombre, qui admettoient la priére pour les morts, qui croïoient le Purgatoire, & qui en même tems rejettoient la Sibile & ses ouvrages.

Blondel ne dit pas encore, que Tertulien qui parle en divers endroits de la priere pour les morts, comme d'une

Apoc. 19 v. 4.

L. 5. contra Celsum.

Tradition reçûë dans toute l'Eglise, ne nomme pas même la Sibile en aucun de ces endroits. Il est vrai qu'il a crû le regne de mille ans, ou plûtôt qu'il ne sçavoit ce qu'il en devoit croire aïant beaucoup varié sur cela, mais il n'a jamais pensé qu'on pût inferer de ce principe, qu'il y avoit un Purgatoire, & qu'on devoit prier pour les morts. Qu'on lise les trois endroits, où il nous a marqué, qu'elle étoit la coûtume de l'Eglise sur cela, & l'on verra, s'il a jamais pensé à tirer une telle consequence.

L. de monog. cap. 10. l. de exhort. ad castit. c. 11. l. de Coron. Milit. c 3.

Il faut dire la même chose de saint Cyprien, de saint Epiphane, de saint Ambroise, de l'Auteur du Livre attribué à saint Denis l'Areopagite, & de tous les autres, qui parlent de la priere pour les morts ou du Purgatoire; mais particulierement de saint Augustin, qui ne fait pas grande estime des Sibiles, & parle si souvent de la priere pour les morts & du Purgatoire, & sur tout dans le Livre qu'il a fait, du soin que les vivans doivent avoir pour les morts.

Oper. S. Aug. T. 6. n. 8. Col. 516. Pourquoi les Peres qui ont combatu les Millenaires n'ont pas ataqué des livres Sibiles. L. 2. ch. 26.

Si les Peres n'ont pas attaqué le Livre des Sibiles, en combattant l'heresie des Milnaires, ce n'est qu'ils aïent eu plus de respect, pour un tel ouvrage, que pour l'Apocalypse, comme Blondel voudroit vous

Blondel.

DE L'ÉGLISE. Ch. V. 457
nous le persuader, sur un seul passage de Caïus mal entendu ; mais c'est parce que ce n'étoit pas le Livre des Sibiles, qui avoit donné lieu à cette opinion, mais le Livre de Papias, lequel avoit mis cette heresie au nombre des Traditions, qu'il disoit avoir reçûës des Disciples des Apôtres. C'étoit sans doute en cet endroit, que l'Auteur du Livre des Sibiles, tel qu'il puisse être, avoit puisé cette ereur, aussi bien que saint Irenée, saint Justin, Nepos, & les autres, qui ont été trompez par une si grande autorité. C'étoit assez d'ataquer la source de l'erreur, sans se metre en peine des ruisseaux, qui tariroient d'eux-mêmes, lorsqu'elle seroit arêtée, comme il est arivé.

Locus Caii apud Euseb. l. Hist. Eccl. 3. 5. 23.

Les Peres avoient encore une autre raison de ne pas ataquer les Livres des Sibiles. C'est que ces Ouvrages étoient estimez comme divins par les Païens, & fournissoient aux Catholiques des Argumens, pour les convaincre de la Divinité de JESUS-CHRIST ; ou tout au moins ils servoient, comme dit saint Augustin, a réprimer la superbe des infidelles : il n'étoit donc aucunement à propos de décrier ces Livres, quoiqu'il s'y trouvât un grand nombre de

L. 13. contr. faust manich. cap. 15.

Tome I. X

rêveries & d'expressions Païennes, que les Peres n'ont jamais aprouvées comme dit Blondel.

III. Il faut remarquer, que ce Ministre convient, que ce qui est dit dans ces Livres touchant la conservation du Paradis Terrestre, & la force de purifier atribuée au feu, qui doit embraser tout l'Univers à la fin des siècles, a été rejeté par tout le monde, & même que ces erreurs ont été condamnées avec celles des Origenistes dans les Conciles d'Alexandrie, de Chypre, de Rome, & dans le cinquième Concile General. Par quelles inductions poura-t-on donc tirer de cette Doctrine ainsi rejetée, & condamnée, le Dogme du Purgatoire, & la priere pour les morts? C'est là où il se trouve fort embarassé. Il est obligé de travailler à de nouvelles Machines, pour soutenir son systême, qu'il voit tomber en ruine par les endroits mêmes, où il s'efforce de l'apuïer davantage. Voici un changement de baterie, qu'il est obligé de faire pour cela. *Cette Doctrine capitale*, dit-il, *du Livre des Sibiles, est petit à petit disparuë, pour faire place à une opinion inconnuë à toute l'antiquité, c'est-à-dire au Dogme du Purgatoire.* Comment la Doctrine du Purgatoire peut-elle être apellée *une opinion inconnuë à toute l'antiquité*, puisque la priere pour les morts avoit lieu selon lui avant l'an 200 ; car *Tertulien*, dit-il, le plus ancien de ceux, qui en parlent, du comptoit dés lors entre les coûtumes reçûës de son tems. Prie-t-on Dieu pour les morts sans présuposer, qu'ils soufrent, & qu'ils peuvent être soulagez par nos prieres ? Et comment cette Doctrine capitale du Livre des Sibiles disparoissant celle du Purgatoire a-t-elle pû paroître ? si les Livres des Sibiles étoient si aprouvez, comme il le dit, a-t-on pu si facilement les condamner pour s'attacher à cette *opinion inconnuë* ?

L. 2. ch. 25.

IV. Il faut remarquer que renonçant tout-à-fait à l'induction, par laquelle il prétendoit faire venir la Doctrine du Purgatoire de celle des Millenaires, qui se trouve dans le Livre des Sibiles, il dit, que *cette opinion inconnuë à toute l'antiquité s'est établie*, mais qu'elle a tiré son origine 1. du préjugé, que les Chrêtiens du sixième siecle ont pris de la necessité de leurs propres satisfactions, pour apaiser l'ire de Dieu. 2. du dessein, que plusieurs d'entre-eux ont eu de coriger l'usage de leurs prédecesseurs prians, pour ceux là mêmes, desquels ils présuposoient

L. 2. c. 25.

la damnation. 3. de la nouvelle Philosophie, que quelques esprits mornes & faciles à concevoir des horreurs, ont commencé de publier dans l'Occident environ le tems de saint Gregoire. Cette nouvelle Philosophie étoit, que les ouvertures du Mont Gibel, de Somme, de Lipare, de Strongoli & autres semblables pleins de soufre & embrasez étoient les marmites de Vulcain, & que le bruit, qu'on y entendoit, étoit celui des cris confus & des plaintes de personnes souffrantes. Il joint à cela les Histoires d'aparitions d'ames après la mort. Il en raporte plusieurs exemples & il revient enfin après avoir bien tortillé *aux impressions, que l'interêt peut donner. Tout cela*, dit-il, *a fait qu'on a crû pouvoir avec quelque aparence introduire dans l'Eglise, ce que la Philosophie Platonique avoit suggeré à Virgile, nous tirans ce crayon de l'état des ames separées, & de ce qu'il concevoit des enfers*, &c.

L. 2. ch. 28.

Voila bien du chemin fait en peu de tems. Il est allé chercher avec bien de la peine le Purgatoire dans les vers des Sibiles, & comme il ne s'y trouve point, il a falu y chercher quelque chose qui pût y avoir quelque espece de raport, afin de l'en faire venir par des inductions,

L'opinion des Millenaires, selon laquelle les ames des Justes ne verront Dieu, que mille ans aprés la Resurection, & celle du feu purgatif de la fin du monde, lui ont paru propres pour son dessein. Mais ces opinions ont été condamnées ; comment donc aura-t-on pû en tirer le Purgatoire par des inductions & par des consequences ? on renonçe à cette voïe & on se contente de dire, que le Purgatoire, qui venoit de si loin, est une Doctrine nouvelle, qui a succedé à celle des Millenaires & des Origenistes, touchant le feu purgatif, & a disparu petit à petit. Mais il faut chercher une autre cause celle qu'on tiroit du Livre des Sibiles n'étant plus sufisante; ce sera tout ce qu'on voudra, comme la necessité des satisfactions, le dessein de coriger une ereur, qu'il impute faussement aux Peres de l'Eglise sur des passages mal entendus, ou dont il détourne le sens par une pure malice ; des Fables de Poëtes ; des Contes de vieilles ; des soupçons, des conjectures des monsonges ; tout est propre à son dessein ; & voila où il est obligé de revenir. *L. 2. chi. 15.*

Il n'y a rien qui façe mieux voir la fausseté & la vanité de cette imagination, que la diversité des sentimens des Ministres sur un point d'Histoire comme celui-là, qui de- *La diversité des sentimens prouve la fausseté de cette opinion.*

vroit être connû au moins de tous ceux qui parlent des matieres de Religion. L'interêt, disent-ils, a fait des changemens dans la Doctrine de l'Eglise, il a produit le Dogme du Purgatoire. C'est un fait qu'on doit connoître par l'Histoire; où en sont les preuves ? quels témoignages aporte-t-on pour nous en convaincre ? On ne peut disconvenir, qu'on n'ait prié Dieu pour les morts chez les Juifs avant JESUS-CHRIST, nous en avons des preuves positives, Monsieur Masius est obligé de l'avoüer; car il est certain, que le second Livre des Machabées, canonique ou non, a été écrit longtems avant que JESUS-CHRIST, vînt au monde, & cette pratique y est marquée, non comme une chose nouvelle, mais comme une ancienne coûtume aprouvée de toute la Synagogue; ainsi l'on ne peut dire, que l'interêt ait eu aucune part à son établissement. On ne peut dire encore, que ç'ait été l'interêt qui ait fait suivre cette coûtume dans toute l'Eglise dés le second siécle, & qu'il se soit trouvé des personnes gagées, pour mettre de telles prieres dans toutes les liturgies où elles ont toûjours été. Cet interêt dont on acuse l'Eglise n'est donc qu'un vain prétexte, dont les Ministres se servent, pour

Preuves de fausseté tirées de la chose même.

donner quelque couleur à la temerité, qu'ils ont de rejetter des Dogmes, que nous voïons si generalement aprouvez, reçûs & autorisez dans toute l'Eglise dés le commencement.

Il est vrai que les avares font souvent servir les choses les plus saintes à leur cupidité ; mais l'Eglise a toûjours détesté, & condamné une telle conduite. Combien de Canons n'a-t-on pas fait contre les Ecclesiastiques Simoniaques, Marchands, usuriers, ou atachez à un gain honteux ? Comment peut-on donc dire qu'elle a elle-même établi, & autorisé la priere pour les morts par ce motif, qu'elle a toûjours détesté & anathematisé ?

L'Eglise a toûjours condamné l'avarice, & l'esprit d'interêt dans les Ecclesiastiques.

Mais afin que cette imagination eût quelque aparence de verité, il faudroit, que les Laïques eussent aussi trouvé leur interêt dans un tel changement, & que le Purgatoire, & la priere pour les morts leur eussent aporté aussi quelque profit, pour les faire renoncer à la Doctrine des Apôtres, qu'ils avoient reçûë de leurs Peres, & les faire embrasser cette pratique nouvelle. Car un petit nombre d'Ecclesiastiques interessez eussent-ils été capables de persuader sans raison & sans fondement à tous les Chrétiens, qu'il faloit prier Dieu pour les morts, afin qu'il leur en revînt

Les Laïques auroient aussi dû trouvez leur interêt dans le Dogme du Purgatoire, pour souffrir qu'on l'établît.

X iiij

quelque profit ? Tous les Laïques du monde étoient-ils si ignorans dans leur Religion, qu'il ne s'en fût pas trouvé un seul, qui s'y fût oposé, & tous les Ecclesiastiques du monde avoient-ils le cœur corompu par une telle avarice, pour favoriser cette entreprise ? les Ecclesiastiques vivoient des offrandes, qu'on faisoit à l'Eglise dans les premiers siécles. L'Evêque, qui étoit le distributeur de ces aumônes, en donnoit à chacun autant, qu'il en avoit besoin, & le reste demeuroit aux pauvres. Ainsi l'interêt ne pouvoit pas les engager à inventer de telles pratiques, dont il ne leur revenoit rien en leur particulier. Aussi Aërius, qui rejettoit la priere pour les morts dans le quatriéme siécle, & dont saint Epiphane raporte toutes les raisons, ne s'est-il jamais avisé de dire, qu'elle avoit été établie par interêt. Il faut dire la même chose de Vigilantius, auquel saint Jerôme a répondu dans une longue lettre, qu'il a écrite contre ses erreurs. Il se contentoit de dire, comme Aërius qu'elle étoit inutile ; mais ils n'ont jamais dit ni l'un, ni l'autre, qu'elle ait été établie par interêt. Il est donc bien tard de s'en aviser aujourd'hui ; car si ces heretiques, dont ceux du seiziéme siécle ont adopté les erreurs, pour par-

S. Epiph Heresi 75. S. Aug. l. de Hæres. c. 52.

S. Hier. 2. Tom. Epist. 53. adv. Vigil. Aërius & Vigilantius n'ont jamais dit qu'on ait titiper à leurs anathêmes, avoient eu quelque sujet de faire de semblables reproches à l'Eglise, ils ne l'auroient pas épargnée, non plus que Luther & Calvin.

Monsieur de Richemberg dans son Catalogue des heresies, qui est dans la Concorde, va encore plus loin que Monsieur Masius sur le Chapitre de l'interêt; car il prétend, que les Dogmes de la Transubstantiation, de la Confession, de l'obligation de déclarer tous ses pechez pour pouvoir en recevoir l'absolution, la necessité de la satisfaction, & plusieurs autres semblables ne sont passez en articles de foi au 13. siécle par des décisions de Conciles, qu'à cause, que cela acommodoit l'état Ecclesiastique. Mais pour répondre en peu de mots à une calomnie si grossiere, il ne faut que considerer, que les Ecclesiastiques sont sujets en cela aux mêmes loix, que les Laïques. Ils n'ont touchant ces choses aucun privilege, qui les distingue des autres. Il n'y a donc rien de si ridicule, que de dire, qu'on a établi ces loix en faveur des Ecclesiastiques, puisqu'ils en portent la peine comme les autres.

Pour donner quelqu'aparence de verité à ces sortes de mensonges, il faudroit ne-

établi sa priere des morts par interêt.

In catal. §. 13. p. 151.
Autres articles établis par interêt selon M. de Richemberg.

cessairement suposer, qu'il n'y a que les Ecclesiastiques dans le monde, qui aïent de l'esprit, & un esprit propre à tromper par de tels artifices tout le genre humain; & que dés le moment qu'ils entrent dans le ministere, ils ont tous le cœur corompu, & ne s'apliquent qu'à inventer quelque chose de nouveau, qui puisse tourner à leur avantage, & à le répandre si subtilement, que personne ne puisse s'en apercevoir, ni s'y oposer. Mais qui de tous les hommes, pour peu qu'il ait d'esprit, & de jugement, & qu'il fasse attention sur ce qu'il voit, & ce qu'il connoît, poura se persuader de telles chimeres ? Il faudroit encore que tous les Ecclesiastiques pûssent convenir ensemble d'un tel dessein. Car si quelqu'un, ou plusieurs se metoient en tête de faire une telle entreprise, pouroient-ils y réüssir ? Est-il si facile de changer toute la face de l'Eglise, sans qu'on trouve aucuns obstacles, & même qu'on s'en aperçoive, comme il est necessaire de le suposer pour donner quelqu'aparence de possibilité à cet Etre-de-raison ? Où sont ces Conciles du 13e. siécle, qui ont fait ces articles de foi ? c'est ce qu'on ne marque point ; car il n'y en eut jamais, comme nous ferons voir ailleurs, & ce qu'on dit du Concile de Latran IV. est une vi-

DE L'EGLISE. Chap. VI. 467
sion pure, pour ne pas dire un insigne mensonge.

CHAPITRE VI.

Que la violence n'a jamais pû faire aucun changement dans la Doctrine de l'Eglise.

TOus les heretiques connoissent par eux-mêmes, que l'esprit d'erreur est un esprit de trouble, & qui tend toûjours à la cruauté ; ainsi il ne faut pas s'étonner, si les Protestans ont voulu mettre la violence au nombre des causes, qui ont dû produire tant de changemens dans la Doctrine de l'Eglise. Il n'étoit pas facile de lui trouver place dans leur système ; mais comme ils l'ont jugée necessaire, pour l'embelir, ils ont fait tout ce qu'ils ont pû pour l'y faire entrer. Mais comment acorder cette violence avec des changemens insensibles ? Il n'importe à des gens qui n'ont d'autre aplication, ni d'autre vûë, sinon de chercher de toutes parts divers pretextes de calomnier l'Eglise nôtre Sainte Mere, & qui font consister toute leur gloire à pouvoir inventer quelque chose, que puisse la deshonorer, comme dit l'au-

La violence ne peut faire un changement insensible.

X vj

teur du traité du Batême, qui se trouve parmi les Ouvrages de saint Cyprien.

La coupe ôtée par violence.

Il est vrai, que cette machine n'est pas d'un grand usage, puisqu'on ne peut s'en servir, que pour un seul changement, qui est la soustraction de la Coupe. C'est le Dogme de la Transubstantiation, dit Monsieur Masius, qui a fait croire, que la coupe n'étoit plus necessaire, & même qu'il étoit à propos de la retrancher; mais il a falu emploïer la force, & faire violence pour en pouvoir venir à bout.

Part. 2. chap. 4. p. 92.

Pitoïable raisonnement de Monsieur Masius.

Voici comme ce Ministre nous fait raisonner, pour cette entreprise. Le Dogme de la Transubstantiation aïant été reçû au nombre des articles de foi (ce qui a dû ariver selon les Reformateurs au treiziémé siécle) s'il arive par malheur qu'il vienne à tomber à terre quelque particule de l'espece du vin, ou quelque goûte de celle du pain, on regardera cela comme une grande profanation du Corps & du Sang de Jesus-Christ. Il faut donc pour éviter cet accident retrancher la coupe. C'est ainsi selon le Docteur Masius, que le Dogme de la Transubstantiation a fait retrancher la coupe. Mais si la Transubstantiation ne se faisoit que dans la bouche de celui, qui reçoit l'Eucharistie ; comme la présence réelle selon les Lutheriens, cette conclusion seroit tout-à-fait ridicule ; car s'il tomboit quelque chose auparavant, ce ne seroit que du pain ou du vin, ainsi il n'y auroit aucune profanation à craindre.

Mais si nous suposons au contraire, qu'il ne se fait aucune Transubstantiation, mais que le Corps & le Sang de JESUS-CHRIST soient dans le pain & dans le vin dés le moment qu'on a prononcé les paroles, la profanation sera autant à craindre, que si la Transubstantiation se faisoit ; car ce seroit toûjours le Corps & le Sang de JESUS-CHRIST quoique dans du pain & du vin, qui tomberoient à terre. Ce seroit donc la présence réelle, & permanente, qu'on devroit regarder comme la cause de ce retranchement, & non pas la Transubstantiation.

Mais venons à cette violence dont il a falu se servir pour faire ce retranchement. *Quoiqu'il puisse être veritable*, dit Luther, *qu'on reçoit autant sous une espece que sous les deux, une seule ne sufit pas pour remplir l'ordre, & l'institution de ce Sacrement, selon que nous le tenons de* JESUS-CHRIST, *& qu'il nous a commandé de le suivre. Nous condamnons donc, & déclarons au nom du Seigneur,*

Acusations des Heretiques contre l'Eglise.
Art. 6.
Smacal.
concord.
pag. 330.

que nous avons en execration tous ceux, qui ne se contentans pas de recevoir eux-mêmes une seule espece, deffendent encore aux autres de les recevoir toutes deux, exerçans en cela une vraie tiranie, blasphemans contre le sentiment de ceux, qui tiennent le contraire, comme si c'étoit une heresie ; & qui s'élevent au-dessus, & contre JESUS-CHRIST, s'oposans & se préferans à lui, &c. Ce langage est bien different de celui, qu'il tenoit auparavant contre Carlostade, dans une lettre, qu'il lui écrivit de sa Patmos, c'est-à-dire du Château d'Alstat, où il s'étoit caché. Carlostade s'étant avisé d'abatre les Images, de donner la Communion sous les deux especes, de donner l'Hostie dans la main, & d'ôter la Confession, qu'on fait avant que de la recevoir, il le reprit vivement par une lettre dans laquelle il lui disoit, qu'il faisoit consister le Christianisme dans des choses de néant. La Communion sous les deux especes n'étoit donc alors selon lui, qu'une chose de néant. Dans la formule de la Messe, qu'il écrivit l'an 1523. il dit sur ce sujet, *si un Concile ordonnoit les deux especes nous n'en prendrions qu'une, ou nous ne recevrions ni l'un ni l'autre, & maudirions ceux qui les recevroient toutes deux en*

Division entre Luther & Carlostade.

DE L'EGLISE. Ch. VI.

vertu de cette Ordonnance. On voit par là quel esprit l'agitoit & lui faisoit souffler le froid, & le chaud de la même bouche.

Nous excusons l'Eglise, dit Philippe Melancton parlant de la coupe, *qu'on a ôtée aux Laïques, mais pour ceux qui en sont les Auteurs, & qui soutiennent, qu'on a raison de défendre l'usage entier de ce Sacrement, & qui non seulement le défendent, mais encore excommunient, & persécutent violemment ceux, qui reçoivent le Sacrement tout entier, nous ne pouvons les excuser. C'est à eux de voir, quel compte ils doivent rendre à Dieu de tels desseins.*

Apol. arte 10. concord. p. 235.

Luther ayant été condamné par l'Empereur à la diete de Vormes n'osa paroître à celle, qui se tint à Ausbourg l'an 1530. Il y envoïa Philippe Melancton pour défendre sa cause & demeura pendant tout ce tems-là sur les terres de Fréderic de Saxe dans le Château de Cobourg en Franconie, qui étoit le lieu le plus proche, qu'il put choisir, pour avoir de promtes nouvelles de tout ce qui se passeroit à cette celebre Assemblée. Melancton y disputa contre Eccius, & voici ce qu'il écrivit à Luther sur ce qu'on lui objectoit touchant la Communion sous les deux especes. *Ils veulent,* dit-il, *que nous demeurions d'acord, que*

David Chytré dans l'Hist. de la Confession d'Ausbourg.

ni ceux qui reçoivent, ni ceux qui donnent une seule espece, ne pechent point. Pour nous, nous avons excusé ceux, qui la reçoivent ; pour ceux qui la donnent c'est une autre affaire. Le Concile de Bâle acorda aux Bohëmes ce Sacrement entier, pourvû qu'ils convinssent, qu'on pouvoit justement le recevoir, & l'administrer sous une seule espece ; c'est ce même aveu qu'ils tâchent de nous extorquer...... *Nous souhaitons donc sçavoir vôtre sentiment sur ce sujet.*

Sleid.
L. 7. ad
an. 1530.

Luther lui fit cette réponse. *Vous faites tres-bien de vouloir, que la Cene du Seigneur soit reçûë toute entiere, & de ne point ceder à vos adversaires, qui tiennent cela pour indifferent. Car il n'est pas à nôtre choix d'établir ou de tolerer aucune chose dans l'Eglise, qui ne se puisse soutenir par la parole de Dieu. Ils croient, que nous condamnons toute l'Eglise ; nous disons au contraire, que toute l'Eglise a été foulée aux pieds, & opprimée par cette tyrannie de l'Eucharistie tronquée par moitié. Cependant elle est excusable, comme étoit la Synagogue, lorsqu'étant captive à Babilone elle ne pouvoit garder la Loi de Moïse, & les autres ceremonies ; parce qu'on l'empêchoit de le faire.* Ce fut cette belle comparaison, qui lui vint en pensée, lorsqu'il intitula un de ses plus fameux Ouvrages, *la Captivité de Babilone*, c'est-à-dire la captivité de l'Eglise sous l'Empire du Pape, comme il l'explique souvent dans le corps du Livre.

Ce sont là les acusations, qu'ils forment contre les Pasteurs de l'Eglise, & contre l'Eglise même ; mais il ne faut pas leur demander de preuves ; car s'ils en avoient eu, ils n'auroient pas manqué de les aporter. Cependant ils sont nos acusateurs & nous sommes en droit de le faire, & de les regarder comme convaincus d'imposture, & de calomnie devant le Public, s'ils ne justifient par de bons témoignages ce qu'ils avancent. Ils divisent l'Eglise en deux corps, sçavoir celui des Laïques, à qui ils donnent le nom d'Eglise, & celui des Ecclesiastiques à qui ils donnent le nom de tyrans & de persecuteurs, comme si c'étoit des Diocletiens & des Maximiens. La raison de cet artifice se tire de ce qu'ils ne pouvoient répondre à l'argument, qu'on tiroit contre eux du consentement unanime de toute l'Eglise, pour la Communion sous une seule espece ; ce qui fait voir, que cette pratique n'est ni contre l'institution de ce Sacrement, ni contre le commandement de JESUS-CHRIST, & que les deux es-

Les Heretiques étant acusateurs sont obligez de prouver leurs acusations.

peces ne sont nullement essentielles à la Communion ; c'est pourquoi ils s'aviserent de partager ainsi l'Eglise, & même de la réduire au seul corps des Laïques.

On ne s'est aperçû en aucun endroit de cette violence.

Mais ce qu'il y a de surprenant dans cette tyrannie & dans cette persecution chimerique, que l'Eglise a dû souffrir, pour la substraction de la coupe, c'est qu'elle a fait si peu de bruit dans le monde, & a été suportée si patiemment, que Luther & toute sa Secte ont été obligez de convenir dans la Confession d'Ausbourg, qu'on ne peut sçavoir *quand la la caûtume de communier sous une seule espece a commencé, & qui est l'Auteur de ce changement.* Monsieur Masius est obligé d'en convenir, cependant il ne laisse pas de dire en devinant ou conjecturant, que cela a commencé au douziéme siécle.

Confess. August. art. 22. de abus.

Conc. Const. sess. 13. en 1415. c. Basil. sess. 30. an. 1437. Trid. sess. 21. an. 1562.

Mais on ne s'est aperçû de cette douce tyrannie, que plus de deux cens ans aprés qu'elle a commencé selon l'Epoque, qu'il lui donne; car ç'a été premierement dans le Concile de Constance qui fut tenu en 1415. qu'on commença à sentir ces maux ; la Communion sous une seule espece y aïant été aprouvée & confirmée ; & ensuite dans le Concile de Bâle, & en dernier lieu dans celui de Trente. Il ne faut que lire les décrets de ces Conciles, pour juger de cette prétenduë violence, qu'on a dû faire à cette Eglise Laïque & acephale. Voici celui de Constance tout entier, que j'ai traduit en François, afin que tout le monde puisse l'entendre.

Il se trouve en quelques endroits (en Bohëme) des personnes (c'étoit les Hussites) qui ont la temerité, & la présomption de soûtenir, que tous les Chrétiens doivent recevoir le saint Sacrement de l'Eucharistie sous les deux especes, & ne font point de difficulté de donner la Communion aux Laïques en divers lieux, non seulement sous l'espece du pain, mais encore sous celle du vin, & même après soupé, ou après avoir mangé, assurans avec opiniatreté, qu'on doit communier ainsi, quoique cela soit contraire à la loüable coûtume de l'Eglise justement aprouvée, qu'ils rejetent à leur damnation, comme une coûtume sacrilege. C'est pour cela que le saint Concile general de Constance presentement assemblé selon les formes & dans le saint Esprit, voulant pourvoir au salut des fidelles contre une telle erreur, déclare, juge, & définit après une mûre déliberation entre plusieurs Docteurs de droit divin & humain, que l'autorité des sacrez Canons, qui défendent de con-

<small>Decret du Concile de Constance pour la Communion sous une seule espece. sess. 13.</small>

sacrer aprés soupé, & de recevoir ce Sacrement aprés avoir mangé, sinon en cas de maladie, ou quelqu'autre necessité, dans laquelle l'Eglise le permet & l'acorde, doit être respectée; & que la coûtume, qu'on a toûjours suivie, & qu'on suit encore à present sur cela, est tres-legitime, quoique JESUS-CHRIST ait institué cet adorable Mystere aprés soupé, & l'ait administré à ses Disciples sous l'espece du pain & du vin; qu'elle a été justement établie, pour éviter le danger, & le scandale, quoique dans la primitive Eglise les fidelles reçussent ce Sacrement sous les deux especes, puis sous la seule espece du pain à l'exception des Prêtres; dautant que nous devons croire, & que nous ne devons douter en aucune maniere, que le Corps & le Sang de JESUS-CHRIST ne soient contenus veritablement sous les deux especes. Ainsi cette coûtume, qui a été établie avec juste raison par l'Eglise, & par les saints Peres, qui s'observe depuis long-tems, doit être regardée comme une loi, qu'il n'est pas permis de rejeter, ou de changer à sa fantaisie sans l'autorité de l'Eglise. C'est pourquoi on doit regarder comme une erreur de dire, que c'est un sacrilege & une chose illicite d'observer une telle coûtume, & de suivre une telle loi, & l'on doit rejetter comme heretiques, ceux qui soutiennent le contraire, & tous ceux qui seront assez temeraires, ou qui auront assez de presomption, pour contredire ce decret, doivent être punis, pour cela par les Ordinaires des lieux, ou par les Officiaux, ou par les Inquisiteurs, qui sont dans chaque Royaume, & dans chaque Province, selon qu'il est porté dans les décisions Canoniques, & juridiques, qui ont été sagement faites, pour la conservation de la foi contre les heretiques, & contre leurs partisans.

Il est bon de faire ici quelques réflexions sur ce décret, que les Reformateurs apellent une tyrannie, & pour cela il faut remarquer, que les Hussites disoient, comme font les Lutheriens, qu'il faut observer dans la celebration de l'Eucharistie tout ce qu'a fait JESUS-CHRIST dans son Institution ; d'où ils concluoient, 1. qu'il faloit consacrer & communier seulement aprés soupé. Les Lutheriens admetent le principe, mais ils ne peuvent convenir de cette premiere consequence. 2. que tout le monde est obligé de communier sous les deux especes, & que c'étoit un grand sacrilege de n'en recevoir qu'une seule. Les Lutheriens tirent cette même consequence. Quelle raison ont ils donc de

Reflexions sur le decret du Concile de Constance.

rejeter la premiere, qui est aussi naturelle, & aussi necessaire ? On peut en tirer plusieurs autres semblables, que ni les uns ni les autres ne peuvent recevoir, quoi qu'elles soient évidemment renfermées dans le même principe. Car il suit encore par exemple, qu'on ne devroit celebrer qu'une seule fois par an, le 14e. de la Lune, qui tombe après l'Equinoxe du printems, après avoir mangé l'Agneau Pascal en ceremonie, sans changer d'habillemens, étant couchez sur des lits, comme étoient les Apôtres; l'assemblée n'étant composée que de treize personnes, à qui le Prêtre auroit lavé les pieds auparavant; car Jesus-Christ a observé tout cela. Cependant ni les Lutheriens, ni les Hussites, ni les Zuingliens, ni les Calvinistes ni tous les autres Heretiques, qui ont sans cesse ce principe en la bouche, pour soûtenir la necessité de la Communion sous les deux especes, n'en font rien. Il faut donc malgré qu'ils en aient, qu'ils modifient, & qu'ils retraignent cette proposition aux choses, qui sont seulement essentielles à ce mystère. Or par où connoîtrons nous, qui sont ces choses necessaires, & essentielles à ce mystere, non seulement quant à la celebration, mais encore quant à l'administration, sinon par la Tradition, qui nous aprend de quelle maniere on l'a toûjours distribué & administré dans l'Eglise?

Mais c'est un precepte, dit-on, de le recevoir sous les deux especes, exprimé par ces parolles de JESUS-CHRIST *bûvez-en tous.* Cette raison a plus d'aparence, mais elle n'est pas plus solide en effet, & jette encore les Reformateurs dans des embaras, dont ils ne peuvent jamais se tirer.

Coment on doit entendre ces paroles, bûvez-en tous.

Car 1. si le mot de *tous* est pris universellement, & dans toute son étenduë, les enfans sont obligez d'en manger & d'en boire aussi bien que les plus grands, & on doit leur donner ce Sacrement dés le moment qu'ils sont baptisez; c'est ce que les heretiques ne font point. Il faut donc qu'ils mettent une restriction à ce terme de *tous.*

2. Ceux à qui JESUS-CHRIST dît *bûvez-en tous,* sont ceux-là mêmes à qui il dît encore; *faites ceci en memoire de moi,* c'est-à-dire faites ce que je viens de faire, pour vous ressouvenir de moi. Or il avoit pris du pain, il l'avoit beni, il avoit rendu graces, il l'avoit consacré, ainsi tous les Laïques aussi bien que les Prêtres, toutes les femmes & tous

les enfans ont le pouvoir de faire l'Eucharistie, si le mot de *bûvez-en tous*, est un précepte, qui regarde tous ceux qui doivent participer à ce mystere par la Communion ; & de là il suit que tous les Chrêtiens seroient Prêtres & auroient le pouvoir de dire la Messe. Ce qui est la derniere des absurditez, & la plus impertinente heresie du monde.

<small>Luther dit que tous les Chrêtiens sont Prêtres.</small>

Je sçai bien, que Luther a été obligé de le dire. Mais c'est ce qui fait voir qu'il étoit arivé au comble de l'extravagance, & en même tems à quelles extremitez on se trouve réduit, lorsqu'on abandonne la verité, pour s'atacher à son caprice, & pour suivre sa passion.

Si ces paroles *bûvez-en tous*, sont donc un commandement, il faudroit faire voir avant que de condamner l'Eglise, 1. que ce commandement regarde tout le monde, & que chacun est obligé de l'acomplir ; car il y a des commandemens, qui ne sont que pour certains états, ou qui n'obligent que dans certains tems, ou dans certaines circonstances. Or nous soûtenons que ce commandement, *bûvez-en tous*, est de ce nombre, & qu'il n'est que pour ceux à qui il a dit, *faites ceci en memoire de moi*, c'est-à-dire ceux qui sont dans le Sacerdoce, lorsqu'ils sacrifient

fient eux-mêmes, selon le pouvoir, qu'ils en ont reçû de Jesus Christ.

2. Que Jesus-Christ n'a pas donné pouvoir à l'Eglise d'en dispenser dans de certaines occasions, & pour de certaines raisons ; car il n'est pas à présumer, que Jesus-Christ ait voulu obliger les hommes à l'impossible. Cela le seroit cependant en bien des occasions, par exemple, à l'égard de ceux, qui ne peuvent goûter de vin. Dans ces occasions les fidelles se seroient trouvez réduits à l'impossible, ou à ne recevoir jamais ce Sacrement. Il étoit donc de la bonté de Dieu, s'il faisoit un précepte general de communier sous les deux especes, de donner en même tems à son Eglise le pouvoir d'en dispenser dans ces sortes d'occasions, ou autres semblables. Comment prouvera-t-on, qu'il ne l'a pas fait ? car il l'a pû faire, & c'étoit une chose necessaire dans cette hypothese. Les Reformateurs n'en peuvent disconvenir, puisqu'ils en dispensent eux-mêmes. De qui ont-ils reçû ce pouvoir, si J. C. ne l'a pas même donné à son Eglise, eux qui croïent que c'est un précepte general & absolu ?

Le sacrifice étant un memorial de la Passion de Jesus-Christ, doit *On doit consacrer sous les*

Tome I, X

représenter aux yeux de tout le monde par un signe sensible la séparation, qui s'est faite de son Corps & de son Sang sur l'arbre de la Croix, & de quelle manière ce Corps & ce Sang terrestre a été comme anéanti dans le tombeau, pour ressusciter en gloire & d'une manière toute spirituelle. C'est pour cela que Jesus-Christ a établi ce Mistere sous les deux especes, & qu'elles sont de précepte dans la célebration, & non pas dans l'administration de l'Eucharistie. C'est ainsi que l'Eglise a toûjours entendu ces paroles, *bûvez-en tous*. C'est pourquoi le Concile VII. de Tolede a ordonné, que si un Prêtre aïant commencé ce Sacrifice, c'est à dire aïant consacré le pain, venoit à tomber en foiblesse, & ne pouvoit l'achever, il faudroit le faire achever par un autre, afin qu'il ne demeurât pas imparfait, & c'est une pratique qui est generalement suivie par tout le monde dans de tels accidens.

Comme l'Eglise a toûjours été persuadée, qu'une seule espece étoit sufisante, pour recevoir l'integrité du Sacrement, & le fruit qui y est ataché; il ne faut pas s'étonner si la coûtume de recevoir les deux especes s'est insensiblement abolie. On s'abstenoit aisément de la coupe puisqu'elle ne pouvoit être d'aucune utilité particuliere, & qu'étant facile à répandre, & impossible à ramasser, on s'exposoit au plus grand de tous les maux, qui sont à craindre, qui est la profanation du Sang de JESUS-CHRIST, dont on n'avoit peut-être que trop d'exemples. Ce n'étoit point une crainte ridicule, comme le prétend Monsieur Masius, puisqu'elle a toûjours été dans tous les fidelles. Nous ne pouvons souffrir, dit Tertulien, qu'avec une extrême douleur, qu'il tombe à terre la moindre parcelle du pain, que nous consacrons, & la moindre goûte du calice, que nous benissons. *Calicis aut panis etiam nostri aliquid decuti in terram anxie patimur.* Origêne se sert de cette crainte, qui étoit imprimée dans le cœur de tous les fidelles, & qu'ils avoient puisée comme dans le centre même de la Religion de JESUS-CHRIST, pour leur aprendre le soin qu'ils devoient avoir de recueillir jusqu'aux moindres veritez de la parole de Dieu, lorsqu'on leur anonçoit. Je veux, dit-il, vous faire ressouvenir des devoirs de vôtre réligion par des exemples. Vous sçavez, vous qui avez coûtume d'assister à la celebration des saints Mysteres, quel soin vous de-

« On avoit une grande crainte de répandre le Sang de Jesus-Christ dans les premiers tems. *Tertul. l. de Coron. Milit. c.* 3. *an.* 198.

«
«
«
«
«

» vez prendre, lorsque vous recevez le
» Corps de Nôtre-Seigneur, de le garder
» avec tout le respect & l'exactitude possi-
» ble, de peur qu'il n'en tombe à terre
» la moindre parcelle, & qu'il ne vous
» échape la moindre petite chose de ce don
» sacré. Car si par vôtre negligence il en
» étoit tombé quelque chose, vous vous
» croiriez tres-coupables, & vous auriez
» grande raison. Or si vous usez d'une
» telle précaution, comme vous y êtes obli-
» gez, lorsqu'il s'agit de conserver le Corps
» de JESUS-CHRIST, croïez-vous,
» que vous ne deviez pas aussi faire la mê-
» me chose à l'égard de sa parolle, & que
» ce soit une moindre faute de la laisser
» perdre par negligence ? *Volo vos admo-*
nere Religionis vestræ exemplis. Nostis

<small>Orig. Hom. 13. in Levit. in cap. 25.</small>

qui divinis Mysteriis interresse consuevis-
tis, quomodo cum suscipitis corpus domi-
ni cum omni cautelâ & veneratione ser-
vatis, ne ex eo parum quid decidat, ne
consecrati muneris aliquid dilabatur. Reos
enim vos creditis, & rectè creditis, si
quid inde per negligentiam decidat ; quod
si circà corpus ejus conservandum tantâ
utimini cautelâ, & meritò utimini,
quomodò putatis minoris esse piaculi ver-
bum Dei neglexisse, quam corpus ejus?

C'étoit un avertissement tres-important, qu'on donnoit aux nouveaux batisez avant que de leur donner l'Eucharistie, comme il paroît par la 5ᵉ Catechese Mystagogique de saint Cyrille de Jerusalem. *Recevez*, dit-il, *dans le fond de cette main* (disposée comme il vient de le marquer) *le Corps de Jesus-Christ en disant, Amen; & après l'avoir porté à vos yeux avec précaution, pour les sanctifier par son atouchement, mangez-le; mais prenez garde, qu'il n'en tombe rien; car si vous en perdiez quelque chose c'est comme si vous aviez perdu un de vos membres.* πρόσεχων μὴ παραπολέσῃς ἐκ τέτε ἀυτῦ; ὅπερ γὰρ ἐὰν ἀπολέσῃς τέτῳ ὡς ἀπὸ οἰκείε δηλονότι ἐζημιώθης μέλες. Il se sert ensuite d'une comparaison familiere, pour faire voir de quelle consequence il est de ne pas s'exposer à un tel danger. *Car si quelqu'un*, dit-il, *vous donnoit de la poudre d'or, ne la garderiez-vous pas avec toute l'exactitude possible, & ne feriez-vous pas tout ce qui seroit necessaire pour empêcher, qu'il ne s'en perdît la moindre chose, & pour n'en souffrir aucun domage? Combien devez-vous donc prendre plus de soin & avoir plus de circonspection, pour ne pas laisser tomber la moindre petite parcelle d'une chose, qui est bien plus pré-*

tieuse que l'or, & que toutes les pierreries les plus estimées ἐ ὺ πολλῷ ὃν μᾶλλον ἀρα-λέϛρὺν τῦ χρυσῦ καὶ λίθων τιμίων τιμωτερα διεσκερπησεις ὑπὲρ τῦ μὴ ἄἰχαν σοιέπεσεῖν.

Saint Jean Chrysostome marque encore la même chose dans la lettre, qu'il écrivit à Innocent I. touchant l'injustice & l'inhumanité, que Theophile d'Alexandrie avoit exercée contre lui, en le sacrifiant à la haine de l'imperatrice Eudoxia par le Conciliabule, qu'il avoit tenu dans un Faubourg de Calcedoine. Il raconte comment une troupe de Soldats s'étoit jettée tumultueusement dans son Eglise le Samedi-Saint, pendant qu'il étoit ocupé aux sacrez mysteres, & s'étoit emparée de l'Autel les armes à la main, ayant chassé son Clergé, dispersé les filles & les femmes, qui étoient dépoüillées & prêtes à recevoir le saint Batême, & teint même de leur Sang les *Epist. ad Innoc. I. apud Pallad. in vitâ S. Joan. Chrysost. & apud Nicephor. L. 13. Hist. Ec. c. 19.* eaux de la Piscine. *Mais ils n'en demeurerent pas là*, dit-il, *ils poussèrent le carnage plus loin. Quelques-uns de ces Soldats, dont plusieurs n'étoient pas batisez, comme nous l'avons apris ensuite, entrerent dans le Sanctuaire, où les saints Mysteres étoient cachez, fouillerent dans les lieux les plus secrets, & le tres-sacré Sang de* JESUS-CHRIST *fut* répandu dans cet horrible tumulte, sur leurs habits, & l'on commit tous les crimes, qui se seroient pû commettre, si nous étions tombez entre les mains des Barbares?

Gratian aporte plusieurs Canons, qui ont été faits dans les siécles passez par lesquels on impose de rigoureuses penitences aux Ecclesiastiques, que par negligence auroient été cause d'une telle profanation.

Gratian. de consecr. dist 2. Can. 16. 28. &c.

Si une telle crainte supose la Transubstantiation, comme dit Monsieur Masius, il faut necessairement, qu'il convienne, qu'on a toûjours crû la Transubstantiation, puisqu'on a toûjours eu cette crainte. Mais il est tres-certain, que cette crainte supose la permanence du Corps & du Sang de JESUS-CHRIST dans l'Eucharistie, & fait voir qu'on n'a jamais crû, que ce Sacrement consistât dans le seul usage, comme le prétendent les Lutheriens.

Le Concile de Constance a donc eu raison de déclarer, que la coûtume de Communier sous une seule espece *a été justement établie, pour éviter le danger & le scandale.* Bien loin donc qu'on ait fait aucune violence pour ôter la Coupe, au contraire il en auroit falu faire, pour la faire recevoir, puisqu'il n'y a personne qui veüille s'exposer de son bon gré, & sans necessité au péril de profaner le Sang de Jesus-Christ.

Mais ce Concile, avoüe, dit Monsieur Masius, *que ç'a toûjours été l'usage de l'Eglise ancienne.* Il est vrai, que dans la primitive Eglise on recevoit ordinairement, & communément les deux especes; mais, il est vrai aussi qu'on n'en recevoit souvent qu'une seule, ce qui suffit pour faire voir qu'il est tres-faux de dire que c'est un sacrilege de séparer les deux especes, & qu'il ait falu user de violence & de tyrannie pour cela. Et pour en être pleinement convaincu, il ne faut que faire attention sur diverses coûtumes, qui s'observoient dans les premiers tems touchant la Communion, qui ne peuvent s'acorder avec la distribution des deux especes.

La premiere qui se presente dans l'antiquité étoit d'envoïer la Communion aux absens; c'est à dire à ceux, qui étoient détenus en prison pour la foi, ou qui pour cause legitime connuë à l'Eglise ne pouvoient assister aux assemblées des fidelles, pour la recevoir lorsqu'on faisoit le Sacrifice. Saint Justin nous parle de cette coûtume dans son Apologie à Antonin le Debonnaire, qui tient la seconde place dans l'ordre de ses Ouvrages, & qui

---

Part. 2.
ch. 4.
pag. 91.
Souvent on ne recevoit qu'une seule espece dans les premiers tems comme il paroît par diverses coûtumes.

On envoyoit l'Eucharistie aux absens.

cependant est la premiere selon l'ordre des tems. *Celui*, dit-il, *qui preside à nos assemblées aïant achevé les actions de graces, & tout le peuple lui aïant répondu par une priere pleine d'allegresse ; ceux, que nous apelons Diacres parmi nous, distribuent le pain, le vin & l'eau qui sont devenus l'Eucharistie par cette action de graces, & les portent aux absens.* Il dit la même chose dans la page suivante. Comment auroit-on porté la Coupe dans ces prisons & dans les noirs cachots, où ces saints Martyrs étoient enchaînez ? & comment auroient-ils pû recevoir l'espece du vin dans ces afreuses tenebres sans exposer le Sang de JESUS-CHRIST à être répandu sur le fumier, où ils étoient ?

Justin. apol. 2. vers. finem.

La seconde coûtume étoit d'envoyer l'Eucharistie aux Eglises les plus éloignées, pour marque de Communion. Nous en avons plusieurs exemples dans l'Histoire Ecclesiastique. Le premier se trouve dans le fragment de la lettre, que saint Irenée écrivit au Pape Victor, pour le détourner de retrancher les Eglises d'Asie, qui celebroient la Pâque differemment des autres, aleguans qu'ils tenoient cette coûtume de saint Jean même, qui les avoit gouvernées. Il lui re-

On envoyoit l'Eucharistie aux Eglises les plus éloignées en signe de Communion.

Apud. Euseb. l. 5. Histor. Eccl. cap. 24.

montre, que les Prêtres qui avoient gouverné la même Eglise que lui, avant le Pape Soter, c'est à-dire avant l'an 175, qui étoient Anicet, Pie, Hygin, Telesphore, Sixte, avoient toûjours conservé l'union, & la paix avec ces mêmes Eglises, qu'il vouloit retrancher, quoiqu'elles ne celebrassent pas la Pâque au même tems, que celle de Rome; & que lorsque les Evêques de ces Eglises venoient à Rome, ces saints Papes les recevoient charitablement, & que bien loin qu'aucun d'eux ait pensé à les séparer de sa Communion, au contraire ils leur envoyoient l'Eucharistie. On ne peut douter, que ces premiers Pontifes, qui ont gouverné l'Eglise dés son berceau, ne fissent la même chose à l'égard des Evêques, qui étoient répandus dans toutes les autres Provinces, autant qu'il étoit possible, & particulierement de ceux qui présidoient aux grands Sieges, & que ceux-ci ne l'envoyassent pareillement aux Eglises, sur lesquelles ils avoient quelque Jurisdiction, pour marque d'une union parfaite en JESUS-CHRIST. Nous lisons même un decret dans la vie du Pape Melchiade, qui le marque assez positivement. Ce decret porte, *qu'on envoieroit aux Eglises du pain* qu'on avoit offert dans le Sacrifice & qui avoit été consacré par l'Evêque, & s'apelloit du pain levé. Et nous voyons dans celle du Pape Sirice, qu'il défendit aux Prêtres, qui n'auroient pas reçû de ce pain consacré par la main de leur Evêque le Dimanche, de celebrer pendant toute la semaine. Ce qui marque que c'étoit la coûtume generale de toute l'Eglise d'envoyer ainsi l'Eucharistie en signe de Communion. Or il est certain, qu'on n'envoyoit qu'une seule espece ; encore les accidens, qui en ariverent, firent bien-tôt retrancher cette coûtume. Elle commença à s'abolir en Orient, où les Evêques se contenterent d'abord d'envoyer une seule fois par an l'Eucharistie aux Prêtres de leur Diocèze, & les Dimanches ordinaires des Eulogies, ou du pain beni seulement en signe de Communion ; & il fut enfin défendu vers la fin du quatriéme siécle dans le Concile de Laodicée de jamais l'envoyer. Et quoique cette coûtume durât encore long-tems aprés en Occident, cependant les decrets de Melchiade & de Sirice ne furent pas long-tems sans recevoir un juste temperament, comme il paroît par la réponse, que fit Innocent I. a Decentius, qui le consultoit sur cela. Car

Ex. Pontific Damas. a

La coûtume voyer l'Eucharistie en signe de Communion abolie au quatriéme & cinquiéme siécle. Concil. Laodic. Can. 14. an. 364.

Epist. 1. ad Decent. n. 5.

il lui déclare, qu'il ne croyoit pas, qu'il fût à propos d'envoyer ce Sacrement aux Paroisses éloignées, parce qu'il ne faloit pas porter bien loin les Sacremens, & que pour lui il ne les envoyoit point aux lieux où on avoit coûtume d'enterrer les fidelles, c'est-à-dire hors de Rome, les Prêtres, qui y étoient ayant la permission de consacrer ce pain eux-mêmes.

Pourquoi on a aboli cette coûtume.

Il paroît par ce decret, que la raison, qu'on avoit eûe de changer cette coûtume étoit la crainte, que le sacré Corps de JESUS-CHRIST ne fût profané, *quia non longè portanda sunt Sacramenta*, & peut-être étoit-il encore arivé de nouveau quelque accident semblable à celui, qui ariva du tems d'Etienne I. en la personne d'un Acolyte nommé Tarsice, qui fut tué par des Payens en portant l'Eucharistie de cette maniere à des Eglises éloignées par l'ordre de ce saint Pape.

In act. Steph. I. apud Surium in Martyrol. Usuardi, Bedæ, Romano ad 15. August.

Mais quoi qu'il en soit, si la profanation du Corps de JESUS-CHRIST, qu'on aprehendoit plus que toutes choses, a été cause, qu'on ait changé cette coûtume dans toute l'Eglise, comment auroit on donc porté l'espece du vin, puisqu'il étoit impossible qu'il n'en fût arivé nulle profanations ? Lorsqu'on substitua à la place du Corps de JESUS-CHRIST des Eulogies, c'est-à-dire du pain beni, pour entretenir encore une ombre de cette coûtume, on ne s'avisa pas d'envoyer du vin avec ce pain. On croyoit donc que ce pain seul pouvoit representer une Communion parfaite sous une seule espece.

La troisiéme coûtume étoit de porter l'Eucharistie aux malades, lorsqu'ils ne l'avoient pas en leur maison. Or il est tres-certain, qu'on ne la leur donnoit, que sous une seule espece. Nous en avons une preuve évidente dans l'Histoire de Serapion, que saint Denis d'Alexandrie, qui vivoit vers le commencement du troisiéme siécle, écrivit à Fabien d'Antioche, comme une chose tres-digne de remarque. Ce S. Evêque avoit ordonné, que si quelqu'un ayant demandé la penitence, où y étant actuellement pour un crime, qu'il auroit commis, venoit à tomber malade, & en danger de mort, on lui acordât non seulement la penitence, s'il n'y étoit pas encore reçû, mais même l'absolution & le saint Viatique. Un Vieillard nommé Serapion ayant sacrifié aux Idoles pendant la persecution, & étant actuellement en penitence, tomba malade, perdit la parole pendant trois

On n'a jamais envoyé l'espece du vin aux Eglises aux quelles on envoyoit l'Eucharistie en signe de Communion. On portoit la sainte Eucharistie aux malades sous la seule espece du pain. Apud Euseb. l. 6. Hist. Ecc. cap. 36.

jours, demeura sans sentiment & presque sans aucune marque de vie. Etant revenu il envoya chercher le Prêtre, c'est à-dire le Curé du lieu, où il étoit, mais le Prêtre étoit aussi malade, & ne pouvant venir à lui; il lui envoya une petite partie de la sainte Eucharistie, qu'il gardoit dans sa maison, & ordonna qu'on l'humectât dans un peu de vin, afin que ce Vieillard la pût avaler. Ceci marque donc encore qu'on ne la donnoit à ceux, qui étoient en cet état, que sous une seule espece.

En effet saint Paulin dit dans la vie de saint Ambroise qu'Honorat Evêque de Verceil, donna le Viatique à ce Prelat à la fin de ses jours, sous la seule espece du pain, & qu'ayant reçû le Corps de Jesus-Christ il mourut aussi-tôt qu'il l'eût avalé. L'Auteur de la vie de saint Basile, qu'on attribue à saint Amphilochius Evêque d'Icone, qui vivoit de son tems, dit pareillement, que ce saint Evêque communia avant que de mourir, sous la seule espece du pain.

On donnoit l'Eucharistie aux enfans sous l'espece du vin.

La quatriéme coûtume étoit de donner l'Eucharistie aux petits enfans. S. Cyprien nous fait voir par un fait miraculeux, qu'il raporte avec plusieurs autres dans son livre des Lapses, qu'elle se pratiquoit en Afrique, & qu'on ne la donnoit à ces enfans, que sous l'espece du vin. Saint Augustin nous marque la même chose, lorsqu'il dit en parlant contre les Pelagiens, *si les enfans ne sont point tombez dans la mort par le peché originel, pourquoi leur donne-t-on à boire le Sang de* Jesus-Christ, *qui procede de la ressemblance de la chair du peché, & qui a été versé pour les pechez, afin qu'en le bûvant ils boivent la vie ?* Il n'est pas le seul, qui se soit servi de ce raisonnement contre les Pelagiens. Innocent I. & l'Auteur de l'Ouvrage, qui porte pour titre Hypognosticon, qui a été long-tems attribué à S. Augustin, se sont servis du même principe contre ces heretiques.

<small>S. Cypr. Sermone de Lapsis.

S. Aug. l. 2. oper. imperfect. c. 30.

Innoc. I. Epist. 15. ad Conc. Milevit. inter Augustin. N E. 81. al. 95. n. 5. L. hypog. c. 5.</small>

Il est certain qu'on donnoit autrefois à tous ceux qu'on batisoit l'Eucharistie & la Confirmation tout ensemble. Ce qui fait que les Peres, qui parlent de ce qui se faisoit, lorsqu'on administroit le Batême solemnellement, parlent aussi presque toûjours de ces deux Sacremens ; & S. Jerôme supose qu'on ne devoit jamais faire autrement, lorsqu'il dit qu'un Diacre nommé Hilaire, qui avoit commencé une nouvelle heresie, ne pouvoit

<small>S. Hieron. dialogo adv. Lucifer. c. 8.</small>

pas même user du pouvoir, que lui donnoit son ordre & son ministere, d'administrer le Batême, puisqu'il ne pouvoit donner au même tems l'Eucharistie, ne la pouvant faire.

<small>On donnoit encore l'Eucharistie aux enfans nouveaux baptisez au 8. 9. & 13. siécle.</small>

On gardoit encore cette coûtume au 8. & 9. siécle, comme il paroît par tout ce qu'on a écrit dans ces tems touchant les divins Offices. Guillaume Durand, qui a écrit sur la même matiere à la fin du 13. siécle nous marque, que cela se faisoit encor de son tems ; ce qui prouve encore invinciblement, qu'on donnoit l'Eucharistie sous une seule espece dés le commencement de l'Eglise à ceux, qui ne pouvoient la recevoir sous les deux, comme les Grecs le font encore aujourd'hui.

<small>On gardoit l'Eucharistie dans les Eglises dans les premiers siécles.</small>

La cinquiéme coûtume étoit de garder l'Eucharistie, pour la donner à ceux, qui vouloient y participer hors le tems du Sacrifice. Nous avons des preuves de cette coûtume dans l'Oraison funebre de sainte Gorgonie, laquelle fut guerie miraculeusement d'une maladie extraordinaire, dont elle avoit été saisie par tout son corps, s'étant allée prosterner pendant la nuit au pied de l'Autel, où étoit ce précieux Dépôt, comme saint Gregoire de Nazianze son frere le raconte dans

DE L'EGLISE. Ch. VI. 497
cet Ouvrage : & dans celle que saint Ambroise fit à son frere Satyre, où il raconte que s'étant trouvé dans un vaisseau prêt à faire naufrage, n'étant encore que Catecumêne, il se saisit de la sainte Eucharistie, l'atacha à son col dans un linge tres propre & en mettant toute sa confiance en J. C. qu'il portoit, se jetta à la Mer & fut sauvé. Ceci fait voir qu'on conservoit la sainte Eucharistie, dans les Eglises, dans les Oratoires, & par tout où il y avoit des fidelles. Car les penitens, les Catecumênes, les étrangers, les prisonniers qui ne l'avoient point chez eux & plusieurs autres, à qui elle pouvoit manquer, tombans en peril de mort, on étoit obligé de leur porter & de leur administrer ce saint Viatique lorsqu'ils étoient disposez à le recevoir par la reconciliation, s'ils étoient en penitence ; ou par le batême, s'ils étoient Catecumênes ; ou par l'absolution s'ils étoient dans le peché ; ou par une sainte ferveur, s'ils étoient dans les fers pour la foi.

Outre cela les Peres du saint Concile de Nicée défendirent aux Diacres de l'administrer aux Prêtres, & une ancienne édition, que Rufin a suivie, ajoûte à ce Canon, que *les Diacres pourront la*

Conc. Nic. Can. 18. Rufin. l. 1. c. 6. hist. Eccl.

498 L'INFAILLIBILITÉ

Les Diacres ont pouvoir de distribuer l'Eucharistie.

prendre eux-mêmes à l'absence de l'Evêque, & du Prêtre, & la distribuer aux autres. Ce Canon est le 20. chez Rufin & le 24. dans l'édition Latine, qu'il a suivie.

Le Concile du Carthage IV. leur permit, non seulement de la prendre, & de la distribuer à l'absence du Prêtre & de l'Evêque, mais en sa presence même, pourvû que ce fût par sa permission. Nous voyons par les Conciles d'Elvire, & de Saragoce, qu'ils gouvernoient des Eglises ; ce qui fait voir, comme dit le saint Concile de Trente, que la coûtume de garder l'Eucharistie dans le Sanctuaire, est si ancienne qu'elle étoit du tems du Concile de Nicée.

Ils ont gouverné des Eglises. Conc. Elliber. can. 77. Conc. Tarrac. can. 7. an. 527. Conc. Trid. Sess. 13. c. 6.

Nous voyons dans la vie de saint Basile attribuée à Amphilochius, & dans la plainte, que firent les Ecclesiastiques d'Antioche l'an 518. au Concile de Constantinople assemblé contre Severe auteur de la Secte des Severiens, qu'elle étoit suspenduë dans des Vases d'argent en forme de Colombe sur l'Autel & sur la Piscine. Et saint Germain de Constantinople apelle le Vase dans lequel on la gardoit dans son Eglise au commencement du huitiéme siécle κιβώριον, d'où nous est venu le mot de Ciboire. Or il est

Conc. CP. sub. Menn. & Agap. act. 5. Suspension de l'Eucharistie. S. Germ. CP. l. de rerum Eccli. contemplat.

certain, qu'on ne la gardoit que sous l'espece du pain d'autant que celle du vin étoit trop facile à se répandre & à se corrompre. Aussi dans tous ces lieux, que nous avons citez, n'est-il parlé que du Corps de Jesus-Christ, ce qui prouve qu'on ne la donnoit que sous cette seule espece dans ces cas extraordinaires.

La sixiéme coûtume étoit de l'emporter chacun en sa maison pour la recevoir chaque jour de la semaine, & les jours qu'on ne pouvoit pas faire des assemblées à cause de la persecution. Les Peres des premiers siécles ont presque tous parlé de cette coûtume, saint Clement d'Alexandrie, Tertulien, saint Cyprien, saint Cyrille de Jerusalem, saint Basile, saint Jerôme, &c. Cette coûtume fut abolie premierement en Espagne, l'an 380. au Concile de Saragoce, & encore vingt ans aprés dans le I. Concile de Tolede à cause des profanations, que les Priscillianistes faisoient du Corps de Jesus-Christ. Ces Communions domestiques, qui ont duré quatre siécles entiers, & qui étoient beacoup plus frequentes, que celles, qui se faisoient dans les Assemblées, ne se faisoient donc que sous la seule espece du pain ; car jamais on n'a

Chacun emportoit l'Eucharistie chez soi. S. Clem. Alex. l. 1. stromata sere initio. Tertul. l. de orat. c. 14. l. 2. ad uxor. c. 5. S. Cypr. l. de laps. S. Cyril Hier. Catech. myst. 5. S. Basil. Epist. 289. S. Hier. l. adv. Iovin. Conc. Saraug. can. 3. Tolet. I. can. 14.

donné celle du vin à emporter chez soi, & les Peres ne parlent en tous ces lieux, que du Corps de JESUS-CHRIST. Cela démontre donc encore, qu'on a toûjours Communié sous une seule espece.

Messe des présantifiez où l'on ne communie que sous une seule espece.

La septiéme coûtume étoit la Messe des présantifiez, c'est-à dire dans laquelle le Prêtre ne consacre point, & se sert d'une hostie consacrée auparavant pour Communier. Cela s'observe dans l'Eglise Greque tous les jours de jeûne, & l'on ne consacre pendant le Carême que le Samedi, & le Dimanche, comme il a été ordonné dans le Concile de Laodicée. Le Concile tenu dans le Palais de l'Empereur, qu'on apelle *In Trullo* a ordonné, qu'on consacreroit encore le jour de l'Annonciation, lorsque cette fête arive dans le Carême. Cela s'observe dans l'Eglise Latine seulement le Vendredi-Saint. Innocent I. dit que c'est une Tradition de ne point consacrer ce jour & le suivant; Socrate que de tout tems on ne consacroit point ces deux jours de la Semaine-Sainte dans l'Eglise d'Alexandrie. On ne Communie dans cette Messe que sous une seule espece du pain, qu'on reserve pour cela le jour précedent chez les Latins, & le Dimanche, pour toute la semaine chez

Conc. Laodic. can. 49. an. 364. Conc. Quinisext. can. 53. an. 680. Innoc. I. ep. ad Decent. Eug. c. 4. Socr. l. 5. Histor. Eccl. cap. 21.

les Grecs. Or cela s'est pratiqué de tout tems dans toute l'Eglise, comme il paroît par les témoignages, que nous avons raportez. Il faut donc conclure, qu'on a toûjours Communié sous une seule espece au moins en certaines occasions comme est celle-là, & par consequent que les deux especes ne sont aucunement de precepte, sinon pour ceux qui font le Sacrifice.

Embarras & défaite des Calvinistes par l'invention d'une maniere nouvelle de consacrer.

Quoique les Calvinistes n'admettent point la présence réelle, ils ne laissent pas de se trouver embarassez par ce raisonnement. Car pour faire la consecration du vin, il faut se servir des paroles de Jesus-Christ; autrement ce vin ne peut avoir cette vertu, que Calvin admet dans ce Sacrement, ni en ce cas passer pour une partie de ce Mystere. C'est pourquoi quelques-uns ont dit, que ce vin, qu'on met dans le Calice pour faire cette ceremonie, & sur lequel on ne prononce point les paroles de Jesus-Christ, ne laisse pas d'être consacré par le contact d'une partie de l'Hostie, qu'on y mêle, & ils produisent même quelques vieils Rituels où cela semble exprimé, pour prouver, que c'a toûjours été le sentiment de l'Eglise Romaine. Il est vrai, que ce vin reçoit une espece de sanctification par l'atouchement du Corps de Jesus-Christ, mais il n'est pas pour cela consacré, & ne peut passer pour une partie de ce Sacrement dans le sentiment même des Calvinistes & bien moins encore dans celui des Lutheriens. Car il faudroit prouver pour cela, que la consecration se pourroit faire d'une autre maniere que Jesus-Christ ne l'a instituée, & ne l'a faite lui-même, & qu'il y a dans l'Eglise deux manieres de faire l'Eucharistie, ce qui n'a aucun fondement dans l'Ecriture, & ce qui est contraire à toute la Tradition. Et tous les Rubricaires du neuviéme siécle & des siécles suivants, qui disent que ce vin est sanctifié par l'atouchement du Corps de Jesus-Christ, disent aussi qu'il ne se fait point de consecration, & qu'on ne reçoit point le Sang de Jesus-Christ ce jour là, excepté Amalarius. Mais outre que cet Auteur est plein d'erreurs, pour lesquelles l'Eglise de Lion le condamna & le refuta dès son vivant, & ensuite Agobard qui fut Evêque de cette même Eglise, il n'est pas certain qu'il soit l'Auteur de cette addition qui se trouve faite à son Livre des divins Offices dans quelques éditions, non plus que d'une autre, qui se trouve au 26.

Le L. d'Amalarius est plein d'erreurs, & a été condamné par l'Eglise de Lion. Amalar. l. 1. de divin. offic. l. 15. Melch.

ch. du 4. Livre qui n'est pas moins considerable, que Melchior Hittorpius a remarquée.

Hittorp. in fine T. 10. Bibliot. patr.

Mais quoi qu'il en soit, il n'y a que les Zuingliens, qui n'admettent qu'une figure toute nuë dans l'Eucharistie, qui puissent se servir d'une telle réponse. Car s'il se faisoit une consecration d'une espece par le contact de l'autre, les Lutheriens, qui veulent que ce Sacrement ne se fasse que dans la manducation, perdroient leur procez aussi bien que les Calvinistes, qui y mettent une vertu surnaturelle produite par les paroles de JESUS-CHRIST.

La réponse des Calvinistes ne peut favoriser les Lutheriens.

On peut faire encore diverses reflexions sur la Discipline, que l'Eglise a observée, touchant l'administration de ce Sacrement, qui peuvent convaincre tout homme raisonnable, qu'on a toûjours communié sous une seule espece en diverses occasions depuis le commencement de l'Eglise, quoiqu'il ait été ordinairement libre à chacun de Communier sous les deux.

1°. On voit beaucoup de Canons, qui ont été faits touchant la maniere de distribuer & de recevoir l'Eucharistie sous l'espece du pain, & pas un seul, au moins que je sçache, qui ordonne de

Divers Canons touchant la maniere de recevoir l'espece du pain.

quelle maniere on doit la recevoir, ou la donner sous l'espece du vin, quoiqu'il soit bien plus difficile & plus dangereux de l'administrer sous celle-ci, que sous celle-là. Nous voïons par un Sermon de Césaire d'Arles, qui a été long-tems attribué à saint Augustin, que les femmes la recevoient au 5. siécle sur un petit linge, dont elles couvroient leur main. Cette coûtume passa en loi, & on en fit un Canon le siécle suivant au Concile d'Auxerre, dans lequel on ordonna, que celle qui auroit oublié d'aporter son Dominical (c'est ainsi qu'on apeloit ce petit linge) remettroit plutôt la Communion à quelqu'autre jour suivant, que de la recevoir dans la main toute nuë.

Conc. Al. Issiodor. t. 36. & 42. an. 578.

Il s'établit une autre coûtume en Orient au septiéme siécle, qui étoit de la recevoir dans un petit vase d'or, d'argent ou de quelqu'autre matiere prétieuse, ou tout au moins fort propre. Cela fut défendu au Concile *in Trullo*, & on ordonna, qu'on la recevroit dans la main toute nuë, comme on avoit toûjours fait, & que cette maniere étoit plus agréable à Dieu, qui a fait l'Homme à son Image & ressemblance, que de la recevoir en toute autre chose, pour riche & pour prétieuse

Conc. Quini sext. can. 101. an. 627.

prétieuse qu'elle pût être, & qu'on s'en aprocheroit les mains disposées en forme de Croix, c'est-à-dire de la maniere que S. Cyrille de Jerusalem l'a décrite dans sa cinquiéme Catechese Mystiagogique, & on défendit aux Prêtres sur peine d'excommunication de l'administrer autrement.

Enfin un Concile de Roüen, dont Burchard, qui écrivit au commencement de l'onziéme siécle, raporte le Canon, ordonna que le Prêtre la mettroit immediatement dans la bouche, & défendit à qui que ce soit, sinon aux Ministres de la toucher, pour empêcher les sacrileges, & les énormes profanations, que les heretiques, les Juifs, & les impies pouvoient faire de cet adorable mystere, & cette coûtume s'est enfin établie par toute l'Eglise.

Combien de Canons étoient ils necessaires, pour l'administration de l'espece du vin, si on avoit toûjours été obligé de la recevoir, & si l'on n'avoit jamais pû s'en dispenser? par exemple il n'auroit presque pas été possible de donner le Calice aux malades sans s'exposer à un peril evident, de le répandre. N'auroit-on pas pourvû à ce danger? N'auroit-on pas encore déclaré ce qu'il faloit faire, lorsque

Divers cas qui demandoient des décisions Canoniques si on avoit été obligé de recevoir les deux especes.

l'espece du vin venoit à manquer ; & si les derniers auroient pû Communier sous une seule espece ou non ; ce qu'on auroit dû faire pour ceux, qui ne peuvent goûter de vin ; de quelle maniere on devoit conserver l'espece du vin ; quand on seroit obligé de la renouveller de peur qu'elle ne se corompit ; ce qu'on devoit faire dans les lieux, où le vin est tres-rare ; quel crime on auroit commis en divisant les deux especes, & qu'elle peine y devoit être atachée, &c. Cependant nous ne trouvons rien de tout cela dans les Conciles, ce qui fait voir, que tant de précautions n'étoient pas beaucoup necessaires à cause du peu d'usage qu'on faisoit de l'espece du vin, particulierement lorsqu'il y avoit le moindre danger d'effusion, ou la moindre difficulté à surmonter. Et si on y avoit pris garde de si prés, les Manichéens, qui ne la recevoient jamais, auroient-ils pû demeurer cachez parmi les Catholiques ? & auroit-il falu pour les éloigner de ce mystere, la faire recevoir à tout le monde, comme on fit du tems de saint Leon, & du Pape Gelase ?

Il est vrai, que pour éviter le danger de répandre le Sang de JESUS-CHRIST en administrant le Calice, on s'avisa en quelques lieux de tremper l'espece du

S. Leo. Serm. 4. in quadr. Gelas. apud grat. 3. p. dist. 2. cb. 3. Origine de l'in-

pain dans celle du vin, afin de donner l'une & l'autre toute ensemble. S. Prosper marque, qu'un Prêtre donna à une fille possedée du démon une particule de l'Hostie ainsi trempée. Ce qui fait juger que cela se pratiquoit déja de son tems. Mais si le Canon que Gratian cite, est de Jules I. cela étoit défendu long-tems auparavant. Il est certain que cette pratique a toûjours été rejetée. Elle fut condamnée dans le Concile de Bragues l'an 675. Elle le fut encore dans l'onziéme siécle par Paschal II. aïant recommencé en quelques lieux, & particulierement dans le Monastere de Cluni, comme il paroît par le Micrologue, qui vivoit vers l'an 1077. & par la lettre, que ce Pape écrivit à Pontius Abbé de Cluni. Elle fut encore condamnée dans un Concile de Londres, l'an 1175. sous Alexandre III. Enfin cette coûtume a été défenduë par toute l'Eglise sans qu'on se soit jamais mis en peine de trouver un moïen aussi commode que celui-là pour donner les deux espèces tout ensemble. Et parce que c'étoit particulierement aux malades qu'on la donnoit de cette maniere, Paschal dit, que lorsqu'ils ne pouront pas consumer l'espèce du pain, on poura leur donner celle du vin seulement, comme

tinction, & comme elle a été rejetée en divers Conciles. S. Prosp. de promiss. & predict. Dei part. 3. de dimid. temp. c. 6. Grat. de consecr. dist. 2. can. cum omne. Microl. de Eccl. observat. c. 19. Paschal. II. epist. 32. ad Pontium Abb. Clun.

Z ij

aux petits enfans. On ne croïoit donc pas, que ce fût un sacrilege de recevoir l'une sans l'autre.

<small>On n'a jamais consacré beaucoup de vin tout d'un coup.</small>

20. Il n'y a aucune aparence, qu'on ait jamais consacré tout d'un coup autant de vin, qu'il en eût falu dans les Eglises un peu considerables, pour faire communier tout le monde ; & il ne paroît pas qu'il y ait jamais eu de vases capables d'en contenir une si grande quantité ; car un vase de deux ou trois marcs d'or ou d'argent, comme étoient ceux, dont il est parlé dans le Pontifical Romain attribué au Pape Damase, étoient bien éloignez de pouvoir en contenir autant, qu'il en faloit, pour faire la Communion dans l'Eglise de Rome ; & Gregoire II. dit que c'est une chose contraire à la Tradition de consacrer dans plusieurs vases tout à la fois, & le défendit expressément. C'est pourquoi on se contentoit au neuviéme siécle, comme le marque l'Ordre Romain, de verser seulement quelques goutes du Sang de Jesus-Christ dans beaucoup de vin, pour donner de ce vin au lieu du Sang de JESUS-CHRIST aprés l'espece du pain ; ce qui fait encore voir, que les Communions ne se faisoient ordinairement en ces tems-là, que sous une seule espece ; car

<small>Pont. Damase in Sylvestro an. 315. & in Sixto III. an. 431.</small>

<small>Ordo Rom. de Offic. Missæ in fine.</small>

ce vin qu'on donnoit à la place du Calice n'étoit pas le Sang de JESUS-CHRIST, mais une simple répresentation, comme on fait encore en quelques Eglises où l'on donne du vin aprés la Communion Pascale. Il ne paroît pas même que cette coûtume d'y laisser tomber quelques goûtes du Sang de JESUS-CHRIST se soit pratiquée ailleurs, qu'à Rome, ni dans d'autres tems, que ceux où le Pape celebroit, parce que tous ceux, qui ont écrit des divins Offices depuis l'Ordre Romain, c'est-à-dire depuis le huitiéme siécle, comme Alcuin, Amalarius, Raban, Strabon, Beleth, Durand, &c. n'en ont parlé en aucune maniere; quoiqu'ils soient tres-exacts à raporter & à expliquer mystiquement jusques aux moindres ceremonies.

Il faut donc necessairement convenir, que la Communion sous les deux especes a été permise dans les premiers tems; mais qu'elle n'a jamais été commandée generalement dans toute l'Eglise quoiqu'en quelques endroits elle l'ait quelquefois été pour des raisons particulieres, comme du tems du Pape Saint Leon pour connoître ceux de la Secte de Manichée, & qu'on a toûjours Communié sous une espece, au moins en certains cas; que cette coûtume s'est établie avec juste rai-

La Communion sous les

son, & s'observoit depuis long-tems avant le Concile de Constance presque par toute l'Eglise, sans aucune résistance, & sans qu'on ait jamais fait aucune violence, pour ôter la Coupe aux fidelles. S. Thomas dit qu'elle étoit encore en usage en quelques Eglises de son tems, c'est à dire vers la fin du treiziéme siécle, & personne ne se plaignoit de ce qu'elle étoit abolie dans les autres, & l'on ne s'est jamais mis en peine de vouloir la rétablir.

Mais pourquoi permirent-ils, il y a quelques siécles, dit Monsieur Masius, *aux Bohemiens de Communier sous les deux especes ? Quelle autre raison en auroient-ils, sinon que dans leur conscience ils étoient convaincus de la verité ? Et pourquoi encore aujourd'hui nous promettent-ils la restitution du Calice, si nous voulons nous soûmettre au Pape & prendre le joug, que nous avons secoué ?* Il est vrai, que les Hussites se voyans presqu'abatus par la défaite de leur armée proche de Prague, demanderent à se réünir à l'Eglise, à condition, qu'on leur acorderoit la liberté de Communier sous les deux especes, se raportans au Concile de Bâle, qui étoit alors assemblé, de juger si les deux especes étoient de droit divin ou

[marginalia:]
deux especes étoit encore en usage en quelques lieux au 13. siécle.
S. Thom. *in postil. super Joan. lect. 7. in cap. 6. & in 4. sent. dist. 12. q. 2. in resp. ad 3.*
In summâ 3. p. q. 80. ar. 12. argu. sed contrâ.
Monsieur Masius. *2. Partie chap. 5. pag. 56.*

Pourquoi on accorda la Communion sous les deux especes aux Hussites dans le Concile de Bâle.
Æneas Sylvius de

nion, & promettans de recevoir sa décision avec respect : faisans d'ailleurs profession de croire tout ce que croit l'Eglise, de s'y soumettre en toutes choses pour l'avenir, & d'enseigner au peuple en donnant la Communion sous les deux especes, qu'on reçoit le Corps & le Sang entierement sous chacune en particulier, & en outre ce que le Concile jugeroit à propos.

Ceux de Moravie demanderent aussi à se réünir aux mêmes conditions. Cela fut proposé ainsi aux Députez de l'Empereur Sigismond, & à ceux du Concile Ratisbone, l'an 1435. & l'on en fit un traité, qui s'apela *Compactatum*. Le Concile déclara le 29e. Octobre de la même année, après avoir examiné l'affaire & le traitté, qu'il étoit prêt à les recevoir à ces conditions. Mais cela ne fut pas executé, parce que Rokisane eut l'insolence de donner la Communion sous les deux especes en presence des députez du Concile, sans attendre la décision, ni faire ce qu'il avoit promis ; mais disant au contraire qu'il soûtenoit, qu'on ne devoit & qu'on ne pouvoit jamais la donner autrement, & qu'il vouloit qu'on ajoûtât plusieurs clauses au traitté, dont on n'avoit point parlé. On fît ce qu'on put pour fai-

Bohem. Orig. & gestis. cap. 5.

re revenir ces opiniâtres de cette erreur, mais ce fut inutilement, & deux ans après on renouvela le decret du Concile de Constance.

Sess. 30. an. 1437. 21. die Decemb.

Inappend. Conc. Basil.

Voilà le fait tel qu'il se trouve exposé dans les actes du Concile & dans l'Histoire d'Æneas Sylvius, qui assista à ce Concile, & qui fut depuis Pape sous le nom de Pie II. Si les Lutheriens & les autres Heretiques demandoient à se réünir à l'Eglise aux mêmes conditions, on les recevroit volontiers, parce que la Communion sous les deux especes n'est qu'un point de discipline, que l'Eglise peut changer, quand elle le juge à propos : mais de croire que le Coupe est une partie essentielle au Sacrement comme au Sacrifice, & que c'est un sacrilege de recevoir une espece sans l'autre, c'est un heresie condamnée par la pratique de l'Eglise, qui a toûjours été contraire, ce qui est une preuve évidente de la Tradition ; & il est notairement faux qu'on ait jamais promis aux Protestans de les recevoir sans l'abjurer aussi bien que toutes les autres.

Chapitre VII.

Que l'ambition n'a pû causer aucun changement dans la Doctrine de l'Eglise.

IL importe peu aux Protestans, que la verité se trouve dans ce qu'ils avancent, pourvû qu'il y ait quelque espece d'aparence, & qu'ils puissent dire, qu'ils n'avancent rien sans fondement. Le principe de tous les maux, qu'ils trouvent dans l'Eglise, & la cause de leur séparation est l'autorité du Pape. C'est pour cela qu'ils se sont apliquez d'une maniere extraordinaire à rechercher l'Origine, & la cause d'une telle puissance, & par tout ils disent & ils publient, que ç'a été l'ambition, qui a élevé l'Evêque de Rome, & qui l'a placé au-dessus des autres.

Il est certain, que l'homme est naturellement superbe & tâche de s'élever autant qu'il peut; mais comme ce vice est commun, s'il en porte quelques-uns à s'élever, il porte aussi les autres à les en empêcher. Personne ne veut se soûmettre, qu'à ceux, dont la superiorité est

L'ambition qui porte les uns à s'elever empêche les autres de se soûmettre.

incontestable, encore cela paroît-il assez difficile, & si on est obligé d'élever quelqu'un, il faut que ce soit une chose nécessaire, & qu'il y ait une place qui le demande, ou que la force y contraigne. Les Protestans ne disconviennent pas, qu'il n'y ait toûjours eu des Evêques à Rome depuis saint Pierre, c'est une chose trop certaine, & trop évidente dans toutes les Histoires ; mais la question consiste à sçavoir s'ils ont pû s'élever insensiblement au-dessus de tous les autres par un motif d'ambition. C'est ce que prétendent tous les heretiques du siécle passé & voici comme les Lutheriens en parlent.

Sentiment de Luther touchant le commencement de la primauté.

Luther dit dans un écrit, qu'il publia touchant la conference, qu'il eut avec le Cardinal Cajetan l'an 1518, qu'il avoit peu respecté l'autorité du Pape dans cette conference ; parce qu'il trouvoit étrange, qu'on rejettât de l'Eglise, les Chrêtiens de tout l'Orient, & de toute l'Afrique, qui n'ont jamais reconnû l'autorité du Pape & qui n'ont jamais entendu les paroles de l'Evangile, dont on se sert pour la prouver, comme on les explique aujourd'hui. Que du tems de saint Gregoire on ne donnoit point au Pape le nom d'Evêque Universel, & qu'il s'étoit lui-même

T. 1. oper. Luth. fol. 213. edit. Vitemb. an. 1582.

soulevé contre ce titre.

Il dit dans les resolutions touchant la dispute de Lipsic, qu'il publia l'année suivante, que si le Pape étoit au dessus des autres Evêques, ce n'étoit que de droit humain, & que c'étoit Constantin IV. Empereur des Grecs, qui l'a ordonné ainsi, comme Platine le marque dans la vie de Benoît II. Mais que les autres Evêques n'avoient pas voulu se soûmettre à cette Loi. Benoît II. fut élû le 20. Août de l'année 684. Ce sont là les préludes de la primauté selon Luther.

Ibid. fol. 213.

Monsieur de Rechemberg n'a pas voulu s'en tenir à l'époque de son Patriarche, il a crû, qu'il faloit remonter plus haut. *Dans le 7. siécle*, dit-il, *Boniface III. Evêque de Rome établit la primauté dans l'Eglise par le secours du parricide Phocas Empereur & fut le premier, qui se fit apeler l'Evêque Ecumenique, quoique son predecesseur Gregoire le Grand eût dit, qu'il n'y a que l'Antechrist ou son precurseur, qui pût s'apeler ainsi.* Il y a environ 80. ans entre ces deux époques. Il est certain qu'elles sont aussi vraies l'une que l'autre, comme nous le ferons voir ailleurs, & cette contrarieté de sentimens sur un fait historique d'une telle importance, ne le fait que trop voir;

Sentiment de Monsieur de Rechemberg different de celui de Luther. L. de hæres. & Schism. cap. 8.

mais le fondement de l'un & de l'autre est digne de consideration.

Fondement de Luther manifestement faux.

Luther se fonde sur le raport de Platine : il ne faut donc que consulter cet Historien, pour voir le fait, & en même tems, pour voir la mauvaise foi de ce Reformateur. L'Empereur *Constantin IV*, dit Platine, dans la vie de Benoît II, *touché de la sainteté de cet homme fit un Edit, par lequel il ordonna, que dans la suite celui qui seroit élû par le Clergé, le peuple, & l'Armée Romaine, pour être Souverain Pontife, seroit au même tems reconnu, pour le veritable Vicaire de* JESUS-CHRIST *sans atendre la confirmation de l'Empereur, qui faisoit sa résidence à Constantinople, ni de l'Exarque, qui gouvernoit l'Italie, comme on avoit coûtume auparavant ; car il faloit avoir l'aprobation de l'Empereur, ou de celui qui tenoit sa place en Italie, lorsqu'on faisoit un Pape, afin que l'élection fût valable.* Cela veut-il dire, que Constantin IV. a ordonné, que l'Evêque de Rome seroit au dessus de tous les autres Evêques du monde? Les Empereurs s'étoient attribuez le droit de confirmer l'élection des Papes, & prétendoient, qu'elle étoit nulle, à moins qu'ils ne l'eussent confirmée, eux ou l'Exarque d'Italie ; Constantin étant touché

DE L'EGLISE. Ch. VII. 517
de la sainteté de Benoît II. affranchit l'Eglise de cette servitude, par un Edit public. *Constantinus Imperator hominis sanctitate permotus sanctionem misit, ut deinceps quem Clerus, populus, exercitusque Romanus in Pontificem elegisset, eundem statim verum Christi Vicarium esse omnes crederent, nulla aut Constantinopolitani principis, aut Italiæ Exarchi expectata autoritate, ut anteà fieri consueverat; id enim ratum erat in creando Pontifice, quod princeps confirmasset, vel qui ejus vices in Italiâ gerebat.* Rien n'est plus oposé à ce que prétend Luther. Il paroît même par ce passage, qu'on élisoit un Pape avant cet Edit, comme on a fait encore après; avec cette différence, que les Empereurs depuis un certain tems prétendoient, que l'élection n'étoit point valable, qu'elle ne fût ratifiée par eux ou par celui, qui commandoit à leur place dans l'Italie, & que par cet Edit ils renoncerent à cette prétention.

Luther a tiré le fondement de son opinion de l'affranchissement de cette servitude par Constantin IV, & Monsieur de Rechemberg a fondé la sienne sur la servitude même. C'est ainsi que chez les Protestans de principes les plus oposez, on tire les mêmes conséquences quand on veut.

Oposition du fondement de l'opinion de Rechemberg, & de celle de Luther.

Comme les Empereurs ne vouloient reconnoître pour Souverains Pontifes, que ceux dont ils aprouvoient, & confirmoient l'élection, on étoit obligé, pour ne pas causer de schisme, & de troubles dans l'Eglise, d'élire ceux qui leur étoient agréables, quand ils avoient, outre cela, les qualitez requises, & necessaires. Ainsi ceux, qui avoient été Nonces à Constantinople, & qui par leur prudence, & leur pieté s'étoient aquis les bonnes graces des Empereurs, y avoient ordinairement bonne part. Boniface III. fut de ce nombre. Il étoit Nonce de saint Gregoire auprés de Phocas, & fut élevé au Souverain Pontificat aprés la mort de ce grand Pape, aïant tout le merite, & les qualitez necessaires, & outre cela la faveur de cet Empereur, qui aprouva son élection avec plaisir.

Election de Boniface III aprouvée par Phocas.

Jean de Constantinople s'étoit avisé du tems de Pelage II. prédecesseur de saint Gregoire de se faire apeler Evêque Ecumenique, & avoit persuadé à l'Empereur Maurice, que ce seroit une grande gloire pour sa Majesté, si sous son Empire l'Evêque de sa Capitale rehaussoit sa dignité de ce titre. Il fit donc assembler un Concile, pour s'y faire atribuer cette qualité dans les formes. Pelage II. s'oposa à cette

Jean de Constantinople se fait apeler Evêque Œcumenique dans un Concile. Pelag. II. & saint Gregoire s'y oposent. S. Greg.

DE L'EGLISE. Ch. VII. 519

entreprise, & cassa les actes de ce faux Concile. Jean ne laissa pas de s'y maintenir. S. Gregoire étant devenu Pape aprés la mort de Pelage, en écrivit à Maurice, & le pria instemment de mettre des bornes à une superbe si prodigieuse, & si pernicieuse à l'Eglise. Il en écrivit encore à l'Imperatrice Constantie, à Eulogius d'Alexandrie, à Anathase d'Antioche, enfin à Jean même avec toute la charité possible.

l. 4. epist. 34. ind ct. 13 Ibid epist. 7. epist. 78. epist. 80. & 82.*

Cyriaque successeur de Jean ne manqua pas de prendre aussi le même titre. L'Armée d'Orient s'étant revoltée contre Maurice, Phocas fut élû Empereur en sa place. Boniface se servit du crédit, qu'il s'étoit aquis auprés de lui pendant sa Nonciature, & de la disgrace, que Cyriaque avoit encouruë en soûtenant le parti de Maurice, pour ôter aux Patriarches de Constantinople ce titre, qu'ils vouloient s'atribuer, pour former une schisme dans la suite, comme il est arivé. Voila ce qui donne lieu aujourd'hui aux Protestans de dire, que *Boniface III. obtint par le secours du paricide Phocas la primauté dans l'Eglise.*

Boniface III. s'oppose à Cyriaque, qui prenoit la qualité d'Evêque Ecumenique.

Pour donner quelque relief à une fausseté si visible, on ajoûte, que Boniface III. se fit apeler depuis ce tems-là Evê-

Boniface III. a detesté le nom d'Ev

vêque Universel, bien loin de l'avoir pris. que Ecumenique, ou Universel. Mais outre que cela est entierement contraire à toute l'Histoire de ces tems, il n'y a nulle aparence, qu'il eût été assez temeraire, que de s'attribuer un titre, que ses predecesseurs avoient en horreur, & que saint Gregoire, à qui il succedoit presque immediatement, apeloit *un nom de Blasphême, qui ravit l'honneur du Sacerdoce à tous les Evêques, pour l'attribuer à un seul; une presomption nouvelle; une usurpation diabolique; une superbe, qui ne peut être que le présage de l'Antechrist.* Nom qu'il avoit lui-même detesté publiquement à l'exemple de ses predecesseurs, qu'il avoit combatu par les mêmes raisons, dont saint Gregoire s'étoit servi, & qu'il avoit fait quitter à Cyriaque de Constantinople.

S. Greg. L. 4. Epist. 32. ind ct. 13.

L. 7. epist. 30.

S'il s'étoit attribué ce titre, il n'y a pas d'aparence, qu'il l'eût possedé tout seul, & que ses successeurs l'eussent negligé. Cependant il est certain, que personne de tous ceux, qui l'ont suivi, aussi bien que de ceux qui l'ont precedé, ne s'en est servi; mais tout au contraire Boniface V. qui tint le Siege onze ans aprés lui, & fut presque son successeur immediat, n'y ayant eu que Dieudonné entre-eux, bien loin de prendre la qualité d'E-

Boniface V. prit le titre de serviteur des serviteurs.

DE L'EGLISE. Chap. VII. 521

vêque Ecumenique, prît celle de *serviteur des serviteurs de Dieu*, comme il paroît par la seconde lettre, qui est adressée à Eduin Roi d'Angleterre, que Bede nous raporte dans son Histoire Ecclesiastique d'Angleterre, & tous ses successeurs l'ont religieusement gardée depuis, comme il paroît par toutes les lettres, qu'ils ont écrites depuis celle-là où l'on trouve cette qualité emploïée pour la premiere fois.

Dieu, que les Papes ont encore aujourd'hui.
V. Beda hist. Eccl. anglic. l. 2. c. 10.

Gratian n'a pas oublié d'inserer dans son decret, des fragmens de la lettre que Pelage II. écrivit aux Evêques de Constantinople, que Jean fit assembler pour se faire autoriser dans l'usurpation de ce titre; & de celle de S. Gregoire à Eulogius d'Alexandrie sur ce sujet, & outre cela le sixiéme Canon du Concile d'Afrique tenu sous Anastase à la fin du quatriéme siécle, qui porte, que *l'Evêque du premier siege ne sera point apelé Prince des Prêtres, ou Souverain Prêtre, ou de quelqu'autre maniere semblable; mais seulement l'Evêque du premier siege*, & Gratian ajoûte encore qu'il ne s'apelera point *l'Evêque Universel*. Cela fait voir, combien les Papes, qui ont tous aprouvé ce decret, ont été éloignez de s'attribuer la qualité d'Evêques Ecumeniques.

Grat. decret l. part. dist. 99.
Can. 4. ex Epist. Pelag. II. 8.
Can. 5. ex epist. 30. l. 7. Reg. S. Greg.
Can. 3. Conc. Afr. c. 6.

L'INFALLIBILITÉ

Comme les heretiques s'apuient sur une équivoque, qui peut se trouver dans ce mot, il est bon de leur faire remarquer qu'il peut signifier deux choses.

Le mot d'Evêque Ecumenique peut signifier deux choses

La premiere est l'inspection generale, que le Pape a sur toute l'Eglise, & même sur tous les autres Evêques, pour les ramener à leur devoir, s'ils s'en détournent, & pour pourvoir aux divers besoins de tout le troupeau en general, ce qui se peut faire, & se fait veritablement en mille manieres diferentes. Selon ce sens il est tres-vrai de dire, que le Pape est l'Evêque Ecumenique ou Universel; & ce titre, fut donné veritablement selon cette idée à saint Leon dans le Concile de Calcedoine, comme saint Gregoire le marque dans la lettre, qu'il écrivit à Eulogius d'Alexandrie, pour se plaindre de lui, de ce qu'il avoit osé lui donner ce titre, que plusieurs Evêques avoient donné veritablement à ses predecesseurs depuis saint Leon, mais qu'ils avoient toûjours refusé, parce qu'il se pouvoit prendre en un tres-mauvais sens.

Conc. Calced. act. 3. L. 7. epist. 30.

En effet la seconde chose qu'il peut signifier, est l'unité de l'Episcopat dans le seul Evêque de Rome, de sorte que tous les autres tirassent leur pouvoir immediatement de lui, & c'est en ce sens que tous les Papes l'ont eu en horreur, & l'ont condamné comme un nom de Blasphême, qui tend à renverser toute l'Eglise. *Abfit à cordibus Christianorum nomen istud Blasphemiæ, in quo omnium Sacerdotum honor adimitur, dum ab uno sibi dementer arrogatur*, dit saint Gregoire.

L. 4. epist. 32. indict. 13.

Les Lutheriens faisans semblant d'ignorer le mauvais sens de ce nom, prétendent, que ces saints Papes ne l'ont rejetté, que parce qu'ils reconnoissoient, qu'ils n'étoient pas chefs de toute l'Eglise, & qu'ainsi ils ne pouvoient pas se l'atribuer. C'est pourquoi Luther se servit dans la dispute de Lipsic du Canon troisiéme de la distinction 99. dans la premiere partie du decret de Gratian, que nous avons raporté ci-dessus, pour prouver, que la primauté du Pape n'étoit pas de droit divin, & Monsieur de Richemberg supose, que c'est en ce même sens, que saint Gregoire rejettoit ce titre, & que Boniface l'avoit pris aprés l'avoir ôté à Cyriaque. Tout cela est donc notoirement faux, & il sufit d'ôter l'équivoque, pour ruiner le fondement de cette imagination, & découvrir l'artifice d'un tel Sophisme.

Sophisme ridicule des protestans.

T. 1. oper. Luth. Vitemb. en. 1552. fol. 244.

Voila ce qui regarde le fait de cette question; voïons à present, s'il est possible, que

Luther convaincu de

l'Evêque de Rome ait pû s'élever au dessus de tous les autres. On ne peut sans blasphême atribuer à l'ambition, ce qui vient de Dieu, & ce qui ne peut venir d'aucun autre principe. Or selon Luther la primauté du Pape vient tellement de Dieu, qu'il est impossible, qu'elle ait jamais pû s'établir autrement ; donc il doit être condamné par son propre jugement, comme un blasphemateur, qui atribuë au démon, comme faisoient autrefois les Juifs, un Ouvrage, qui est manifestement de la main de Dieu. Il ne faut pour cela, que lire ce qu'il écrivit pour s'expliquer sur ce qu'il avoit avancé dans la these qu'il soûtint à Lipsic contre Ekius l'an 1519. qui étoit couchée de cette maniere. *Romanam Ecclesiam esse omnibus aliis superiorem probatur ex frigidissimis Romanorum Pontificum decretis intrà quadringentos annos natis ; contra quæ sunt historiæ aprobatæ mille, & centum annorum, textus scripturæ divinæ & decretum Nicæni Concilii,* on prouve la primauté de l'E-
" glise Romaine au dessus des autres par les
" froides décretales des Papes de Rome,
" qui ne sont au monde que depuis qua-
" tre cents ans, aux quelles on peut oposer
" des Histoires indubitables d'onze cens
" ans, le texte de l'Ecriture-Sainte, & le de-
" cret du Concile de Nicée.

[marginal notes:] blasphême par son propre jugement.

Thése de Luther soûtenuë à Lipse l'an 1519. contre la primauté du Pape.

Cette these fit un grand scandale, & lui atira tant d'aversion, & de mépris, comme il le marque lui-même, qu'il fut obligé de faire un écrit, pour s'expliquer, ou plûtôt pour se retracter, afin d'apaiser non seulement les Catholiques, mais ceux-mêmes de son parti, qui n'étoient pas encore acoutumez à un tel langage.

Inpræfat. Resol. Thesis. 1) T. 1. oper. sub Zachar. Lheman Vitt. an. 1582. fol. 310.

Il dit dans cet écrit, qu'il ne prétend pas nier dans cette these, que le Pa-Pape soit au dessus de tous les Evêques, mais qu'il rejette seulement les preuves, sur lesquelles on établissoit une verité si constante; parce que l'Eglise n'a pas besoin de mensonges, pour soutenir sa Doctrine, & que ces preuves étant tres-defectueuses, il étoit necessaire d'en substituer d'autres à la place, ce qu'il alloit faire d'une maniere solide, & capable de convaincre le plus opiniâtre.

Palinodie de Luther touchant la primauté du Pape.

Il ne faut que lire la these pour être convaincu, qu'il n'ataquoit pas seulement les preuves, mais la chose même qu'elles établissent; mais c'étoit son genie, & sa coûtume d'asûrer avec une effronterie, qui n'eût jamais d'égale, les choses les plus visiblement fausses, & souvent il en imposoit par cette maniere à ceux, qui ne vouloient pas se donner la peine d'examiner les choses plus avant.

Fausseté de la these de Luther. Je ne m'arêterai point ici à refuter cette these, & à faire voir, qu'elle ne contient rien de veritable. Car il est faux 1°. que le Dogme de la primauté ne soit apuié que sur les decretales de 400 ans, puisque nous prouvons, qu'elle est de droit divin, ce qui ne se peut faire, que par l'Ecriture, & la Tradition. On peut voir sur cela les Dissertateurs, & les Controversistes. 2°. qu'il y ait aucunes Histoires, ni d'onze, ni de douze cents ans, qui y soient contraires. 3°. qu'il se trouve rien dans l'Ecriture-Sainte qu'on y puisse raisonnablement oposer. 4°. qu'il se trouve aucune chose dans les Canons du saint Concile de Nicée, qui puisse donner quelque couleur à l'opinion des Protestans.

Ce n'est pas ici le lieu de discuter toutes ces faussetez. Je m'arête seulement à une des raisons, que Luther a porte pour prouver la primauté à la place de celles, dont les Theologiens ont coûtume de se servir, afin de faire voir par cette raison même, qu'il est impossible, que l'ambition telle, qu'on la puisse imaginer, ait élevé le Pape au dessus de tous les autres Evêques, & que cette puissance est effectivement l'ouvrage de Dieu.

Raisons solides de Luther. Le Pape, dit-il, *est le Chef de l'Eglise ; parce que c'est la volonté de Dieu,*

DE L'EGLISE. Ch. VII. 527
& qu'il est impossible, qu'une telle puissance se fût elevée jusqu'où nous l'a voïons, si Dieu ne l'avoit voulu. Il prouve ensuite par diverses raisons, que nous sommes obligez de lui obeïr, & l'une de ces raisons, qui est tres-forte, & tres-considerable, pour ne pas dire invincible, c'est le consentement de toute l'Eglise, qui reconnoît cette puissance, & qui s'y soumet, *& comme il n'est pas possible*, dit-il, *que* Jesus-Christ *ne soit parmi tant de fidelles, il faut necessairement convenir, que cette soumission est raisonnable, & que la puissance est legitime.*

qui prouvent que la primauté est de droit divin.

Ces raisons sont justes, & solides, & il n'en faut pas davantage pour le confondre lui & tous ceux de sa Secte, qui viennent nous dire, comme si c'étoit un fait indubitable, que c'est l'ambition, qui a fait le Pape. Car il est plus clair, que le jour, qu'il est effectivement impossible, qu'un simple Evêque ambitieux puisse persuader à tous les autres, qu'il est le Chef de l'Eglise, qu'il a inspection sur tous eux, que Jesus-Christ l'a ainsi ordonné, que chacun est obligé de le croire, & de s'y soûmettre sur peine de damnation. Car par quel ensorcellement auroit-il pû ariver que tout le monde se fût trouvé convaincu d'une telle chose, & que chacun se fût soumis à lui volontiers, & sans resistance, malgré l'ambition, dont chacun est assez bien partagé, qui ne peut soufrir une telle élevation, si elle n'est établie par une autorité suprême?

Mais quand on vient à considerer que cette puissance s'est élevée selon les Reformateurs, de telle maniere, qu'elle n'a trouvé aucune oposition ni du côté des Evêques, ni du côté des Prêtres, ni du côté des Laïques, de sorte, que personne n'a écrit, ni prêché contre une telle usurpation, qu'on n'a fait aucuns Conciles Generaux, ou particuliers, pour reprimer cette ambition prétenduë; mais au contraire, que les plus sçavans, & même les plus interessez se sont efforcez de publier, que cette autorité naissante venoit de Dieu, & que chacun étoit obligé en conscience de s'y soumetre, je vous avouë, que cela passe toute croïance, & toute impossibilité, & ce que nous avons dit de l'usurpation, que Jean de Constantinople & ses Successeurs voulurent faire du titre d'Evêques Ecumeniques dans le cinquiéme siécle, par une ambition demesurée, en est une preuve convaincante.

Car quoiqu'il ne s'agît alors, que du nom, & non point de la chose, comme dans la question presente, cependant on ne

Raisons d'impossibilité.

ne peut croire le trouble, que cela causa dans l'Eglise pendant plus de trente ans sous les Papes Pelage II. saint Gregoire, Sabinien & Boniface III. Il ne faut que lire les Lettres 34. & 36. du L. 7. du Registre de saint Gregoire, pour voir combien l'Eglise en avoit été agitée avant lui, & le grand nombre, qu'il a écrites touchant cette affaire, fait bien voir combien elle l'étoit encore de son tems.

L'orgueil de ces Patriarches leur fournissoit il des raisons assez fortes, pour persuader à tous les Chrétiens, & même à tous les Evêques, & les Prêtres du monde, qu'ils étoient des Evêques Ecumeniques établis sur toute l'Eglise pour la gouverner, & que ce titre leur apartenoit justement ? Mais quand ils en auroient eu quelques unes sufisantes, pour engager au moins ceux de leur Jurisdiction à leur donner ce titre, & cette qualité ; qui auroit été assez stupide, pour se persuader, que cela leur apartenoit de droit divin, quoiqu'on n'en eût jamais entendu parler jusqu'alors ? c'est cependant ce qui doit être arivé à l'égard des Papes ; car il a falu, dans le système des Protestans, non seulement qu'ils se soient élevez au dessus de tous les autres dans un certain tems par les moïens que l'ambition leur a suggerez, mais encore que cette même ambition leur ait donné les moïens de persuader à tout le monde, que l'autorité qu'ils usurpoient leur apartenoit de droit divin, quoiqu'on n'en eût jamais entendu parler jusqu'alors.

Les Patriarches de Constantinople étoient bien éloignez de souffrir une telle usurpation.

Mais comment les Patriarches de Constantinople auroient ils pû ignorer une telle usurpation ? on sait tout ce qu'ils ont fait depuis Photius, & même avant lui, pour s'élever à la dignité de Chefs de toute l'Eglise, & ce que Jean, & ses Successeurs firent, pour s'atribuer le titre d'Evêques Ecumeniques, n'étoit qu'un prélude, & une préparation à ce qu'ils devoient faire dans la suite. Qu'étoit il donc necessaire, pour venir à bout de leur dessein de s'atacher à la particule *Filioque*, & de soutenir avec une espece de fureur, comme ils ont fait, qu'ayant été ajoûtée au Symbole en Occident, l'Evêque de Rome avoit encouru l'excommunication portée au Concile d'Ephese, contre ceux qui feroient de nouveaux Symboles, ou qui changeroient celui de Nicée ? S'ils avoient connu ces histoires contraires à la primauté, dont Luther parle dans sa these, ils ne se seroient pas arêtez à une raison si frivole, pour apuier un dessein de cette importance. Ils auroient sans doute demandé au Pape, qui l'avoit élevé au dessus d'eux ? Ils auroient

DE L'EGLISE. Ch. VII.

fait voir dans des Conciles nombreux l'usurpation de cette puissance, & l'auroient infailliblement abatuë, ayant pour eux la force, & la verité, plutôt que de se précipiter indignement dans le Schisme, comme ils ont fait.

Mais on peut nous dire, qu'il est évident que l'Evêque de Constantinople a bien trouvé le moïen en suivant les mouvemens de son ambition, de se faire le second Patriarche, de simple Evêque qu'il étoit avant que Constantin eût mis le siege de l'Empire à Bizance. Ne peut-on pas dire la même chose de l'Evêque de Rome, & que cette Ville, étant la Capitale de tout le monde, l'Evêque s'est aussi rendu le Chef de l'Eglise, qui étoit répanduë dans tout le monde. Le Concile de Calcedoine semble même toucher cette raison dans le Canon 28. en disant, qu'il atribuë à l'Eglise de Constantinople les mêmes privileges, que ceux qui avoient été atribuez à celle de Rome, comme on avoit fait dans le second Concile General; parce que la Ville de Constantinople étoit devenuë une Rome nouvelle.

Objection tirée du 28. Canon du Concile de Calcedoine.

Can. 28.

Réponse.

Il est vrai que le siege de Constantinople a été élevé à la dignité de Patriarche; afin que cette Ville étant devenuë le Siege Imperial, comme Rome l'avoit été au-

A a ij

trefois, eût des privileges, qui l'élevaſſent dans le ſpirituel par deſſus toutes les autres, autant qu'il étoit poſſible, & cela fait voir, que ſi la primauté n'avoit été atachée par Jesus-Christ même aux ſucceſſeurs de ſaint Pierre, les Evêques de Conſtantinople n'auroient pas manqué, ayant la force en main, de s'en emparer. Mais c'eſt une choſe, qui a été toûjours regardée comme un droit inviolable. C'eſt pourquoi les Peres du Concile I. de Conſtantinople diſent dans leur Canon, qu'il étoit à propos, que l'Evêque de Rome eût la premiere dignité dans l'Egliſe; & que celui de Conſtantinople fût après lui; ce qui eſt auſſi expreſſément marqué dans le Canon de Calcedoine.

Conc. Conſtantin. can. 3.

La dignité de Patriarche, d'Exarque, de Metropolitain, & autres ſemblables peuvent être établies, changées, augmentées, ou diminuées par les Conciles, parce qu'elles ne ſont que de droit Eccleſiaſtique; mais il n'en eſt pas ainſi de celle de Souverain Pontife, que J. C. a atachée aux ſucceſſeurs de S. Pierre, comme il l'atacha chez les Juifs aux enfans premiers nez d'Aron; il n'y a donc aucune puiſſance dans le monde, telle qu'elle puiſſe être, qui puiſſe changer cette diſpoſition.

Outre cela nous ſçavons de quelle maniere, & en quel tems les Evêques de Constantinople ont été élevez à cette dignité de Patriarche, & la raison même en est exposée dans les deux Conciles Generaux, où cela a été ainsi établi. Nous sçavons encore le trouble, que cela a causé, & les opositions, qui ont été faites par tous les Papes depuis Damase jusqu'à Innocent III. & l'on voudra nous persuader, que les Evêques de Rome ont pû eux-mêmes s'élever à la dignité de Souverains Pontifes, quoiqu'elle soit infiniment plus éminente, sans que cela ait été proposé, agité, ni ordonné dans aucun Concile; & ce qui est encore plus étonnant, persuader à toute la terre, que c'est Jesus-Christ même, qui leur a donné ce rang dans son Eglise.

L'Eglise Gallicane, dit Monsieur Masius, *ne deroge-t-elle pas beaucoup à l'autorité du Pape, lors qu'elle le soumet au Concile, & qu'elle nie son infaillibilité? Car si le Pape est sujet aux autres membres de l'Eglise, comment peut-il en être le Chef?* Ce n'est point déroger à l'autorité du Pape, que de lui atribuer justement ce qui lui apartient, c'est à dire, ni plus, ni moins, que ce que Jesus-Christ a voulu lui donner, & c'est ce que fait l'Eglise Gallicane, lorsqu'elle le soumet au Concile; parce que c'est

1. Part. ch. 1. p. 23.

L'Eglise Gallicane atribuë au Pape ce que J. C. lui a donné.

par les Canons que l'Eglise doit être gouvernée, selon cet ancien axiome, *Ecclesia Canone regitur*, que tant de saints Papes ont aprouvé, & reconnu veritable, comme il paroît par leurs lettres, dans lesquelles ils disent sans cesse, qu'ils n'ont aucun pouvoir pour détruire ce que les saints Canons ont établi.

Les saints Apôtres nous ont apris, que l'Eglise doit être gouvernée par les Conciles, puisqu'ils l'ont gouvernée eux-mêmes de cette maniere, & qu'ils se sont toûjours assemblez, pour décider en commun sur les difficultez, qu'ils trouvoient dans ce qui regardoit leur ministere; quoiqu'ils fussent conduits par le S. Eprit. L'Eglise est un corps, dont le Pape est le Chef. Mais ce Chef doit s'acorder avec les membres, & n'a pouvoir sur eux, qu'autant qu'il en a reçu du Chef invisible, dont il represente la place, & qui le gouverne invisiblement par l'assistance de son adorable Esprit, qu'il a promis à tout le Corps pour le conduire, mais non pas à chaque membre en particulier.

Le don d'infaillibilité promis à tout le Corps de l'Eglise, mais non à chaque membre tel qu'il soit.

C'est pour cela, que nous disons, que l'Eglise est infaillible, & nous l'avons démontré en plusieurs manieres dans la premiere Partie, mais non le Chef visible, qui est le Pape. C'est là la Doctrine de l'Eglise de France, laquelle est conforme à celle de tous les siécles passez, puisqu'avant Gregoire VII, qui monta sur la Chaire saint Pierre l'an 1073, on n'avoit jamais pensé à atribuer l'infaillibilité au Pape. Mais tout au contraire, on a examiné dans les Conciles avec plus d'exactitude, tout ce qui venoit du saint Siege, on l'a condamné avec plus de severité, lorsqu'il l'a merité, que toute autre chose, comme étant plus capable, ou d'édifier ou de scandaliser, que tout ce que les particuliers pouvoient écrire de bien ou de mal.

L'infaillibilité du Pape inventée par Gregoire VII.

Ce que les Papes ont écrit a été examiné dans les Conciles avec plus de severité que toute autre chose.

Mais quoique la politique de certains Canonistes les ait portez jusqu'à atribuer par flaterie une qualité au saint Siege, qui n'a jamais apartenu, & n'a jamais été atribuée par tous les Peres & les saints Conciles qu'à l'Eglise, cependant personne n'a encore été assez hardi jusqu'à present, que d'en faire un Dogme de foi. On s'est contenté d'en faire tout au plus une opinion probable, & l'on n'a pas trouvé moyen de pousser la chose plus loin.

Les Partisans de l'infaillibilité du Pape n'en font pas un Dogme de foi.

Le sçavant Prélat Monsieur de Meaux remarque dans son Livre des Variations, que comme on eut proposé au Concile de Trente une formule, pour expliquer l'au-

Monsieur de Meaux, L. 15 des Var. pag. 361. in 12.

torité du Pape, tournée de telle maniere, qu'on pouvoit en inferer en quelque façon la superiorité sur le Concile General, laquelle tire aprés soi l'infaillilibité, le Cardinal de Lorraine, & les Evêques de France s'y oposerent, & le Cardinal Palavicin dit dans son Histoire, que cette formule fut suprimée ; & que le Pape répondit, qu'il ne faloit définir, que ce qui plairoit unanimement à tous les Peres.

Palavic. histor. con. Trid. l. 19. cap. 11. 13. 14. & 15.

Ce sçavant Prélat remarque encore, que le Cardinal du Perron, quoique zelé défenseur des interêts de la Cour de Rome, déclara au Roi d'Angleterre, *que le diferent de l'autorité du Pape soit par le regard spirituel au respect des Conciles Ecumeniques ; soit par le regard temporel à l'endroit des Jurisdictions seculieres, n'est point un diferent de choses, qui soient tenuës pour articles de foi, ni qui soit inseré & exigé en la Confession de foi, ni qui puisse empêcher sa Majesté d'entrer dans l'Eglise, lorsqu'elle sera d'acord des autres points.*

Replique. L. 6. praef pag. 158.

Le même Prélat remarque encore, ,, que le celebre André du Val Docteur de ,, Sorbone (qui fit tant de bruit au com- ,, mencement du dernier siécle contre Mr. ,, Richer alors Syndic de la Faculté de

Andr. du Val. Elench. pag. 9. & tract. de sup Rom.

DE L'EGLISE. Ch. VII. 537
Theologie de Paris) à qui les Ultramontains s'étoient remis de la défense de leur cause, a décidé, que la Doctrine, qui nie le Pape infaillible, n'est pas absolument contre la foi, & que celle qui met le Concile au dessus du Pape, ne peut être notée d'aucune censure, ni d'heresie, ni d'erreur, ni même de temerité. Rien ne peut être plus judicieusement remarqué.

<small>« Pont. poteft. part. 1. q. 1. part. 4. q 7 & »</small>

Ce sçavant Prélat nous fournît encore quelque chose de plus fort dans son petit Livre de l'exposition de la Doctrine de l'Eglise, qu'il composa l'an 1671. pour fermer la bouche, comme dit le Prophete Roi à ceux, qui avancent des choses injustes, c'est à dire à tous les heretiques, qui imposent de tels sentimens à l'Eglise, pour avoir lieu de lui insulter avec plus d'insolence. *Quant aux choses*, dit-il, *dont on sçait, qu'on dispute dans les Ecoles, quoique les ministres ne cessent de les aleguer, pour rendre cette puissance (du Pape) odieuse, il n'est pas necessaire d'en parler ici, puisqu'elles ne sont pas de la foi Catholique. Il sufit de reconnoître un Chef établi de Dieu, pour conduire tout le troupeau dans ses voies, ce que feront toûjours volontiers ceux, qui aiment la concorde des freres & l'unanimité Eccle-*

<small>Exposition de la Doctrine de l'Eglise page 209.</small>

Aa v

fiastique. Cet Ouvrage a été aprouvé non seulement par toute l'Eglise de France, comme il paroît par les actes de l'Assemblée generale du Clergé de l'an 1682, mais encore par le Pape même, comme il paroît par deux brefs d'Innocent XI, dont le premier est du quatriéme Janvier 1679, & le second du douziéme Juillet de la même année ; par les Cardinaux Bona, de Boüillon, Chigi, & par une infinité de personnes considerables dans la Cour de Rome, dont on voit les Aprobations à la tête. Ce Livre ne doit pas être inconnu à Monsieur Masius, puisqu'il étoit en France dans le tems qu'il faisoit le plus de bruit. Il auroit donc dû sçavoir, que *l'Eglise Gallicane ne déroge point du tout à l'autorité du Pape, lorsqu'elle le soumet au Concile, & qu'elle nie son infaillibilité.*

Chapitre VIII.

Que la politique ne peut faire aucun changement dans l'Eglise.

La politique du Roïaume de J. C. est la charité.

L'Eglise est le Roïaume de Jesus-Christ, & ce Roïaume n'a point d'autre politique, que la charité, selon laquelle il doit être gouverné. Faites avec amour & charité tout ce que vous faites, dit saint Paul, *omnia vestra in charitate fiant*. C'est ce que ce S. Apôtre demandoit à Dieu pour tous les fidelles. C'est ce qui me porte, dit-il, *à flechir le genoüil devant le Pere de Nôtre-Seigneur Jesus-Christ, qui est le principe, & le Chef de toute cette grande Famille, qui est dans le Ciel & sur la Terre; afin que selon les richesses de sa gloire, il vous fortifie dans l'homme interieur par son S. Esprit, qu'il fasse que Jesus-Christ habite par la foi dans vos cœurs, & qu'étant enracinez, & fondez dans la charité vous puissiez comprendre avec tous les Saints, quelle est la largeur, la hauteur & la profondeur de ce Mystere*. Enfin ce grand Apôtre prêche sans cesse la charité, comme étant le fondement du Roïaume de Jesus-Christ. Il ne faut pas s'en étonner, puisque c'est le S. Esprit, qui gouverne l'Eglise, lui qui est la charité essentielle.

1. Cor.
16. v. 14.

Ephes. 3.
v. 14. &
seq.

Les heretiques cependant, *qui vivent selon la chair, & qui sont possedez des choses de la chair*, comme dit S. Paul, veulent, que la politique seculiere, c'est à dire, la prudence de la chair, qui selon ce saint Apôtre, est la mort même, *prudentia carnis mors est*, ait toûjours eu

Rom. 8.
v. 5.

Rom. 8.
v. 6.

A a vj

beaucoup de part au gouvernement de l'Eglise, & ait engagé les Papes, à faire beaucoup de loix, parce qu'elles étoient avantageuses à leur autorité, & necessaires pour apuïer leur domination, entre lesquelles ils mettent particulierement celle du celibat.

Ce n'est pas aux sujets à penetrer dans le cœur des Souverains qui leur font des loix.

Ce n'est pas à nous à penetrer dans le cœur des puissances Ecclesiastiques ou seculieres, pour y chercher le motif, qui les porte à nous donner des loix. Il se peut bien faire, qu'ils abusent de leur autorité dans les meilleures choses; & souvent Dieu, qui tire la lumiere des tenebres, comme dit saint Paul, se sert de l'ambition des Puissances, pour le bien du peuple qu'il leur a soûmis, ou pour le punir, selon qu'il l'a merité. Mais il y a une grande diference entre le gouvernement politique & Ecclesiastique. Les Souverains ont un pouvoir despotique sur leurs sujets, & n'ayant que Dieu seul au dessus d'eux, comme dit Tertulien, *Co-*

Tert. l. ad scapul. c. 2.

linus Imperatorem, ut hominem à Deo secundum, il n'y a que lui seul, à qui ils doivent rendre compte du bon & du mauvais usage, qu'ils font de l'autorité, qu'il leur a donnée. Mais il n'en est pas ainsi des puissances Ecclesiastiques, Dieu ne leur a pas donné un pouvoir de do-

DE L'EGLISE. Ch. VIII. 541
mination ; *Reges gentium dominantur eorum & qui potestatem habent super eos benefici vocantur*, les Rois des Nations « traittent leurs sujets avec Empire, & « ceux qui en sont les maîtres en sont apelez les bienfaicteurs : qu'il n'en soit pas « de même parmi vous ; mais que celui, qui « est le plus grand devienne comme le « moindre, & celui qui gouverne, comme « celui qui sert ; *Vos autem non sic, sed qui major est in vobis, fiat sicut minor, & qui præcessor est sicut ministrator.* Luc. 22. v. 25.

Ainsi l'Empire, que JESUS-CHRIST a donné à nôtre saint Pere le Pape, est un Empire de charité, tel qu'il l'a lui-même exercé sur la terre, pour sauver les pecheurs, & pour rapeler à leur devoir tous ceux qui s'en écartent, & pour faire observer les Canons des Conciles & les loix de l'Eglise par ses avertissemens, ses charitables exhortations, & par son exemple, selon ces paroles, que S. Pierre adresse aux Pasteurs & particulierement à ceux, qui devoient tenir le saint Siege aprés lui, *Je m'adresse à vous*, leur dit-il, *qui êtes Prêtres étant Prêtre comme vous, & témoin des soufrances de JESUS-CHRIST, & devant participer à sa gloire, qui sera un jour découverte. Paissez le troupeau, qui vous est commis* 1. Petr. cap. 5. v. 1.

veillans sur sa conduite, non par une necessité forcée, mais par une affection toute volontaire, qui soit selon Dieu ; non par un honteux desir de gain, mais par une charité desinteressée, non en dominant sur l'heritage du Seigneur, mais en vous rendans les modelles du troupeau par une vertu, qui naisse du fond du cœur.

Hebr. 5.
v. 1.

On ne peut pas disconvenir, que les Papes étant *pris d'entre les hommes, pour être établis sur eux, en ce qui regarde le culte de Dieu*, comme dit S. Paul, *& étant eux-mêmes environnez de foiblesse*, peuvent n'agir pas toûjours par ces motifs ; mais lorsque l'Eglise a ratifié dans un ou plusieurs Conciles, ou par une pratique commune, & aprouvée, ce qu'ils ont eux-mêmes établi, il n'y a personne, qui ne doive s'y soumettre avec respect, & d'esprit & de cœur.

L'Eglise ayant aprouvé le celibat des Ecclesiastiques chacûn doit respecter cette loi.

D'où il suit, que quand il seroit veritable que les Papes auroient établi le celibat des Prêtres par quelque motif que ce puisse être, la chose étant tres-sainte, & tres-bonne d'elle même, & outre cela étant reçûë & aprouvée par un consentement unanime de la plus grande partie de l'Eglise, il n'y a personne, qui puisse la condamner sans crime, & sans meriter l'anathême.

DE L'EGLISE. Ch. VIII. 543

Mais les heretiques avancent sur cela trois choses, qui sont également fausses. 1°. Que ce sont les Papes, qui l'ont établi; 2°. Qu'ils l'ont fait par une pure politique, 3°. Que cet établissement s'est fait au dixiéme siécle. Voici de quelle maniere en parle Monsieur de Rechemberg dans son catalogue. Les Papes ont fait, dit-il, dans le dixiéme siécle tout ce qu'ils ont pû pour affermir leur Monarchie dans l'Eglise ; mais les Ottons, qui étoient alors Empereurs, s'y oposerent genereusement ; c'est pourquoi les Papes ordonnerent le celibat aux Ecclesiastiques, & firent tout ce qu'ils purent, pour établir des Ordres Religieux, afin de se faire plus de sujets, pour soutenir leur parti. *Seculo X. Pontifices Romani operam navarunt omnem, ut Monarchiam in Ecclesiâ stabilirent Sed dum Ottones Imperatores resisterent strenuè, Clericis cælibatum imperarunt, & Monachorum Ordines stabilire contenderunt, quo plures sibi addictos haberent subditos.* Il cite Hospinian.

Pour détruire solidement ce que dit Monsieur de Rechemberg, il est à propos de faire voir, 1. que l'Eglise a toûjours souhaité que les Ministres gardassent la continence. 2. qu'il n'y a rien de si oposé à la politique de cette prétenduë Mo-

3. Choses avancées par les heretiques touchant le celibat également fausses. 3. Part. c. 8. §. 8.

L'Eglise a toûjours souhaité que les Prêtres gardassent la continence & rien

n'est plus opposé à la politique du Pape que le celibat des Ecclesiastiques.

narchie des Papes, que le celibat. Pour ce qui regarde l'époque de cette discipline, ce n'est pas ici le lieu, où nous devons en parler.

Il n'y a rien, que les Reformateurs ayent tant prêché que le Mariage des Prêtres, des Religieux, & des Religieuses. Ce fut le moïen qu'ils trouverent, pour atirer tout ce qu'il y avoit de Prêtres, & de Moines scelerats dans leur parti, & ce qui le grossit prodigieusement en peu de tems. Les Convents devinrent deserts, & tout le Païs de Vittemberg se vit inondé de Religieuses prostituées, de Moines, & de Prêtres apostats. On faisoit des Mariages sans fin de ces sortes de gens; *L. 19. epist. 41.* & il sembloit, dit Erasme, que toute la Reforme n'aboutissoit qu'à défroquer quelques Moines, & à marier quelques Prêtres; & cette grande Tragedie se terminoit enfin par un évenement tout-à-fait comique, puisque tout finissoit en se mariant.

Infame Doctrine de Luther, tendante à l'impudicité.

Cette fureur pour le mariage alla si loin dans la speculation, & dans la pratique, que Luther fît un Livre *De statu conjugali*, dans lequel il se sert de ces paroles de la Genese, *croissez & multipliez*, pour prouver que l'usage des femmes est aussi necessaire, comme le boire & le manger, le sommeil & autres les semblables necessitez de la vie humaine, sans lesquelles on ne peut absolument vivre, sinon miraculeusement, & que comme un homme ne peut changer de sexe, il ne peut aussi se passer de femme. Jean Cochlée remarque, que ce ce Livre fit une impression si forte sur tous ceux du parti, que les Ministres se mirent à prêcher vers Bremen aux Confins de Saxe, qu'il étoit permis à chacun de s'abandonner à l'impudicité, ce qui causa des desordres infinis, & comme les Ministres avoient prêché en divers endroits, que le jour du jugement devoit ariver dans deux ans, le même Cochlée dit encore, qu'il y eut 300. personnes vers Apancelle dans les Suisses tant hommes que femmes, que filles & que garçons, qui se retirerent sur une haute montagne, où aïant perdu toute conscience & toute pudeur ils s'abandonnerent à toute sorte de brutalitez, disant que cela étoit necessaire, & étoient assez fous, que de croire, qu'ils seroient enlevez au Ciel en corps & en ame sur la foi d'un Ministre, qui les avoit portez à cela, aprés avoir commis toutes sortes d'abominations.

Io. Cochl. ad an. 1527. fol. 194. a

Luther se servoit en toute ocasion de ces paroles de la Genese, *croissez & multipliez*, &c. pour persuader à tout le monde, & particulierement aux Ecclesiastiques, & aux Religieux, & Religieuses de se marier, & il soûtenoit, que c'étoit un precepte, qui obligeoit tout le monde. *Vous avez besoin d'une femme*, dit-il dans une Lettre, qu'il écrivit au Prince Herman Archevêque de Mayence, qu'il pervertit, *& c'est la volonté de Dieu que chacun ait la sienne ; car il est dit dans le premier Chapitre de la Genese, qu'il n'est pas bon, que l'homme soit seul, je lui ferai, dit Dieu, une femme pour lui aider, & pour être auprès de lui; ainsi tant que Dieu ne fera pas un miracle, pour changer l'homme en ange, je ne puis m'imaginer, comment un homme peut demeurer seul, & sans avoir une femme, malgré la colere & l'indignation de Dieu contre lui.*

Le Mariage est de precepte à tout le monde, selon Luther.

Voila où conduit cette licence effrenée d'expliquer l'Ecriture-Sainte selon les lumieres de l'esprit particulier, qui ne sont que des tenebres émanées de l'Enfer; car il est évident, que Dieu, par ces paroles, n'a fait autre chose, que donner la fecondité à l'homme, comme il fit à tous les animaux, qu'il benit de la même maniere après qu'il les eut créez, & à qui il dit, *croissez & multipliez, & remplissez la mer* en parlant aux poissons,

DE L'EGLISE. Ch. VIII. 547
ou la terre en parlant aux animaux ter- | *Gen. 1. 22. & 18.*
restres.
C'est ainsi qu'il abuse encore dans la Confession d'Ausbourg d'un passage tiré du 19. | *Confess. Aug. art. 23. Math. 19. v. 11.*
Ch. de S. Mathieu, où Jesus-Christ
dit, *que tous ne sont pas capables de cette résolution*, c'est-à-dire de garder la continence, & il suprime les paroles suivantes; *mais ceux-là seulement, à qui il a été donné d'en haut; car il y en a qui sont eunuques dés le ventre de leur mere, & qui sont nez tels; il y en a, que les hommes ont fait eunuques; & il y en a qui se sont rendus eunuques eux-mêmes, pour gagner le Royaume du Ciel.* Les Ecclesiastiques doivent être du nombre de ceux, qui se rendent eunuques eux-mêmes, pour gagner le Roïaume du Ciel. Ce sont ceux-là, à qui il *est bon de ne point toucher de femme*, comme dit S. Paul, lesquels cependant selon la Doctrine de Luther, qui veut que le Mariage soit de precepte, seroient tous en état de damnation. Et la virginité tant préconisée dans l'Ecriture, & par les Peres seroit un vice, bien loin d'être une vertu. | *Les Ecclesiastiques doivent être les eunuques volontaires de l'Evangile.*

1. Cor. 7. v. 2.

Il n'a pas toûjours été au pouvoir de l'Eglise de choisir des personnes, qui ne fussent pas engagez dans le mariage, pour en faire des Ministres. C'étoit beaucoup

L'Eglise a toûjours souhaité une parfaite continence dans les Ecclesiastiques.

dans les premiers tems, que d'en trouver, qui fussent remplis de zele, & dont la vie fût ireprochable. Mais il est certain, qu'elle a toûjours souhaité, qu'ils joignissent la continence à une solide pieté, & lorsque saint Paul met cette belle vertu au nombre de celles, que doit avoir un Diacre, un Prêtre & un Evêque, cela ne doit pas seulement s'entendre de la chasteté conjugale, qui doit être observée generalement par tous ceux, qui sont engagez dans le Mariage, mais encore d'une continence parfaite, qui nous éloigne entierement de toutes les femmes; afin qu'ils puissent être l'exemple des Vierges, des Veuves, & generalement de tous ceux, qui sont sous leur conduite.

Tit. 1. v. 3.

En effet s'il est à propos, que ceux qui sont dans l'état du Mariage gardent la continence dans les tems de jeûne & de prieres, comme dit saint Paul, ne doit on pas conclure, comme font Origêne, S. Epiphane, S. Jerôme, & plusieurs autres Peres, que les Prêtres & les Ministres, dont la vie est toute entiere un tems d'Oraison, & qui traitent sans cesse les saints Mysteres, doivent vivre aussi dans une continence perpetuelle? Les choses, que nous traitons dans la loi nouvelle sont d'une sainteté autant éminente au dessus de celles de l'ancienne, que la lumiere surpasse

1. Cor. 7. v. 5. Orig. hom. 23. in num. Epiphan. haress. 59 S. Hier. L. 1. in Jovin. c. 19. & in cap. 3. ad Tit.

tenebres, & la realité la simple figure, & pour y participer il falloit au moins une continence de trois jours, & les Prêtres devoient être separez de leurs femmes tant qu'ils étoient dans les fonctions de leur Ministere; ainsi ceux de la nouvelle loi, qui y sont toûjours, doivent aussi vivre perpetuellement dans la continence. *Exodi. 19. v. 15. I. Reg c. 21. v. 4.*

C'est pourquoi l'Eglise, qui a été obligée dans les premiers tems d'ordonner des Prêtres & des Evêques mariez, n'a jamais permis qu'après la mort de celles, qu'ils avoient épousées, ils se mariassent pour la seconde fois, & même pour la premiere, s'ils étoient entrez dans le ministere sans être mariez. Paphnuce dît dans le Concile de Nicée, que c'étoit une ancienne Tradition dans l'Eglise. Le Concile de Neocæsarée ordonna, que si un Prêtre osoit se marier, il fût au même tems déposé. Le 27. Canon de ceux qu'on apelle des Apôtres, ne permet qu'aux Chantres, & aux Lecteurs de se marier après leur promotion, & ce Canon fut renouvelé dans le Concile, qu'on apelle *In Trullo*. Le Concile d'Ancyre le permet aux Diacres, qui auroient protesté dans leur ordination, qu'ils ne vouloient point vivre dans le celibat. L'Eglise Grecque, qui ordonne des Prêtres mariez, *Les Prêtres & les Evêques ne se sont jamais mariez après leur ordination. Socr. l. 1 hist. c. 8. Conc. Quinisext c. 6.*

ne reçoit point pour Evêques, sinon ceux qui sont dans le celibat, & ne peut souffrir, que les Diacres & les Prêtres se marient, lorsqu'ils sont dans le Ministere. Les heretiques devoient au moins respecter des loix si anciennes & si saintes, & ne pas permettre à des Prêtres, à des Religieux, & à des Evêques malgré la sainteté de leur état, de leur profession & de leurs vœux, de se marier autant de fois, qu'ils veulent.

Les Bigames rejetez du Mininistere.

Et ce qui fait voir encore plus solidement, combien l'Eglise a toûjours souhaité, que ses Ministres gardassent une parfaite continence, c'est qu'elle n'en a jamais voulu recevoir, qui eussent épousé deux femmes; parce que cette poligamie est au moins une marque d'incontinence. C'est pourquoi saint Paul met la monogamie entre les dispositions requises pour être Evêque, Prêtre, ou Diacre, *unius uxoris virum.*

1. ad Timoth. cap. 3. v. 2. ad Tit. 1. v. 6.

Ceci a fort embarassé les Reformateurs, qui ne se sont pas trouvez d'humeur à renoncer au Mariage, quand ils ont perdu leurs femmes. Bucer, tout Prêtre, tout Moine, & tout Ministre qu'il étoit, en épousa jusqu'à trois, dont il y avoit une veuve. Et ne voulans pas aussi renoncer au ministere, quand ils en ont épousé plusieurs, il a falu que l'esprit particulier se soit donné la torture, pour trouver un sens commode à ces passages si formels de saint Paul. Ils prétendent donc, que cela doit s'entendre de ceux, qui auroient deux femmes en même tems, & qu'il n'y a que ceux-là que saint Paul a rejetez du ministere. La poligamie étant permise, disent-ils, chez les Juifs, il pouvoit s'en trouver qui aïant deux femmes, auroient été proposez, pour l'état Ecclesiastique. D'ailleurs il sufisoit, qu'un homme en eût repudié une & épousé une autre, pour être regardé comme indigne de cet état, ce qui n'étoit point rare chez les Juifs, ni chez les Gentils, & ce sont ceux-là que saint Paul en exclut par ces paroles, *unius uxoris virum, &c.*

Fausse explication du passage de S. Paul unius uxoris virum inventé par les Reformateurs.

Il est certain, que ces deux sortes de personnes étoient rejetées du Sacerdoce; mais comme l'Eglise n'admettoit pas même au Batême, ceux qui étoient dans ces sortes de cas, Jesus-Christ aïant aboli la poligamie, & la loi de la répudiation, il n'étoit pas necessaire de défendre, qu'on les reçût au Sacerdoce. La répudiation & la poligamie n'étant pas des crimes chez les Juifs, & ceux qui entroient dans l'Eglise étant obligez d'y renoncer, pourquoi saint Paul les auroit-il exclus du

Sacerdoce, & du Ministere, étant Chrétiens, si ce n'est à cause de l'incontinence, que cette conduite faisoit voir, dans ceux qui l'avoient tenuë. Or la poligamie successive fait voir la même chose ; ainsi il n'y a aucune raison de dire, qu'elle soit exceptée, puisque l'Apôtre n'a pas fait cette exception, selon cette maxime de droit, on ne doit point distinguer, où la loi ne fait aucune distinction. *Ubi lex non distinguit, non est distinguendum.*

Mais pour faire voir combien cette distinction est contraire à l'esprit de S. Paul, il ne faut que voir ce qu'il dit dans la même Epître à Timothée deux Chapitres aprés, en parlant des Veuves, qu'on pouvoit élever à la dignité de Diaconesses.

_{1. Tim. c. 5. v. 9. Luth.} » Qu'on choisisse pour cet emploi, dit il, » une Veuve qui n'ait pas moins que soixan- » te ans, qui n'ait eu qu'un mari. *Vidua eligatur non minus sexaginta annorum, quæ fuerit unius viri uxor.* Cela veut-il dire, qui n'ait eu qu'un mari & non deux à la fois, comme s'il eût jamais été permis à une femme d'avoir plusieurs maris en même tems ?

Luther prétend que cette loi a été faite pour celles, qui aïant été repudiées, avoient épousé un autre mari, le premier étant encore en vie ; mais cette loi étoit abolie,

DE L'EGLISE. Ch. VIII. 553

abolie, & saint Paul n'avoit pas sujet de craindre, qu'on se servît de ces sortes de femmes, qui étoient souïllées, & abominables devant Dieu selon la loi même, & qui étoient plûtôt des adultaires tolerées, que des épouses legitimes. Aussi à peine s'en trouvoit-il de cette sorte parmi les Juifs, parce qu'elles étoient souverainement méprisées; & S. Paul parle pour des femmes Chrêtiennes, & pour des hommes fidelles.

Thess. 1. *de digamia Epist. T. I. fol. 81. ope. Luth. deuter. 24. Sept. 3.*

Mais ce qui prouve, que cette regle de l'Apôtre est tres-generale, & exclut toute sorte de poligamie du ministere, c'est que jamais on ne l'a entenduë autrement dans tous les siécles passez. La discipline de l'Eglise, dit Tertulien, & l'ordre prescrit par l'Apôtre nous aprennent, combien les secondes noces affoiblissent nôtre foi, & portent préjudice à nôtre sainteté, ne permetant pas, que les bigames tiennent les premiers rangs dans l'Eglise; ne souffrant pas, qu'on établisse des veuves dans l'Ordre, sinon celles qui n'ont eu, qu'un seul mari. *Quantum fidei detrahant, quantum obstrepant sanctitati nuptiæ secundæ, disciplina Ecclesiæ, & præscriptio Apostoli declarat; cum digamos non sinit præsidere, cum viduam ad legi in ordinationem, nisi uni-viram non*

Toute sorte de polygamie exclue du Ministere par saint Paul sans exception. "*Tert. l. 1. ad Uxor. c. 7.*
"
"
"
"
"
"
"

Tome I. Bb

concedit. Etant devenu Montaniste, il se servit de cette loi, raisonnant, comme ont coûtume de faire les heretiques, pour prouver que les secondes noces étoient absolument défenduës, & soutenant, que tout homme Chrêtien est obligé en conscience de conserver le droit, qu'il a reçû dans le Batême, de pouvoir aspirer au Sacerdoce, qu'il perd par la poligamie, & il dit, qu'il a vû des Ecclesiastiques déposez, pour s'être trouvez bigames.

T. de monogā. c. 11.

Exhor. ad Castit. c. 9.

Les Novatiens disoient comme les Montanistes, que les secondes noces étoient défenduës, & S. Epiphane convient avec eux, que *veritablement la sainte Doctrine, que nous prêchons ne souffre point depuis la venuë de* JESUS-CHRIST, *qu'on prenne pour être Evêques, Prêtres, ou Diacres ceux, qui après la mort de leur premiere femme en ont épousé une seconde, à cause de l'excellence & de la dignité du sacerdoce.* Et parlant des Diaconesses dans un autre lieu il dit qu'il n'y avoit que celles, qui avoient épousé un seul homme & qui avoient vécu sans reproche, qui pussent être élevées à ce ministere.

S. Epiph. haresi. 59. que est Cathar.

Haresi. 80. que est Messalian.

Eusebe de Cesarée remarque dans sa demonstration Evangelique, qu'une grande partie des Patriarches, comme Enoch, Noé, Isaac, Joseph, Moïse, Aaron, Josué, n'ont eu qu'une seule femme, &

L. 1. demonst. Evang. c. 9.

peu d'enfans ; qu'ils s'en sont abstenus bien-tôt, & ont renoncé à tout acte charnel, après qu'ils ont eu l'honneur de voir Dieu ; que Melchisedech, dont le Sacerdoce étoit la figure de celui de Jesus-Christ, qui devoit être établi dans la nouvelle loi, étoit vierge, & que pour cela une des conditions requises pour être Evêque, étoit de n'avoir épousé qu'une femme, *& que tous ceux, qui sont consacrez à Dieu, qui sont dans le ministere, & qui sont ocupez dans ce qui regarde la Religion, doivent selon la bienseance, que demande un tel état, s'abstenir de leurs femmes.*

Saint Jean Chrysostome expliquant l'Epitre à Timothée dit, qu'on ne doit pas s'imaginer, que l'Apôtre veüille, qu'on ne puisse ordonner, que ceux qui auroient actuellement une femme, comme Philipe Melancton voudroit nous le persuader, d'autant que saint Paul qui n'en n'avoit point se seroit condamné luimême, & auroit condamné en même tems plusieurs des Disciples, & des autres Apôtres, qui n'en ont jamais eu, non plus que Timothée, Tite & plusieurs autres, qu'il avoit ordonnez, & qu'outre cela Vigilance & les Evêques de son parti, qui n'ordonnoient que des Dia-

S. Ioan. Chrysost. Hom. 10 in c. 3. Epist. 1. ad Timoth.

cres, Prêtres, & Evêques mariez, auroient été injustement condamnez par toute l'Eglise, ce qui ne se peut dire. Il se contente après cela de dire qu'au nombre de ces bigames, que saint Paul exclut du ministere, sont ceux qui auroient eu deux femmes vivantes en même tems, sans parler de ceux qui en ont eu deux l'une après l'autre. Mais dans le commentaire sur l'Epitre à Tite, sans parler de ceux, qui ont eu deux femmes en même tems, il dit simplement, que saint Paul par ces paroles, *unius uxoris vir*, veut fermer la bouche aux heretiques, qui condamnoient le mariage (c'étoit les Manichéens) en faisant voir non seulement, que ce n'étoit pas un mal, mais même une chose bonne de se marier, puisqu'en cet état on pouvoit être élevé à la chaire Episcopale ; mais que le même Apôtre condamne aussi d'un autre côté les impudiques, ne permettant pas, qu'après les secondes noces on puisse être emploïé au gouvernement de l'Eglise, & élevé à la dignité de Pasteur. Car comment celui-là, dit-il, poura-t-il instruire avec aprobation les fidelles dans l'Eglise, qui fait voir, qu'il a été lui-même incapable de conserver à sa femme après sa mort, la bienveillance, qu'il sembloit avoir pour elle ?

Hom. 2I in cap. I. Epist. ad Tinum.

Castigat hoc etiam impudicos, dum non eos permittit post secundas nuptias ad Ecclesiæ regimen, dignitatemque Pastoris assumi; nam qui defunctæ uxori benevolentiam nullam servasse deprehenditur, quo pacto hic Ecclesiæ præceptor esse optimus poterit ? Il ajoûte encore, que quoique les secondes noçes soient permises, elles ne laissent pas de donner lieu à beaucoup d'acusations, ausquelles l'Eglise ne veut pas, que ses Pasteurs soient exposez.

Il est certain, que l'Eglise a toûjours eu une espece d'aversion pour les secondes noçes, puisqu'elle mettoit en pénitence publique pour un an, ceux qui les contractoient, & défendoit aux Prêtres d'y assister, & d'y donner la benediction. Or tout homme, qui avoit été en penitence publique, étoit exclu du ministere, & ne pouvoit être élevé à aucune dignité dans l'Eglise, comme il paroît par plusieurs témoignages des premiers Peres, & des Souverains Pontifes, comme le Pape Sirice, son successeur Innocent I. qui dit que cela avoit été ainsi ordonné dans le Concile de Nicée, saint Augustin, le Concile d'Elvire, &c. comment auroit-il donc été permis d'ordonner des bigames ?

Ceux qui se marioient une seconde fois mis en penitence publique. Con. Laodic. an. 364. Canc. 1. S. Basil. epist. canc. ad Amphil. can. 18. Conc. Neocæsar. an. 314. can. 7. Cæsar. Arel. in append. S. Aug. serm. 289. N. e. num. S. Siric. 1. ad Him. n. 14. Innoc. 1a epist. 6. ad episc. Apuliæ S. Aug. epist. n. E. 185. al. 5. c. 10. conc. Eliber. Can. 76.

Mais rien ne fait mieux voir, que l'Eglise a toûjours rejetté toutes sortes de bigames du ministere, à cause du desir qu'elle avoit, que ses ministres vêcussent dans une parfaite continence, que la question, qui s'émut dans le quatriéme siécle entre les sçavans sur ce sujet. Car tout le monde convenoit, que tous ceux, qui avoient épousé deux femmes successivement aprés le batême, étoient exclus du ministere par l'Apôtre ; mais plusieurs prétendoient, que si quelqu'un en avoit épousé une ou plusieurs qui seroient mortes avant son Batême, & une seule aprés, il ne devoit pas être reputé bigame. La raison de le juger étoit, qu'étant regeneré en JESUS-CHRIST, il devoit être reputé un homme nouveau, & comme entierement dépoüillé du vieil Adam.

Question du 4 siécle, sçavoir si la bigamie qui précedoit le Batême excluoit du Ministere.

Saint Jerôme fut consulté sur cela par Oceanus, lequel aportoit pour exemple Carterius Evêque d'Espagne, qui avoit épousé deux femmes l'une avant & l'autre aprés son Batême, sans que cela l'eût empêché d'être Evêque. Cet exemple n'étoit pas unique alors ; car saint Jerôme dit, que tout le monde étoit plein de tels Evêques. Cependant Rufin lui reprocha d'avoir soutenu à Rome, que ces person-

S. Hier. epist. 83. ad Ocean. cap. 3. & in c. 1. ep. ad Titum l. 2. in Rufinan. in fine.

DE L'ÉGLISE. Ch. VIII. 559
nés là ne devoient pas être reputées bigames, & pouvoient être admises aux saints Ordres. Il est vrai que saint Jerôme soûtint ce sentiment avec chaleur à Rome ; mais il n'a été suivi de personne. S. Ambroise le combatit, & citoit le Concile de Nicée, & disoit qu'il avoit été défendu d'ordonner de tels bigames, & que cela se trouvoit dans les actes ; mais où il s'est trompé en prenant quelqu'autre Concile pour celui de Nicée, ou cela a été perdu.

S. Ambr. l. 10. ep. 82. ad Eccl. Vers. l. 1. de offic. c. 50.

Saint Augustin renversa le fondement de S. Jerôme, qui disoit qu'on ne fait aucune difficulté d'ordonner un impudique, quand il se seroit prostitué avec mille femmes avant son batême ; d'où il concluoit, qu'on ne devoit pas rejeter du ministere celui, qui n'en auroit eu que de legitimes ; car ce Pere remarque que ces pechez d'impudicité sont remis par le Batême, mais que la bigamie n'étant pas un peché ne pouvoit jamais être ôtée.

S. Aug. l. de bono conjugali, c. 18.

Deux grands Papes déciderent enfin la question en faveur de saint Ambroise & de saint Augustin, sçavoir le Pape Sirice & Innocent I. étant consultez l'un par Himerius de Taracone, l'autre par Victricius de Roüen, & par les Evêques de Macedoine.

Decision de la question. Siric. ep. 1. ad Himer. cap. 8. Innoc. I epist. 2. ad Victric Rothom. c. 6. & ep. 22. ad ep.

Macedon.
S. Aug.
Ibid.
Les secondes noçes ne sont qu'une représentation imparfaite de l'union de J.C. avec l'Eglise.

Cela prouve clairement, qu'on a toûjours crû que l'Apôtre rejetoit toute sorte de polygamie, les secondes noçes, comme dit saint Augustin, n'étant qu'une réprésentation tres-imparfaite de l'union de JESUS-CHRIST avec l'Eglise, parce que JESUS-CHRIST n'a jamais eu deux épouses, ni l'Eglise deux époux, & d'ailleurs étant une marque d'incontinence. C'est pour cela, qu'on rejettoit encore du ministere ceux, qui avoient épousé des Veuves, & certes il n'étoit pas permis aux Prêtres de l'ancienne loi d'en épouser, ni de celles, qui auroient été repudiées, & Innocent I. dit que cette coûtume étoit de tradition apostolique, & Sirice son predecesseur avoit ordonné, que s'il se trouvoit parmi les Ecclesiastiques de ces sortes de bigames, on les dégradât en même tems, & qu'on les réduisît à la Communion laïque.

Levit. 21. v. 13.

Innoc. 1. epist. 22. ad epist. Maced. Siric. ep. 1. ad Himer. Ta-ras. it. 11.

Celui qui a épousé une prostituée rejeté du ministe-re.

Cela doit s'entendre à plus forte raison d'une fille ou femme de mauvaise vie; car le Sacerdoce de JESUS-CHRIST ne doit pas être moins honorable, que celui d'Aaron; or il étoit deffendu aux enfans d'Aaron, qui de tous les Levites pouvoient seuls être Prêtres, d'épouser non seulement des veuves, & des répudiées,

Levit. 21. v. 7. & 14.

DE L'ÉGLISE. Ch. VIII. 561

mais encore des filles corompuës, c'est pourquoi le IV. Concile de Tolede a déclaré, que ce cas est une irregularité pour celui, qui s'y trouve, & il ne faut pas s'en étonner, puisqu'il sufit pour être rejeté du Sacerdoce, selon saint Paul d'avoir des enfans impudiques : *Voiez*, dit saint Jerôme, *combien est grande la pureté requise à un Evêque, puisque celui-là ne peut l'être, qui a des enfans, qui sont impudiques.*

Il est donc certain, que l'Eglise a toûjours souhaité une grande pureté & une continence parfaite dans ses Ministres, & que lorsqu'on a été obligé de choisir des personnes engagées dans le mariage, pour les élever au Sacerdoce, elle a souhaité, qu'aïant des femmes ils fussent comme s'ils n'en avoient point : car c'est à eux plus particulierement que s'adresse cet avertissement de saint Paul, qu'ils doivent eux-mêmes donner aux autres, *le tems est court, ainsi que ceux-mêmes, qui ont des femmes, soient comme n'en aïant point.* Il n'y a donc rien de plus faux, que ç'ait été les Papes, qui aïent établi le celibat au dixiéme siécle, & rien de si vrai, que s'ils l'avoient fait, ils auroient agi en cela conformément au des-

Con. Tol. IV. can. 44. an. 672.
1. Timot. 3. v. 4.

S. Ierôm. l. 1. contr. Iovin. c. 10.

1. Cor. 8. 7. v. 29.

Bb v

sein de l'Eglise, qui l'a toûjours souhaité.

II. Mais il n'y a rien de plus oposé à la politique que cette loi. La Confession d'Ausbourg le fait voir évidemment. *Il n'y a que 400 ans, dit-on dans cette Confession, qu'en Allemagne on voulut forcer les Prêtres de vivre dans le celibat, mais ils s'y oposerent tous si vivement, que l'Archevêque de Maïence voulant publier la Bulle du Pape pensa presque être tué dans le tumulte, qu'exciterent les Prêtres, qui ne pouvoient se résoudre à cette Reformation; & cette Bulle étoit si peu raisonnable, qu'elle défendoit non seulement à l'avenir de se marier, mais même qu'elle déclaroit nuls les mariages, qu'on avoit contractez, ce qui est non seulement contre toutes les loix divines, naturelles & civiles, mais aussi contre les Canons, que les Papes ont fait eux mêmes, & contre les Conciles les plus loüables, qui se sont tenus.* Fut-il jamais rien de plus oposé à la politique, que de faire une loi, qui ne peut servir qu'à faire revolter tout le monde ? Telle est la loi du celibat, selon la Confession d'Ausbourg qui le prouve par l'évenement même, comment Monsieur de Rechemberg a-t-il donc pû dire, *que les Papes*

Rien ne paroît plus oposé à la politique que la loi du celibat pour les Prêtres.

firent tout ce qu'ils pûrent au X. siécle pour affermir leur Monarchie dans l'Eglise, & que les Otons s'y oposans genereusement, ils ordonnerent le celibat aux Ecclesiastiques, & ils tâcherent d'établir plusieurs Ordres de Religieux, afin de se donner plus de sujets ?

Il est bon d'examiner en peu de mots ce fait historique, que la Confession d'Ausbourg nous cite, pour voir quelle croïance on doit avoir à de telles pieces. Il est vrai, que Gregoire VII. considerant le desordre, où l'Eglise étoit tombée par la negligence des Evêques, & des Papes ses predecesseurs, voulut s'appliquer dés le commencement de son Pontificat à coriger deux vices horribles, qui regnoient presque dans tout le Clergé, tant en Allemagne, qu'en France, sçavoir la simonie, & l'impudicité. Il assembla pour cela un Concile à Rome, dans lequel ces deux crimes furent condamnez. Voici comme il écrivit à Oton Evêque de Constance (Je passe ce qu'il dit au commencement de sa lettre touchant les Simoniaques, parce que cela ne nous regarde pas.) Nous avons crû, qu'il étoit à propos de vous mander, que dans ce même Concile nous avons défini, selon l'autorité des saints Peres......... que ceux

Gregoire VII. condemna dans un Concile à Rome la simonie & l'impudicité des Ecclesiastiques.

qui vivent dans le crime de fornication, ne doivent point celebrer la Messe, ni servir à l'Autel, s'ils sont dans les ordres inferieurs ; & s'ils méprisent nos constitutions sur cela, ou plutôt celles des saints Peres, nous deffendons aux peuples de se servir de leur ministere ; afin que si l'amour de Dieu, ou l'excellence de leur dignité ne les oblige pas à se coriger, ils s'y trouvent forcez, par la honte & par les réprimandes du monde. *Hæc tamen necessaria tibi scribenda fore arbitrati sumus nos juxtà autoritatem SS. Patrum in eâdem Synodo sententiam dedisse ut....... nec illi qui in crimine fornicationis jacent missas celebrare, aut secundum inferiores ordines ministrare altari debeant. Statuimus etiam ut si ipsi contemptores fuerint nostrarum, imò sanctorum Patrum constitutionum, populus nullo modo eorum officia recipiant, ut qui pro amore Dei & officii dignitate non corriguntur, verecundiâ sæculi, & objurgatione populi resipiscant, &c.*

Il est évident, que cette Bulle de Gregoire VII. n'étoit que contre les Simoniaques & les impudiques. Il y en a bien apparence, qu'entre ceux-ci il y avoit beaucoup, qui couvroient leur libertinage d'un mariage prétendu, qu'ils n'avoient con-

In apologet. super decret. Gregor. Papa.

tracté, que depuis qu'ils étoient dans les Ordres sacrez, c'est-à-dire dans un tems où ils ne pouvoient en contracter, les saints Canons l'aïant défendu de tout tems, & y aïant mis un empêchement dirimant, comme nous avons remarqué cy-dessus. C'est sans doute ce qui a fait dire à Sigebert, que Gregoire VII. avoit mis suspens tous les Prêtres mariez, & défendu au peuple d'entendre leurs Messes, comme si ces prétendus mariages avoient été legitimes. Mais il est certain que Gregoire VII. n'a jamais condamné les mariages que les Prêtres auroient contractez avant que d'entrer dans les Ordres sacrez, comme sont ceux des Prêtres Grecs, & s'il l'avoit fait, on pourroit dire, qu'il auroit agi *contre toutes les loix divines, naturelles & civiles*, Dieu, l'Eglise, & les souverains défendans de rompre ce qui a été saintement uni. *Quod Deus conjunxit homo non separet.*

Sigebert in Chronico ad ann 1074.

Il est vrai cependant, que la corruption étoit si grande alors dans le Clergé, qu'il fut impossible à l'Evêque de Maïence de faire executer ce decret du Concile de Rome. Il y a bien de l'aparence, que Sigebert, qui étoit alors dans le parti de l'Empereur Henry IV. contre le Pape Gregoire VII. a outré les choses; mais il est certain que cette Bulle excita beaucoup de tumulte dans l'Eglise. Elle étoit cependant tres-juste, tres-raisonnable, & ne contenoit rien, qui n'eût été ordonné dans les saints Canons. Que seroit-il donc arivé, si ce Pape avoit voulu rompre des mariages legitimes? Et l'on veut que ç'ait été un trait de la politique du Pape, & que Gregoire VII. n'ait eu en vûë pour lors, que d'augmenter le nombre de ses sujets. O Dieu quelle politique!

CHAPITRE IX.

Que la corruption des mœurs n'a jamais fait aucun changement dans la foi de l'Eglise.

UN des prétextes les plus specieux, dont les heretiques se servirent, pour avancer les affaires de la reforme, fut la corruption des mœurs, qui n'est que trop grande dans tous les tems, mais qui le fut extraordinairement dans celuy-là. C'est pourquoi Monsieur Masius en fait encore une cause de ces prétendus changemens, *parce que*, dit-il, *le peuple tend naturellement à acommoder la Religion à ses sens; il s'y porte de lui même*

Part. 2. chap. 2. pag. 56.

avec trop de précipitation. Il n'est que trop veritable, que chacun tâche d'acorder les maximes de l'Evangile avec sa conduite, lorsqu'il voit que sa conduite ne s'acorde pas avec ces maximes. Et comme le cœur seduit facilement l'esprit, & qu'il est difficile que la volonté étant rebelle à JESUS-CHRIST, l'entendement y demeure long-tems soûmis, il ne faut pas s'étonner, si on se précipite si facilement dans l'erreur, & si on embrasse les plus absurdes heresies avec autant de joïe, que si c'étoit la verité la plus pure, & la plus évidente.

La corruption du cœur est le principe de l'heresie.

Mais par une raison contraire, on doit dire, qu'il n'est pas possible, que la corruption des mœurs puisse nous porter à embrasser ce qui est contraire à nos passions, & ce qui ne peut s'acorder avec la corruption de nôtre cœur. L'avarice ne nous portera point à faire d'honnêtes largesses, ny l'yvrognerie à vivre dans la sobrieté; & un fleuve retourneroit plûtôt vers sa source, que cela arivât ainsi. Il n'y a que la grace de Dieu qui puisse arêter ce funeste penchant, qui nous conduit au mal, pour nous porter au bien, & sans elle toute vertu, pour aparente qu'elle puisse être, n'est qu'un phantôme, & une hypocrisie.

La seule grace de Dieu peut nous porter à embrasser une Doctrine contraire.

à nos passions

Il ne s'agît donc plus que de voir, si tous ces changemens, qu'on nous impute, peuvent s'acorder avec nos passions, & s'acommodent avec nos sens, pour parler comme Monsieur Masius; car si cela est ainsi on a raison de dire, que la corruption des mœurs les a pû produire; mais si au contraire il ne se trouve aucun de ces prétendus changemens, qui soit favorable à la corruption de nôtre cœur, il faut que M. Masius convienne, malgré tous ses Sophismes, que cette prétenduë cause de changement est une imagination ridicule.

Suposons donc telle corruption, qu'on voudra dans l'Eglise, où peut conduire cette dépravation de cœur? Sera-ce à établir un Souverain Pontife au-dessus de tous les autres Pasteurs? Sera-ce a établir la Confession, à nous soûmettre à la penitence, à nous engager à observer les Fêtes à garder les jours de jeûne & d'abstinence, à faire le Carême, à honorer les Saints, & à les invoquer, à prier pour les morts, & à croire le Purgatoire, à faire un Sacrifice du Sacrement de l'Eucharistie, à croire la Transubstantiation malgré nos sens & nôtre raison, à renoncer au mariage pour vivre dans le celibat, à faire des vœux de virginité, de chasteté, de pauvreté, d'obéïssance, ainsi du reste ? La corruption des mœurs est-elle capable de porter qui que ce soit à embrasser de tels sentimens, & à pratiquer tant de choses, qui sont entierement contraires à nos inclinations, & encore plus à toutes nos passions ? Si cela étoit, les plus corrompus seroient les plus zelez pour se soûmettre à toutes ces loix, & à croire toutes ces choses, & les plus gens de bien y seroient les plus oposez.

Mais seroit-il possible, quand on suposeroit encore ces impossibilitez comme possibles, que l'Eglise se fût trouvée toute pervertie, & de telle maniere, que personne ne se fût oposé à de tels changemens ? Si cela étoit ainsi, ce ne seroit plus l'Eglise de Jesus-Christ, mais la Synagogue du démon. Il est certain, qu'il y aura toûjours des Saints & des élûs, & quand on suposeroit, que l'esprit de seduction auroit prévalu contre la verité par des signes trompeurs, & par de faux miracles capables de jetter les élûs mêmes dans l'erreur, s'ils n'étoient soûtenus par une grace particuliere, comme il arivera à la fin des siécles, une telle supposition seroit encore fausse, & insoutenable, parce qu'il se trouvera toûjours assez de gens de bien dans l'Eglise

Toute l'Eglise ne peut pas être pervertie.

pour aprendre aux autres de parole & d'exemple à marcher dans la voïe du salut.

Pratiques païennes contraires aux passions.

Mais Monsieur Masius ne manquera pas de nous dire, que les Païens, dont le cœur étoit tres-corrompu, ne laissoient pas d'inventer mille semblables choses, qu'ils pratiquoient & qu'ils croïoient, quoiqu'elles fussent entierement oposées à leur raison, ou à leurs passions. Exemple. Les Philosophes Païens selon Monsieur Masius ont inventé le Purgatoire. Il y avoit des filles chez les Païens, qui se retiroient de tout commerce du monde, pour conserver leur virginité, afin d'être dignes d'entretenir le feu sacré sur l'Autel de la Déesse Vesta. Il n'y avoit que des Veuves, ou des Vierges, qui pouvoient assister à certains Sacrifices, ou faire certaines ceremonies, ce qui a donné lieu selon les Protestans aux vœux de Religion. C'étoit la corruption du cœur, qui avoit établi la coûtume d'adorer toutes les passions humaines sous le nom & la figure de divers Dieux, & il n'y a pas de doute qu'elle n'ait été capable d'introduire dans l'Eglise une infinité de superstitions & d'idolatries, comme l'invocation des Saints, le culte qu'on rend à leurs Images & à leurs Reliques. On peut encore ajoûter à cela, que plusieurs heretiques ont eu leurs mysteres, comme les Valentiniens, les Manichéens, les Priscilianistes, les Apostoliques, les Messaliens, &c. Qu'ils s'imposoient à eux-mêmes des peines tres-rudes, comme de ne boire jamais de vin, de ne manger jamais de viande, de renoncer au mariage, &c. On peut donc dire la même chose d'une infinité de pratiques qui sont dans l'Eglise Romaine, quoique contraires aux passions.

Il n'est aucunement veritable, que les Philosophes Païens aient inventé le Dogme du Purgatoire, comme nous l'avons dit ailleurs. Platon avoit puisé cette Doctrine dans la sagesse des Juifs. Mais quand cela seroit ainsi, on ne pouroit pas dire, que cette découverte fût l'effet de la corruption de leur cœur, mais au contraire d'un reste de rectitude, qui ne se trouve pas, même dans nos Reformateurs ; car cela feroit voir, que ces Païens avoient une idée assez juste de la Justice de Dieu, en distinguant de deux sortes de crimes, qui se commettent ; les uns graves & énormes, qui ne peuvent jamais être expiez, & qui doivent être punis éternellement ; les autres legers, & qui meritent seulement une punition modi- *Certaine rectitude païenne, qui ne se trouve pas même dans le cœur des Reformateurs.*

que & temporelle ; car la peine & la recompense doivent être proportionées au démerite ou au merite de chaque action, & c'est ce que les heretiques de ce tems ne reconnoissent point, disant que tous les pechez sont égaux, & n'admettant qu'une justice imputative.

A l'égard de cette institution de Vierges consacrées à la Déesse Vesta, il est certain, que ce n'est pas l'amour de Dieu, qui l'a inspirée ; puisque ces Païens ne le connoissoient pas ; mais l'on peut dire, que c'est une marque certaine, que les Païens avoient au moins quelque estime pour la virginité, quoi qu'ils se trouvassent incapables de la pratiquer, n'aïant pas les graces necessaires pour cela ; au lieu que nos Reformateurs la méprisent souverainement, & soûtiennent, que le mariage est de precepte ; que c'est un état spirituel, & que le celibat a été au contraire, un état charnel, & qu'il faut l'aneantir. Mais le démon, qui est le singe de Dieu, comme dit Tertulien, voïant l'estime, que les Païens avoient de ces choses, qui sont bonnes en elles-mêmes, bien loin de les empêcher, n'a pas manqué de pousser ceux, qui les estimoient le plus à les observer, mais par un motif d'orgüeil ; & il sçavoit bien, en y mê-

Luth. in Epithalamio.

Tert. l. contra Prax. cap. 1.

DE L'EGLISE. Ch. IX. 573

dans certaines circonstances, les conduire à des fins détestables. C'est encore par cette fausse aparence de vertu, qu'il trompe une infinité de personnes, à qui il n'oseroit suggerer de commettre des crimes grossiers, ou qui ont besoin de ce masque pour se déguiser aux yeux des hommes.

Diference entre les bonnes choses, que Dieu commande & celles que le Demon fait faire.

Mais il n'en est pas ainsi des vertus du Christianisme; car non seulement la chose nous est commandée, mais encore la maniere, & tout ce qui doit l'acompagner, pour la rendre bonne & digne d'une recompense éternelle. Nous sommes obligez de le croire, & d'agir conformément à cette croïance. Or il est certain, qu'une telle persuasion ne peut venir de la corruption des mœurs; parce qu'il n'y a rien de plus contraire à nos passions, & qui flatte moins nôtre ambition.

Les Païens reconnoissoient un Dieu suprême & tous les autres, qu'ils adoroient étoient de grands hommes, qu'ils prétendoient s'être élevez au Ciel par leurs rares vertus; & Eusebe remarque sur cela, que c'est un sentiment naturel à tous les hommes de croire, que tous les grands hommes prennent encore soin aprés leur mort de leur patrie, & de tout ce qu'ils

Euseb. cæsar. l. 12. prepar. Ev. c. 1.

ont cheri pendant qu'ils vivoient, & il se sert de ces exemples, pour le prouver; ainsi ce n'est pas la corruption de leur cœur, qui leur a inspiré ces sentimens, selon Eusebe, mais la nature même, laquelle étant fortifiée, & élevée par la grace dans les Chrêtiens, les a reglez, & maintenus dans de justes bornes, qui n'étoient pas connuës aux Païens. Nous en parlerons plus amplement dans un autre lieu.

Les Sectes severes en aparence ne sont grandes ni durables.

Pour ce qui regarde ces sortes de Sectes, où l'on faisoit profession d'une vie austere en aparence, elles ne pouvoient être ny grandes, ni durables. Il est difficile de tromper toûjours, & beaucoup de monde. Ce qui ne se fait, que par caprice, ou par passion change comme le vent. Aussi ces sortes d'heresies, lorsqu'elles ont duré quelque tems, ont pris mille formes differentes. Celle de Marcion, des Manichéens, des Priscillianistes, des Apostoliques, des Albigeois, &c. sont presque la même en differens états, comme en differens lieux, ou en differens siécles. Mais il est impossible, que ces sortes de Sectes puissent s'établir par toute la terre, & toûjours subsister en même état. C'est un privilege, qui n'apartient qu'à l'Eglise, & qui ne peut convenir qu'à la verité pure, telle que Jesus-Christ nous l'a anoncée. La raison en est évidente, c'est que les passions des hommes sont presque toûjours contraires les unes aux autres, & souvent à elles mêmes dans les tems, les lieux où les occasions differentes où l'homme se trouve. Les voiles qui couvrent le mensonge ne peuvent pas toûjours durer ; mais la verité du Seigneur est toûjours verité, toûjours aimable par elle-même, & si elle peut être obscurcie par les nuages, que les passions humaines excitent de tems en tems, elle ne perdra pas pour cela son éclat ; ces tenebres passeront & elle demeurera éternellement. *Veritas Domini manet in æternum.*

CHAPITRE X.

Que ce changement des Protestans ne peut venir que de la corruption de leurs mœurs.

IL n'y a rien, qui fasse mieux connoître la verité de ce que nous venons de dire dans le Chapitre precedent, que le motif, qui a obligé les Protestans à changer, comme ils ont fait. Et pour le

<small>Le motif de la Reforme se connoît par les fruits qu'elle a produits.</small>

connoître il sufît de voir quels ont été les fruits de la reforme, les maximes, que ses Auteurs ont établies pour la conduite des mœurs, & les principes, sur lesquels toute leur morale est fondée. On a fait un Volume considerable, pour faire voir, que les principes des Calvinistes & les conclusions, qu'ils en tirent, renversent toute la Morale Chrêtienne, & toutes les maximes les plus sacrées, & les plus inviolables de l'Evangile. Les principes de la Morale de Luther sont les mêmes, que ceux de Calvin, & celui-cy les avoit apris de l'autre. Il sufît donc de renvoïer le Lecteur à ce Livre, & de faire seulement quelques reflexions sur les artifices, dont on s'est servi, pour établir la reforme, lesquels étant entierement opposez aux moïens, dont JESUS-CHRIST & ses Apôtres se sont servis, pour fonder l'Eglise, il faut necessairement conclure qu'un tel changement ne peut provenir que d'une corruption profonde du cœur, & d'un aveuglement horrible de l'esprit humain.

dans la morale.

Renversement de la morale de J.C par les erreurs des Calvinistes touchant la justification.

Instruct. Famil.

Monsieur Masius dit, 1°. *Que Luther n'avoit pas besoin d'aucun miracle; parce que sa vocation n'étoit pas absolument extraordinaire; mais en même tems ordinaire, & qu'il possedoit une charge dans l'Eglise.*

DE L'EGLISE. Ch. X. 577

l'Eglise. 2°. Qu'il étoit même utile, qu'il n'en fit point, afin qu'on ne le crût pas être de ceux, dont a parlé le Fils de Dieu dans saint Mathieu ch. 24. v. 24. qu'il s'elevera de faux Christs & de faux Prophêtes, qui feront de grands prodiges, & des choses étonnantes, &c. 3°. Que le miracle des miracles est l'heureux succez de la reformation, pour laquelle le Seigneur l'a emploïé, qu'un homme foible & impuissant, comme lui ait pû dissiper ces épaisses tenebres de l'erreur, & de l'ignorance, qui couvroient toute l'Europe, qu'il ait mis en vûë aux peuples l'Ecriture-Sainte, malgré tous les efforts du monde & de l'Enfer, & qu'il ait ébreché, ébranlé, & renversé tout l'Empire Papal. 4°. Que l'ardeur des peuples, qui l'ont suivi, & le sang de plusieurs Martyrs, qui ont signé sa Doctrine, parlent encore pour lui, & témoignent hautement, que cette œuvre étoit une œuvre de Dieu.

La vocation de Luther selon Mr Massuet.

I. Ce n'est pas d'aujourd'hui, que des ouvriers trompeurs se transforment en Apôtres de JESUS-CHRIST, comme dit saint Paul, on ne doit pas s'en étonner, puisque Satan même se transforme en Ange de lumiere. Il n'est donc pas étrange, que ses Ministres se transforment

2.Cor. 11.
v. 13.

Tome I.   C c

en *Ministres de la Justice ; mais leur fin sera conforme à leurs œuvres.* Ce que dit S. Paul de ces faux Apôtres, qui avoient séduit les Galates, & une bonne partie des Corinthiens, convient parfaitement à ces imposteurs du siécle passé, & à ceux, qui continuent de séduire les peuples par des Doctrines aussi détestables, que celle que nous combatons à present.

<small>Les faux Apôtres du premier siécle n'avoient pas besoin de miracles. 2 *Cor.* III. v. 12.</small>

Ces Ministres d'iniquité n'avoient pas besoin de miracles non plus que Luther, pour pervertir ceux-mêmes, que saint Paul avoit convertis en étalant à leurs yeux une infinité de prodiges, comme il le dit lui-même ; parce que ces seducteurs prêchoient une loi toute charnelle, c'est-à-dire celle de Moïse, avec tous les adoucissemens, que les Pharisiens y avoient aportez, pour l'accommoder aux inclinations de la nature corompuë. Saint Paul a bien voulu entrer en comparaison avec eux pour les confondre, & pour nous aprendre de quelle maniere nous devons reprimer la superbe de ceux, que le demon suscite de tems en tems, pour tromper ceux qui se repaissent de fables.

Comme un Reformateur ne fait, que rétablir ce qui avoit été saintement ordonné, il faut qu'il y ait une grande

DE L'EGLISE. Chap. X. 579
conformité de vie, de mœurs, de sainteté, de science & d'autorité entre lui & ceux qui avoient édifié. C'est pourquoi les Partisans de Luther le comparoient sans cesse aux Prophetes, & publioient par tout, qu'il étoit Prophete lui-même, que c'étoit un nouvel Apôtre envoïé de Dieu, & un autre saint Paul, comme le remarque Surius dans son Histoire, & comme on voit dans Sleidan. Suivons donc cette comparaison, & voïons quel en peut être le fondement. J'avouë qu'on ne peut y penser sans horreur ; car quel raport peut-il y avoir entre la Justice & l'iniquité, la lumiere & les tenebres, Jesus-Christ & Bélial ; entre un saint Apôtre rempli de l'esprit de Dieu, & un seducteur, qui n'agissoit que par les impulsions du demon, qu'il a reconnu tant de fois pour son maître ? Je mets à part tous les autres Ouvrages de ce Prophete du seiziéme siécle, qui ne sont pleins que d'injures atroces, de calomnies énormes, d'ordures, de paroles impudiques, de blasphêmes inoüis, & du nom du diable, & je m'arête seulement à ce livret fameux des propos de table, que deux de ses admirateurs & coadjuteurs ont pris soin de recueillir, & les ont donnez au public, comme des oracles, pour

Sur. in comm. brev. ad an. 1539. pag. 341. Sleid. li 16. de stat. relig. & resp.

Aurifaber & Bebenstek 2. Tom op. Luth. Jenæ.

comparer ce qu'il dit de lui-même, de sa Doctrine, de sa vie, avec ce que saint Paul nous raporte des peines & des travaux, qu'il a endurez pour Jesus-Christ dans l'exercice de son ministere; les prodiges qu'il a faits, & le succez infini de ses prédications.

2. Cor. 12. v. 2. Diference extrême entre Luther & les veritables Apôtres, dont S. Paul est comme le modele.

Saint Paul déclare, qu'il a été ravi dans le Ciel, & qu'il y a entendu des paroles inéfables, qu'il n'est pas permis à un homme de raporter; & ce Reformateur se vantoit à tout moment, comme il est raporté en plusieurs endroits de ce livre, d'avoir un commerce tres-particulier, & une tres-grande familiarité avec le diable. On peut juger de la Doctrine par le Docteur de qui il l'avoit aprise. Il faisoit gloire d'être son disciple.

Conference de Luther avec le diable publiée par lui-même l'an 1533.

Il publia l'an 1533. la conference, qu'il avoit eüe dix ans auparavant avec lui touchant le sacrifice de la Messe, & afin que toute la terre pût voir une chose si détestable, & qu'on a peine à croire, il obligea Melancton à traduire ce livre en Latin. Fut-il donc jamais une impieté, une corruption pareille, & un aveuglement plus horrible?

Saint Paul aimoit la mortification de telle maniére, qu'il ne se contentoit pas de soufrir mille persecutions, mille ignominies, mille afrons, tels qu'il les décrit dans le Chapitre onziéme de la seconde Epître aux Corinthiens, qui faisoient ses plus cheres délices ; mais il se mortifioit encore lui-même, & réduisoit son corps & ses sens en servitude, craignant d'être un réprouvé. Et Luther Religieux de profession renonce à ses vœux, secouë le joug de son Monastere, foule aux pieds la Regle, qu'il avoit embrassée, & épouse insolemment à la face de toute la Terre une malheureuse Moinesse, qu'il avoit séduite & qu'il avoit débauchée. Toutes les Histoires de sa vie ne parlent que de ses débauches, & de ses yvrogneries. " Ce n'étoit pas le jeûne qui le fit malade de la maladie dont il mourut à Islebe, dit un Bourgeois de Mansfled dans une Lettre qu'il écrivit à un de ses amis, pour lui aprendre sa mort, *Non jejunio sibi accesserat infirmitatem illam*; mais bien au contraire, dit-il quatre pages aprés ; il avoit le corps tout plein d'humeurs pour avoir trop bû & trop mangé; car il avoit une cuisine bien garnie, du vin étranger & du meilleur en abondance, au lieu où il logeoit, pendant son séjour, & l'on dit, qu'il en buvoit à chaque repas soit à dîné soit à soupé un setier. *Erat totum corpus refertum hu-*

2. Cor. cap. 11. v. 10.

Ad calcem J. Cochl.

Intempe-rance de Luther.

meribus ex superfluo cibo potuque; ha-buerat enim coquinam magnificè instruc-tam & vinum dulce atque exoticum, per-multis metretis abundans in hospitio. Aiunt sanè Lutherum omni prandio, & coenâ unum ebibisse sextarium vini dul-cis & exotici. Il ne se contenta pas de mener une telle vie à la vuë de tout son parti, mais il condamna solemnellement toutes les austeritez, les jeûnes, les abstinences, la virginité, la continence, & generalement toutes les bonnes œuvres, que saint Paul a tant recommandées, &

Luther a rejeté toutes les bonnes œuvres, comme préjudiciables au salut.

pratiquées lui-même; & établit pour principe de sa reforme, que tout cela est inutile, & même préjudiciable au salut, disant que la seule foi est suffisante, non seulement pour remettre les pechez, mais encore pour nous assûrer de toute certitude de nôtre prédestination, & que ce se-

Apol. art. 3. concor. pag. 87.

roit faire injure à JESUS-CHRIST, d'oser en douter. Fut il jamais une plus horrible corruption, & dans l'esprit & dans le cœur, dans la Doctrine & dans les mœurs? A quelles extremitez la nature, qui ne fait que suivre son penchant, ne se porte-t-elle point en suivant une telle Doctrine? Quand nous n'aurions rien, qui pût nous aprendre dans quels desordres se précipitoient tant de moines &

de Prêtres Apostats, qui étoient les piliers de la reforme, & qui suivoient la Doctrine & l'exemple de leur maître; il seroit facile d'en juger. Mais Erasme, qui en est un témoin oculaire, & qui connoissoit les plus considerables de ces nouveaux Prophétes, même avant leur Apostasie, nous en fait une peinture afreuse dans une grande partie de ses Lettres. *Regardez*, dit-il, *à present de toutes parts ce Corps Evangelique, combien y voïez-vous d'adulteres, combien d'yvrognes, combien de joüeurs, combien de gens qui mangent leur bien en débauches, combien de scelerats perdus de réputation pour toutes sortes de crimes ? Ce sont parmi eux les plus estimez, & les plus aimez, bien loin qu'on les évite. Les Apôtres quitoient leurs femmes qu'ils avoient épousées legitimement, & les regardoient comme leurs sœurs, afin de s'appliquer uniquement à prêcher l'Evangile, & presentement on voit fleurir bien un autre Evangile parmi nous, selon lequel des Prêtres, & des Religieux se donnent la liberté d'épouser des femmes, contre les loix, & malgré leur profession. Qu'on leur pardonne ce crime, si l'on veut ; mais voïez si leurs mariages sont plus chastes, que les mariages de ceux, qu'ils*

Erasmi Epist. in pseudo Evangelicos ad Vultirium.

Effroïable corruption dans la reforme.

regardent comme des Païens. Je croi que vous entendez bien quelles étranges histoires je pourrois ici vous raporter, mais il n'est pas necessaire de dire ce que les Magistrats, ou la populace avec leur permission, ou malgré leurs défenses ont publié, & divulgué par tout. Toute la lettre, qui est tres-longue, est de cette force; & il n'y a point de volume, qui pût contenir toutes les profanations, les homicides, les pillages, les incendies, les sacrilleges, les incestes, les adulteres, les trahisons, les seditions, les revoltes, les abominations, & generalement tous les crimes que la reforme a fait commettre, & a autorisez. Ce sont là les miracles, qu'a faits ce nouveau Prophete.

S. Paul avoit besoin de faire des miracles pour établir l'Evangile, mais Luther n'en avoit pas besoin. 2. Cor. 12. v. 12.

Il est vrai, qu'il n'en avoit pas besoin, pour établir une Doctrine si charnelle & si favorable à la corruption du cœur de l'homme; mais saint Paul ne dit pas de même de celle qu'il prêchoit. *Les marques de mon Apostolat*, dit-il aux Corinthiens, *ont paru parmi vous dans toute sorte de tolerence & de patience, dans les miracles, dans les prodiges, & dans les effets extraordinaires de la puissance divine.* JESUS-CHRIST lui-même déclare qu'il avoit besoin de miracles, quoi que sa venuë fût prophetisée, pour éta- *Joan. 15.* blir l'Eglise, & que s'il n'avoit pas fait *v. 24.* des prodiges inoüis, les Juifs n'auroient pas été coupables de ne pas l'écouter, ni le reconnoître pour leur Messie. On peut donc encore juger, quelle doit être cette doctrine, que Luther a prêchée, qui n'avoit point besoin de miracles, pour se faire un passage dans le cœur des hommes, quoiqu'elle fût si extraordinaire, & en même tems si contraire à celle, dont on étoit en possession dans toute l'Eglise. Car qui pouvoit favoriser son entrée dans le monde, & lui atirer du crédit, sinon la corruption du cœur & les passions des hommes, qu'elle flatoit par ces maximes détestables, selon lesquelles on peut vivre dans la reforme avec toute sorte de liberté & de libertinage sans rien aprehender pour son salut?

C'est une illusion de dire, que sa Mission étoit ordinaire, puisqu'un Religieux n'en a aucune par son état ; mais encore bien moins un Apostat. L'Eglise ne peut donner de mission à qui que ce soit, pour pervertir ses enfans, pour combatre sa foi, & pour détruire la Doctrine de Jesus-Christ. Cela seul étoit sufisant, pour le faire regarder comme un imposteur, & un séducteur. Car est ce assez

Un Religieux n'a aucune Mission par son état qui est un état de penitence.

que de se donner le titre de Prophete, ou d'Apôtre, pour être en droit de renverser tout ce qu'il y a de plus Saint & de plus sacré dans l'Eglise, comme a fait Luther ? Si cela est ainsi il n'y a personne, qui ne puisse se mettre en possession de prêcher telle Doctrine, qu'il voudra, sans en rendre compte à personne, & c'est ce droit prétendu, qui a multiplié les Sectes des heretiques à l'infini.

Instruct. Famil.

Pourquoi quelques Prophetes n'ont point fait de Miracles.

Mais un grand nombre de Prophetes, dit M. Masius, comme Abdias, Michée, Osée, Zacharie, & même S. Jean Baptiste, quoiqu'ils fussent envoïez extraordinairement, n'ont fait cependant aucuns miracles. Afin de pouvoir l'assûrer, comme fait Monsieur Masius, il faut necessairement suposer, que tout ce qu'ils ont fait a été couché dans l'Ecriture, & c'est une chose tres-fausse. Mais quand cela seroit ainsi, quelle conformité y avoit il entre la vie de ces Saints Propheres, & les impudicitez, les débauches, les yvrogneries, les impietez, les blasphêmes, & generalement toute la vie & la conduite de Luther, qu'on a cependant apelé un autre Elie dans la reforme ? Les Juifs ne mettent point Daniel entre les Prophétes, parce qu'aïant toûjours vêcu dans le Palais des Empereurs Assyriens,

Pourquoi les Juifs ne com-

il n'a pas mené une vie semblable à celle des autres Prophétes, quoique celle qu'il a menée ait été tres-sainte. Que doit on donc juger de celle de Luther, qui a été la plus corrompuë, & la plus dépravée en toutes manieres, qu'on puisse se l'imaginer ?

ptent point Daniel entre les Prophetes.

Outre cela ces saints Prophétes, qu'on aporte ici pour exemple, avoient ils entrepris de reformer la Synagogue sur le même pied, que Luther a voulu reformer l'Eglise ? Sçavoir en ôtant l'Autel, le Sacerdoce, le Sacrifice, rejetant les jeûnes, les Fêtes, les ceremonies, méprisant les œuvres de la penitence, que les Juifs faisoient dans les tems d'affliction, prêchant que les bonnes œuvres sont inutiles ; que les commandemens de Dieu sont impossibles ; que le Libre-Arbitre n'est qu'un nom, & un titre vain ; qu'on ne devoit point reconnoître de Souverain Pontife ; que chacun avoit droit d'expliquer l'Ecriture-Sainte à sa mode en vertu de l'Esprit particulier ; que la Synagogue avoit manqué, ou tout au moins étoit devenuë invisible, &c. S'ils eussent entrepris une telle reforme, on auroit eu sans doute grande raison de leur demander des preuves autentiques de leur mission, & les Juifs n'auroient pas

Cc vj

pas manqué de le faire ; puisqu'ils en demandoient si souvent à JESUS-CHRIST,
qui n'en donnoit que trop, pour les convaincre, & à qui les Ecritures mêmes
rendoient témoignage, comme il leur
faisoit voir à tout moment.

Math. 11, v. 38. c. 16. v. 1. Luc. 11, 16. Joan. c. 2. v. 18. c. 5. v. 30.

Mais bien loin que ces Saints Prophétes se soulevassent contre la loi, au contraire tous leurs discours & leurs Prédications ne tendoient qu'à la faire observer
avec tout le respect possible; c'est où abou-
tissoient tous leurs vœux, & leurs soûpirs.
Ils tâchoient par leurs paroles, par leur
exemple, & par les menaces, qu'ils faisoient au peuple de la part de Dieu, de
ramener chacun à son devoir, & ils prophétisoient les maux, dont ils devoient
être acablez, s'ils ne se corigeoient, &
s'ils ne faisoient penitence. La sainteté de
leur vie, les circonstances des tems, les
exemples de ce qui étoit arivé dans les siécles passez, les menaces que Dieu avoit faites
long-tems au paravant, qui étoient cou-
chées dans les Ecritures, qu'ils remet-
toient souvent devant les yeux ; la patience qu'ils faisoient paroître dans toutes
les persecutions, que les impies leur
suscitoient & leur faisoient souffrir ; la
penitence qu'ils faisoient eux-mêmes publiquement, pour y engager les autres ;

Tous les SS. Prophetes n'ont prêché que l'ob-servance de la loi & n'ont jamais songé à la refor-mer.

enfin l'évenement de plusieurs choses, qu'ils prophétisoient, comme devant préceder les maux, qui devoient fondre sur le peuple, s'il ne se convertissoit ; tout cela, dis-je, faisoit voir visiblement, que c'étoit Dieu, qui parloit par leur bouche. Si Luther n'avoit fait autre chose, nous ne lui demanderions point de preuves de sa mission ; nous croirions volontiers qu'elle seroit aussi extraordinaire, que celle de ces SS. Prophétes, & nous le regarderions avec ses Sectateurs, comme un Prophéte lui même.

Marques par lesquelles on pouvoit connoître la verité des Prophéties avant qu'elles fussent acomplies.

Mais outre le scandale horrible de sa vie, il a eu le malheur, que toutes les Prophéties, qu'il a faites, afectant veritablement de passer pour Prophéte (ce qui est assez ordinaire parmi les Protestans) se sont trouvées fausses, comme l'évenement l'a fait voir. Il avoit prédit, par exemple, que les Païsans, que Muncet son Disciple avoit fait revolter contre leurs Princes, & leurs Seigneurs, sous pretexte de jouïr, disoient-ils, de la liberté Evangelique, remporteroient la victoire, & détruiroient toutes les puissances ; & pour les animer davantage, il avoit publié par tout, qu'il y avoit des signes dans le Ciel & sur la Terre, qui prédisoient cette grande révolution :

Par où l'on pouvoit voir que Luther n'étoit qu'un faux Prophete.

Luther in exhort. ad pac. sup. 12. art. Rust. Suev.

mais le contraire ariva, & 80. mille Païsans furent mis en déroute, la plûpart taillez en pieces, & Muncer lui-même, qui s'étoit vanté de recevoir les boulets de Canon dans sa manche, fut pris, & fut fait mourir. Luther avoit encore prophétisé la ruine de l'Empire du Turc, la fin du regne du Pape, le bouleversement de l'Etat Ecclesiastique, l'abolition de la Messe, la perte de toute l'Allemagne, & plusieurs autres choses semblables, comme devant ariver dans peu d'années, & tout cela subsiste encore, comme auparavant.

Joan. Cochl. fol. 132. c. ad an. 1525.

Il vouloit aussi, qu'on crût, qu'il faisoit des miracles ; car il sçavoit bien lui-même, quoi qu'en dise Monsieur Masius, que tout homme, qui prêche une Doctrine inconnuë à l'Eglise, est obligé de prouver sa Mission par des signes, & il le prouve fort bien dans le Livre du Magistrat, qu'il écrivit l'an 1534. Et lorsque Muncer s'établit à Malhuse, pour prêcher une Doctrine contraire à celle, qu'il lui avoit enseignée, il manda aux Magistrats, qu'ils devoient lui demander, d'où il tiroit sa mission, & qui lui avoit donné chargé d'enseigner, & que s'il répondoit, que c'étoit Dieu, qui l'envoïoit, ils devoient lui commander de faire quel-

Luther veut passer pour faire des miracles.

Sleid. l. 5.

que miracle pour le prouver ; parce que Dieu, disoit-il, ne manque pas de déclarer sa volonté par quelque signe toutes fois & quantes qu'il veut changer la manière ordinaire d'enseigner dans l'Eglise. Et comme il disoit lui-même publiquement qu'il avoit reçû son ministere, non des hommes, ni par l'homme, mais par le don de Dieu, & par la revelation de J. C. aussi vouloit-il, qu'on crût, qu'il en faisoit. Une Religieuse s'étant sauvée d'un Monastere à Isleben, & s'étant venu refugier au prés de lui, il fît un Livre pour prouver, que c'étoit un grand miracle de la reforme, qu'il prêchoit. Il publia la même chose touchant l'apostasie de neuf Religieuses, que Leonard Koppen enleva le Vendredi-Saint au Monastere de Nimic, l'an 1523. dont il en épousa une aprés la mort de Frederic de Saxe. Quand il eut abandonné l'habit de son Ordre, qui fut cette même année, il écrivit à son Pere, qui vivoit encore, que c'étoit Dieu, qui l'avoit tiré de cet état par des prodiges & des miracles; mais il ne les nomme point. Il voulu ressusciter Guillaume Nesene son ami, qui se noïa dans l'Elbe, il fît des prieres & des signes pour cela, mais inutilement. Il coïoit donc qu'il lui eût été avantageux de faire des miracles.

Dans le L. contre l'ordre des Evêques.

Surius comm. br. pag. 130. ad an. 1524. Fo. Cochl. de act. & scrip. Lut. ad an. 1523. fol. 101. b.

Faux miracles de Luther.

V. Cochl. fol. 98.

II. Cependant Monsieur Masius a raison de dire, *qu'il étoit utile, qu'il n'en fit point, de peur qu'on ne le crût être de ceux, dont a parlé le Fils de Dieu dans saint Mathieu, lorsqu'il dit, qu'il s'élevera de faux Prophètes, qui feront de grands prodiges, & des choses étonnantes jusqu'à séduire, s'il étoit possible, les élûs mêmes.* Si Luther avoit fait des miracles, pour autoriser une Doctrine, aussi détestable, que celle qu'il prêchoit, & ménant une vie aussi corompuë, & aussi scandaleuse, qu'étoit la sienne, on auroit eu sans doute une tres grande raison de croire, que ces miracles auroient été des prestiges, ou des illusions semblables à celles que le démon fera à la fin des siécles par le ministere de l'Antechrist. Car qui pouroit se persuader, que Dieu voulût autoriser l'impieté, le blasphême, l'apostasie, l'heresie, & le Schisme par de veritables miracles ? Cela est impossible, ainsi Luther n'auroit pû faire, si Dieu l'avoit permis, que des miracles semblables à ceux, que firent les Magiciens de Pharaon, aïant déclaré solemnellement dans la dispute de Lipsic, *qu'il n'avoit pas entrepris l'ouvrage de la reforme, pour la gloire de Dieu, & que ce ne seroit pas non plus pour cette fin, qu'il tâcheroit*

Matth. 24. v. 24. Si Luther avoit fait des miracles on auroit eu raison de les prendre pour des illusions, & lui pour l'Antechrist.

Ioá. Coch. ad an. 1519. pag. 19.

de l'achever ; ce qui fît horreur à tout le monde.

Mais la chose n'étoit que trop visible d'elle-même. C'étoit avec juste raison que le Prince Georges de Saxe lui dît dans la réponse qu'il fît à une de ses lettres, *Quand a-t-on vû plus de sacrileges commis dans l'Eglise par des personnes même consacrées à Dieu, que depuis la publication de vôtre Evangile ? Quand a-t-on vû plus de pillages dans les lieux Saints ? Quand a-t-on fait plus de rapines & de vols ? Quand a-t-on vû à Vittemberg tant de Moines & de Moinesses défroquez, & apostats, qu'on en voit à present ? Quand a-t-on vû ravir des femmes à leur propres maris, pour les donner à d'autres, comme on fait presentement selon les regles de vôtre Evangile ? Quand a-t-on vû tant d'adulteres, que depuis que vous avez enseigné par écrit, que si une femme ne peut avoir d'enfans de son mari, elle aille à un autre, & que le mari sera obligé de nourir les enfans, qu'elle aura de cette maniere ; que le mari peut faire aussi la même chose de son côté ? Voilà ce que vôtre Evangile a produit, lorsque vous l'avez mis en lumiere, &c.* Il étoit donc vraiment utile à Luther de ne pas faire de miracles ; parce qu'il ne lui man-

Apud Ioa. Coch. fol. 183.

Luther avoit tous

quoit que le pouvoir de faire des prestiges, pour avoir tous les caracteres, que JESUS-CHRIST donne à l'Antechrît, sa doctrine & sa conduite n'étant pas moins détestables, que doivent être un jour celles de ce Séducteur.

les caracteres de l'Antechrît excepté le pouvoir de faire des prestiges.

III. *Mais le miracle des miracles est le succez de la reforme*, dit Monsieur Masius. Ce miracle est vanté par tous les Protestans; mais il est aisé de voir par tout ce que nous avons dit, que bien loin que ce soit un miracle, il en eût falu un visible, pour empêcher que les choses n'allassent de cette maniére. Car on apelle miracle tout ce qui va contre le cours ordinaire des causes, & plus un effet a d'oposition avec le principe, qui le produit, ou la maniére commune & ordinaire d'agir de ce principe, plus cet effet est miraculeux. Le nombre des insensez étant infini, comme dit le Sage, & le nombre des impies étant infiniment plus grand, que celui de gens de bien, doit-on s'étonner de voir, que des scelerats de tout genre, de tout état, de toute âge, de tout sexe, de toute profession, & de toute condition se jettent dans un parti & embrassent une Secte, dont le premier article de Morale est de vivre, comme on veut, & de condamner la penitence; les

C'est un miracle que la reforme n'ait pas fait un plus grand progrez & non pas de ce qu'elle en a fait.

Eccle. 1. 15.

jeûnes, l'abstinence, le celibat, les vœux de Religion, & generalement tout ce qui est contraire aux sens & aux passions des hommes? Si c'est là un miracle, il faut convenir, que le progrez du Mahométisme en est encore un beaucoup plus grand, puisque cette Secte s'est répanduë dans toute l'Asie, l'Afrique, & une partie de l'Europe. Il n'y a point de Secte, pour détestable qu'elle puisse être, qui ne puisse se vanter d'un tel miracle. Et de toutes celles qui ont été un peu considerables dans les siécles passez, comme celles des Ariens, des Donatistes, des Eutichiens, des Nestoriens, & plusieurs autres semblables, il n'y en a guere, qui n'aïent beaucoup plus de raison de le faire, que les Lutheriens, qui se trouvent à peine dans deux ou trois Roïaumes, mêlez parmi les Calvinistes, les Zuingliens, les Anabaptistes, & autres Sectes, qui ne sont pas moins considerables, & dont le progrez devroit aussi être regardé, comme un grand miracle, si la revolte, l'apostasie, le sacrilege, le libertinage, & l'impieté avoient quelque chose de miraculeux. Ce n'est pas un miracle, de voir qu'un fleuve, qui coule à plein canal se déborde, & ravage les plaines, lorsque les digues sont rompuës ; c'en seroit un bien grand, s'il demeuroit dans ses bornes ; mais ce seroit encore un bien plus grand prodige, si toutes les loix divines & humaines, qui retiennent les hommes dans leur devoir, étant abatuës & foulées aux pieds, les passions ne se fussent pas débordées avec d'autant plus de force, & d'impetuosité, que la licence du mal, l'impunité, l'exemple, l'occasion, & la facilité de satisfaire tous ses desirs, même sous prétexte de pieté, & de Religion, entraînent les plus forts dans le précipice. Car c'est dans ces sortes d'occasions, où les plus Saints ont besoin de graces extraordinaires, pour ne pas succomber à la tentation, & où les Elûs mêmes seroient capables d'être entraînez par l'esprit de séduction, si cela étoit possible.

Mat. 24. v. 24.

La fureur des apostats s'apelle ardeur des peuples chez Monsieur Masius.

IV. Que peut-on donc entendre par *cette ardeur des peuples*, qui ont suivi Luther, sinon cette fureur aveugle de tant d'impies, & de scelerats, comme de Religieux & de Religieuses déreglez, de Prêtres impudiques & scandaleux, de séditieux, de voleurs & de sacrileges, qui vouloient s'engraisser du bien des Eglises, & autres semblables monstres, dont la vie faisoit horreur à tout le monde ; qui venoient de toutes parts se jetter dans ce malheureux parti, & qui au même tems y devenoient plus blancs que nége. C'est ce qu'on reprochoit sans cesse aux Reformateurs, & dont ils ne pouvoient disconvenir, comme on voit dans plusieurs lettres, qu'ils écrivoient à ceux qui leur faisoient ces reproches, & même les uns aux autres.

Et comme les excez de tous ces Apostats ramassez étoient sans bornes, il étoit souvent necessaire de faire de funestes exemples des uns, pour retenir les autres dans quelques sortes de regles, & pour arêter les séditions, les troubles, & les brigandages, qu'ils faisoient de toute part;& ce sont ceux-là, dont Monsieur Masius fait des martirs de la reforme. Mais qu'on lise toutes les Histoires de ces malheureux tems, & l'on verra que ces prétendus martirs, qui *parlent encore pour Luther*, comme il dit, étoient les Circoncellions du Lutheranisme, c'est-à-dire des gens punis publiquement pour des crimes énormes, dont ils étoient ateints & convaincus; ou qui perissoient malheureusement dans les séditions, & les revoltes, que la reforme excitoit par toute l'Allemagne; ou dans les pillages des Monasteres, des Eglises, & des maisons des Catholiques.

(marginal: Ceux qui ont été punis pour leurs crimes s'apellent Martyrs chez les Protestans.)

Mais quand il seroit vrai de dire, que quelques-uns auroient soufert, & seroient morts pour la défense de la Doctrine de Luther, avant que de leur donner la qualité de martirs, comme fait Monsieur Masius, il faudroit examiner le fond de la cause, pour laquelle ils ont soufert; car si la peine sufisoit, pour meriter cette auguste qualité, il n'y a point de Secte si détestable, qui ne pût se vanter d'en avoir un bon nombre. Les Païens s'exposoient à tout soufrir pour leurs Dieux, & se faisoient souvent immoler sur leurs Autels. Les Juifs depuis Jesus-Christ ont soufert des maux incroïables avec une fermeté, ou plutôt une opiniatreté, qu'on ne peut exprimer. Les Turcs se sont montrez inflexibles en mille occasions, & combien ont peri dans les croisades plutôt que de renoncer à Mahomet. On sçait ce que faisoient les Donatistes, & avec qu'elle fureur ils cherchoient ce prétendu Martire. Toutes les Sectes, qui ont pris leur source dans celle de Luther, comme celle des Anabatistes, des Zuingliens, des Calvinistes, des Sociniens, dont le Patriarche Michel Servet fut brûlé à Genéve, ont aussi leurs prétendus martirs. Cependant Monsieur Masius ne convien-

C'est la Justice de la cause qui fait le martire & non pas le suplice.

dra pas, que tous ceux, qui sont morts, pour de si méchantes causes, aïent merité des palmes & des couronnes, & soient dignes d'être inscrits dans le Martirologe de l'Eglise. C'est donc la justice de la cause, qui fait les Martirs & non pas le suplice, comme dit S. Augustin, *Martyrem non facit pœna, sed causa*, & tout homme qui meurt, pour soûtenir une heresie & un Schisme, est un reprouvé & ne peut être qu'un martir du démon. Car il a ces siens aussi bien que JESUS-CHRIST, comme dit Tertulien. C'est pourquoi J. C. ne dit pas simplement, *Bien heureux ceux qui soufrent, mais ceux qui soufrent pour la justice.* Or soufrir pour soûtenir les opinions extravagantes, & impies de Luther, de Calvin, de Zuingle, ou autres semblables Apostats, ce n'est pas ce me semble ce qu'on apelle soufrir pour la justice; ainsi ce prétendu Martire ne peut être que la preuve, & l'effet d'un pitoïable aveuglement, d'un horrible desespoir, ou d'une superbe excessive, qui conduisent les hommes perdus & plongez dans toutes sortes de crimes, lorsque la mesure de leur iniquité est comble, aux dernieres extremitez.

Math. 5. v. 10.

CHAPITRE XI.

Que l'Eglise ne peut devenir invisible.

LE dernier retranchement des Protestans est de dire, que l'Eglise à la verité ne peut jamais manquer, comme il est marqué dans le septiéme article de la Confession d'Ausbourg, mais qu'elle peut disparoître de telle maniere, qu'il ne soit pas possible de la reconnoître parmi un grand nombre de Sectes heretiques, ni distinguer sa Doctrine des erreurs, dans lesquelles elle peut être souvent ensevelie. Si ces causes sont donc incapables de produire aucun changement réel, & veritable dans le fond, au moins peuvent elles servir à la défigurer, à l'obscurcir & à la plonger dans des tenebres si épaisses, qu'elle ne soit plus reconnoissable; & c'est l'état pitoïable, où elle étoit avant Luther, lequel a été envoïé de Dieu extraordinairement, à ce qu'on prétend, pour lui rendre son premier éclat, & rétablir sa Doctrine dans sa pureté.

Lorsque Luther com,

Pour faire voir la fausseté de cette imagination, il faut remarquer, 1°. Que lorsque

lorsque Luther commença à se revolter contre l'Eglise, il n'y avoit aucunes Sectes d'heretiques, dans tout l'Occident, sinon les Hussites, qui étoient dans le Roïaume de Bohême, & quelques restes de Vaudois dans les montagnes de Savoïe, & de Dauphiné, dont il détestoit lui-même les erreurs, & qu'il regardoit comme des heretiques separez de l'Eglise. Il connoissoit donc l'Eglise, & ces deux Sectes n'étoient pas capables de l'obscurcir. Nous avons déja raporté le beau témoignage, qu'il lui rendit dans le Livre qu'il fît contre la Messe l'an 1521. & qu'il publia l'an 1534. Il est bon de le raporter encore ici pour faire voir, combien il étoit éloigné pour lors de croire, que l'Eglise étoit devenuë invisible. Il est tres-remarquable, & le sçavant Prélat Monsieur de Meaux a crû, qu'il méritoit d'avoir une place dans ses Variations, & nous nous servirons de sa traduction. *L'Eglise Catholique*, dit-il *est la veritable Eglise, le soutien, & la colonne de verité, & le lieu tres-Saint. En cette Eglise Dieu conserve miraculeusement le Batême, le texte de l'Evangile dans toutes les langues, la remission des pechez, & l'absolution tant dans la Confession qu'en public; le Sacrement de l'Au-*

mença, il n'y avoit en Occident que les heresies des Vandois & des Hussites qui ne pouvoient pas obscurcir l'Eglise étant separez d'avec elle.

L. 3. des Var pag. 270 *&s*.

tel vers Pâques, & trois ou quatre fois l'année, quoiqu'on en ait araché une espece au peuple ; la vocation, & l'ordination des Pasteurs, la consolation dans l'agonie, l'Image du Crucifix, & en même tems le ressouvenir de la mort, & de la passion de Jesus-Christ, le Psautier, l'Oraison Dominicale, le Symbole, le Decalogue, plusieurs Cantiques pieux en Latin & en Allemand.... où l'on trouve les vraies Reliques des Saints ; là sans doute a été & est encore la Sainte Eglise de Jesus-Christ, là sont demeurez les Saints ; car les institutions & les Sacremens de Jesus-Christ y sont, excepté une des especes arachée par force : C'est pourquoi il est certain, que Jesus-Christ y a été present, & que son saint-Esprit y conserve la vraie connoissance, & la vraie foi dans ses Elûs. On à peine sans doute à croire, qu'un si noble témoignage en faveur de l'Eglise ait pû sortir de la bouche de son plus cruel ennemi, dans le tems, qu'il travailloit avec le plus de force, & d'aplication à la détruire, & que cela lui soit échapé dans un Livre, qu'il faisoit, pour prouver, en se servant des raisons que le démon lui avoit enseignées dans la conference, qu'il eut avec lui, qu'il faloit abolir la Messe privée. Cette peinture, qu'il

DE L'EGLISE. Ch. XI. 603
nous fait de l'Eglise nous fait voir, qu'elle n'étoit pas alors invisible, & qu'il sçavoit bien lui-même la distinguer de toutes les autres Sectes.

Philippe Melancton pousse encore la chose plus loin ; car il prouve dans son Apologie pour la Confession d'Ausbourg, non seulement qu'elle n'est pas invisible, mais même qu'elle ne le peut jamais devenir. *L'Egle*, dit-il, *n'est pas seulement une société, où l'on observe certaines choses, & certaines ceremonies exterieures, comme les autres états, mais une société particuliere, dans laquelle se trouve la foi, & où le Saint-Esprit habite dans les cœurs, qui a cependant des marques exterieures, par lesquelles on peut la connoître, comme sont la pure doctrine de l'Evangile, & l'administration des Sacremens conforme à l'Evangile de* JESUS-CHRIST. Et dans la page suivante ; *Par cette Eglise*, dit-il, *qui est apelée Catholique* (dans le Symbole des Apôtres) *n'entendons pas une police exterieure de certaines nations, mais plûtôt des hommes répandus par toute la terre, qui conviennent entre-eux de l'Evangile ; qui ont le même Christ, le même Saint Esprit, & les mêmes Sacremens ; soit qu'ils aient des Traditions humaines semblables, ou*

Melancton prouve que l'Eglise ne peut jamais devenir invisible. Concord. pag. 144. & 145.

Conc. p. 146.

Dd ij

Pag. 148. *diferentes.* Et un peu après; *Ce n'est pas,* dit-il, *une Republique de Platon* (c'est-à-dire une societé imaginaire) *que nous nous figurons, lorsque nous parlons de l'Eglise, comme quelques-uns, qui veulent disputer, nous objectent. Mais nous disons, que cette Eglise, qui consiste dans les veritables fidelles, & les justes répandus par toute la terre, se trouve veritablement, & nous en donnons les marques, qui sont la pure doctrine de l'Evangile, & les Sacremens.*

L'Eglise ne peut être invisible selon la Confession d'Ausbourg.
L'idée qu'on donne de cette Eglise dans la Confession d'Ausbourg, renferme cette visibilité, comme un attribut essentiel & inseparable de cette societé: *Cette Eglise,* dit on, *n'est autre chose, que l'assemblée des fidelles, où l'on prêche purement l'Evangile, & où l'on administre les Sacremens, comme il faut.* Une assemblée de fidelles, n'est pas une chose qui puisse être invisible. La Prédication de la parole de Dieu n'est pas aussi une chose invisible; on voit, on entend, & on peut consulter ceux qui la prêchent. Les Sacremens ne sont pas des choses invisibles, puisqu'ils sont des signes, & on ne les administre pas d'une maniere invisible. Tout est donc visible dans cette societé; & dire qu'elle est

DE L'EGLISE. Chap. XI. 605
devenuë invisible, c'est dire, qu'elle a
cesé d'être, & qu'elle est entierement
anéantie.

En effet l'Eglise, que JESUS-CHRIST
a fondée étoit certainement une Eglise
visible ; & c'est pour cela qu'elle est apelée une Cité bâtie sur une montagne ; une
lumiere placée sur le chandelier, pour
éclairer tous ceux, qui sont dans le monde ; une vigne ; la Barque de saint Pierre ;
un filet rempli de toutes sortes de poissons ; un champ, une aire, la maison
de Dieu, la colonne & le fondement de
toute verité, l'Arche de Noé, la sainte
Cité, la Ville de Jerusalem, qui est descenduë du Ciel. Toutes ces choses, &
une infinité d'autres semblables, dont
JESUS-CHRIST, les Prophétes, & les
saints Apôtres se sont servis, pour nous
faire entendre ce que c'est que l'Eglise,
nous la representent, comme une societé
visible & connoissable à tout le monde,
tant qu'elle subsistera.

J. C. a fondé l'Eglise visible. Math. 5. v. 14. Math. 10. v. 1. Luc. 5. v. 3. Math. 13. v. 47. Ib. v. 14. 1. Timot. 3. v. 15. 1. Petr. 3. v. 20. Apoc. 21. v. 2.

Si cette Eglise pouvoit devenir invisible, comment JESUS-CHRIST nous ordon-
neroit-il, lorsque nous trouvons un de
nos freres incorrigible, d'y avoir recours ?
Luther avouë dans la préface de ses Ouvrages, que ce passage lui a donné la gê-
ne d'une étrange maniere, & qu'aprés

Math 18. v. 17.

D d iij

avoir autant qu'il l'avoit pû, satisfait à tous les passages, qu'on lui avoit objectez, ou qu'il s'étoit objectez à lui-même, *Il en restoit encore un*, dit-il, *que j'eus bien de la peine à surmonter avec le secours de* Jesus-Christ (ou plutôt du démon). *& je n'en vins à bout, qu'après avoir soufert des peines extrêmes, & beaucoup d'angoisses, c'est qu'il faut écouter l'Eglise.* Il n'est pas possible en effet d'étoufer dans le cœur des Fidelles ce sentiment, qui y est si fortement gravé, que l'Eglise a toûjours été, & sera toûjours une société visible, à qui nous pouvons adresser nos plaintes ; à qui nous devons déferer ceux, qui vivent dans l'endurcissement, & qui scandalisent leurs freres ; que nous devons consulter, & que nous devons écouter.

Les Lutheriens apelerent au Concile, ils connoissoient donc l'Eglise.

C'est pour cela que les Lutheriens ne firent point de difficulté d'apeler au Concile General, qui devoit être assemblé, comme il est porté dans la Préface de la Confession d'Ausbourg s'obligeans d'y paroître, & de s'y expliquer, protestans qu'ils ne se départiroient jamais de cette apellation, jusqu'à ce que le different, qu'ils avoient avec l'Eglise Romaine, fût charitablement apaisé, les dissensions entierement dissipées, & la paix solidement rétablie. La suite fit bien voir combien ces belles promesses étoient peu sinceres. Mais ce qu'on en doit conclure necessairement, c'est qu'ils reconnoissoient alors par *cette solemnelle & autentique protestation*, comme ils l'apellent, que l'Eglise étoit visible, puisqu'on pouvoit l'assembler ; qu'elle avoit pouvoir & autorité de juger des controverses ; qu'ils étoient eux-mêmes obligez de l'entendre sur peine de passer pour des Païens, & des Publicains. C'est ainsi qu'ils trahissoient leurs propres sentimens, ou que leurs propres sentimens les trahissoient eux-mêmes, au moment qu'ils y pensoient le moins.

Mais pour faire voir jusqu'où va l'aveuglement & la fureur de nos Reformateurs sur ce sujet, il ne faut que faire atention sur ce qu'ils disent, & redisent sans cesse de bouche & par écrit pour insulter à cette Eglise, qu'ils veulent rendre invisible, sçavoir que le Pape est l'Antechrît. Y avoit-il rien de plus visible, que l'Eglise où il présidoit ce Pape au tems de Luther, & où il préside encore ? Tous les nouveaux Apôtres & tous leurs Sectateurs la connoissoient parfaitement ; autrement ils auroient dû se condamner eux mêmes comme des foux,

L'Eglise où doit presider l'Antechrît est la vraie Eglise ; si le Pape est l'Antechrît, l'Eglise Romaine, où il préside, est donc la veritable Eglise. Or cette Eglise est tres-visible ; donc &c.

D d iiij

& des insensez d'avoir renoncé à une societé, dans laquelle ils avoient été batisez, instruits, élevez, repus de la sainte Eucharistie, ordonnez, & établis pour en repaître les autres, sans la connoître, ni sçavoir ce que c'étoit, ce qu'on y enseignoit, si elle étoit bonne ou mauvaise.

2. Thess.
2. v. 4.
Art. 6.
de Papa-
tu. Conc.
p. 315.

Conc.
p. 348.

Or cette Eglise, où doit présider l'Antechrit, est le Temple de Dieu, selon S. Paul, c'est-à-dire la vraie Eglise. C'est ainsi, que Luther l'explique dans les articles, qu'il composa l'an 1537. à Smacalde, pour presenter au Concile. Les Theologiens de Scamalde, qui composerent avec luy la même année un traité de la puissance, & de la primauté du Pape, l'entendent aussi de la même maniere. Melancton regarde cette interprétation comme une verité si certaine, qu'il en conclut, que les Sacremens ne laissent pas d'être efficaces, & veritables, quoiqu'ils soient administrez par des impies.

Melanct.
Apol. art.
4 Conc.
pag. 144.

Bien plus, dit-il, *nous pouvons recevoir ces Sacremens utilement, qui nous sont administrez par de méchans ministres; car saint Paul predit, qu'il arivera un jour, que l'Antechrit sera assis dans le Temple de Dieu, c'est-à-dire qu'il domi-*

nera dans *l'Eglise*, & *y fera de telles fonctions*.

D'où il suit necessairement, que cette Eglise, où l'Antechrît doit présider, sera la vraie Eglise. Et comme le Pape préside à l'Eglise Catholique ; s'il est l'Antechrît, comme ils prétendent, il faut necessairement, qu'ils conviennent, que l'Eglise Catholique, dont ils se sont séparez, est la veritable Eglise. Or ils ne peuvent pas disconvenir qu'elle ne fût tres-visible au tems de Luther ; car ils la voïoient, & ils la connoissoient, puisqu'ils l'a détestoient, & la fuïoient ; c'est donc une fausseté manifeste de dire, qu'elle étoit devenuë invisible au tems de Luther.

II. Il faut remarquer encore, que cette prétenduë Eglise invisible, qui doit avoir été avant Luther, étoit composée de certaines personnes, qui ne croïoient point ce qu'on enseignoit, & ce qu'on croïoit dans l'Eglise Romaine, mais ce que Luther ou Calvin ont enseigné, & prêché publiquement dans la suite : & on aporté pour exemple ces sept mille personnes, qui resterent pures dans le Roïaume d'Israël après l'apostasie de Jeroboam, qui n'avoient pas flechi le genoüil devant Baal, lors qu'Elie se croïoit

Quelle devoit être cette prétenduë Eglise invisible.

3. *Reg.* 19, 208.

être demeuré seul fidelle au vrai Dieu. Mais pour donner quelque couleur à cette imagination, il faudroit faire voir qu'avant Luther il y avoit dans l'Eglise des gens, qui croïaent par exemple, que les deux especes étoient essentielles au Sacrement de l'Eucharistie, refusoient de communier sous une seule & communioent sous les deux ensemble; qui ne vouloient point adorer JESUS-CHRIST dans ce Sacrement, & se tenoient assis, & même le chapeau sur la tête pendant qu'on donnoit la Communion, comme j'ai vû faire à quelques zelez Lutheriens dans leurs Prêches ; qui refusoient de faire inhumer leurs parens selon la maniere commune & ordinaire de cette Eglise, à cause des priéres qu'on fait pour les morts ; qui ne vouloient point assister à la Messe, parce que la celebration de l'Eucharistie est apelée un Sacrifice dans le Canon, parce qu'on y adore JESUS-CHRIST sous les especes du pain & du vin, qu'on y invoque les Saints, & qu'on y prie pour les morts ; qui ne vouloient point solemniser les Fêtes qui y étoient établies qui refusoient d'obéïr aux Evêques, qui ne vouloient point jeûner ou faire abstinence dans les jours commandez, qui ne reconnoissoient que deux

Sacremens, le Batême & l'Eucharistie, &c. Or il est certain, qu'on n'a jamais vû de telles gens dans l'Eglise avant Luther, & que tous ceux, qui ont embrasé sa Reforme ne pouvoient pas dire non plus que lui, qu'ils eussent jamais eu de tels sentimens, & qu'ils eussent vêcu de cette maniére parmi les Catholiques. Où étoit donc cette Eglise invisible Lutherienne ou Calviniste ?

Il faudra necessairement la chercher parmi les Hussites, les Wiclefistes, les Albigeois, les Vaudois. Mais ces Sectes étoient des societez séparées de la Communion des Catholiques. Ce n'étoit donc pas une Eglise invisible, mais des heresies manifestes, des Sectes condamnées, & retranchées du Corps Mystique de Jesus-Christ.

Les Sectes des Hussites, des Vaudois, des Albigeois ne peuvent être l'Eglise invisible.

Outre cela, la plus ancienne de ces Sectes n'étoit pas avant le 12. siécle ; ainsi il faut necessairement retomber dans le même embaras, lorsqu'on demande où étoit cette Eglise invisible, avant que ces Heretiques fussent au monde ?

Enfin ces societez n'étoient que trop visibles ; & comme elles se sont dissipées peu à peu, de sorte qu'il n'en reste que tres-peu de chose, il faudroit dire, que l'Eglise perissoit avec elles, pour ressusci-

Dd vj

ter dans celle de Luther, de Zuingle, de Muncer, de Calvin, & une infinité d'autres, que l'enfer a vomies dans le siécle passé, lesquelles avoient des opinions si contraires, & si oposées entre-elles, qu'elles se détestoient réciproquement, & dont les Auteurs se chargeoient d'injures les uns les autres.

Quelques heretiques dispersez parmi les Catholiques sans liturgie & sans assemblées ne font pas une Eglise.

Mais quand il seroit veritable, qu'il se fût trouvé quelques Lutheriens dispersez parmi les Catholiques avant Luther, qui cependant se vante par tout d'être l'Auteur de sa Secte, & de n'avoir eu que le démon pour son maître, cela ne sufiroit pas pour composer l'Eglise, c'est à dire selon la Confession d'Ausbourg, *une Assemblée de fidelles, où l'on prêche purement l'Evangile, & où l'on administre les Sacremens comme il faut.* Ces prétendus Lutheriens ne formoient pas une telle assemblée, puisqu'ils n'en avoient point d'autre, que celle de l'Eglise Catholique, dans laquelle on ne prêchoit pas l'Evangile de Luther, & où l'on n'administroit pas les Sacremens comme on fait dans les Prêches d'Allemagne. Les Ministres, le lieu de ces prétenduës assemblées, cet Evangile, ces Sacremens, ces ceremonies, cette liturgie, ces Catechismes, ces priéres Luthetiennes, & generalement tout ce qui est necessaire, pour une telle Eglise, étoient donc des choses aussi invisibles que l'Eglise, à qui elles devoient apartenir. Ou plutôt il n'y avoit rien de tout cela ; car on supose, que ces prétendus fidelles, qui malgré la Confession d'Ausbourg, formoient une Eglise invisible, étoient cachez parmi les Catholiques ; qu'ils faisoient comme les autres au dehors, mais qu'ils croïoient autrement au dedans ; c'est-à-dire qu'ils étoient des scelerats achevez, agissans perpetuellement contre leur propre conscience, adorans J. C. dans la Sainte Eucharistie, comme les autres, invocans les Saints, reverans leurs Images, prians pour les morts, & faisant generalement tout ce que faisoient les Catholiques, quoi qu'ils fussent persuadez que ce n'étoit, que des superstitions, des idolatries, & la doctrine de l'Antechrît.

D'où il suit, qu'il y a une grande diference entre ces Lutheriens anterieurs à Luther, & ces sept mille fidelles cachez dans le Roïaume d'Israël ; car ceux-cy étoient demeurez purs, & n'avoient jamais flechi le genoüil devant Baal, au lieu que ceux-là faisoient comme les faux Israëlites, qui sachant bien qu'il n'y

Ces prétendus Lutheriens cachez étoient semblables aux faux Israëlites qui adoroient

Dieu & Baal dans le schifme de Jeroboam.

avoit qu'un seul Dieu veritable, qu'on ne pouvoit en adorer d'autre, qu'il n'y avoit qu'un Temple au monde, où il fût permis de lui offrir des Sacrifices, cependant ne laissoient pas d'adorer Baal, & de lui offrir des Sacrifices comme les autres, dans les lieux, que Roboam avoit marquez; car ces Lutheriens imaginaires faisoient tout ce que faisoient les Catholiques, quoiqu'ils crussent tout le contraire, puisqu'on n'avoit jamais vû personne avant Luther qui fît autrement.

Les Israëlites fidelles dans le Schifme de Jeroboam étoient unis à la Sinagogue de Juda. Tob. 1. v. 6. & cap. 5. v. 21. selon le texte Grec.

Il est vrai, que la Synagogue parut manquer pour lors en Israël; car il ne s'y faisoit plus d'assemblées de fidelles, au moins publiquement; mais elle ne manqua pas dans toutes les tribus, puisqu'on adoroit en Jerusalem, comme auparavant, & ces veritables fidelles y alloient en secret, autant qu'il leur étoit possible, pour offrir leurs dons & leur Sacrifices, comme il paroît par le Livre de Tobie, lequel étoit du nombre.

Il faudroit donc nous montrer quelque société Lutherienne subsistante pendant cette prétenduë apostasie de l'Eglise Romaine, laquelle auroit eu les titres & les qualitez de la vraie Eglise, & à laquelle ces Lutheriens cachez auroient été unis;

sinon de corps, au moins de cœur & d'esprit, comme ces sept mille Israëlites étoient unis à toute la Synagogue du Roïaume de Juda, laquelle étoit tres-visible. Car si l'on supose, que l'Eglise a été tellement corompuë, & pervertie, qu'il ne soit resté aucun endroit dans le monde, où l'on *prêchât purement l'Evangile, & où l'on administrât les Sacremens comme il faut*, on doit necessairement dire, qu'il n'y avoit plus d'Eglise au monde, & en revenir à l'opinion des Calvinistes de France, qui disent simplement dans leur Confession de foi, que *l'état de l'Eglise étoit interrompu, & qu'elle étoit tombée en ruine, & désolation*; & quoi que cette opinion ne soit pas plus veritable, que la premiere, elle a cependant quelque chose de plus sincere. Car de dire, que l'Eglise a manqué, ou qu'elle est devenuë invisible, c'est la même chose dans le fond, mais exprimée d'une maniere plus simple par les Calvinistes, & plus trompeuse par les Lutheriens.

On se sert encore de plusieurs autres exemples tirez de l'Ancien Testament, qui semblent faire voir, que la Synagogue a disparu de tems en tems, pour montrer, que la même chose peut ariver

Art. 27 de la Confession des Calvinistes de France.

à l'Eglise. Achaz, dit-on, regna 16. ans à Jerusalem aprés Joathan, & pendant tout ce tems on n'immola dans le Temple qu'aux faux Dieux ; & le grand Prêtre Urie fit lui-même détruire l'Autel du Seigneur par l'ordre de ce Roi impie, pour en eriger & en confacrer un autre à la place aux Dieux de Damas, afin de les apaiser, difoit-il, & pour les détourner de favorifer le Roi de Syrie contre lui. Ainfi le Temple fut fermé aux veritables Ifraëlites pendant tout ce tems, & fut rempli de toutes fortes d'abominations.

L. 2. Paralip. c. 28. v. 1. & v. 23.

Achaz établit l'idolatrie dans le temple, Ezechias fon fils l'extermina, Manaffé la rétablit.

Aprés la mort de ce Prince, Dieu établit Ezechias fur le Thrône. Celui-ci bannit l'idolatrie du Roïaume de Juda, purifia le Temple & rétablit les Sacrifices du vrai Dieu. Il regna faintement l'efpace de 29. années ; mais fon fils Manaffés qui regna 55. ans, fut mille fois pire qu'Achaz fon grand Pere, & fit des crimes en plus grand nombre, & plus énormes, que les Amorrhéens n'en avoient jamais fait, dit l'Ecriture. Il pervertit tout Juda. Il verfa le fang des Prophétes, & des vrais Ifraëlites en fi grande abondance, que la Ville de Jerufalem en fut inondée. Ainfi il n'y avoit alors ni Temple, ni Synagogue, ni Autel, ni

2. Paral. c. 29. v. 1.

2. Paral. c. 33. v. 1. L. 4. Reg. c. 21.

L. 4. Reg. c. 21. v. 16.

Sacrifice. Où étoit donc l'Eglise des Juifs?

La captivité de Babilone, qui vint après, fit encore une interruption plus considerable, que toutes celles-là ; puisqu'il ne resta ni Ville, ni Temple, ni culte, ni assemblées, ni exercice de Religion pendant 70. années qu'elle dura. On ne peut pas disconvenir cependant, qu'il ne restât de veritables Israëlites, pendant ces horribles persecutions ; mais ils étoient cachez & n'avoient pas le pouvoir de s'assembler ; ainsi ils ne pouvoient pas former une Eglise, & encore bien moins une Eglise visible.

Il est vrai, que ces malheureux Rois Achaz, & Manassez firent tout ce qu'ils pûrent, pour détruire le culte du vrai Dieu ; mais nous ne voïons pas, que le premier ait empêché les Juifs de s'assembler, ni qu'il ait exercé de grandes violences contre les vrais Israëlites. Il se contentoit de pervertir tous ceux, qu'il pouvoit, & d'empêcher les Sacrifices, & les ceremonies, qui se faisoient dans le Temple en y faisant adorer les Idoles de Syrie.

Assemblées particulieres du tems d'Achaz qui font voir que la Synagogue n'étoit pas invisible.

Mais quand il l'auroit voulu faire, comme fit son petit fils Manassez, tous ses efforts n'auroient abouti qu'à empêcher les assemblées solemnelles & publiques, comme on empêche celles des Catholiques en Angleterre, & chaque maison en ce cas devenoit une Synagogue. On y faisoit la Circonsion, on y lisoit les Saintes-Ecritures, on y enseignoit la Loi de Dieu, & on s'y animoit mutuellement à mourir plutôt, que de se soüiller par l'idolatrie. On connoissoit ceux, qui s'abstenoient des Sacrifices abominables, qu'on offroit aux faux Dieux, & des assemblées sacrileges, qui se faisoient alors dans le lieu Saint. Il falloit bien qu'on les connût du tems de Manassez, puisque ce malheureux Roi en fit tant mourir. Cela n'est-il pas plus que sufisant pour dire, que la Synagogue étoit alors très-visible?

Les Juifs conserverent la liberté de s'assembler pendant la captivité de Babilône.

Pendant la captivité de Babilone on sçait, que les Juifs s'assembloient dans des lieux, où ils faisoient tous les exercices de leur Religion, à l'exeption de ceux, qui ne se pouvoient faire que dans le Temple. Ils ne négligerent jamais la Circoncision; il y en eut peu, qui se mêlassent avec les Gentils; ils prirent soin de conserver leurs Généalogies; afin que les tribus ne fussent pas confonduës, quand ils reviendroient. Nous voïons qu'ils s'assembloient secrettement les jours de Fêtes, par ce qui est dit de Tobie,

qu'un jour de Fête du Seigneur, il af- *Tob. 21*
sembla ceux de sa Tribu. Ils ne man- *v. 1.*
quoient ni de Saints, ni de Prophétes, pour
les consoler, pour les instruire, & pour
les avertir de leur devoir. Ils avoient les
Saintes-Ecritures, par lesquelles ils connoissoient quel étoit le principe de leurs
maux ; qu'ils ne devoient durer que peu
de tems ; que leur Ville & leur Temple
seroient bien-tôt rebâtis, & rétablis ; que
leur captivité ne dureroit que 70. années,
comme Jeremie l'avoit publié tant de fois
avant qu'elle eût commencé. Enfin nous
voïons, qu'il leur étoit non seulement
permis de vivre dans l'exercice de leur
Religion, mais même selon les loix de
leur Etat ; puisqu'ils avoient des Juges, &
un Senat, qui condamnoit à mort ceux
qui l'avoient merité. L'Histoire de Susan-
ne en est une preuve indubitable. Il est
donc absolument faux de dire, que la
Synagogue étoit invisible pendant ces
malheureux tems.

Mais suposé que cela eût été ainsi, *Il ne peut ari-*
quelle consequence en peut-on tirer, pour *ver à l'E-*
prouver, que l'Eglise peut devenir invi- *glise, si-*
sible ? Si l'on pouvoit en conclure quel- *non à la fin des*
que chose, ce seroit en vertu de ce prin- *siécles, ce*
cipe. Il peut ariver à l'Eglise, ce qui est *qui est*
arivé à la Synagogue. Or ce principe est *arivé à la Synago-*
gue.

tres-faux, comme nous avons déja dit, & prouvé ailleurs, & mille raisons en font voir la fausseté. Car la Synagogue ne devoit être répanduë, que dans une tres-petite Province, & l'Eglise doit l'être par toute la terre ; la Synagogue devoit finir, n'étant établie, que pour un tems, & l'Eglise ne finira jamais ; la Synagogue n'avoit qu'un seul Temple, & plusieurs sortes de Sacrifices, & l'Eglise a des millions de Temples, & n'a qu'un seul & même Sacrifice, qui s'offre dans tous ces lieux. Un Roïaume peut être ravagé comme celui des Juifs l'a été tant de fois ; une Nation peut être exterminée ou tyrannisée, un Temple peut être détruit ; mais jamais tous les Roïaumes du monde, toutes les Nations de la terre, ni tous les Temples de l'Univers ne le peuvent être en même tems, sinon à la fin des siécles, lorsque Dieu exterminera tout par un déluge de feu, comme il a déja fait une fois par un déluge d'eau. Il faudroit cependant que cela pût ariver, afin que l'Eglise devînt invisible, comme on prétend que la Synagogue l'est devenuë dans ces tems de persecution sous Achaz, sous Manassez, & pendant la captivité de Babilone ; or cela est manifestement impossible ; il faut donc conclure, que non seulement l'Eglise n'a jamais été invisible, mais encore qu'elle ne peut jamais le devenir. Et tant s'en faut, que les persecutions lui aïent jamais fait aucun domage, qu'au contraire elle n'a jamais été plus florissante, que dans ces tems de tempête & d'orage, où le sang des martirs étoit une semence feconde, qui faisoit naître mille fois plus de Chrétiens, que les boureaux n'en pouvoient détruire, *sanguis martyrum semen est Christianorum*, dit Tertulien.

Aussi n'est-ce pas par les persecutions, que les Reformateurs disent, que l'Eglise est devenuë invisible, mais par le mêlange des fausses Traditions avec la Doctrine des Apôtres. Ils prétendent, que chacun aïant embrassé la mauvaise Doctrine comme la bonne sans discernement, l'Eglise s'est trouvée peu à peu remplie d'idolatries, de superstitions, d'heresies, & d'ereurs abominables, comme il ariva dans la suite des tems à la Synagogue, c'est pour cela qu'elle n'étoit plus connoissable au tems de JESUS-CHRIST. J'ai répondu amplement à cela dans la premiere Partie, ainsi je ne m'y arêterai pas davantage à present. Mais voici une objection qu'on a coûtume de nous faire sur cette matiere, qui merite que nous

Ce qui peut rendre l'Eglise invisible selon les Reformateurs.

1. Part. ch. 13.

y faſſions une attention particuliere.

Etat de l'Egliſe au tems de l'Arianiſme.

L'Arianiſme, dit-on, ſe repandit ſi prodigieuſement dans le quatriéme ſiécle, & ſur tout aprés la mort de Conſtantin le Grand, qu'on ne pouvoit diſtinguer les fidelles, d'avec les heretiques. Cette hereſie ſe rafina & ſe ſubtiliſa de telle maniere, que les plus éclairez s'y laiſſoient ſurprendre; deſorte qu'il ſemble que la foi étoit confonduë avec l'ereur, & qu'il étoit comme impoſſible de la diſtinguer. Pour un Concile Catholique, il s'en faiſoit ſix Ariens, qui n'étoient ni moins nombreux ni compoſez d'Evêques moins éclairez, ni moins gens de bien ſelon l'aparence. On ne ſçavoit où s'en tenir, ni à qui s'en raporter; & même le nombre des Evêques Ariens étoit ſi grand que ſaint Hilaire, qui étoit alors éxilé en Orient, ne fait point de difficulté

S. Hilar. L. de Synod.

de dire, qu'*à la reſerve de l'Evêque Euleuſius, & un petit nombre d'autres avec lui, la plus grande partie des Evêques, qui ſe trouvoient dans les dix Provinces d'Aſie, ne connoiſſoient pas veritablement*

Dialogo adv. Lucif. c. 7.

Dieu. Saint Jerôme dit encore quelque choſe de plus fort. *Aprés le Concile de Rimini*, dit-il, *le nom de Conſubſtantiel fut aboli, on proclama publiquement la condamnation de la foi de Nicée.* Tout

DE L'EGLISE. Ch. XI. 623
l'Univers en gémit, & fut frapé d'étonnement. Comment donc pouvoit-on alors connoître l'Eglise ? On peut dire, que dans ces tems tenebreux ce Corps mystique de JESUS-CHRIST n'avoit plus ni beauté ni figure, & qu'il paroissoit comme tout couvert de lepre, c'est-à-dire comme enseveli dans l'impieté de l'Arianisme.

Cette objection n'est pas nouvelle. Il y a prés de 1300. ans, que saint Augustin y a répondu. Les Donatistes se servoient du passage de saint Hilaire, pour prouver, que l'Eglise étoit tombée dans de si affreuses tenebres, qu'on pouvoit dire qu'elle avoit absolument peri dans tout le monde, pour ressusciter en Afrique dans leur parti seulement, comme les Calvinistes disent, qu'elle a péri, pour renaître dans leur Secte ; les Lutheriens, qu'elle s'est cachée, & comme ensevelie dans les tenebres, pour paroître avec éclat, aprés un long silence, dans leur Synagogue. Il ne faut donc que faire parler ici saint Augustin, pour fermer la bouche à ces nouveaux monstres, comme il l'a fermée de son tems à ces Schismatiques, contre qui il disputoit. *Il faut sçavoir*, dit-il, *que saint Hilaire reprenoit alors l'yvroie des dix Provinces d'Asie*,

S. Aug. Epist. 93. al. 48. ad Vinc. Rogatistam c. 9. n. 32.

Réponse de saint Augustin à l'objection proposée.

& *non pas le froment, ou qu'il croïoit même être obligé de reprendre le froment, & de le faire avec toute la force, qu'il jugeoit necessaire, pour rendre sa correction utile ; parce qu'il étoit en danger de tomber.* Il prouve ensuite par l'exemple de l'Apôtre saint Paul, que cette maniere de parler en general ne doit jamais être prise à la rigueur, & qu'on ne s'en sert dans de semblables occasions, que pour faire faire atention à ceux, à qui on parle, sur la grandeur du mal, où ils sont en péril de tomber. Cela ne prouve donc autre chose, sinon, que de tous les Evêques, qui étoient dans les Provinces d'Asie, il n'y en avoit qu'un tres-petit nombre, qui connussent vraiment Dieu, la plus grande partie étant ou de mauvaise vie ; ou com-

Isaï. 56. v. 10.

me dit le Prophéte Isaïe, des aveugles & des ignorans, *speculatores cæci omnes, nescierunt universi*, incapables de soutenir la foi de l'Eglise contre les heretiques ; ou des politiques, c'est à-dire selon le même Prophéte des chiens muets, qui n'osoient aboïer, de peur de déplaire à l'Empereur, & de se voir chassez de leurs

Qui sont ceux entre les Pasteurs de qui l'on peut

sieges par la faction des Ariens ; ou bien enfin des heretiques & ennemis déclarez de la Divinité du Fils de Dieu, qu'ils nioient consubstantiel à son Pere, & contre

tre qui ils blasphemoient continuellement ; car on peut dire avec verité de ces sortes de Pasteurs impies, ignorans, politiques & heretiques, qui font la plus grande partie du corps des Pasteurs, qu'ils ne connoissent pas Dieu, puisqu'il n'est pas possible de le connoître sans l'aimer, & le servir de tout son cœur ; & par la même raison, Dieu ne les connoît pas aussi, & il leur dira un jour *Nescio vos*; parce qu'il ne les aime pas. dire qu'ils ne connoissent pas Dieu.

Saint Hilaire avoit donc grande raison de parler de cette maniere aux Evêques d'Occident, pour leur imprimer de l'horreur de la conduite de ceux d'Orient, dans lesquels il trouvoit ou si peu de vertu, ou tant d'ignorance, ou tant de lâcheté, ou tant d'opiniâtreté à soûtenir l'heresie d'Arius.

Il est certain, que tout le monde gemit en voïant la perfidie, dont les Ariens userent à Rimini, pour faire tomber les Evêques Catholiques dans le piége, qu'ils leur tendoient ; car aprés leur avoir fait signer une Confession de foi, dans laquelle on suprimoit le mot d'ὁμοούσιος, qui sembloit être sufisamment expliqué par les termes mêmes de la Confession, & par certains Anathematismes, qu'ils y ajoûterent, & que saint Jerôme raporte au même lieu, Perfidie des Ariens à Rimini.

Dialog. adv. Lucif. 6. 7.

ils se mirent à triompher, comme s'ils avoient remporté une entiere victoire, & comme si la foi du Concile de Nicée avoit été entierement renversée. Il n'y eut personne assûrément, qui ne fût étonné de voir avec quelle insolence ces impies publioient, que tout l'Occident aussi bien que l'Orient, c'est-à-dire tout le monde, étoit entré dans leur sentiment, sans y avoir jamais pensé. *Tunc Usiæ nomen abolitum est. Tunc Niceæ fidei damnatio conclamata est* (ab Arianis) *Ingemuit totus orbis, & Arianum se esse miratus est* (Proclamatum). C'est là le sens de S. Jerôme ; car il est tres-certain, qu'il n'a jamais voulu dire, que tous ces Evêques, qui avoient signé cette Confession de foi, où il ne manquoit que le mot de *Consubstantiel*, fussent devenus veritablement Ariens; puisqu'il dit au contraire immediatement après, qu'aïant connu la fourberie des Ariens, les uns refuserent au même tems de communiquer avec eux ; les autres firent encore plus, car ils écrivirent à ceux, qui étoient en exil pour la foi, afin de faire voir à tout le monde, qu'ils demeuroient unis de Communion avec eux ; les autres enfin pleurerent amerement leur faute, de sorte *que de ce grand nombre d'Evêques*, qui avoient

En quel tems saint Jerôme dit, que tout le monde fut étonné de se voir Arien.

Ibid. cap. 11.

été trompez par l'aparence, qu'on leur montroit de rétablir le calme dans l'Eglise, & qui avoient été forcez par mille violences, qu'on leur fit, pour les faire souscrire, *Il s'en trouva tres peu*, dit saint Jerôme, *qui ne détestassent la faute, qu'ils avoient commise*, quoiqu'il soit naturel à l'homme de s'excuser dans de semblables occasions.

Ce Concile fut tenu l'an 359. & *la bête*, c'est-à-dire Constance, que S. Jerôme appelle ainsi, mourut l'an 361. Julien l'Apostat son successeur rapela tous les Evêques exilez. *Toute Egypte reçût saint Anathase*, dit S. Jerôme, *comme en triomphe. Toute l'Eglise de France reçût saint Hilaire avec une joïe incroïable, comme un illustre combatant, qui revenoit chargé de gloire d'un si cruel combat. Tous ces Evêques, qui avoient été trompez par les artifices des Ariens, couroient à lui de toutes parts, pour lui protester en jurant même sur le Corps de* JESUS-CHRIST, *qu'ils n'avoient jamais eu dessein de blesser la foi par leur souscription.* Tout cela fait bien voir, que saint Jerôme étoit bien éloigné de croire, que tout le monde fût devenu Arien, & que s'il l'étoit devenu, ce n'étoit que dans l'imagination d'Ursace & de Valens, qui étoient les Auteurs

Les Evêques, qui souscrivirent à la Confession de foi de Rimini étoient Catholiques, excepté quelques-uns.

de cette indigne Tragedie.

Julien ne regna qu'un an & neuf mois, & Jovien lui succeda l'an 364. c'est-à-dire environ quatre ans & demi après le Concile de Rimini. Cet Empereur ne fut pas plûtôt sur le Thrône, qu'il écrivit à saint Athanase, comme au plus grand, & plus illustre défenseur de la foi Catholique, dont il lui demanda une exposition simple & exacte. Saint Athanase aïant assemblé le Concile de sa Province lui écrivit au nom de tous les Saints Evêques, qui le composoient avec lui. Cette belle Lettre se trouve dans le premier Tome de ses Ouvrages, & dans l'Histoire Ecclesiastique de Theodoret. Il y fait voir par un dénombrement singulier, combien il y avoit peu de Provinces, & de personnes infectées de l'Arianisme en comparaison des Catholiques. *Cette foi*, dit-il après l'avoir exposée, *a été confirmée par les Saints Peres du Concile de Nicée. Tant d'Eglises répanduës par tout le monde ont reçû cette définition, comme sont celles d'Espagne, d'Angleterre, de France, de toute l'Italie, de la Dalmatie, de Mysie, de Macedoine, de toute la Grece; toutes les Eglises d'Afrique, de Sardaigne, de Chipre, de Crete, de Pamphilie, de Lycie, d'Isaurie,*

Theodor. l. 4. c. 3.

Petit nombre d'Ariens en comparaison de celui des Catholiques.

les Eglises d'Egypte, de Lybie, du Pont, de Capadoce, & celles qui sont aux environs. Enfin toutes celles d'Orient à l'exception de quelques-unes en petit nombre, qui favorisent cette Secte d'Arius. Nous sçavons le sentiment de toutes ces Eglises; elles nous ont écrit des lettres de Communion. Ainsi nous sommes asseurez, ô tressaint Empereur, qu'une poignée de gens, qui contredisent cette foi, ne peut faire aucun préjudice à l'autorité de toute la terre, qui est dans un sentiment contraire.

Le même Pere dit qu'au Concile de Sardique, qui fut tenu l'an 347. lorsque cette funeste heresie faisoit le plus, de ravage, plus de 300. Evêques d'Egypte, de Lybie, de Pentapole, de la Palestine de l'Isaurie, de Chipre, de Pamphylie, de Lycie, de Galatie, & de diverses autres Provinces, qu'il nomme, reconnûrent son innocence. Ce n'est pas que tous ces Evêques se fussent trouvez personnellement à ce Concile ; puisqu'il dit dans un autre endroit, que le nombre de ceux, qui s'y trouverent, étoit de 170. plus ou moins, dont il y en avoit 80. du parti des Ariens. Mais tous les autres, qui étoient venus de toutes ces Provinces, qu'il nomme, la reconnûrent non seulement en leur propre nom, mais encore au nom de tous les

Apolog. 2. de fuga suâ T. 1. Epist. ad solitarios.

Conciles particuliers, qui avoient été assemblez pour les député, en aïant été chargez par leur députation, & ils en furent aprouvez à leur retour.

La foi de l'Eglise plus brillante que jamais au tems de l'Arianisme.

C'est donc une chose notoirement fausse, que l'Eglise ait été alors invisible ; au contraire elle brilloit plus que jamais par le vif éclat de sa foi dans un grand nombre de Saints Evêques chassez de leurs sieges, persecutez, & exilez, comme étoient un saint Athanase, un saint Hilaire, un Paul de Constantinople, un Lucifer de Cagliari, un Eusebe de Verceil, un Denis de Milan, un Serapion, un Potamon, & mille autres, dont la memoire est en benediction, & dont le sang & les sueurs ont servi à cimenter cette sainte Cité bâtie sur la montagne.

Artifice des Lutheriens dans la Confession d'Ausbourg, touchant la visibilité de l'Eglise.

III. Il faut remarquer, que les Protestans nous aïant donné une idée, selon laquelle il est impossible, que l'Eglise devienne invisible, se sont au même tems retenu le droit de la faire invisible toutes fois & quantes, qu'ils s'y trouveront obligez, pour soûtenir la necessité de leur prétenduë Reforme ; car si l'Eglise ne peut manquer, comme ils se trouvent forcez de le dire dans l'article VII. de la Confession d'Ausbourg, & si cette Eglise ne peut jamais devenir invisible, selon la définition, qu'ils en donnent dans ce même article, on a droit de leur demander, à quoi pouvoit servir cette Reforme, qu'ils machinoient dans tant d'articles de sa Doctrine, qui regardent la foi & les mœurs ? C'est pourquoi ils lui donnent des marques, qui ne peuvent servir qu'à la confondre avec toutes les Sectes heretiques, qui ont été, qui sont encor, ou qui seront jusqu'à la fin des siécles. Ces marques sont, selon la Confession d'Ausbourg, la prédication pure de l'Evangile, & l'administration des Sacremens comme il faut. Il n'y a jamais eu de Secte dans le Christianisme, qui n'ait prétendu prêcher purement l'Evangile, & administrer les Sacremens comme il faut; ainsi il n'y en a pas une, qui ne puisse soûtenir, qu'elle est la vrai Eglise. Un Lutherien auroit donc bonne grace de dire à un Arien, ou à un Socinien, ou à quelqu'autre Heretique, tel qu'il puisse être, qu'il n'est pas dans la vraie Eglise. Il faudroit commencer par prouver, qu'ils ne prêchent pas purement l'Evangile, & qu'ils n'administrent pas les Sacremens comme il faut ; & pour cela il faudroit faire batre l'esprit particulier avec les idées claires & distinctes, ce qui donneroit matiere à un beau spectacle.

Toutes sortes de Sectes peuvent dire avec raison, qu'ils sont la vraie Eglise selon les marques, que lui donnent les Lutheriens.

Lorsque les Peres disputoient contre les Ariens, ils agissoient d'une autre maniere. Ils apuïoient le sens, qu'ils donnoient aux passages de l'Ecriture, qu'ils citoient, par la Tradition, & par le consentement unanime de toute l'Eglise; & par là ils les confondoient, desorte que ne pouvans résister à la force de leurs preuves, ils avoient recours à la violence; & l'Empereur Constance étant entré dans leur parti, il n'y eut rien qu'ils ne pussent faire pour persecuter les défenseurs de la foi, & qu'ils ne fissent en effet.

Ces Peres avoient donc d'autres marques pour caracteriser l'Eglise; & elles étoient telles, que les plus aveugles étoient capables de la connoître, & de la distinguer de toutes les autres Sectes. Elles subsisteront jusqu'à la fin des siécles, & la feront toûjours distinguer, même de la Synagogue de l'Antechrît, malgré tous les faux miracles, qu'il fera pour seduire les fidelles. Ils nous les ont laissées ces marques dans le Symbole de Nicée augmenté à Constantinople l'an 381. où elles sont exprimées par ces paroles. *Credo unam, Sanctam, Catholicam, & Apostolicam Ecclesiam.* Je croi qu'il y a une seule Eglise, qu'elle est Sainte, Catholique ou universelle, c'est-à-dire répan-

Vraies marques de l'Eglise.

duë par toute la terre, & Apostolique, c'est-à-dire fondée par les Apôtres.

Ce sont là les quatre marques principales & essentielles, par lesquelles l'Eglise sera toûjours distinguée de toutes les Sectes du monde jusqu'à la fin des siécles. Elle est *une* sans partage & sans division dans sa foi, & dans ses maximes de morale, parce que Jesus-Christ n'a enseigné à tous les fidelles, & pour tous les fidelles, que les mêmes choses. Les Apôtres n'ont pas fait des Sectes diferentes, quoiqu'ils fussent répandus dans diferentes Provinces; & ils n'ont jamais rien prêché ni enseigné, qui fût contraire l'un à l'autre. Tous les Chrêtiens, qu'ils avoient batisez, tous les Pasteurs que les uns & les autres avoient formez & instruits, se trouvoient tous d'un même sentiment, dans leurs assemblées, dans leurs écrits, dans leurs Conciles, & dans leurs Eglises. Il n'y a donc qu'une même doctrine, comme il n'y a qu'une seule verité dans toute l'Eglise, telle qu'elle puisse être.

Unité de l'Eglise.

Cette Eglise est vraiment *sainte*; car les maximes de Morale, que Jesus-Christ a enseignées, & que les Apôtres ont prêchées, sont tres-pures & tres saintes. Ainsi une societé, qui con-

Sainteté de l'Eglise.

serve exactement, qui enseigne sans cesse, & qui fait pratiquer, autant qu'il est en son pouvoir, une doctrine si pure, & des maximes si divines, doit être regardée comme tres-sainte, & il n'y a personne, qui puisse en disconvenir.

<small>Universalité de l'Eglise.</small>

J. C. ordonna à ses Apôtres d'aller par toute la Terre prêcher son Evangile; ils l'ont fait, & ils ont rempli tout l'Univers de sa Doctrine. *In omnem terram exivit sonus eorum & in fines orbis terræ verba eorum.* Elle est donc encore *Catholique*, comme nous l'avons prouvé solidement dans la premiere Partie. Ainsi la societé, qui se trouve répanduë dans tout le monde, qui est la plus étenduë, & la plus nombreuse de toutes les autres, est l'Eglise que Jesus-Christ a établie.

<small>1. Part. chap. 8.</small>

<small>L'Eglise est vraiment Apostolique,</small>

Enfin la societé, qui a conservé exactement la Doctrine, que les Apôtres ont enseignée par une Tradition constante, & non interrompuë; qui le prouve d'une maniere invincible, & incontestable, par les témoignages de ceux qui ont vêcu, écrit, prêché, & enseigné dans chaque siécle cette même doctrine; qui a toûjours rejeté, condamné, & anathematisé dans toutes ses assemblées, & dans tous ses Conciles, toute doctrine nouvelle comme fausse, heretique, & contraire à celle, qu'elle tenoit des Apôtres, est veritablement *Apostolique*; car c'est là la seule idée, que nous pouvons avoir de ce titre, qui lui a été donné par les Apôtres mêmes. Ce sont là donc les marques certaines & essentielles de l'Eglise, & non pas celles, que les Protestans lui ont données, pour la confondre avec toutes les Sectes les plus abominables, & la faire disparoître quand ils le trouvent necessaire, pour soûtenir leur impieté par de tels Sophismes.

Comme ces notions sont tres certaines, & tres-évidentes, il ne s'agit, que d'examiner à laquelle de toutes les societez, qui sont dans le monde, elles peuvent convenir, pour connoître laquelle est la vraie Eglise. Or il est manifeste, qu'il n'y a que l'Eglise, dont le Pape est le Chef, & dans laquelle Luther, Melancton, Zuingle, Calvin, & tous les autres Reformateurs du siécle passé sont nez, & ont été batisez, à qui elles puissent convenir; car il n'y a que cette seule societé, qui ait par tout une seule & même croïance. Cela est évident, puisque toutes les autres societez, qui s'en séparent n'ont pas plûtôt rompu l'unité, qu'elles se divisent en mille & mille Sectes differentes. On en comptoit jusqu'à 77. dans celle de Luther dés le commencement, & le nom-

Ces marques ne peuvent convenir qu'à la societé, dont le Pape est le Chef.

bre en est à present innombrable, comme il paroît par celles, qui sont condamnées dans la Concorde. Il n'y a donc que l'Eglise Romaine, qui ait une seule foi, une seule loi, un seul batême, & par consequent *l'unité*.

Sa doctrine est infiniment pure, puisqu'elle est entierement oposée à la corruption du cœur de l'homme, ce qui prouve manifestement, qu'elle est toute celeste; car tout ce que l'homme établit de son chef, pour la conduite des autres, s'il ne se regle sur les maximes immuables de l'Evangile, dont l'Eglise est la dépositaire, tient toûjours de la coruption de son cœur. Si cet instituteur ou legislateur est un homme superbe, les regles ou les maximes qu'il établira, s'arêteront toutes aux aparences des choses, & ne penetreront jamais au dedans; elles ne tendront point à regler le cœur, mais seulement les dehors. S'il est esclave de l'esprit impur, l'impureté se trouvera peu interessée dans les maximes, qu'il établira, & souvent même elle s'y trouvera autorisée, comme elle l'est grossierement dans la reforme de Luther, qui établit pour maxime, que la continence est autant impossible à garder, comme de changer de sexe; que les vertus les plus éclatantes ne sont d'aucun mérite de-

Tout ce qui vient de l'homme, sent la coruption de l'homme.

vant Dieu; que les bonnes œuvres ne sont point necessaires à salut, &c. Mais il n'y a rien dans la doctrine de l'Eglise, qui ne soit contraire à toutes les passions humaines, & à la corruption du cœur de l'homme. Il faut bien que Luther en convienne lui même, puisqu'il compte parmi les Saints, saint Bernard & saint François, qui ont vêcu au 13. siécle suivant ces saintes maximes, & qui n'ose pas même en rejeter saint Thomas, dont la vie & la doctrine sont diametralement oposées à la sienne, & renferment tout ce qu'on apelle dans la Reforme, idolatrie, superstition, abus, faux Sacremens, hipocrisie, doctrine de l'Antechrît, &c. Melancton dit la même chose dans son Apologie. Il faut donc au jugement même de nos plus cruels ennemis, que la doctrine de l'Eglise Romaine soit tres-sainte, & que sa morale soit tres-pure, puisqu'on se sanctifie en la pratiquant & en l'observant, & par consequent que cette Eglise ait la veritable *sainteté* : d'où il suit necessairement, qu'elle est la vraie Eglise, hors laquelle il n'y a point de salut.

Il n'y a que cette societé au monde, qui soit répanduë par toute la terre ; car il y a des Catholiques dans toutes les parties du monde, & il y a tres-peu de lieux,

S. Bernard & S. François sont veritablement Saints selon Luther. Thesi ani 1522. adv. Theologastr Parienf. l. de abrogatâ Missâ privat. l. de votis Monastic. Melanct. apol art. 3. Conc. pag. 99.

où ils ne fassent des assemblées secrettes ou publiques. Il n'en est pas ainsi des Sectes de Clavin, Luther, Zuingle, ni d'aucune autre ancienne ou nouvelle. Ainsi il n'y a qu'elle, à qui le titre de *Catholique* puisse apartenir ; il n'y a donc qu'elle, qui soit la vraie Eglise, puisque les Apôtres ne l'ont donné qu'à l'Eglise de Jesus-Christ.

Enfin cette Eglise prouve & démontre, comme nous l'avons fait voir tant de fois, que depuis les Apôtres on a toûjours crû, prêché & enseigné ce qu'elle croit, prêche, & enseigne encore à present. C'est un fait, dont il est facile de s'assûrer, puisque nous avons des Sermons, des Homelies, des traitez, des Conferences, des Catechismes, des liturgies, une infinité de Conciles, d'Histoires, de Rituels, d'explications de la Liturgie, de catalogues des heresies, & autres semblables monumens, par lesquels il est tres-facile de sçavoir, & de connoître avec la derniere certitude, ce qu'on a crû, & ce qu'on a fait dans tous les tems & tous les lieux depuis les Apôtres. Et il n'y a qu'elle seule qui soit en possession de cette doctrine, puisque celle des autres societez y est entierement contraire. Cela étant donc prouvé, comme nous le faisons invinciblement, il faut encore necessairement conclure, que cette Eglise est seule *Apostolique*, c'est-à-dire la seule dépositaire de la doctrine des Apôtres.

Cette Eglise a donc seule toutes les marques, & les caracteres de celle, que Jesus-Christ a fondée & que les Apôtres ont établie par tout le monde; & ces marques étant tres-sensibles & tres-connoissables, il faut necessairement convenir, qu'elle est non seulement tres-visible, mais encore qu'il est impossible, qu'elle cesse de l'être sans périr. Et comme elle est infaillible de l'aveu même des Lutheriens, elle est aussi essentiellement visible.

<small>L'Eglise est essentiellement visible.</small>

Ce sont là les Reflexions, que j'ai faites sur les prétenduës causes de changement aleguées par les Protestans. Il n'y a personne, qui n'en puisse faire une infinité d'autres semblables, & peut être même de plus solides selon les lumieres, la force, la subtilité, & la fecondité de son esprit. Mais je puis dire, que celles-ci ne sont que trop sufisantes, pour détromper tout homme, qui voudra y faire une serieuse attention de quelque Secte, ou de quelque parti qu'il puisse être. Il ne me reste donc plus qu'à prier Dieu, qu'il daigne ouvrir les yeux à ceux, qui étant engagez dans l'erreur prendront la peine de les lire ; afin qu'ils puissent entrer dans la voïe du salut, dont ils sont écartez. Qu'ils considerent donc, que l'Eglise ne pouvant changer en aucune maniere, comme nous l'avons prouvé dans la premiere Partie en examinans toutes les manieres, dont les Reformateurs prétendent qu'elle a changé ; & ne pouvant jamais avoir aucune raison ni aucune cause de changement, comme nous l'avons prouvé dans celle ci, elle subsiste necessairement telle, qu'elle a été fondée par Jesus-Christ, & par les Saints Apôtres, & subsistera par la même raison jusqu'à la fin des siécles, comme il a été tant de fois prophétisé, & comme le Sauveur du monde l'a déclaré lui-même.

Ainsi nous pouvons dire aujourd'hui à Monsieur Masius & à tous ceux, qui en sont séparez comme lui, ce que disoit autrefois saint Augustin aux Donatistes : " Vous n'êtes plus sur les montagnes de " Sion, vous n'êtes plus dans l'enceinte de " cette Ville, qui a été bâtie sur la monta- " gne, dont la marque infaillible est qu'elle " ne peut être cachée. Elle est donc connuë

L. 2.
Contr.
litter.
petil c.
104.
n. 232.

de toutes les nations. Le parti de Donat « (de Luther, de Calvin, de Zuingle, « de Muncer, &c.) est inconnu à plu- « sieurs nations ; ce parti (ainsi de tous « les autres) n'est donc pas la veritable « Eglise. *Non estis in montibus Sion ; quia non estis in civitate super montem constitutâ, quæ certum signum hoc habet, quod abscondi non potest. Nota est ergo omnibus gentibus, pars autem Donati (Lutheri, Calvini, Zuinglii, Munceri, &c.) ignota est pluribus gentibus : non est ergo ipsa.* Ils doivent donc la chercher, s'ils veulent se sauver. Ainsi qu'ils fassent une serieuse atention sur ce que nous avons dit, & qu'ils pésent les raisons solides, que nous avons aportées, en se dépoüillans de toutes les préventions, dont ils sont remplis, & ne se proposans point d'autre fin, sinon de connoître la voïe du salut, la verité de l'Evangile, & la vie de la grace, c'est-à-dire JESUS-CHRIST; & je suis convaincu, que Dieu auteur de ces bonnes dispositions achevera l'ouvrage, qu'il aura commencé en eux, en leur mettant des pensées si saintes dans le cœur, & leur ouvrira les yeux de l'esprit, pour faire briller en eux les lumieres d'une foi vive, dans laquelle ils trouveront d'autant plus de charmes, qu'il l'ont moins connuë, & qu'ils s'en trouvoient plus éloignez.

FIN.

TABLE

Des matiéres contenuës dans la premiere & seconde Partie.

A

Abus manifeste de l'Ecriture-Sainte par Monsieur Masius. pag. 55
Ce qu'on apelle abus chez les Protestans. 65
Absolution, ce que c'est chez les Lutheriens. 269
Abstinence des viandes défenduë en Espagne à cause des Priscilianistes. 186
Achaz sacrifie aux Idoles dans le Temple. 616
Acrostiche Grec tiré du Livre des Sibylles. 453
Les Actes de saint Paul, saint Pierre, saint André, saint Jean & autres Apôtres, pieces fausses & suposées. 249
Actes de la Conference de Gaïus avec Proclus Cataphryge répandus en Orient. 251
Adoucissemens, qu'on aporte pour couvrir l'impieté, dans laquelle on tombe en rejetant la Tradition de l'Eglise. 64
L'adultere autorisé publiquement par Luther. 583
Aërius rejettoit la tradition. 222
Il rejetoit aussi la priere pour les morts. 464
Albigeois tejeton du Manichinisme. 438
Ananie grand Prêtre, Saduceen. 206
Anastase Prêtre, premier auteur du Nestorianisme. 421
Anathême du Concile de Trente contre ceux qui rejettent

TABLE

les Dogmes, que l'Eglise tient par tradition. 188
L'Antechrit se servira de l'Ecriture-Sainte pour soûtenir ses impietez. 159
Antioche son faux Concile. 330
Apel au Concile par les Lutheriens. 606
Apelle substitue de faux Evangiles à la place des veritables. 249
Apocalypse de S. Pierre, ouvrage suposé. *Ibid.*
Apocalypse de S. Jean regardée par quelques-uns comme l'ouvrage de Cerinthe ; pourquoi. 251
Apostrophe ; comment elle a dû produire l'invocation des Saints & le culte des Images selon les Protestans. 356
Ce qu'on entend par cette figure de Rhetorique. 357
Qu'elle n'a pû produire aucun changement dans la doctrine de l'Eglise. 358

Les Apôtres ne faisoient rien de considérable, qu'aprés en avoir deliberé dans les assemblées. 104
Aprobation necessaire à un Concile general, quelle. 306
Archelaüs Evêque de Casche ataqua le premier les Manichéens. 439
l'*Arche* d'alience contenoit trois choses avant qu'elle fût mise dans le Temple. 223
Arius interprete de l'Ecriture-Sainte à Alexandrie se mit à en corompre le sens. 403
Ariens leurs artifices pour ruiner le Symbole du Concile de Nicée. 129.
Leur conduite dans les Conciles. 325
Ils faisoient répondre des femmes lorsqu'on disputoit contre eux, comme font les Protestans. 412
Ils triomphoient d'avoir surpris les

Peres du Concile de Rimini. 626
Leur petit nombre en comparaison des Catholiques. 628
Armes des Chrétiens pour combatre contre le démon. 427
Articles de controverses entre les Catholiques & les Lutheriens selon Monsieur Masius. 10
Selon Luther. 11
Articles de foi en petit nombre. 190
Assemblées extraordinaires dans l'Eglise dans les cas de necessité. 109
Assemblées particulieres dans chaque Dioceze. *Ibid.*
Auteurs de la persecution de saint Athanase au Concile de Tyr. 329
La seule autorité de Dieu nous doit conduire. 231

B

BASILE d'Ancyre empêche que Constance ne convoque un Concile d'Ariens à Nicée. 139
Basilide substituë de faux Evangiles à la place des veritables. 249
Le *Batême* donné au nom de JESUS-CHRIST paroît valide selon la Lettre de l'Ecriture-Sainte. 239
Rien ne prouve qu'il faille prononcer des paroles en batisant, si l'on prend l'Ecriture à la Lettre. *Ibid.*
Le Batême ne peut être valide s'il n'est donné au nom du Pere du Fils & du S. Esprit. 242
Ce qu'on entend par le Batême au nom de JESUS-CHRIST, & pourquoi les Peres se sont servis de cette maniére de parler. *Ibid.*
Batême des Heretiques rejeté par quelques Evêques d'Asie, & d'Afrique; pourquoi. 245
Le Batême des Novatiens aprouvé au

TABLE

Concile de Nicée, celui des Paulianistes réprouvé, pour quelle raison. 246

Bigames rejettez du ministere. 550

Fausse explication du passage *unius uxoris vir*. 551

Preuve de cette fausseté par S. Paul même. 552

Question touchant la bigamie agitée au 4. Siécle. 556

Fondement de saint Jerôme détruit par saint Augustin. 559

Décision de cette question par deux Papes. *Ibid.*

Blondel Ministre de Charenton, ses embaras touchant le Purgatoire. 458

Il détruit lui-même, ce qu'il a établi. 459

Ses variations touchant la cause de ce prétendu changement. 461

Bohèmes, ils croïoient la présence réelle, la Transubstantiation, le Sacrifice, ce qui fit qu'on leur acorda l'usage de la Coupe au Concile de Bâle. 288

Boniface III. favorisé par Phocas dans son élection. 518

Boniface V. prend le premier la qualité de Serviteur des Serviteurs de Dieu. 520

Bucer Prêtre, Moine, Ministre épousa 3. femmes. 550

Bulle de Gregoire VII. contre les Ecclesiastiques impudiques & Simoniaques. 563.

Troubles dans le Dioceze de Maïence à l'occasion de cette Bulle. 565

C

CAÏPHE, qui condamna JESUS-CHRIST étoit Saducéen. 206

Caïus Prêtre semble rejetter l'Apocalypse. 457

Calvinistes. Leur doctrine reçûë par Cy-

DES MATIERES.

ille faux Patriarche dans un Conciliabule de Constantinople. 37
Ils demandoient en vain l'usage de la Coupe, pour se réünir à l'Eglise. 287
Canons du Concile de Nicée aportez en Afrique par Cecilien. 117
Canons des Eglises particulieres aprouvez par l'Eglise Universelle. 123 Les Canons de la discipline suposent, & établissent le Dogme. 124
Canons du Concile d'Antioche pour quel dessein ils ont été faits. 332
Pourquoi ils ont été rejettez par S. Jean Chrysostome. 333
Ils n'ont pas été faits dans ce faux Concile. 336
Carisius se plaint au Concile d'Ephese du faux Symbole des Nestoriens. 131
Catholiques titre essentiel à la vraie Eglise. 39

Ce que font les Reformateurs pour l'anéantir. 88
Fade raillerie de Luther touchant ce nom. 89
Les Catholiques sont répandus par toute la terre. 638
Celibat des Ecclesiastiques majeurs établi dans l'Eglise de qu'elle maniere. 257
Cette discipline condamne l'heresie Jovinian. 285
Elle est entierement contraire à la politique. 562
Fausses allegations contre la loi, qui l'ordonne, par les heretiques. 543
Censure de la Faculté de Theologie de Paris contre Luther. 12
Cerdon rejetoit quelques parties de l'Evangile de S. Luc, & les trois autres tous entiers. 250
les *Changemens* du Dogme ils emportent celui de la Li-

TABLE

gie. 28
Changement subit, impossible. 44
Changemens sensibles, faux. 45
le *Changement* prétendu de la doctrine de l'Eglise doit être successif & insensible tout ensemble. 49
Les *Changemens*, pour demeurer inconnus, auroient dû se faire dans un moment. 71
les *Changemens* successifs demandent un tems infini, pour se faire dans toute l'Eglise. 74
le *Changement* de discipline n'en fait aucun dans le culte. 264
le *Changement* de discipline touchant la Communion domestique condamne diverses heresies. 278
Les trois *Chapitres* pourquoi condamnez quoiqu'ils ne fussent pas heretiques. 337

Chrétiens ils étoient acusez d'immoler, & de manger en enfant dans leurs assemblées. 371
Christipara terme devenu suspect pourquoi. 133
Combat de S. Michel avec le démon, pour le corps de Moïse, connu par la seule Tradition chez les Juifs. 225
Communion sous les deux espèces, elle condamne les Manichéens; sous une seule les Lutheriens, les Calvinistes, les Zuingliens, &c. 276
Communion domestique, elle condamne diverses heresies. 277.
On envoïoit autrefois la *Communion* aux absens. 488
On l'envoïoit aussi aux Eglises les plus éloignées. 489.
Quand cette coûtume a-t-elle été abolie en Orient & en Occident? 491

On

On la portoit aux malades. 493

Saint Ambroise & saint Basile communierent sous une seule espece dans la maladie, dont ils moururent. 494

Communion des petits enfans sous la seule espece du vin. *Ibid.*

La Communion & la Confirmation données avec le Batême autrefois aux grands & aux petits. 495

L'Eglise n'a rien statué touchant les accidens qui pouvoient ariver dans la Communion sous l'espece du vin. 505

La Communion sous les deux especes encore en usage chez les Grecs. 260

Elle n'a jamais été commandée universellement par toute l'Eglise. 509

Elle a été abolie lontems avant le Concile de Constance.

Elle étoit encore en usage en quelques endroits à la fin du treiziéme siécle. 510

Pourquoi on l'acorda aux Bohêmes dans le Concile de Bâle. *Ibid.*

Compactatum traité de ce Concile, ce que c'est. 511

Les comparaisons en matiere de Religion ne prouvent rien. 193

Le Concile des Apôtres, modelle des autres Conciles. 105

Conciles tenus deux fois par an en chaque Province. 106

Il n'étoit pas besoin de Concile pour condamner l'heresie des Pelagiens 127

Les Conciles font ordinairement trois choses pour arêter le cours des heresies 128

D'où vient qu'on donne le titre *d'Ecumenique* ou *d'Universel*, à quelques-uns selon Monsieur Jurieu. 301

Qu'il ne peut y en

Ff

avoit selon ce Ministre. *Ibid.*
Contradiction dans laquelle il tombe touchant ce titre d'Ecumenique donné aux Conciles. 302
La seule convocation generale ne fait pas un Concile Ecumenique. 304
Raisons qui empêchent quelquefois, qu'on ne fasse des Conciles generaux. 314.
Ils n'ont pas été necessaires avant celui de Nicée. 315
Pourquoi on n'en fait pas souvent. 317
Il fallut un Concile general pour condamner l'heresie d'Arius. Pour qu'elle raison ? 318
On ne fait pas des Conciles pour convaincre les heretiques, ni pour disputer contre eux, mais pour les condamner. 319
On n'a pas besoin de nouvelles revelations dans les Conciles. 320
Pourquoi les Conciles particulieres ne sont pas infaillibles. 322
Conference de Luther avec le diable publiée l'an 1533. 580
la *Confession* d'Ausbourg traduite en Grec par Philippe Melancton, & meprisée par Joseph Patriarche de Constantinople. 36
Confession & Contrition ce, que c'est chez Luther. 269
On n'a jamais *Consacré* beaucoup de vin à la fois. 508
Consecration prétenduë par le seul contact de l'Eucharistie. 502
Constantinople son Evêque elevé à la seconde dignité dans l'Eglise, pour quelle raison. 531
Le terme de *Consubstantiel* rejeté dans le Concile d'Antioche contre Paul de Samosate, & auto-

risé dans celui de Nicée, en quelque sens. 129

quelle *Continence* S. Paul desire dans les Ecclesiastiques. 548.

Pourquoi cette vertu leur est-elle necessaire. 548

Elle étoit de precepte pour les Ministres de l'ancienne loi pendant le tems de leur ministere. 549

la *Corruption* des mœurs produit l'heresie. 567

Il est impossible qu'elle produise les changemens, que les Protestans imputent à l'Eglise. 568

Coupe retranchée insensiblement, cependant avec violence & par une persecution; contradiction ridicule des Protestans. 474

Que ce precepte, *Buvez-en tous*, ne regarde point les Laïques. 479

Sur quoi est fondée la distinction du culte Religieux & politique. 362

D

DAILLE' Ministre de Charenton acuse tous les Peres du 4. siécle d'avoir établi une idolatrie nouvelle dans l'Eglise. 361

Daniel, pourquoi les Juifs ne le mettent point entre les Prophétes. 586

Déclamation forcenée de Luther. 178

Défense au Concile d'Ephese de faire aucun Symbole ni d'ajoûter à celui de Nicée. 131

Défenseurs de la foi contre les heretiques des siécles passez. 144

le *Démon* corrupteur des Saintes-Ecritures comme les heretiques. 155

Il en pervertit le sens. 401

Denis d'Alexandrie,

E e ij

TABLE

Ce qu'il fit contre Paul de Samosate. 435

Contre les Disciples de Nepos, de Sabellius, &c. 436

Desordres affreux des Reformateurs & des Reformes. 583

Devoirs des Evêques selon le Concile de Meaux. 120

Les *Diacres* ont le pouvoir de distribuer l'Eucharistie par la permission des Evêques & des Prêtres en leur presence. 498

Dieu ne peut contribuer aux changemens de la Doctrine de l'Eglise. 75

Quand il parle nôtre raison doit se taire. 131

Il se sert quelque fois de l'ambition des puissances pour le bien, ou pour sa punition du peuple, qu'il leur a soûmis. 540

Ne l'aimer pas, ce n'est pas le connoître. 625

Diference de la Doctrine & de la discipline de l'Eglise. 20

Dignitez de Patriarches, d'Exarques, de Metropolitains de droit Ecclesiastique. 532

La discipline peut & doit changer selon les tems & les lieux, pourquoi 256

Elle est si diferente chez les Lutheriens, qu'à peine peut-on juger que ce soit la même Religion. 298

Personne ne s'opose au changement de *Discipline* & chacun s'opose à celui de *Doctrine*. *Ibid.*

Deux point de discipline contraires peuvent être également bons. *Ibid.*

Ses changemens sont connus & non generaux. 259

Points de discipline immuables. 271

Distinction Sophistique entre la doctrine de JESUS-CHRIST, des

DES MATIERES.

Apôtres & celle de la primitive Eglise. 59

Division entre Luther & Carlostade touchant quelques poins de discipline. 471

la *Doctrine* Lutherienne favorable à toutes les passions. 39

Celle de l'Eglise invariable, pourquoi. 43

Elle ne contient rien qui ne soit contraire aux passions 637

On a toûjours prêché & enseigné la même dans l'Eglise. 638

le *Dogme* & la *Discipline* également soûtenus par les saints Canons. 122

Difficultez pour changer ou pour établir le Dogme. 262

Ses changemens renversent souvent le Culte. 264

Toute *Domination* défenduë dans l'Eglise de JESUS-CHRIST. 541

le *Diminical* sur lequel les femmes recevoient l'Eucharistie, ce que c'est. 504

le *Don* des langues necessaire pour faire les changemens que les heretiques imputent à l'Eglise. 93

le *Don* d'infaillibilité promis à tout le corps de l'Eglise & non à chaque membre en particulier. 534

les *Donatistes* tenoient des Conciles nombreux. 316

Ils disoient que l'Eglise avoit péri par tout le monde, pour ressusciter en Afrique. 623

E

LEs *Ebionites* & les Encratites avoient de faux Evangiles. 250

l'*Ecriture* doit être expliquée selon le sens

TABLE

des Peres que l'E‑
glise tient pour Or‑
thodoxes. 120
Elle est utile, mais non
suffisante pour ins‑
truire, &c. 154
l'*Ecriture-Sainte* sans
la tradition ne peut
avoir aucune auto‑
rité, puisqu'il ne se‑
roit pas constant
qu'elle fût la paro‑
le de Dieu. 168
Elle doit doit s'expli‑
quer selon cette
même Tradition.
397
Luther a connu
cette maxime. 398
Maximes damna‑
ble de Luther sur ce
sujet. 407
Défense aux Refor‑
mateurs faite à Ra‑
tisbone d'expliquer
l'*Ecriture* selon leur
fantaisie. *Ibid.*
Les enfans à la ma‑
melle capables de
l'entendre & de l'ex‑
pliquer selon Lu‑
ther. 408
Regle pour juger
du faux sens, qu'on
lui donne. 410
l'*Eglise* ce que c'est. 7
En quoi elle differe
des états politiques.
8
Les Lutheriens, di‑
sent, qu'elle est tom‑
bée dans un grand
nombre d'erreurs;
& qu'elle subsistera
toûjours, ce qui est
une contradiction
manifeste. *Ibid.*
Elle ne peut changer
un seul article de
foi, où elle peut les
changer tous. 15
Si elle a changé de
doctrine, tous ceux
qui l'ont suivie
étoient foux, en‑
nemis de Dieu &
d'eux-mêmes. 19
Elle est seule univer‑
selle ou Catholique.
85
l'*Eglise* de l'Antechrist
devenuë l'Eglise
Catholique selon les
Reformateurs. 87
Eglises sans écritures
du tems de saint
Irenée. 161
l'*Eglise* tombée en rui‑
ne & en désolation
selon les Calvinis‑
tes. 290
Elle n'a point de Juge

sur la terre. 295
Assemblée ou non elle est toûjours un juge infaillible des controverses. 308
Elle est comme une armée toûjours rangée en bataille. 425 partagée en deux par Luther, l'une de Laïques & l'autre d'Eclesiastiques, 473
l'Eglise Gallicane ne déroge point à la primauté en refusant au Pape l'infaillibilité, & le soûmettant au Concile. 533
Pour quelle raison. 534
l'Eglise ne peut être invisible selon Philippe Melancton. 603
Ce que c'est que l'Eglise selon la Confession d'Ausbourg 604
Elle ne peut devenir invisible qu'elle ne périsse. 605
Jesus-Christ nous ordonne d'écouter l'Eglise; Embaras de Luther touchant ce passage. 606
Aveuglement des Reformateurs touchant la visibilité de l'Eglise. 607
Elle est le Temple de Dieu selon eux, où doit être assis l'Antechrist. 608
Eglise invisible, ce que c'étoit que ses membres selon le sistême des Reformateurs. 609
l'Eglise étoit visible au tems de Manassez & pendant la captivité de Babilone. 618
En quoi elle différe de la Synagogue. 620
Elle n'a jamais été plus florissante qu'au tems des persecutions. 621
Pitoïable état où elle étoit au tems de l'Arianisme. 622
En quoi consiste son unité. 633
Elle est Sainte. Ibid.
Elle est Catholique & Apostolique. 634
Il n'y a que la seule Eglise où préside le

TABLE

Pape à qui ces marques puissent convenir. 635

les *Ecclesiastiques* condamnez au Concile de Bragues à manger au moins des herbes cuites avec de la viande, sur peine de dégradation; pourquoi. 442

Ils vivoient dans les premiers tems des offrandes qu'on faisoit à l'Eglise. 464

Ils sont des énuques volontaires pour le Roïaume de Dieu. 547

Embaras dans lequel Theodose le Grand jeta tous heretiques de son Empire. 174

l'*Empire* de JESUS-CHRIST est tout de charité. 541

Il consiste à faire observer les Canons. *Ibid.*

Enfans. La Communion des petits Enfans encore pratiquée. 260

Preuve que ce Sacrement operoit en eux sans la foi actuelle. 273

Pourquoi cette coûtume a été abolie. 274

Ceux qui ont des *Enfans* impudiques rejetez du Ministere. 560

Enoch a prophétisé le jugement dernier. 218

S. *Epiphane* a fait un catalogue des passages de l'Ecriture corompus par Marcion. 250

Epîtres de saint Paul rejetées par cet heresiarque. *Ibid.*

Epître aux Hebrieux revoquée en doute. Pourquoi. 251

nulle *Erreur* ne paroît, qu'elle ne soit en même tems combatuë. 148

Comment on distingue les *Erreurs*, où quelques Peres sont tombez, des veritez de la foi, qu'ils ont soutenuës 183.

l'*Erreur* de quelques particuliers ne fait

DES MATIERES.

aucun préjudice à la foi de l'Eglise. 243
Les deux *Especes* ne sont pas essentielles au Sacrement de l'Eucharistie. 275
Fausseté du principe sur lequel les heretiques fondent cette necessité. 477
Si elles sont de précepte dans la Communion, JESUS-CHRIST a dû donner le pouvoir à l'Eglise d'en dispenser en certaines occasions. 480
Pourquoi elles sont essentielles au Sacrifice. 482
Pourquoi on a cessé de communier sous les deux. *Ibid.*
Elles étoient en usage dans les premiers tems; mais on pouvoit n'en recevoir qu'une 488
Esprit particulier faussement attribué aux particuliers. 142
Qand il existeroit, il seroit inutile à l'Eglise, personne n'étant obligé d'y ajoûter foi. 213
Esprit d'erreur, esprit de trouble. 46
Eternel & perpetuel, ce qu'on entend par ces termes. 5
Etienne Gerlak tâche de faire recevoir la Confession d'Ausbourg chez les Grecs. 36
l'*Evangile* de saint Mathieu corompu par les Nazaréens. 249
l'*Eucharistie* est un Sacrement qui ne consiste pas dans le seul usage. 275
Elle est composée de deux parties selon saint Irenée, comment cela se doit entendre. 373
Combien on craignoit d'en perdre la moindre parcelle 483
On la gardoit dés le premiers tems dans les Eglises. 495
Défense aux Diacres de l'administrer aux Prêtres. 497
Elle étoit suspenduë sur l'Autel & sur

F v

la Piscine à Antioche dans des vases en forme de Colombe au sixiéme siécle. 498
On l'emportoit chacun chez soi les jours d'assemblée ; quand cela a-t-il cessé. 499
Les femmes la recevoient autrefois sur un linge, on l'a reçûë ensuite dans des vases d'or & d'argent. 504
On la recevoit dans les premiers tems dans les mains étenduës & disposées en forme de croix. 505
Quand & en quel endroit on a commencé à la recevoir dans la bouche immediatement. *Ibid.*
Evêques pourquoi ils étoient obligez d'envoïer aux Conciles, quand ils ne pouvoient y aller eux-mêmes. 118
Ce qu'ils sont obligez de sçavoir selon les saints Canons pour l'exercice de leur ministere. 119
Evêque Ecumenique, ce qui est arrivé touchant l'usurpation de ce titre par l'Evêque de Constantinople. 519
Combien ce titre est pernicieux. 520
Condamné dans la collection de Gratian aprouvée par les Souverains Pontifes. 521
En quel sens on peut l'atribuer au Pape. 522
Artifice des Lutheriens tiré de cet équivoque. 523
Troubles que l'usurpation de ce faux titre par les Patriarches de Constantinople a causez dans l'Eglise. 529
les *Evêques* Grecs obligez au celibat. 550
Peu d'*Evêques* dans l'Asie au tems de l'Arianisme qui connussent vraiment Dieu. 624
Eusebe de Cæsarée envoïe sa Confession

DES MATIERES.

de foi à son Eglise étant au Concile de Nicée; pourquoi. 323

Il a été soupçonné d'idolatrie, & acusé d'Arianisme. 329

Eusebe de Nicomedie suborneur de faux témoins contre S. Athanase & acusé d'idolatrie. *Ibid.* Il passe d'Evêché en Evêché. 335

Exemplaires du 6. Concile general signez par l'Empereur & les Evêques, pour servir d'originaux aux cinq Patriarches. 117

Expressions inusitées & nouvelles condamnables par l'Eglise; pourquoi. 236

Expressions équivoques & ambiguës en matiére de foi toûjours condamnées par l'Eglise. 403.

Ezechias bannit l'idolatrie du Roïaume de Juda. 616

F

*F*Aits connus par la Tradition plus assurez que tous les faits de l'Histoire prophane. 183

deux *Faussetez* dans la comparaison, que font les Ministres de la doctrine de l'Eglise avec les Traditions Pharisiennes. 209

Fausses Ecritures publiées par les Heretiques sous le nom des Apôtres. 148

Femmes; aussi necessaire d'en user comme de boire & de manger, selon Luther. 544 Suite de cette abominable doctrine. 545

Femmes répudiées, mariées de nouveau soüillées & abominables selon la loi. 553

Ceux qui ont épousé des *Femmes* prostituées rejetez du ministere. 560

Figures de Rhetorique

F f vj

cause de quelques changemens qui ont dû ariver dans l'Eglife felon les Proteftans. 356

Quelles font ces Figures & quels changemens elles ont dû produire. *Ibid.*

Flavien de Conftantinople tué dans le faux Concile d'Ephefe par la faction de Diofcore Patriarche d'Alexandrie. 365

Fleuve qui devoit fortir de la bouche des Apôtres. 115

la *Foi* répanduë par tout le monde en tres-peu de tems. 84

Formule de foi équivoque traduite en Grec & publiée fous le nom du Symbole de Nicée par les Ariens. 130

la *Foi* & les moïens, dont Dieu fe fert, pour nous la communiquer, font infaillibles, mais diverfement. 181

la *Foi* feule juftifiante ; herefie des Nicolaïtes. 400

la *Foi* de l'Eglife foûtenuë par les inftructions & par des pratiques generales. 422

la *Foi* de l'Eglife plus éclatante que jamais au tems de l'Arianifme. 630

mauvaife *Foi* des Miniftres Proteftans touchant l'abftinence des viandes, & le Carême. 286

Fondement trompeur fur lequel s'apuïoient ceux qui condamnoient le Batême des heretiques. 246

Fonts-Baptifmaux apelez Pifcine, pourquoi. 454

Formule, pour expliquer l'autorité du Pape, rejettée au Concile de Trente. 535.

les *Freres* de Bohëme envoïerent par tout le monde chercher quelque focieté, où l'on fuivît leur doctrine, & ils n'en pûrent trouver au-

DES MATIERES.

cune. 35

G

GAïus Prêtre de Rome ne compta que 13. Epîtres de saint Paul dans la conference qu'il eut avec Proclus. 251.

Galathes séduits par de faux Docteurs. 247

S. *Gaudence* Evêque de Rimini, martirisé au Concile de ce lieu. 339

S. *Gaudence* Evêque de Brefce : ses expressions touchant la Transubstantiation. 385

Gentils déchargez des ceremonies de la Loi. 247

George du Vicel reproche à Luther d'avoir rejetté le mot de *Consubstantiel*. 132

Il se convertit aïant examiné la doctrine de Luther par les Peres de l'Eglise. 170

Ghemarah 2. partie du Talmud, quand elle a été faite. 203

Guerre ; en quel sens J. C. a dit, qu'il venoit aporter la guerre. 98

H

HAZARD, il ne fait point les Conciles. 312

Henri VIII. Roi d'Angleterre change de Religion, & pervertit son Roïaume à cause d'Anne de Boulan. 101

Il avoit écrit contre le Livre de la captivité de Babilone de Luther. 146

Hollandois, ils embrassent le Calvinisme pour secoüer le joug de l'Espagne. 101

Homme, il aime le changement en toutes choses. 41

Tout ce qui vient de l'*Homme* sent la corruption de son cœur. 656

Homelies des Peres ;

elles doivent être lûës par les Evêques, & peuvent être traduites en langue vulgaire. 120
Heresies subtiles; elles ne font jamais un grand progrez. 79 Celle de Luther en a fait peu en 200. ans. *Ibid.*
Elles causent toûjours des séditions. 95
Celles de Luther, Calvin, &c. condamnées en divers Conciles particuliers avant le Conle de Trente. 110
Il y en a peu, qui aïent eu besoin de Conciles pour être condamnées. 127
Heresies cachées sous l'équivoque du mot d'Hypostase. 132
Deux sortes *d'heresies* selon leur principe. 394
Heresies, qui étoient dans l'Eglise au tems de Luther. 601
Heretiques; ils sont tous obligez de supposer, que leur doctrine vient des Apôtres, quoiqu'ils se combattent les uns les autres. 23
Ils sont des loups cachez sous des peaux de brebi. 126
Ils affectent de parler comme on fait dans l'Eglise. *Ibid.*
Ils rejettent ou corrompent les Saintes-Ecritures. 165
Il affectent de parler de la Tradition, comme les Pharisiens, pour imputer à l'Eglise la maniere d'agir de ces hypocrites. 214
Ils ont tous été condamnez dans les premiers siécles, pour avoir mal interpreté l'Ecriture-Sainte. 399
Plusieurs ont eu leurs mysteres & leur penitence. 571
Heretiques cachez; ils ne peuvent former une Eglise. 612
Hegesippe a composé un recueil de diverses choses, qu'on

sçavoir par le seule Tradition. 164
Hyperbole; elle a dû produire le Dogme de la Transubstantiation selon les Reformateurs. 369
Absurdité de cette imagination. 387

I

JACQUES André & Crusius en commerce de lettres avec les officiers du Patriarche Jeremie. 36
Jean d'Antioche écrivit à Nestorius, qu'il eût à parler comme l'Eglise, s'il pensoit comme elle. 137.
Jean Hircan petit fils de Simon Machabée se fait Saducéen. 206
S. *Jean* a écrit son Evangile, pour confondre les premiers heretiques, qui disoient, que leur doctrine étoit celle des Apôtres. 248
Il y a deux Saints de ce nom inhumez à Ephese. 132
Jean de Constantinople prend le titre d'Evêque Ecumenique. 518
Jeremie Patriarche de Constantinople condamne la doctrine des Lutheriens dans un Concile. 36
Jesus-Christ. Pourquoi il a fait de miracles selon les Rabins. 201
Il est apelé l'Agneau Paschal dans l'Eucharistie. 390
Ignorance, cause du changement prétendu touchant la présence réelle selon les Calvinistes, rejetté par les Lutheriens. 411
Qu'elle n'a jamais été si grande dans aucun siécle, que les heretiques le prétendent. 419
Ils traitent d'*Ignorans* tous ceux qui condamnent leurs erreurs. 412
Il n'y a point d'*Ignorance* capable de

TABLE

produire les changemens, qu'ils imputent à l'Eglise. 420

Images peu communes dans l'Eglise dans les premiers tems. 180

Les trois *Immersions* dans le Batême, ce qu'elles signifient, quand, par qui, & pourquoi elles ont été établies. 179

Impossibilité de changement tirée de la coûtume de tenir des Conciles. 111

Indulgences. Pouvoir de l'Eglise de les acorder. 284

Infaillibilité; ce qu'on entend par ce terme. 4

Il y en a de deux sortes. *Ibid.*

Ce que c'est que l'*Infaillibilité* de l'Eglise. 6

Elle renferme sa perpetuité. 7

Infaillibilité de la Tradition. 179

l'*Infaillibilité* de l'Eglise prouvée par l'Ecriture ancienne & nouvelle. 290

l'*Infaillibilité* des Conciles generaux. 294

On n'avoit jamais pensé à l'attribuer au Pape avant Gregoire VII. 535

Les Canonistes Romains n'en font tout au plus qu'une opinion probable. *Ibid.*

Déclaration du Cardinal du Perron sur cela au Roi d'Angleterre. 536

Sentiment d'André du Val touchant cette *Infaillibilité* attribuée au Pape. *Ibid.*

Ce que dit Monsieur de Meaux sur ce sujet, aprouvé de la Cour de Rome. 537

Innover mot insuportable à saint Cyprien. 245

Interêt, il ne peut être cause du Dogme du Purgatoire. 462

l'Eglise a toûjours condamné l'esprit d'*interêt*. 463

Les anciens heretiques, qui ont re-

DES MATIERES.

jeté la priere pour les morts, & le Purgatoire, ne se sont point avisez d'acuser l'Eglise d'*interêt*. 464
Autres Dogmes établis par *l'enterêt* selon les Reformateurs. 465
Interpretations pharisiennes de l'Ecriture. 198
Interprétations fausses de l'Ecriture par les Simoniens, & par les Nicolaïtes. 400.
Le démon s'est servi de ces fausses *interprétations*, pour perdre tout le monde. 401
Intinction, son origine, sa condamnation. 507
Invocation des Saints, établie dans toute l'Eglise au tems d'Origene. 360
Monsieur Masius en convient. 361
C'est un sentiment naturel, que les Païens ont eu. 362
On *Invoquoit* les Saints dans les Conciles generaux d'Ephese & de Calcedoine. 364
Job, qui il étoit. 217
Joseph Patriarche de Constantinople envoïe un Diacre à Vittemberg pour s'informer de la doctrine de la Reforme. 35
Jovian successeur de Julien l'Apostat rétablit la paix dans l'Eglise. 628
Israëlites: les vrais Israëlites d'Israël alloient en secret au Temple de Jerusalem aprés le Schisme des dix tribus. 614
Jugement qu'on doit faire de ceux qui sont morts sans la foi; illusion des Ministres touchant cela. 27
Jugement dernier faussement prophetisé par les Ministres: 545
Les desordres que cette fausse prophetie produisit vers

Apancelles. Ibid.
Juifs spirituels. Ils n'avoient la vraie intelligence de la loi, que par la Tradition. 227

K

KABALAH ce que c'est chez les Juifs, & combien il y en a de sortes. 209
Leonard *Koppen* enleva neuf Religieuses au Monastere de Nimik le Vendredi-Saint, l'an 1523. 591

L

LANGAGE de l'Eglise fixe & déterminé. 135
Laodicéens. Fausse lettre de saint Paul à eux adressée. 149
Lavement des pieds dans le Barême établi en quelques Eglises ; ce qu'il signifie. 272
Aboli, pour quelle raison. 273
Lettres de JESUS-CHRIST à Abgare, & d'Abgare à JESUS-CHRIST fausses. 249
Lettre de Luther au Prince Herman Archevêque de Mayence, pour lui persuader de se marier. 546
Livres Canoniques, pourquoi ils n'ont pas été reçus de toute l'Eglise avec la même facilité. 151
Livres Symboliques des Luthériens : ce que c'est. 17
Ces *Livres* n'ont qu'une autorité humaine, à laquelle personne n'est obligé de déférer. 19
Livres de la Liturgie ancienne tous anéantis, supposé le changement du Dogme. 29
Ils ne changent point pour le changement de discipline. 263
Livres de Luther pleins d'impieté, d'ordures & de blasphêmes. 578

DES MATIERES.

Loi orale, ce que c'est chez les Juifs. 100

Lutheriens, ils ont fouillé toutes les Bibliotheques, pour y trouver quelques écrits, qui favorisassent leur doctrine. 33

Ils faisoient parade de l'Ecriture sur leurs manteaux, comme les Pharisiens. 155

Forcez de nier la consequence, que les Calvinistes tirent du changement de discipline pour celui de la doctrine. 155

Ils n'ont osé changer le langage de l'Eglise en changeant la foi. 166

Difference entre les *Lutheriens* imaginaires qui doivent avoir été avant Luther & les vrais Israëlites du Roïaume d'Israël, après le Schisme. 614

Luther soûtenu par les Princes d'Allemagne contre Charles-Quint. 115

Il reconnoît, que l'Eglise Romaine est la vraie Eglise. 163

Il condamne les Peres de l'Eglise. 177

Il s'éleve au dessus de tous eux. 413

Il insulte au Pape avec fureur. 414

Quel étoit son esprit, & sa corruption. 415

Pourquoi, selon M. Masius, n'avoit-il pas besoin de faire des miracles? 576

Comparé par les Lutheriens aux Prophétes, & dit Prophéte lui-même. 579.

Combien cet Apôtre est different de saint Paul. 580

Il meurt d'avoir trop bû & trop mangé. 581

Pourquoi dans la verité n'avoit-il pas besoin de miracles pour l'avancement de la Reforme. 584

Il n'avoit aucune mission. 585

Il publia de faux

TABLE

miracles, qu'il difoit avoir faits. 591

Il veut reffufciter Guillaume Nesêne noïé. *Ibid.*

S'il avoit fait des miracles, on l'auroit dû prendre pour l'Antechrît, & fes miracles pour des preftiges. 592

Sa déclaration à Lipfic touchant le deffein de la Reforme. *Ibid.*

Il rend témoignage à l'Eglife. 601

Il est embarassé sur sa visibilité & sur son infaillibilité. 605

Il compte S. Bernard & S. François parmi les Saints, & n'ose en rejeter S.Thomas d'Aquin. 637

Lydiens trompez par un faux Symbole des Neftoriens. 131.

M

Magiciens de Pharaon, leurs noms. 224

Manaffes Roi de Juda ses impietez. 616

Manichéens, leurs auteur, leur herefie, &c. 437

S. Auguftin a été neufs ans de cette Secte. 438

Découverte à Cartage, à Rome, en France, en Efpagne. 440

Deux Chanoines convaincus des facrileges qu'ils commettoient, condamnez à mort à Orleans. 441

Ils rejetoient le mariage, en cela condamnez par S. Paul 556

Leur Secte a pris diverses formes. 574

Marc d'Ephefe propofe au Concile de Florence un moïen affûré pour connoître la verité & ôter la

DES MATIERES.

Schisme. 175

Marcion corompit l'Evangile de S. Luc pour en faire un à sa fantaisie. 250

Mariage des Ecclesiastiques Majeurs toleré dans les premiers tems. 284

Prêché plusque toute autre chose par les Ministres. 544

Mariage de precepte à tout le monde selon Luther. 546

Pourquoi on a fait des Prêtres *mariez* au commencement. 548

Jamais les Prêtres ni les Evêques n'ont eû le pouvoir de se *Marier* aprés leur ordination, ni d'épouser une seconde femme. 549

Marques de la vraie Eglise inventées par les Protestans, fausses. 631

Marques veritables, que les Peres nous ont laissées dans le Symbole du Concile de Nicée. 632

Martirs réprouvez, si la doctrine de Luther est veritable. 25

Ils ne sont pas morts pour des opinions particulieres, mais pour la foi de l'Eglise universelle. 243

Martirs, de la Reforme, ce que c'étoit. 596

Ce n'est pas la peine ; mais la cause qui fait le *Martire*. 599.

Le démon a ses *Martirs*. *Ibid*.

Maxime pour juger sainement dans les opinions probables. 189

Melchisedech étoit Vierge selon Eusebe de Cesarée. 555

Melece d'Antioche exilé pour n'avoir pas voulu expliquer l'Ecriture-Sainte selon le sens des Ariens. 405

Messe ancienne des Gaules publiée par Mathias Illyricus. 33

Messe des présantificz,

ce que c'est, quand on la dit. 500
Elle condamne l'erreur des Calvinistes touchant les deux especes. 501
Metaphore simple, en quoi elle consiste. 388
Les changemens qu'elle a dû produire selon les Protestans. Ibid.
Milan ; ce que c'étoit que le Concile tenu en cette Ville au 4. siécle. 337
Milice spirituelle de l'Eglise, son ordre. 428
Millenaires, leur erreur combatuë dés le commencement 454 ce qui a donné lieu à cette erreur. 457
Ministres ; leur faux fuïant quand on leur montre que leur doctrine est contraire à celle de la primitive Eglise? 54
Miracles; pourquoi les Prophétes n'avoient pas besoin d'en faire. 589
Luther vouloit qu'on crût qu'il en faisoit. 590
Le succez de la Reforme n'en est pas un. 594
Mischna I. Partie du Talmud, quand elle a été composée 203
Mission. Les Juifs demandent à Jesus-Christ des preuves de la sienne. 588
Toute *Mission* extraordinaire se doit prouver par miracles. 590
Moïens pour établir une Religion. 112
Ceux qu'on a pris pour soûtenir la doctrine de l'Eglise contre les heretiques qui la combattent. 119
Monde, il ne doit durer que six mille ans selon les Rabins ; pour quelle raison. 200.
Montagnes, qui jettent le feu ; consirma-

DES MATIERES.

tion du Dogme du Purgatoire selon David Blondel. 460
Montanistes cause du changement de discipline touchant la penitence. 282
Mort de Luther causée par son intemperance. 581
Motifs humains capables d'arrêter tout changement dés son commencement. 433

N

NAZAREENS; ils corrompirent dés le commencement l'Evangile de saint Mathieu. 249.
Ce que c'étoit. *Ibid.*
Negligence. Il y a toûjours eu des Pasteurs negligens. 425
Cette *negligence* ne peut produire aucun changement. 431
Il n'y en a jamais eu de telle dans l'Eglise, qu'il est necessaire de la suposer pour cela. 434
Nestoriens; ils répandirent de faux Symboles. 131
Nicée ébranlée par les secousses d'un tremblement de terre, les Ariens étant prêts de s'y assembler. 130
Nice de Thrace choisie pour l'assemblée des deputez du Concile Rimini. *Ibid.*
Nicomedie, où Constance avoit convoqué un Concile d'Ariens, renversée par un tremblement de terre. *Ibid.*
Noces; les secondes excluent du Sacerdoce. 184
Condamnées par Tertulien. 154
On mettoit en penitence publique ceux qui se marioient en secondes *noces*. 557
Nombre; ce n'est pas le nombre des Evêques qui rend les Conciles generaux. 304
Nouveauté en matiere de foi, preuve cer-

caine de fauſſeté. 423.

Tous les *Novateurs* donnent le titre de doctrine Apoſtolique à leurs imaginations. *Ibid.*

Novatiens; ils ont été cauſe du changement de diſcipline touchant la penitence. 283

Ils rejetoient les ſecondes noces auſſi bien que les Montaniſtes. 554

O

OBLIGATION des Peres & des Meres dans l'ancienne loi d'inſtruire leurs enfans de tout ce qui ſe pratiquoit dans la Religion. 227

Obligation de s'abſtenir de manger du ſang & des viandes étoufées abolie, pourquoi. 236

Obſervation exacte de cette loi chez les premiers Chrétiens, pour quelle raiſon. 238

Obſervances phariſiennes, hypocriſie ſinguliere. 104

Ordination des Prêtres & des Evêques precedée par la lecture des Saints Canons. 121

Oeuvres; bonnes œuvres inutiles & même préjudiciables au ſalut ſelon la Reforme. 582

Ordonnance d'un Evêque ou d'un Concile ſufiſante pour changer la diſcipline dans un dioceze ſans Prédicateurs 261

Opinions nouvelles condamnées par la pratique de l'Egliſe, auſſi bien que par des Anathêmes. 187

Oppoſition aux hereſies naiſſantes, comment elle ſe fait. 116

Origéne invoque les Saints. 359

Le dénombrement de ſes erreurs fait par les Peres. 446

Origine de la Secte des Phariſiens. 207.

Ouvriers

DES MATIERES.

Ouvriers d'iniquité confondus par saint Paul. 247

P.

Pape; il a été reconnu comme Chef de l'Eglise par les Eglises de l'Orient & du Midi. 514
Pourquoi il est en horreur aux heretiques. 429
Decret de Constantin IV. pour l'élection des Papes. 516
Quoiqu'il n'agissent pas toûjours par des motifs de charité, cependant leurs décisions étant reçûës de toute l'Eglise doivent être suivies. 542
Parthenius, Patriarche de Constantinople condamna la doctrine de Calvin, & le faux Concile de l'apostat Cyrille. 37
Particule Filioque ajoûtée au Symbole de Nicée. 133
Passions des hommes; elles n'ont pû concourir à l'établissement de la doctrine, dont l'Eglise étoit en possession avant Luther. 76
Elles sont contraires à tous les changemens, que les Protestans imputent à l'Eglise. 91
Pastoral de saint Gregoire commandé aux Evêques par les Saints Canons, pour s'instruire de leur devoir. 119
Patriarches; plusieurs n'ont épousé qu'une femme. 554
Paul d'Emese envoié par Jean d'Antioche à Alexandrie, pour expliquer la foi des Orientaux touchant l'unité des personnes en J. C. 421
Paul de Samosate son heresie; comment elle fut découverte & condamnée. 435
Peines Canoniques contre les Evêques, qui n'assistoient pas aux Conciles de leurs Provinces. 107
Pelage II. s'opose à Jean de Constanti-

nople, qui vouloit prendre le titre d'Evêque Ecumenique. 518

Penitence ; ce que c'est selon les Lutheriens. 270

Changemens de discipline touchant l'administration de ce Sacrement, & pourquoi on les a faits. 282

Ceux qui avoient été en *penitence* publique exclus du ministere. 557

Permanence du Corps de J. C. dans l'Eucharistie. 487

Perpetuité de l'Eglise, ce que c'est. 3

Renfermée dans l'idée de son infaillibilité. 7

Pharisiens ; ce qu'ils retranchoient de la loi. 195

Ce qu'ils y ajoûtoient. 196

Comment ils l'expliquoient. 197

Philosophes Païens, ils n'ont point inventé le Purgatoire. 571

Phocas Empereur de Côstâtinôple a élevé l'Evêque de Rome à la premiere dignité de l'Eglise, selon M. de Rechemberg. 515

Pieces sur lesquelles on juge les heretiques dans l'Eglise 295

Points fondamentaux chez les Catholiques. 68

S. *Polycarpe* confondit les Heretiques à Rome. 160

Politique du Roïaume de J. C. c'est la charité. 538

Poligames rejettez du ministere. 553

Sentiment de S. Jean Chrysostome sur cela. 555

Portes de l'enfer ce que c'est. 140

Preceptes de la loi selon les Rabins. 102

Prêtres. Ce qu'ils doivent étudier pour instruire les autres. 110

Prêtres envoïez par Anastase & Photius pour répandre le faux Symbole de Nestorius. 131

Le grand *Prêtre* de

DES MATIERES.

la Synagogue étoit ordinairement Saducéen dans les derniers tems. 206

Tous les Chrétiens sont *Prêtres* selon Luther. 480

Preuves tirées des comparaisons propres à en imposer, mais non à démontrer. 254

Priere pour les morts tenuë par tradition avant les Machabées. 222

Primauté. Préludes de ce changement selon Luther. 515

Luther convaincu de blasphême sur ce chapitre par son propre jugement. 524

These qu'il soûtint à Lipsic sur cela. *Ibid*

Retractation, qu'il fut forcé de faire par les siens mêmes. 525

Fausseté de cette These. 526

Il prouve lui-même la *primauté*. 527

L'ambition ne peut l'avoir produite. *Ibid*.

Il étoit impossible de persuader à personne que la *primauté* fût de droit divin, si elle ne l'étoit pas. 529

Entreprise des Evêques de Constantinople sur la *primauté*, d'où résulte une démonstration Theologique contre les Protestans. 530

Princes, ils ne peuvēt se dispenser de prendre parti dans les differens de Religion. 100

les *Princes* de France embrasserent le parti de Calvin pour faire éclater leur mécontentement. 102

Priscillianistes découverts & condamnez. 441

Prophetie de Balaam conservée en Orient. 219

Propheties de Luther reconnuës fausses par l'évenement. 589

Gg ij

TABLE

Prophetes qui n'ont fait aucuns miracles. 586

S. *Protere* massacré par les Eutychiens d'Alexandrie dans le S. Baptistaire. 366

Publier. Comment on publie les Conciles. 117

Purgatoire ; sentiment de Monsieur Masius touchant ce Dogme. 444
Opinions differentes de Luther sur ce même sujet. 447
Opinion de Sleidan. 449
Opinion de David Blondel. 451

Q

QUARTO-DECIMANS trompez par les Nestoriens en voulant se réünir à l'Eglise. 131

Quatriéme Livre d'Esdras plein de fables de Rabin. 200

R

RABINS. Pourquoi ils donnent le nom de Tradition à leurs rêveries. 193

Ratramne ; son livre découvert par les Lutheriens. 31

Réalité du Corps & du Sang de JESUS-CHRIST dans l'Eucharistie prouvée par un changement de discipline. 275

Rebaptisation condamnée par le Pape Etienne I. sur quel fondement. 244

Rectitude dans le cœur des Païens, qui n'est pas même dans celui des Reformateurs. 571

Reforme des Protestans, chemin du Socinianisme & du Deisme. 185.
Quelle étoit celle, que les Prophétes vouloient aporter dans la Synaguogue. 587

Reformateur ; il doit avoir une grande con-

DES MATIERES.

formité de vie avec celui qui a établi ; difformité de celle celle de Luther. 579

Regle de S. Augustin touchant l'autorité respective des Saintes-Ecritures 252

Regle pour connoître le sentiment des Peres touchant quelques points de controverse. 393

Regne de mille ans apuïé sur l'autorité de Papias. 232
Qui sont les Peres qui y ont été trompez. *Ibid.*
Divers sentimens touchant cette question. 235

Religion Catholique ; elle est pacifique & favorable aux Souverains. 96
Elle n'a rien de favorable aux passions des Princes, pour pouvoir les engager à la préferer à celle de Luther. 102
Nulle *Religion* sans Sacrifice. 391

Religieux ; son état ne lui donne aucune Mission. 585

Remede contre le peché originel connu par la seule Tradition avant JESUS-CHRIST. 218

Renversement de la Morale de J. C. par les Protestans 576

Revolte des Païsans de Suabe, leur défaite. 590

Rimini; son faux Concile, ce que c'étoit. 338
Comment les Peres de ce Concile furent surpris. 625
Comment S. Jerôme peut dire que tout le monde fut étonné de se voir devenu Arien. 626
Il y eut peu d'Evêques qui ne détestassent leur surprise. 627

Rokisane Chef des Hussites, son insolence. 511

Rupert Abbé, ses Livres découverts & publiez par les Lutheriens. 32

TABLE

S

Sacerdoce de J. C. selon l'ordre de Melchisedech. 389
Le changement de Sacerdoce emporte celui de la Loi. 392
Sacrifice offert par J. C. au dernier soupé. 389
Les expressions des Peres parlans de ce Sacrifice ne peuvent convenir au Sacrifice Methaphorique. 390.
Celui dont parle Malachie ne peut s'entendre d'un simple Sacrifice de loüanges. 391
Il y en a un veritable dans l'Eglise. 392
Sacrifice commencé doit être achevé. 482
Saducéens; ils observoient la Loi sans attendre de récompense. 206
Sang de J. C. on en versoit quelques goutes dans beaucoup de vin au 9. siécle, pour la Communion. 508
Saints; il y en aura toûjours dans l'Eglise. 569
Sardique; son Concile de combien d'Evêques. 629
Satisfaction; partie de la penitence 283
Sçavans necessaires aux Conciles, quoiqu'ils ne soient pas Juges. 308
Secret des Manichéens découverte à Cartage. 440
Sectes contraires à l'Eglise; si elle a changé, elles ont aussi changé de doctrine. 90
Sectes infinies provenuës de ces changemens, s'ils avoient été. 103
Il y en avoit de deux sortes avant le Concile de Nicée. 315
Sectes fausses, & austeres, ni grandes ni durables. 574
Comment les Sectes d'heretiques se forment. 430
Etant séparées de

DES MATIERES.

l'Eglise elles ne peuvent former une Eglise invisible. 611
Elles prétendent toutes prêcher l'Evangile, & administrer les Sacremens comme il faut. 631
Sectes Lutheriennes multipliées à l'infini. 636
Science ; elle ne donne pas droit d'assister aux Conciles. 307
Sibilles rejetées par Origène, & par plusieurs autres de son tems. 455
Pourquoi les Peres n'ont point ataqué leurs Livres. 456
Plusieurs erreurs dans ces Livres condamnées par divers Conciles. 458
Symboles raportez dans les collections des Canons. 123
Symbole de Nicée augmenté dans le Côcile de Constantinople. 129
Symboles faux publiez par les Ariens sous le nom du Concile de Nicée. Ibid
Symboles, puissans ramparts contre les heretiques. 130
Symbole de S. Athanase, quand il a commencé à paroître dans l'Eglise. 131
Pourquoi le Concile de Calcedoine n'en a point fait Ibid
Synode ; un seul souvent capable d'arêter une heresie naissante. 127
Sinagogue. Elle a souffert diferentes interruptions. 616
Syrmic, sa troisième formule proposée au Concile de Rimini traduite en Grec à Nicé de Trace. 130
Societé ; il n'y en avoit aucune avant Luther, où l'on fît profession de sa doctrine. 34
Souvenir, de l'ancienne doctrine de l'Eglise inéfaçable. 76
Sujet, où repose l'esprit d'infaillibilité atribué à l'Eglise.

Superbe ; elle ne peut être cause d'aucun changement dans l'Eglise, 513

Syrianus introduise Gregoire de Capadoce à Alexandrie. 331

T

Talmud, ce que c'est, par qui, & quand il a été composé. 202

Taurus persecuteur des Evêques Catholiques au Concile de Rimini. 339

Tenebres, il y a eu des tems de *tenebres* dans l'Eglise. 416

Tertulien embrasse le parti des Montanistes, pourquoi. 282 Ses expressions touchant la transubstantiation. 374 Il s'est abandonné à son propre sens, sujet de son erreur. 396

Theodoret ; pourquoi on ne voulut point entendre ses explications au Concile de Calcedoine. 137

Theologal ; il doit y en avoir un en chaque Diocese. 120

Theologiens ; ceux de Tubinge firent distribuer des exemplaires de la Confession d'Ausbourg à Constantinople. 36

Les simples *Theologiens* ne peuvent faire un jugement Canonique. 322

Timothée instruit par sa mere dans les Saintes Ecritures. 153

Timothée heretique établi par les Eutychiens Evêque d'Alexandrie, aprés le massacre de Saint Protere. 366

Titres imaginaires touchant le changement de la présence réelle perdus, selon Monsieur Claude. 47

Titre de Catholique ; il démontre l'Infaillibilité de l'Eglise.

DES MATIERES.

193.
Titres de cette infaillibilité dans l'Ecriture-Sainte. 323
Tradition de l'Eglise comparée par M. Masius aux haillons des Gabionistes. 55
Injustice de ceux qui la rejettent. 65
Nous devons nous y atacher. 151
Elle est le seul moyen éficace pour convaincre les heretiques. 156
Les heretiques forcez d'y revenir. 158
C'est par la Tradition qu'on doit combatre l'Antechrit. 159
Tous les Peres s'en sont servis contre les heretiques. 160
Maxime de S. Augustin touchant la Tradition. 169
L'Eglise juge toûjours suivant la Tradition. 170
Traditions Pharisiennes; en quoi elles consistoient. 195
Ce qu'on entend par le terme de Tradition. 205
Avant Moïse on ne sçavoit rien que par Tradition. ibid.
Traditions fausses de trois sortes, rejetées par l'Eglise. 229
Deux choses necessaires pour une vraie tradition. 244
Transubstantiation ; terme en usage avant le Concile IV. de Latran. 134
Prouvée par Philippe Melancton avec la présence réelle. 380
Expressions & raisonnemens des Peres de l'Eglise, & des Liturgies touchant ce Dogme. 369
Elle est la cause de la soustraction de la coupe selon Monsieur Masius. 468
Tyr] son faux Concile; ce que c'étoit. 327
Combien il y avoit d'Evêques & de quelles provinces.

TABLE

V

Vases à consacrer le vin toûjours petits. 508
Il est défendu de consacrer dans plusieurs tout à la fois. *Ibid.*
Verité ; elle ne peut s'établir sans trouble encore moins le mensonge. 99
Veritez de foi indépendantes des tems, de lieux, &c. 258
Vertus Païennes, leur principe. 570
Pourquoi le démon n'a pas empêché la pratique de ces fausses *vertus.* 572
Vertus chrétiennes commandées, & la maniere même de les pratiquer. 573
Veuves ; ceux qui les épousoient rejetez du ministere. 560
Vigilance, des Pasteurs au troisiéme siécle. 434
au quatriéme siécle. 438
Vincent de Lerins ou Vigile de Tapse Auteurs du Symbole, qui porte le nom de S. Athanase. 131
Violence ; elle ne peut faire aucun changement. 467
Virginité préferable au mariage. 2
Reverée par les païens mêmes. 572
Voïages de S. Paul & de sainte Thecle ouvrage faux ; son auteur. 249
Volfangue, ses remarques sur une Liturgie du tems de Charlemagne. 33
Ursace & *Valens* Evêques Ariens, proposerent une confession de foi captieuse au Concile de Rimini. 338
Usage des viandes rejeté par les Manichéens & les Priscillianistes. 285

Y

Yvrognerie de Luther. 581 Il bûvoit six pots de vin à chaque repas. 582

Z

Zele pour la défense de la foi toûjours conservé dans l'Eglise. 143
Zigomale Jean & Jacques officiers du Patriarche Jeremie en commerce de lettres avec les Lutheriens. 36
Zuingliens seuls à couvert de l'argument, qu'on tire de la Messe des presantifiez pour la Communion sous une seule espece. 503

ERRATA

du premier Tome.

Pag. 70. l. 1. on pouvoit *lisez* on pouroit, p. 74 l. 26 finité *lisez* infinité, p. 84. l. 16. la plus grande partie *lisez* une grande partie, p. 177 l. 19 ſtolaſtiques *lisez* ſcholaſtiques, p. 240. l. 8. je batiſe *liſ.* je te batiſe, p. 260. l. 6. coptes *lisez* cophtes, p. 412. en marge des hommes *lisez* des femmes, p. 425. l. 7. des ignorans *lisez* d'ignorans, p. 545. l. 1. & autres les ſemblables *lisez* & autres ſemblables, p. 549. l. 1. tenebres *li.* les tenebres, p. 564. l. 28. il y avoit *lisez* il ly en avoit, p. 603. l. 10. l'Egle *lisez* l'Egliſe.

www.ingramcontent.com/pod-product-compliance
Lightning Source LLC
Chambersburg PA
CBHW071659300426
44115CB00010B/1261